白鹿詩話
시의 표정, 말의 몸짓

포지션 비평선 002
백록시화

초판 1쇄 펴낸날 | 2023년 6월 15일

지은이 | 강인한
펴낸이 | 차재일
편집인 | 이용헌
펴낸곳 | 포지션
등록번호 | 제2016-000118호
등록일자 | 2016년 4월 12일
주소 | 서울시 마포구 대흥로8길 26. 201호
전화 | 010-8945-2222
전자우편 | position2013@gmail.com

ⓒ 강인한, 2023

ISBN 979-11-93169-09-4   03810

값 25,000원

- 이 책의 전부 또는 일부 내용을 재사용하려면 반드시 지은이와 포지션의 서면 동의를 얻어야 합니다.
- 잘못된 책은 바꾸어 드립니다.

白鹿詩話
시의 표정, 말의 몸짓

강인한

포지션

| 책머리에 |

나의 종교는 '시'다
―나에게 시란 무엇인가

대학 시절, 국립 지방대학교에 다니면서 나는 죽어라고 글을 썼다. 닥치는 대로였다. 시, 소설, 희곡, 무어라고 이름 지을 수 없는 잡문도 턱없이 써 댔다. 쓰는 것만이 내 유일한 삶의 증거였다. 그렇게 쓰면서 문득 느껴지는 게 있었다. 인간이 신의 경지에 도달할 수 있는 것은 창작 행위라고. 글을 쓰는 것은 가장 숭고한 창조 행위라는 것. 스스로를 준엄하게 돌아보고, 세상 돌아가는 모습을 신의 눈으로 바라보고, 그리하여 가당치 않은 불의와 부정에 대해서는 침묵해선 안 된다는 것.

초등학교 시절, 나는 대통령이 우리나라에서 가장 위대한 사람이라고 믿었던 어리석은 생각을 가진 적이 있다. 3월 26일 그의 생일날을 맞아 「고마우신 대통령 할아버지」라는 제목으로 전국의 학생들이 글짓기를 하던 시절. 그러나 1960년 4월 혁명 이후 위대한 대통령에 대한 존경심은 내 머릿속에서 지워져 버렸다. 순혈의 시민과 학생들이 되찾은 민주주의를 단 1년 만에 뒤집어엎어 버리고 총칼로써 정권을 탈취한 육군 소장에 대해서는 그 쿠데타의 첫날부터 그가 민주주의와는 거리가 먼 자라는 것을 간파하였다. "민정 이양을 하겠다."

는 제 입으로 뱉은 맹약을 얼마 후 초개처럼 짓밟아 버리는 것을 보고서 그 믿음은 더욱 확고해졌다. 그들은 불의한 자에 지나지 않았다.

열아홉 살 무렵부터 나는 '목숨을 걸고' 글을 쓰기로 작정하였다. 문학수업을 나처럼 치열하게 하는 친구가 내 주변에는 별로 없었다. 고전문학을 전공하는 것은 죽어 버린 가치를 캐러 다니는 허망한 도굴꾼처럼 생각되었다. 내게 살아 숨 쉬는 학문은 현대문학이며, 창작이었다. 그리고 많은 습작 훈련을 쌓으면서 문학이나 철학 또는 수학까지도 궁극에 가서는 하나로 귀결되리라는 확신을 가지게 되었다.

한 편의 시가 장편소설 한 권에 필적할 수 있다는 굳은 신념으로, 치열하게 쓰고 읽는 것 말고는 나에게 다른 것은 별로 가치가 없었다. 그러므로 문학은, 아니 시는 내게 하나의 종교였다. 초등학교 시절 아버지를 여읜 불우한 환경에서 자랐지만 내가 크게 뒤틀리지 않고 성장할 수 있었던 것은 문학이라는 종교의 힘이 컸다. 언제부턴가 진심을 담아 시를 쓰는 것이 결국은 자기 구원의 길이라는 것을 어렴풋이 깨닫게 되었던 것이다.

2002년 3월부터 혼자 운영하기 시작한 카페 〈푸른 시의 방〉. 여기에 시뿐만 아니라, 비평도 에세이며 잡문도 수시로 써서 올렸다. 목표하는 지향점은 단 하나. 우리 현대시의 참되고 바른 길을 모색하는 것 그것 말고는 다른 데 눈을 돌리지 않았다. 혼자 가는 길이었지만 말 없는 동행의 무리가 벌써 4천을 육박한다. 오늘도 나는 내 손으로 쓰고, 내 손으로 읽는다.

2023년 6월
백록 강인한

| 차례 |

004　책머리에

1부　시의 표정
012　시의 언어에 대하여
019　현대시를 어떻게 읽어야 하는가
027　감동·상상·아름다움
043　역사 속의 시
052　현실 인식과 시 정신의 균형
063　올바른 주제와 올바른 아름다움
068　세상의 바보들을 보고 웃는 방법
085　코끼리가 그린 추상화 한 점
100　독자 없는 시대에 '불통'이 미덕인가
119　산문시가 산문이 아니라 시인 이유
126　패러디, 모방, 표절
136　기형도의 「물 속의 사막」 감상
141　은사시나무에서 들리는 물소리
149　나희덕, 푸르고 서늘한 언어의 감별사
161　불가해한 사랑에 바치는 연가(戀歌)들
168　즉물적(卽物的)인 시
174　극적인 정점에서 시작하는 시, 「레다와 백조」

2부　말의 몸짓
180　감각의 통로에서 바라본 시들

190	장시와 처녀시집과 시의 재미라는 것
201	삶과 죽음 그리고 사랑의 아름다운 고통
207	정양의 시 감상
210	김기택의 시 감상
213	함기석의 시 감상
217	윤성택의 시 감상
222	전복과 함축된 여백
226	내가 감동한 한 편의 시
231	이기성의 시 감상
233	조정의 시 감상
236	김중일의 시 감상
239	이근화의 시 감상
242	안희연의 시 감상
246	이혜미의 시 감상
250	김경주의 시 감상
256	시는 모순과 오류의 발명인가
262	양안다의 시 감상
270	독자를 조롱하는 젊은 시인의 자의식 과잉

3부 　자작시 해설

276	귓밥 파기
280	램프의 시
283	불길 속의 마농

290 밤 버스를 타고
299 대문에 태극기를 달고 싶은 날
302 하수구를 뚫으며
305 카인의 새벽
310 겨울 가로수
313 지상의 봄
316 우리가 만나자는 약속은
319 빈 손의 기억
323 스크램블드에그를 만드는 여자
326 병 속에 고양이를 키우세요
329 붉은 가면
332 강변북로
335 브릭스달의 빙하
338 신들의 놀이터
342 마리안느 페이스풀
347 봄날
350 거대한 손
353 리아스식 해안의 검은 겨울
359 가라앉은 성당
365 테셀레이션
368 아이즈 와이드 셧
372 장미가 부르는 편서풍
376 파리를 방문한 람세스 2세

383 희게 말하고 희게 웃는다
388 두 개의 인상
391 도스토예프스키를 위한 헌시(獻詩)

4부 에세이와 대담

398 음치가 부르는 노래
402 본명과 필명 그리고 호
407 「품바」와의 인연
409 서둘러 간 제자 원섭에게
412 조건 없는 사랑, 조건 없는 마음
416 가든, 가수, 공인
421 물을 바라보는 세 가지 시선
427 프레베르의 시 「밤의 파리」
430 버리고 사는 이야기
434 시인은 '장식'이 아니다
436 시참(詩讖), 혹은 순교의 길
444 1966년 신춘문예 어떤 현장의 이야기
451 폭풍 흡입과 폭풍 식음
453 소곡주에 덕자 회를 안주로
456 반려견(伴侶犬)이라는 말
460 강인한 시인과 나눈 시화(詩話)

1부
시의 표정

시의 언어에 대하여

1

시의 언어가 지니는 특수한 의미 기능에 짓눌려 시를 올바로 읽지 못하는 경우가 있다. 언어를 표현 매체로 한다는 점에서 표현된 언어를 정확히 이해해야 함은 시에서도 마찬가지로 요구된다. 그럼에도 불구하고 표현 이상의 의미를 시의 언어에서 찾고자 하는 오류는 일단 시가 거느리는 분위기와 시어의 함축성을 지나치게 의식하는 데서 오는 결과일 것이다. 뿐만 아니라 그러한 오류는 섣부른 고정관념 내지 선입견에서 빚어지기도 한다.

나 보기가 역겨워
가실 때에는
말없이 고이 보내 드리오리다.

영변(寧邊)에 약산(藥山)
진달래꽃
아름 따다 가실 길에 뿌리오리다.

가시는 걸음걸음

놓인 그 꽃을
사뿐히 즈려 밟고 가시옵소서.

나 보기가 역겨워
가실 때에는
죽어도 아니 눈물 흘리오리다.

 잘 아는 바와 같이 소월의 「진달래꽃」은 1920년대의 민요적인 서정시로 지금도 널리 애송되고 있다. 과거에 이 시가 고등학교 교과서에 실림으로써 친절한 학습 참고서들이 풀이한 해설들은 세부에만 치우쳐 시의 중요한 맥락을 잘못 파악한 경우가 허다했다. 고려 속요 「가시리」의 전통을 계승해 왔다는 것이야 말할 나위도 없지만 거의 모든 참고서들이 밝힌 바대로 과연 '이별의 정한(情恨)'을 노래한 것인지는 새겨 보아야 할 것 같다.
 시의 어법도 결국은 우리말의 어법을 벗어날 수는 없다. 또한 우리말의 어법의 테두리에서 시는 나름대로의 어법을 가지게 된다.

  나 보기가 역겨워/ 가실 때에는

이라는 표현은 적어도 이별의 현재성을 말하지는 않는다. 지금 당장 사랑하는 사람이 나를 버리고 떠나간다는 표현으로 받아들인다면 그것은 오해다. 이는 하나의 가정법이다. 가정은 있을 수 있는 예상 중의 하나이지 꼭 실현되는, 확률적인 가능성을 뜻하지 않는다. 예상할 수도 있는 하나의 가정 상황이라는 점에서 말없이 고이 보내 드리오리다.

　　라는 의지 미래 형태를 취하게 된 것이다. "언젠가 찾아가리다." 라는 말은 미래의 막연한 어느 때에 찾아간다는 표현이지 결코 지금 찾아간다는 뜻은 아니다. 그렇다면 소월의 시 「진달래꽃」의 첫 연은 이별의 상황을 가정하는 것으로 보아야 하지 않겠는가.
　　사랑하는 사람이 나를 버리고 가신다면, 원망하지 않고 곱게 보내 주겠다.―적어도 이런 전달로 받아들여져야 올바른 독해일 것이다. 그러므로 현재의 시적 상황은 결코 이별의 장면이 아니다. 어쩌면 임과 나의 사랑은 지금 현재로서는 이별을 가정할 수도 없는 행복한 상황일는지도 모른다. 너무도 행복한 나머지 행여라도 이 사랑이 깨지지 않을까 하는 우려가 이별을 가상해 보는 데까지 이른 서정적 자아의 심리를 지나쳐 버려서는 안 된다. 그러므로 「진달래꽃」의 주제를 단순히 '이별의 정한' 또는 '승화된 이별의 슬픔' 따위로 해석하는 잘못은 수정되어야 한다.
　　더욱이 이별의 상황이 아니며, 어쩌면 그런 상황이 벌어지지 않으리라는 자신감의 표현이

　　죽어도 아니 눈물 흘리오리다.

　　라고 나타나지 않았겠는가. '죽어도'라는 말은 절대적인 확신이 서지 않고서는 입밖에 내는 표현이 아니다. 사랑하는 사람이 나를 버리고 가는 불행한 날이 죽어도(절대로) 오지 않으리라는 믿음. 그래서 '죽어도' 눈물을 보이지 않을 수 있다는 스스로의 다짐일 것이다.
　　결국 이 시는 이별이나 사랑의 슬픔을 노래한 것이라기보다는 확

고한 사랑의 기쁨 속에서 그것이 깨지면 어쩌나 하는 '행복한 사랑의 기우(杞憂)'에 젖어 있는 심리적 표현일 뿐이다. 우리 민족은 기쁨의 표현도 대체로 슬픔을 빌어서 나타내는 반어적 기질이 풍부하다고 본다. '좋다'라는 말의 최상급은 '좋아 죽겠다'이고, 경사스러운 자리에서도 술에 취하면 으레 슬픈 유행가를 부르는 게 보통이 아니던가.

2

최근에 들어 혹독한 자기 수련 없이 시인으로 나서는 사람이 많아서 비시(非詩)와 시(詩)의 구별이 모호한 글을 이따금 보게 된다. 일찍이 '시언지(詩言志)'라고 한 시의 정의는 오늘날에도 그대로 적용된다. 여기서의 '지(志)'는 시인의 윤리적, 도덕적 자세라고 풀이해도 좋을 것 같다.

물론 "시는 언어의 예술이다.", "시는 아름다움의 운율적 표현이다."라고 하는 고전적인 정의도 생각해 볼 수도 있으나 시의 언어와 '시언지'에 국한하여 살펴보기로 한다.

시가 비록 무목적적(無目的)인 존재로서의 예술일지라도 시는 그 시대의 기후를 숨쉬고 태어난다. 즉 현실을 바탕으로 시의 언어는 예술로서의 향기를 지니게 된다는 말이다.

> 어느 놈이 커피 한잔 산다 할 때는
> 뭔가 바라는 게 있다는 걸 안다
>
> 고상하신 양반이
> 부드러운 미소로 내 등을 두드릴 땐

내게 무얼 원하는지 안다

별스런 대우와 칭찬에
허릴 굽신이며 감격해도
저들이 내게 무얼 노리는지 안다

(중략)

우리들의 통박이 거대한 통박으로,
하나의 통박으로 뭉쳐지면서
노동하는 우리들의 새날을 향하여
이놈의 세상을 굴려갈 것이다

「통박」이란 제목의 이 글은 1980년대의 현실이 빚어낸 기묘한 비시(非詩)의 단적인 예가 될 것 같다. 우리나라의 노동 현장은 아직도 개선돼야 할 점이 많이 남아 있다. 이것은 분명한 사실이다. 그러한 뼈아픈 현실 고발을 이 글은 담고 있는 셈인데 과연 이것이 시일 수 있는가에 대해서는 의문이다. 시의 언어라고 해서 천상의 언어만을 따로 분리해서 지칭하지 않음은 백 년도 전 보들레르에 의해서 입증된 바 있다. 그렇지만 이 글이 시가 될 수 없음은 다음과 같은 두 가지 이유에서이다. 첫째는 시의 언어가 지니는 함축적 의미가 배제되어 있기 때문이다. 시의 언어적 특질이 무시되고서야 그것은 시일 수가 없는 것이다. 그것은 짤막한 산문일 따름이다. 산문의 문장을 적당히 행을 가르고 연을 구분한다고 시가 될 것인가. 둘째는 시적 자세의 결여라는 점에서 이것은 시가 되지 못한다. '언어'는 본래 '로고스

(이성)'와 상통한다. 말하자면 윤리적 자세의 결함이 지적되지 않을 수 없다. 이 세상의 모든 제도와 삶의 방식을 거부하는 것은 시인의 올바른 태도가 아니다. '이놈의 세상'은 증오해야 할 대상 그 자체인가. 저주하고 맞서서 피투성이로 싸워 깨뜨려야 할 철천지원수가 '이놈의 세상'인가.

　이러한 윤리 의식의 결여는 일체의 글에서 경계되어야 할 요소이다. '시언지'에서 '지(志)'가 불의한 현실에의 저항을 지향할지라도 육사(陸史)나 만해(萬海)에서 보듯 민족을 향한 큰 사랑이지 결코 단순한 적의(敵意)의 개념이 아니다. 시는 마침내 세계(대상)와 언어에 대한 올곧은 사랑이 되어야 할 것이다.

　　빚봉수 서고
　　팔려가는
　　소

　　자운영 꽃 피는
　　논둑길 건너갈 때

　　울아버지
　　홧병,

　　쇠뿔 같은 낮달이
　　타고 있다

　　한내
　　장길

현실을 바탕으로 하였으되 여기에는 시의 언어가 거느리는 긴장과 분위기가 살아 있다. 이 시는「장길」이라는 한 신인의 작품이다. 평생을 흙과 함께 살아온 아버지가 어쩔 수 없이, 친한 친구(혹은 친척)의 빚보증을 섰다. 그로 인해 장에 농업(삶)의 상징인 소를 팔러 나가는 어처구니없는 현실이 극명하게 그려졌다. 아울러 "쇠뿔 같은 낮달이/ 타고 있다"는 비유의 묘미도 무척 신선하다. 마지막의 담백한 결구는 대상을 감싸 안는 사랑에서 빚어진 훌륭한 솜씨라 할 것이다. 이러한 여운과 감칠맛은 세계(대상)에 대한 폭넓은 사랑 없이는 얻을 수 없는 표현이다.

요컨대 시란, 시인의 언어에 대한 지극한 사랑과 세계에 대한 폭넓은 사랑 속에서만 꽃을 피우는 식물인 것이다

현대시를 어떻게 읽어야 하는가

좀 심한 말을 하자면 요즘 우리 나라에 시인은 많지만 독자들이 읽어주는 시인의 작품은 드물다고 한다. 또 시가 왜 그렇게 어려운지 모르겠다고 말한다. 과연 오늘의 시는 소월이나 윤동주의 시보다 어렵고, 그러므로 읽히지 않고 독자로부터 외면 당하는지도 모른다. 그리고 현대시를 어떻게 읽어야 하느냐고, 현대시의 이해 요령을 알고 싶어 하는 이들도 더러 있다. 현대시에 무심코 접근하고자 하는 젊은 독자들을 위하여 여기에 한 가지 이론을 소개하고자 한다.

20세기 최대의 시인 에즈라 파운드(Ezra Pound)는 시의 요소를 네 가지로 설명한 바 있다. 센스, 사운드, 이미지, 톤이 그것이다. 이 네 가지 요소에 대한 이해가 해결되면 어느 정도 현대시에 접근하는 하나의 방법을 자연히 터득하게 되지 않을까 생각된다.

1. 센스(sense)

흔히들 "그 친구, 센스가 제법이야." 하는 말을 곧잘 한다. 바로 그것이다. 단순한 감각으로서가 아니라 지적(知的)인 감각을 현대시의 한 요소로 치는 것이다.

사람들이 말한다
사람들은 입에서 거미줄을 꺼낸다

그 거미줄에 걸려 죽은 사람의 그림자가
눈감은 것처럼 어두운 세상

…… 그래도

새들이 우는 속을 알아본다
꿈으로 우는 거리를 꿈꾼다

—정현종의 「꿈으로 우는 거리」

    사람들의 입에서 거침없이 흘러나오는 말. 그 말로 인해서 그 자신이 죽기도 하는 시대. 그것은 바로 자기도 모르게 허공을 날아가다 거미줄에 걸려 목숨을 잃는 작은 날벌레로 비유되고 있다. 사람들은 입에서 거미줄을 꺼낸다. 그 거미줄에 걸려서 죽은 사람의 그림자가 어두운 세상. 말(언어)과 거미줄의 유추라는 이 뛰어난 감각으로 후반의 약간 모호하고 처진 가락조차 팽팽한 긴장을 유지하고 있는 시이다. 대체로 현대시는 범속한 상투적 표현을 멀리하고 참신한 감각을 즐겨 표현한다. 봄에 관한 글에서 아지랑이 운운, 한다든가 가을의 시에서 낙엽이 뒹구는 무상한 삶, 운운하는 따위는 우리가 혐오해 마지않는 상투적인 감각에 지나지 않는다. 적어도 참신한 감각에 갈채를 보낼 수 있는 독자들의 이해력이 요청되는 까닭에 더러는 난해하다는 말을 들을 수도 있는 게 아닌가 싶다.

2. 사운드(sound)

시의 표현 재료는 언어다. 언어는 그러므로 단순한 사상 전달의 매개체가 아닌 음악성을 띤 언어라야 시어가 된다. 많은 현대시가 오로지 현대시라는 이유로 해서 음악성을 도외시하는 경향이 있는데 이는 반성을 요한다고 본다. 언어의 음악성은 독자에게 예술적인 흥분과 쾌감을 주는 기능을 가지고 있다. 좋은 시들이 이러한 음악성, 곧 운율을 가지고 있음을 알 수 있는데 정형시나 동요의 가락과 같은 외형률보다 미묘한 내재율에 현대시의 묘미가 있다.

> 허리띠 매는 시악시의 마음실같이
> 꽃가지에 은은한 그늘이 지면
> 흰날의 내 가슴 아즈랑이 낀다
> 흰날의 내 가슴 아즈랑이 낀다.
>
> ─김영랑의 「4행시」

다 아는 바와 같이 영랑의 시는 음악적인 점에서 가장 아름답다. 물론 위에서 보인 시는 7.5조라는 운율 자체가 이 시의 주된 리듬이기도 하지만 나는 영랑의 시에서 그보다는 섬세한 언어 감각을 취하고 싶다. 영랑의 시는 얼핏 보면 여성적이고 가냘퍼서 우수를 느끼게도 하지만 그 우수가 사실은 매우 밝고 화사한 편이다. 왜냐 하면 대부분의 그의 시에서 볼 수 있는 시어들이 비음 ㄴ, ㅁ, ㅇ 이나 유음 ㄹ의 구사가 유려하기 때문이다. 비음이나 유음은 밝은 어감을 주는 것으로 ㄱ, ㄷ, ㅂ, ㅅ, ㅈ, ㅊ 등의 무성음 자음이 주는 어둡고 격한 어감과는 대조적이라 할 것이다. 마음실, 은은한, 그늘이 지면, 흰

날, 아즈랑이… 이러한 단어들은 입술에서 구르는 영롱한 방울 소리와 같은 음악성을 느끼기에 족한 것이다.

3. 이미지(image)

이미지란 심상(心象) 또는 영상(映像), 형상(形象) 등으로 번역될 수 있는 말로 시를 읽어 가는 동안 우리의 마음속에 그려지는 그림을 말한다. 현대시는 곧 이미지라고까지 극단적으로 말하는 사람들도 있는데, 그만큼 현대시에서 비중이 큰 요소라는 이야기다. 그렇다고 하여 이 이미지를 함부로 남용하거나 혹사하면 시를 망칠 우려도 적지 않다. 이를테면 요리에 맛을 내는 양념과 같은 구실을 하는 것이 현대시의 이미지라고 보면 좋을 것이다. 이미지는 대체로 비유로써 형성되는데 이에는 직유와 은유가 대표적이다.

직유(simile)는 가장 초보적인 단계로 '앵두 같은 입술', '타는 듯한 눈빛'과 같은 비유를 말하며, 은유(metaphor)는 나타내고자 하는 본래의 뜻이 감춰진다는 데서 시가 함축적 의미를 띤다. 일반적으로 은유는 A는 B이다, B의 A, 또는 구체어+추상어 등으로써 나타난다. '괴로움을 질겅질겅 씹는 표정이었다.', '파아란 슬픔이 내리는 거리', '눈물의 빵', '꽃은 한 떨기 거울' 등과 같이 두 가지 이상의 개념이 결합되는 것인데 이게 어느 정도 공감할 수 있는 것이라야 한다. 무턱대고 혼자만이 생각할 수 있는 그런 이미지를 표현한다고 하여 아무도 상상할 수 없는 비밀 암호 같은 비유를 써서는 곤란할 것이다.

사향(麝香) 박하(薄荷)의 뒤안길이다.
아름다운 배암……

얼마나 커다란 슬픔으로 태어났기에
저리도 징그러운 몸뚱어리냐.

꽃대님 같다.
너의 할아버지가 이브를 꼬여내던
달변(達辯)의 혓바닥이
소리 잃은 채 날름거리는 붉은 아가리로
푸른 하늘이다. ……물어뜯어라, 원통히 물어뜯어,

달아나거라, 저놈의 대가리!
돌팔매를 쏘면서, 쏘면서, 사향(麝香) 방초(芳草)ㅅ 길
저놈의 뒤를 따르는 것은
우리 할아버지의 아내가 이브라서 그러는 게 아니라
석유 먹은 듯 …석유 먹은 듯 …가쁜 숨결이야.
바늘에 꼬여 두를까 부다. 꽃대님보다도 아름다운 빛……

클레오파트라의 피 먹은 양 붉게 타오르는
고운 입술이다 …. 스며라, 배암!

우리 순네는 스물 난 색시, 고양이같이 고운 입술 …
스며라 배암!

―서정주의 「화사(花蛇)」

　　서정주의 초기를 대표하는 시 중의 하나이다. 얼마나 커다란 슬픔으로 태어났기에 저리도 징그러운 뱀이 되었을까. 이 시는 도입부

터 충격적인 이미지를 제시한다. 푸른 하늘 아래 소리 잃은 채 날름거리는 달변의 혓바닥 혹은 클레오파트라의 피 먹은 양 붉은 입술. 이러한 색채 이미지는 대단히 강렬한 원색적인 것이다. 마치 에드거 앨런 포의 환상적이며 음울한 분위기를 연상시키는 시라 하겠다.

    이미지 그 자체가 단순히 현대시라는 틀을 고수하기 위해서 썩어진 시라면 그 시는 이미지 이상일 수 없다. 그런 시는 시가 아니라 이미지에 그치고 마는 것이라는 말이 된다. 현대시라고 해서 무조건 난해해야 할 이유는 없다.

4. 톤(tone)

    어조(語調), 시인의 말하는 자세. 똑같은 세 끼 밥을 먹고 살아가면서 우리 인간은 모두 다 똑같은 생활, 똑같은 생각을 가지고 살지는 않는다. 그와 마찬가지로 시인들도 시인들 나름대로 인생을 보는 눈이 다 각각 다를 수밖에 없다. 어떠한 자세로 인생 또는 세계를 보는가, 어떠한 어조로 말하는가 하는 따위를 '톤'이라고 한다. 그리고 한 편의 시 속에서도 어조에 변화를 주어 표현하는 기교적인 시도를 때로 볼 수도 있다. 가령 처음부터 중반까지는 엄숙한 어조로 말하다가 종반에 이르러 갑자기 톤을 바꾸어 익살스럽게 끝내는 베이소스(bathos) 혹은 안티 클라이맥스(anti climax)라는 방법이 그러한 것이다.

    누가 홀렸을까

    막내딸을 찾아가는

다 쭈그러진 시골 할머니의
구멍난 보따리에서
빠져 떨어졌을까

역전(驛前) 광장
아스팔트 위에
밟히며 뒹구는
파아란 콩알 하나

나는 그 엄청난 생명을 집어들어
도회지 밖으로 나가

강 건너 밭이랑에
깊숙이 깊숙이 심어주었다
그 때 사방팔방에서
저녁 노을이 나를 바라보고 있었다.

—김준태의 「콩알 하나」

 이 시인의 작품 속에는 현대시에 으레 나타나는 이미지가 거의 없다. 그렇다고 해서 과연 낡은 시인가? 그렇지 않다. 기교적인 이미지나 참신한 감각이 구사되지 않은 데서 역설적으로 새로움을 찾을 수도 있다. 도시의 역전 광장 아스팔트에 떨어진 콩알 하나. 도회지의 아스팔트로 대표되는 현대 문명의 거대한 폭력 앞에 떨어져 뒹구는 한 개의 콩알은 하나의 생명이며 진실한 인간이다. 그런데 이 콩알은 짓밟히며 잊혀지는 처참한 상황 속에 놓여서 누군가를 기다리고 있다. 그 생명의 존재를 알아줄 사람을. 어쩌면 그는 우리가 떠나온 농촌의 쭈글쭈글한 주름투성이의 시골 할머니인지도 모른다. 농촌과 도시, 혹은 현대의 비인간적 폭력과 인간적 각성의 대비를 이 시는 대단히 극명하게 드러내준다. 이러한 비정한 상황 속에서 시인은 밟히며 뒹구는 소중한 생명을 안고 가서 강 건너 밭이랑에 인간성의 씨앗을 심는다. 강 이쪽의 살벌한 곳을 떠난 강 건너 저쪽이란 의미도 퍽 상징적이다. 이 시는 참다운 삶의 자세가 어떤 것이어야 하는가를 웅변적으로 말하고 있다. 이와 같은, 시인이 지닌 생명에의 외경 내지 존엄성 인식이 세계를 바라보는 이 시의 톤이다. 한 편의 시가 꽃의 아름다움이나 말하는 것으로 끝날 수도 있다. 그러나 우리가 사는 이 우울한 비인간화의 시대에 있어서 꽃은 아름다움 이상의 하나의 생명으로써 표현되어야 한다.

지금까지 말한 현대시의 네 가지 요소-센스, 사운드, 이미지, 톤을 고루 조화시킨 그러한 시를 우리는 훌륭한 시라고 비로소 말할 수 있을 것이다.

감동 · 상상 · 아름다움
―좋은 시의 몇 가지 유형

　디지털 시대에 들어서서 문학의 위기 내지 시의 위기가 도래하였다고들 합니다. 확실히 문학, 그 중에서도 시가 차지하는 입지가 갈수록 좁아지고 있는 것은 서점에 가보면 실감할 수 있습니다. 시집 코너가 예전에 비해서 훨씬 줄어든 게 눈에 보입니다. 물론 시집이 예전보다 더 안 팔리고 일반 독자들이 외면하고 있는 게 현실이지만 시를 쓰고자 하는 이들의 열정은 오히려 더욱 활활 불붙는 것 같습니다. 시의 독자보다 시인이 더 많다, 이게 지금 우리 시단의 이상한 현실입니다. 시도 예전보다 훨씬 많이 창작되고 그만큼 많이 발표되고 있습니다. 어찌 보면 요즈음의 시단과 그 주변을 살펴볼 때 1920년대의 동인지시대와는 또 다른 동인지 시대가 우리 앞에 펼쳐지고 있다고 봐야 할 것입니다.
　처음 출발할 때부터 '편집동인' 체제로 시작하여 오늘에 이르고 있는 종합 문예 계간지들―창작과비평, 문학과사회, 문학동네, 실천문학 등. 뜻이 맞는 동인들의 잡지로 출발한 것들이었습니다. 솔직히 대형서점에서 찾아볼 수 없지만 꾸준히 발행되고 있는 유명 무명의 계간지들이 따지고 보면 동호인들이 서로 힘이 돼주고 밀어주어서 명맥을 유지하는 동인지에 다름 아닙니다.
　하도 많은 잡지가 발간되고 거기에 시도 그만큼 발표되고 보니

가지각색의 시들이 다양한 목소리를 내며 꽃을 피우고 있습니다. 또한 그 가운데에는 세계적 수준의 우수한 작품도 있는가 하면 골방에서 혼자 지껄이는 수준의 독백이나 비밀일기 같은 작품도 있습니다. 좋은 시도 있고, 평범한 보통의 시도 있고, 저급한 시도 있습니다. 난해한 시가 있는가 하면 이해하기 쉬운 시도 있습니다. 독자에게 편안하게 다가가고자 하는 시가 있는가 하면 어떻게든지 독자가 읽어내는 것을 방해하려는 불편한 시도 있습니다. 이해하기 어렵거나 쉬운 정도를 떠나 아예 떡장수 엄마를 잡아먹은 늑대가 문틈으로 내미는 털 투성이 앞발처럼 시도 아닌 것을 시라고 내놓는, 가짜 시도 없지 않아 있습니다. 가관인 것은 그런 가짜 시에 그럴싸한 상도 주고 등 두드려 주는 희한한 정경도 벌어지기도 하는 것입니다.

이제 시의 독자는 단순한 독자의 자리에 만족하지는 않습니다. 나는 시인이면서 독자임을 부인하지 않습니다. 오늘의 우리나라 시 독자는 단순히 시를 피동적으로 읽는 데 그치지 않고 능동적으로 시 창작에도 활발하게 참여하고 있는 것입니다.

우연히 알게 된 인터넷으로 나는 2002년 3월 '다음(daum)' 사이트에 카페 하나를 개설했습니다. 카페〈푸른 시의 방〉, 여기에 나는 하루에 한 편 혹은 이틀에 한 편, 내 눈으로 본 좋은 시를 '좋은 시 읽기'라는 코너에 올리기 시작했습니다. 이용악, 백석, 정지용 등 우리 현대시의 태동기부터 연대순으로 시인 한 사람에 한 편씩 대표시를 올리는 일은 1980년대까지 진행하였고, 그 이후는 잡지나 시집에서 순서 없이 좋은 시를 찾아 올리게 됐습니다. 요즘 그 '좋은 시 읽기'는 4,350편을 돌파하고 있으며 어떤 경우에는 두세 편을 한꺼번에 올리기도 했으므로 지금까지 실은 7천여 편 혹은 그 이상의 '좋은 시'를 올린 셈이라 하겠습니다. 시 전문잡지 한 권에서 적게는 두 편 많게는 다섯 편, 그리고 시집 한 권에서 적게는 두 편 많게는 다섯 편 정도를 찾아 올리고 있습니다. 기증 받은 시집 한 권에서 한 편도 못 올릴 때도 있습니다. 그런 분들에게는 퍽 미안하게 생각하면서도 내가 꾸리는 '좋은 시 읽기' 코너는 정말 누가 봐도 공정하게 작품을 선별하고 있음에 존재 의의가 있다고 자부합니다.

내 나름대로 오늘의 시 중에서 '좋은 시'로 꼽는 건 대체로 크게 세 가지로 나눠 볼 수 있는데 그건 첫째 감동이 있는 시, 둘째 상상의 재미가 있는 시, 셋째 아름다움이 있는 시입니다. 시인 또는 평론가에 따라 좋은 시의 분류는 더 자세히 나눌 수도 있겠지만 나는 좋은 시를 나누는 기준을 그렇게 정해 본 것입니다. 한 편의 시를 쓰고 나서도 나는 가끔 이런 물음을 스스로에게 던집니다. 내가 방금 쓴 이 시는 감동이 있는 시인가? 그게 아니면 상상의 재미가 있는 시인가? 그도 아니면 아름다움이 있는 시인가?

감동이 있는 시

시의 내용은 정서입니다. 아기자기한 줄거리를 지닌 서사가 아닙니다. 도덕적 교훈이나 철학적 인생의 깨달음도 아닙니다. 우리 삶의 한 장면에서 우연히 부딪혀 우러나는 정서, 그뿐입니다. 시가 말하는 이야기란 사실 시시한 얘기입니다. 사별한 가족들을 생각하니 서글프다, 아름다운 계절의 풍경을 대하고 기분이 상쾌하다, 사랑하는 사람을 못 만나니 섭섭하다, 이런 따위 지극히 사소한 정서에 지나지 않습니다. 억울하고 비통한 일을 당했을 때 자기 심정을 토로할 뿐, 어떤 방식으로 앙갚음을 해야 한다고 꼬드기지도 않습니다.

나는 정서를 노래하되 그 시의 울림이 큰 시를 '감동이 있는 시'라고 부릅니다. 이런 시의 장점은 시인과 독자 사이에 원활한 소통이 이루어지는 것일 테고, 또한 메시지가 강한 점에서 말한다면 다른 무엇보다 주제가 선명하다고 할 것입니다.

    그 해 겨울 영랑호 속으로
    빚에 쫓겨온 서른세 살의 남자가
    그의 아내와 두 아이의 손을 잡고 들어가던 날
    미시령을 넘어온 장엄한 눈보라가
    네 켤레의 신발을 이내 묻어주었다

    고니나 청둥오리들은
    겨우내 하늘 어디선가 결 고운 물무늬를 물고 와서는
    뒤뚱거리며 내렸으며
    때로 조용한 별빛을 흔들며
    부채를 청산한 가족들의 웃음소리가
    인근 모래기*까지 들리고는 했다

    얼음꽃을 물고
    수천 마리 새떼들이 길 떠나는 밤으로
    젊은 내외는 먼 화진포까지 따라나갔고
    마당가 외등 아래서
    물고기와 장난치던 아이들은 오래도록 손을 흔들었다
    그러나 애들이 얼마나 추웠을까 생각하면
    지금도 눈물이 나의 뺨을 적신다

그래도 저녁마다
울산바위가 물속의 집 뜨락에
오래 가는 놀빛을 떨어뜨리고 가거나
산 그림자 속 화암사 중들이
일부러 기웃거리다가 늦게 돌아가기 때문에
영랑호는 문을 닫지 않는 날이 많다

그런 날은 물속의 집이 너무 환하게 들여다보였다

*모래기는 영랑호 주변에 있는 마을 이름.

—이상국, 「물속의 집」 전문

"—1995년 1월 빚 때문에 영랑호에 와 자살한 한 가족을 위하여"라는 부제를 달고 이 시는 《현대시학》 1996년 2월호에 발표되었습니다. 생활고를 견디다 못해 일가족 네 식구가 겨울 영랑호에 투신한 동반자살. 아마 신문기사에서 시인은 그 슬픈 소식을 접했겠지요. 죽어서도 젊은 내외는 돈을 벌기 위해 새떼들을 좇아 "먼 화진포까지 따라 나갔고" 부모를 배웅하며 "물고기와 장난치던 아이들은 오래도록 손을 흔들었다"고 합니다. 이중섭의 천진스런 그림 같은 그 정경이 떠올려지면서 마침내 시인은 자기감정을 감추지 못하여 "생각하면/ 지금도 눈물이 나의 뺨을 적신다"고 말하고 있습니다. 이와 같은 '감동'을 보여주는 시를 찾아보자면 백석의 「여승」, 김종삼의 「민간인」 등을 볼 수 있습니다.

대체로 감동이 있는 시를 지향하는 작품들이 빠지기 쉬운 함정은 시적 긴장의 이완으로 말미암은 산문화 경향일 것입니다. 그런 유형의 시들은 행 구분을 무시하고 모두 다 산문처럼 줄줄이 이어 붙여보면 금방 시의 허술함이 드러나기 십상입니다. 자기는 시라고 썼는데 짤막한 수필이거나 철학적인 짧은 산문일 경우가 많습니다.

거실 화장실 수건은 늘 아내가 갈아두는데
그중에는 근래 직장에서 받은 입생로랑이나
란세티 같은 외국물 먹은 것들도 있지만
1983년 상주구계서원 중수 기념수건이나
(그때 아버지는 도포에 유건 쓰고 가셨을 거다)
1987년 강서구 청소년위원회 기념수건도 있다
(당시 장인어른은 강서구청 총무국장이었다)
근래 받은 수건들이야 올이 도톰하고 기품있는
태깔도 여전하지만, 씨실과 날실만 남은 예전
수건들은 오래 빨아 입은 내의처럼 속이 비친다
하지만 수건! 그거 정말 무시 못할 것이더라
1999년, 당뇨에 고혈압으로 장인어른 일년을
못 끌다 돌아가시고, 2005년 우리 아버지도
골절상으로 삭아 가시다가 입안이 피투성이가
되어 돌아가셨어도, 그분들이 받아온 낡은
수건들은 앞으로도 몇 년이나 세면대 거울 옆에
내걸릴 것이고, 언젠가 우리 세상 떠난 다음날
냄새나는 이부자리와 속옷가지랑 둘둘
말아 쓰레기장 헌옷함에 뭉쳐 넣을 것이니

수건 그거 맨 정신으로는 무시 못할 것이더라
어느 날 아침 변기에 앉아 바라보면, 억지로
찢어발기거나 불태우지 않으면 사라지지도 않을
옛날 수건 하나가 이제나 저제나 우리 숨 끊어질
날을 지켜보기 위해 저러고 있다는 생각이 든다
—「소멸에 대하여 1」

    이 시의 시인은 젊은 시절 한때 패기에 찬 시를 발표하여 일찍이 문명(文名)을 날렸습니다. 그런데 얼마 전 회갑을 지나고 나서 갑자기 조로 현상이 왔는지 이렇게 포에지가 묽은 시를 어엿한 대가의 시인 양 내놓고 있습니다. 참으로 안타깝습니다. 이 시(?)를 행갈이 한 것을 그냥 다 붙여보면 이게 시라기보다 산문 쪽에 훨씬 가까운 글임을 금방 알 수 있습니다. 시적 긴장감이 없는 시를 쓸 바에야 차라리 침묵하는 편이 훨씬 낫습니다.

상상의 재미가 있는 시

    문학은 언어로 표현된 허구의 예술입니다. 시도 그 속의 작은 갈래이므로 허구의 예술인 것이지요. 그 허구를 위하여 특히 오늘의 현대시는 조형적인 이미지를 만들어내고 그것을 위하여 참신한 비유를 통한 '낯설게 하기' 수법을 사용합니다. '낯설게 하기'란 친숙하거나 인습화된 사물이나 관념을 특수화하고 낯설게 함으로써 전혀 새로운 느낌을 갖도록 표현하는 방법. 러시아 형식주의의 문학적 수법으로 알려져 있습니다.
    한 예로, 지하철과 관련된 시를 찾아보니 "나는 보았다/ 밥벌레들이 순대 속으로 기어들어가는 것을"이라고 쓴 최영미의 「지하철에서 1」도 있고 에즈라 파운드의 유명한 「지하철 정거장에서」도 있습니다. "군중 속에서 유령처럼 나타나는 이 얼굴들/ 까맣게 젖은 나뭇가지 위의 꽃잎들." 흔한 풍경이건만 얼마나 산뜻한 감각의 이미지들인지 모릅니다.

    2012년 《문학동네》 신인상으로 당선된 시 한 편을 더 살펴보기로 합니다.

    뾰족한 악몽을 밀어내고
    담장에 오르는 새벽

    나는 내가 비좁다

    창을 열면
    내 안으로 눈이 내리고

    붉은 새가 걷는다 붉은 새가

    떼로 날아오르면
    검게 찢어지는 하늘이

    칼들이 쏟아져 내리고
    아버지가 보인다

    취한 손으로 가족들 발톱을

뽑아내는

모두가 찌르고 모두가 찔리고
모두가 떠나지 않고 이곳에 서 있다

내 안으로만 쌓이는 눈
창이 열리면

나는 나를 뚫는다
새가 새를 뚫는다

—남지은, 「넝쿨장미」 전문

이 작품에 대한 비평적 해설은 당선작을 뽑은 심사위원 중 한 사람인 평론가 신형철의 글(《문학동네》 신인상 시 부문 심사평)로 편의상 대신하겠습니다.

"뾰족한 악몽을 밀어내고/ 담장에 오르는 새벽" 「넝쿨장미」의 도입부다. 이것은 일차적으로는 제 몸 안에서 밖으로 가시("뾰족한 악몽")를 "밀어내고" 담장을 타고 오르는 넝쿨장미의 모습을 재현한 것이겠지만, 어느 날 새벽에 악몽에서 깨어난 화자가 그 악몽의 잔영과 힘겹게 싸우는 모습 또한 떠올리게 한다. 다시 잠이 들면 악몽이 이어질 것 같은데, 이대로 눈뜬 채 아침이 오기를 기다리는 것은 너무 외로운 일이다. 그렇게 그의 안에는 너무 많은 악몽이 있기 때문에 그는 "나는 내가 너무 비좁다"라고 느낀다. 비좁기 때문에, 그 너무 많은 악몽들은 가시가 되어 밖으로 돋아날 수밖에 없는 것이다. 비좁다는 느꿈이 그를 답답하게 만들고, 그 답답함이, 자다 깬 새벽에 창문을 열지 않을 수 없게 만든다.

"창을 열면/ 내 안으로 눈이 내리고// 붉은 새가 걷는다 붉은 새가// 떼로 날아오르면/ 검게 찢어지는 하늘이" 창을 열면 무엇이 보이는가. 다시 말해, '창 안의 나'와 '창밖의 세상' 중에서 어느 쪽의 힘이 더 강한가. 전자의 힘이 강하면 창을 열어도 결국 '나 자신'이 보일 것이다. 표현 욕구가 재현 욕구를 이겼다는 뜻이다. 그의 불우한 내면이 세상을 다 빨아들인다. 그러니 눈은 "내 안으로" 내릴 수밖에 없다. 역시나 내면의 대체물일 "붉은 새"는 불길하게도 날지 못하고 걷는다. 행여 떼로 날아오르면 하늘이 검게 찢어진다. 이 '붉음'과 '검음'은 이 시의 소재가 되고 있는 장미의 '검붉음'을 나눠 반영하면서 후반부의 분위기를 이끈다. 이어 이 시는 그의 악몽이 가족의 현재와 관련이 있음을 드러내기 시작한다.

"칼들이 쏟아져 내리고/ 아버지가 보인다// 취한 손으로 가족들 발톱을/ 뽑아내는// 모두가 찌르고 모두가 찔리고/ 모두가 떠나지 않고 이곳에 서 있다" 가족이라는 숨은 상처가 화자의 내면을 점령하는 순간, '내리는 눈'도 '쏟아져 내리는 칼'로 전환되었을 것이다. 아마도 이 가족의 문제는 '취한 아버지'와 관련돼 있는 것 같다. 그 아버지는 가족들을 고통스럽고 무기력하게 만들고 있을 것이다. 아버지가 가족들의 발톱을 뽑는 모습이 그렇게 읽게 한다. 가시들이 서로 뒤엉켜 있는 넝쿨장미는, 이렇게, 서로 찌르거나 찔리면서도 서로를 떠날 수 없는 가족의 모습으로 유려하게 전환된다. 그리고 이 시의 마지막은 이렇다.

"내 안으로만 쌓이는 눈/ 창이 열리면// 나는 나를 뚫는다/ 새가 새를 뚫는다" 마지막 두 줄은 '나'의 가시가 '나'를 찌르는 장면을 떠올리게 하는데, 여기에서, 지금과 같은 상황이 절대로 변할 수 없다는 것을 예감하는 자의 체념적 절망감을 읽어내야 할지, 아니면 고통스럽고 무기력한 상황에서 벗어나기 위해서는 그 가족의 구성원이기도 한 '나' 자신의 자기 극복이 필요하다는 결단의 몸짓을 읽어내야 할지 쉽게 선택하지 못하겠다. 그러나 어느 쪽으로 읽건 이 결말이 만들어내는 매력적인 모호함의 공간은 여전히 넓다.

'상상의 재미가 있는 시'는 오늘의 현대시 중 가장 많은 영역을 차지하고 있습니다. 몇 편의 좋은 예를 더 들어보면 함기석의 「뽈랑공원」, 윤성택의 「후회의 방식」, 조인호의 「철가면」 등을 말할 수 있습니다. 특히 「후회의 방식」은 시간의 흐름을 역전시킨 독특한 시상의 전개가 아주 재미있습니다. 앞서 나온 '매력적인 모호함'이라는 것. 이 모호성(ambiguity)이라는 시의 속성을 잘못 이해한 젊은 시인들이 곧잘 빠지는 함정에 특별히 유념해야 합니다. 젊은 시인들이 좋아하는 소위 전위적인 시, 아방가르드의 유령에 홀려서는 안 됩니다. 미의식을 포함하지 않은 모호성, 비논리 자체만을 즐기는 어불성설, 중언부언, 요령부득의 모호성 등은 경계하고 또 경계해야 합니다.

> 혈관을 찾던 약한 팔뚝 빛 딸기를 고른다
> 색연필을 핥고 나서부터 무심(無心)이 도졌던 중학(中學)의 미술은
> 오직 기쁘게 얼굴들을 흠집 냈다. 무도병(舞蹈病)이 되어
> 한 겹씩 얇게 소동들은 떠오를 것이다
> 나를 낳고 싫증이 났던 엄마의 무렵, 날짜변경선을 지나며
> 싸고 있는 애벌레를 상대했다, 조용히 들여다본 엄마의 까만 것을

―「가내 판정」 부분, 《현대시학》 2012년 8월호

날개 안쪽, 퍼덕이던 뼈를 만져본다
허공의 통증이다.

　　창밖, 꽃들의 방위가 쓸쓸해 길은 길로 걸어와 침묵한다. 안다는 것과 알고 있다는 주저가 어느 순간 난간이 되고 위악적인 꽃말들이 난간을 걷는다. 꽃을 물어 나르는 새들의 위장을 탐했던 바람, 귀먹은 바람을 불러들여 헛구역질을 연습하면 풀냄새가 입안 가득 돌고 손이 검은 얼룩에 기척이라는 장기가 생긴다.
―「통증의 연대기」 부분, 《현대시》 2012년 2월호

　　우선 「가내 판정」은 제목부터 알 수 없는 묘한 말입니다. 잘 참고 읽어봐도 이게 무슨 말인가, 알아내기 어렵습니다. "무심(無心)이 도졌던 중학(中學)의 미술"은 얼굴들에 흠집을 내고…. "엄마의 무렵, 조용히 들여다본 엄마의 까만 것"—아마 시인 자신도 이런 구절들을 분명하게 독자들에게 이해시키기는 어려울 것이라고 생각합니다. 저도 모르고 나도 모를 소리라고나 할까, 이런 것을 시라고 내밀기엔 낯가죽이 한참 두꺼워야 할 것입니다. 이건 어렵게 쓴 시나 잘못 쓴 시도 아니고 아예 시가 아닙니다. 말하자면 '가짜 시'입니다. 「통증의 연대기」도 역시 독자를 현혹시키려는 말장난으로 된 시입니다. 무언가 의미 있는 게 있을 것 같은 착각만 유발할 뿐 알맹이가 하나도 없는 시입니다. 이러한 시들에 굳이 이름을 붙인다면, 시인 혼자 중얼거리는 '자폐시' 혹은 '가짜 시'라고 부르고 싶습니다. 시 쓰기를 40년 50년씩 해온 중견 이상의 시인들이 아무리 읽어도 알 수 없는 시가 있을까요?

그런 건 사기입니다. '난해시'란 나같이 시력(詩歷)이 많은 시인들, 혹은 소수의 시인들이라도 꼼꼼히 읽어서 충분히 공감하고 이해할 수 있는 「넝쿨장미」같은 시를 이릅니다. 저것들은 눈속임의 '가짜 시', 잘해야 '자폐시'일 뿐입니다.

아름다움이 있는 시

누가 뭐래도 문학은 예술입니다. 예술을 말할 때 가장 먼저 꼽는 게 문학입니다. 문학에서도 맨 앞에 내세우는 것은 시입니다. 그러므로 시가 예술임은 누구나 아는 상식입니다. 예술이 추구하는 게 무엇입니까? 바로 아름다움이지요. 미(美)를 추구하는 까닭에 시가 지니는 미 역시 숭고미, 우아미, 비장미, 골계미를 떠나서 말하기 어렵겠습니다.

고기잡이를 직업으로서가 아니라 한가로운 풍류로 즐김을 노래한 고산 윤선도의 「어부사시사」에는 우아미(優雅美)가 있고, 죽은 누이를 그리며 슬픔을 참고 내세에서 만날 것을 기약하는 월명사의 「제망매가」에서 드러나는 것은 숭고미(崇高美)입니다. 예수 그리스도에게처럼 십자가가 허락된다면 어두워 가는 하늘 밑에 모가지를 드리우고 조용히 피를 흘리겠노라고 말하는 윤동주의 시 「십자가」에 깃든 비장미(悲壯美), "얼굴을 선캡과 마스크로 무장한 채/ 구십 도 각도로 팔을 뻗으며 다가오는 아낙들을 보"는 것부터 시작하여 풍자, 해학으로 독자를 즐겁게 하는 권혁웅의 시 「도봉근린공원」은 골계미(滑稽美)를 띠고 있습니다.

검고 푸른 달밤, 관능적인 여인의 춤이 그치고 그녀가 헤롯왕에게서 상으로 받기를 바란 그것을 쟁반에 담아 가지고 나옵니다. 푸른 달빛 아래 빛나는 은쟁반, 그 위에 검붉은 피를 흘리는 사람의 머리. 영국의 작가 오스카 와일드는 이 소름끼치도록 무섭고 아름다운, 바로 이 장면을 위해서 희곡 「살로메」를 썼다고 합니다. 그건 유미주의 혹은 탐미주의 내지는 예술지상주의라고도 부르는 문예사조입니다. 미적 가치를 가장 높은 가치로 보고 모든 것을 미적 견지에서 평가하는 태도나 세계관 곧 예술을 위한 예술, 더 나아가 악마주의로까지 길을 열어나가는 것 자체가 순수예술의 존재 그 자체일는지도 모릅니다.

> 다리를 벌리고 앉은 의자 아래
> 졸고 있는 죽은 고양이 옆에
> 남자의 펄럭이는 신문 속에
> 펼쳐진 해변 위에
> 파란 태양 너머
> 일요일의 장례식에
> 진혼곡을 부르는 수녀의 구두 사이로
> 달려가는 쥐를 탄
> 우울한 구름의 손목에서 흐르는
> 핏방울이 떨어져 내린
> 시인의 안경이 바라보는
> 불타오르는 문장들이 잠든
> 한 줌 재가 뿌려진
> 창밖의 검은 밤 속
> 　　　　　　　　　―강성은, 「아름다운 계단」 부분

너를 껴안고 잠든 밤이 있었지, 창밖에는 밤새도록 눈이 내려 그 하얀 돛배를 타고 밤의 아주 먼 곳으로 나아가면 내 청춘의 격렬비열도에 닿곤 했지, 산뚱반도가 보이는 그곳에서 너와 나는 한 잎의 불멸, 두 잎의 불면, 세 잎의 사랑과 네 잎의 입맞춤으로 살았지, 사랑을 잃어버린 자들의 스산한 벌판에선 밤새 겨울밤이 말달리는 소리, 위구르, 위구르 들려오는데 아무도 침범하지 못한 내 작은 나라의 봉창을 열면 그때까지도 처마 끝 고드름에 매달려 있는 몇 방울의 음악들, 아직 아침은 멀고 대낮과 저녁은 더욱 더 먼데 누군가 파뿌리 같은 눈발을 사락사락 썰며 조용히 쌀을 씻어 안치는 새벽, 내 청춘의 격렬비열도엔 아직도 음악 같은 눈이 내리지

—박정대, 「음악들」 전문

연쇄법을 구사한 시 「아름다운 계단」에서는 기괴한 가운데 느껴지는 미의식이 있습니다. 오스카 와일드나 에드거 앨런 포에게서 풍기는 약간 그로테스크한 미의식입니다. 그리고 「음악들」에서는 부드럽고 달콤한 말맛의 음악성을 곁들여 판타지 같은 이미지의 연속이 아름답게 펼쳐지고 있지요. 이와 같은 시 자체의 아름다움을 추구하는 것은 '너도 모르고 나도 모르는' 모호한 말도 아닌 혼잣말의 안개 속에 종적을 감추는 비열한 시들보다 차라리 열 배 백 배 낫습니다.

지금까지 나는 좋은 시의 갈래를 감동이 있는 시, 상상의 재미가 있는 시, 아름다움이 있는 시로 나누어 보았는데 이는 내가 혼자 생각해 본 분류에 지나지 않습니다. 유명한 학자들의 빛나는 이론에 도움 받은 바도 없이 지금까지 50년 가까이 딴에는 열심히 시를 써오며 내 몸으로 터득한 어설픈 시론에 불과합니다. 한 편의 시가 저런 요소들을 두루 섞어서 나타날 수도 있겠고, 전혀 다른 모습의 시도 나올 수

있다고 생각합니다.

　시 한 편을 탈고하고 나서 이 세 가지 기준에 맞춰 자기 스스로 점검해 보는 것도 그다지 무익한 일은 아닐 것입니다.

(2012. 9. 15 '시우주 시낭송회' 강연 원고)

역사 속의 시

　이상(李箱)은 말한다. "어느 시대에도 그 현대인은 절망한다."라고. 이 말에서 현대인을 시인이라고 바꾸어 놓고 생각해 보아도 그것은 성립한다. 우리가 사는 현대라는 공기 속에서 시인은 그 현대의 삶을 가장 첨예하게 파악하고 반응하면서 산다.
　굳이 아리스토텔레스의 말을 빌리지 않더라도 시인 역시 사회적인 관계 속에서 그 시대의 삶을 기록하는 이상으로 표현하는 것인데, 그것은 어떤 목적의식에서 비롯되는 것만은 아니다. 왜냐 하면 시가 궁극적으로 도달하는 것은 감동에 지나지 않기 때문이다. 스펜서의 반전시(反戰詩)를 읽고 감동한 병사가 총을 버렸다는 이야기는 아직 없다. 그리고 많은 병사들이 총을 버리게 만든 시가 있다면 그것은 이미 시가 아니다. 차라리 그것은 선동적인 격문에 지나지 않을 것이다. 그러나 이 땅에 뿌리를 내리고 사는 시인이 이 땅의 삶이 아닌 비현실을 시로 쓴다면 그건 하나의 슬픈 난센스이다.
　우리나라의 1930년대. 혹독한 일본의 무단 정치, 억압 정치의 상황에서 한가로이 음풍농월만을 일삼은 시가 있다면, 그것은 민족에 대한 반역이라 할 것이다.

　　강나루 건너서

밀밭 길을,

구름에 달 가듯이
가는 나그네.

　와 같은 시에서 우리는 과연 작자의 말과 같이 나라를 빼앗긴 방랑하는 혼을 상상해 낼 수 있는가? 차라리 그것은 술 익는 마을을 찾아 유람하는 조선시대의 풍류객을 머릿속에 떠올릴 수 있지만, 많은 비약적 상상을 거쳐 일제에 대한 치열한 저항 정신을 그와 같이 표현한 것이라고 보기는 어려울 것이다. 온 민족이 보릿고개에 시달리며 허리띠를 졸라매며 살아야 했던 그 시절, 시인은 구름에 달 가듯이 유유자적함을 노래해야 마땅한 것일까. 그것은 진실한 삶에 대한 외면, 바로 그에 다름 아니었다. 뒷날 이 시인이 육영수 여사의 전기(박재삼 시인에게 하청을 맡기고서 제대로 고료도 주지 않아 원망을 샀다는 일화도 있다)를 쓴 것도 그런 의식의 발로가 아니었던가 싶다.
　일본 후쿠오카 형무소에 갇혀 일본인 간수들에게 날마다 이름 모를 주사를 맞으며 죽어간 청년 시인 윤동주는 한 점 부끄럼이 없는 삶을 살고자 전 생애를 바쳤었다. 윤동주에게 있어서는 일제 치하의 이 땅에 태어난 사실조차 부끄럽다고 그의 시 '참회록'에서 "—만 이십사 년 일 개월을 무슨 기쁨을 바라 살아 왔던가."라고 조용히 뼈아픈 뉘우침을 새기고 있는 것이다. 한 편의 시가 나라를 건지리라는 기대를 우리는 생각할 수 없다. 시는 적어도 그런 정치적 기능을 가진 것이 아니므로. 그렇긴 하더라도 지성의 첨단으로서 시인은 말해야 한다. 진실이 무엇인가를 말해야 한다. 진실을 말하지 않는 시를 즐겨 쓴다면 그 시인은 시인의 자리를 떠나 한갓 장인(匠人)으로 전락하고 만 것을 의미한다.

　언어가 지닌 전달의 기능이 전달을 초월하여 크나큰 감동에 이를 수 있는 것이 곧 시의 길이다. 시는 말[言語]의 사원(寺院)이라는 어원적인 해석도 있다. 이 역시 시의 언어란 보통의 일상적 언어와는 달리 신비롭고 아름다운 감동을 획득해야 한다는 뜻일 것이다.

　시인이 처해 있는 나라의 상황이 비상시국에 직면해 있을 때 시인은 단순한 아름다움의 창조적 장인의 자리를 박차고 위대한 선지자의 자리에 서 왔음을 우리는 단테나 밀턴에게서 볼 수가 있었다.

　말할 수 없이 준열하고 신산한 시대를 살 수밖에 없으면 시인은 최소한 그 준열하고 신산한 고통을 깨우쳐는 주어야 한다는 말이다. 이육사의 「절정」은 그 매운 고통의 시대를 매우 감동적으로 보여주고 있는 시의 한 예가 된다.

　　　매운 계절의 채찍에 갈겨
　　　마침내 북방으로 휩쓸려오다.

　　　하늘도 그만 지쳐 끝난 고원
　　　서릿발 칼날 진 그 위에 서다.

　　　어디다 무릎을 꿇어야 하나
　　　한 발 재겨 디딜 곳조차 없다.

　　　이러매 눈감아 생각해 볼밖에
　　　겨울은 강철로 된 무지갠가 보다.

우리는 이 시에서 섬뜩한 충격과 만나게 된다. 겨울로 상징된 우리 민족의 억눌린 삶과 칼날 위에까지 쫓겨온 우리 민족의 극한에 이른 고통, 환상의 무지개조차 허락되지 않은 이 비정함에 말할 수 없이 신산한 아픔을 뼈저리게 깨달을 수밖에 없는 것이다. 반생 중 오랜 동안을 북쪽 이역 중국 대륙을 방황하다가 북경 감옥에서 옥사한 이 시인의 삶은 밀턴처럼 열렬한 인생 체험이었으며, 그 체험의 여과가 시로 구상화된 것이다.

광복이 되고, 6·25 사변으로 남북이 분단된 자유당 정권 시절. 사바사바와 빽이라는 은어로 그 사회상을 충분히 짐작할 수 있는 그때, 항간에는 전선에서 총 맞아 죽는 군인이 "빽(배경)!" 하고 죽는다는 우스개 이야기가 떠돌 때였다. 그럴 무렵 조영암이라는 어용시인(御用詩人)은 어처구니없게도 "이승만 박사(당시 대통령)의 귀만 바라보아도 우리는 배가 부르다."는 따위 시 아닌 시를 끄적거렸다고 한다. 보릿고개를 넘기기가 그렇게도 어려워서 부황이 난 국민들에게 있어서 그건 차라리 모욕이었다. 동족상잔의 전쟁이 휩쓸고 간 휴전 직후 우울한 그 시대의 삶을 보여주는 것으로 김춘수의 시 「귀향」을 들어본다.

   산발치의 붉은 열매
   붉은 열매를 따먹는 산토끼의 눈에는
   지금은
   엷은 연두색의 하늘이 떨어져 있지만,
   산토끼야 산토끼야.
   너는 보았겠지,
   무덤 속

조상들의 혼령까지 짓밟고 간
그 사나이의 거대한 군화(軍靴)를.

전쟁의 상처는 컸다. 우리 민족 전체에게 있어서 전쟁은 뼈마디를 쑤시며 저려드는 고통이었다. 전쟁의 피해를 받지 않은 사람이 그때 당시 한 사람이라도 있었을까. 그리하여 시인은

지금은 아니 무너진 성(城)이 없고
무구(無垢)한 아무 것도 없는데

라고 비통한 어조로 노래한다. 허울 좋은 민주주의라는 미명 아래 자유당 정권이 국민에게 가한 압제는 어쩌면 허무와 허탈로 국민들에게 받아들여졌는지도 모른다. 웅덩이의 물이 고인 채로 썩어가듯이 정권이 썩어갈 때 드디어 1960년 3월에 부정 선거가 자행되고 거기에서 점화된 4·19 학생 의거가 터졌다. 그 누구도 감히 자유당 정권이 무너지리라고는 생각지 않았던 그때, 어떤 신문은 "아, 슬프다! 4월 19일!"이라고 표제를 내걸었던 것이 지금도 기억에 생생하다.

우리 민족사에 있어서 3·1 운동과 더불어 4·19 의거는 정말 신화처럼 빛나는 민족 항쟁의 금자탑이었다. 그 날의 감격을 시인 신동문은 이렇게 노래하고 있다.

빗발치는
총알 총알
총알 총알 총알 앞에
돌 돌

돌 돌 돌
주먹 맨주먹 주먹으로
피 비린 정오의
포도(鋪道)에 포복하며
아! 신화같이
육박하는 다비데 군(群)들
　　　　　―신동문, 「아 신화같이 다비데 群들」 부분

　적이 아닌 젊은 학생들의 가슴에 총을 겨눈 살인 전제를 골리앗으로, 목숨으로 맞설 수밖에 없었던 젊은이들을 다비데(다윗)로 비유한 이 시에서 얼마나 생생한 그 당시의 기록을 읽을 수 있는 것인지. 하지만 그 4·19는 성공한 것이라고 생각할 수가 없었고 날이 가고 해가 갈수록 그 빛은 무색해지기만 하였다.
　억누르는 힘이 너무도 거대하면 시인과 작가들은 거기에 감연히 대항하지는 못하지만 풍자와 상징과 알레고리로써 작품을 형상화하게 된다. 1960년대를 살다 간 시인 김수영의 「풀」을 보면 그것을 극명하게 알 수 있다.

풀이 눕는다.
비를 몰아오는 동풍에 나부껴
풀은 눕고
드디어 울었다.
날이 흐려서 더 울다가
다시 누웠다.
풀이 눕는다.

바람보다도 더 빨리 눕는다.
바람보다도 더 빨리 울고
바람보다 먼저 일어난다.

날이 흐리고 풀이 눕는다.
발목까지
발밑까지 눕는다.
바람보다 늦게 누워도
바람보다 먼저 일어나고
바람보다 늦게 울어도
바람보다 먼저 웃는다.

 이 시는 크게는 민족의, 작게는 민중의 끈질긴 생명력을, 풀의 강인한 생명력으로 표현했다고들 말한다. 이 시는 전편이 하나의 비유, 곧 알레고리로 쓰인 작품이다. 그리고 이 시가 '풀뿌리가 눕는' 흐린 날씨(현실)를 예견하고 있음에 잠깐 주의할 필요가 있다. 이제 1970년대도 조용히 저문다. 산업화와 경제 성장이라는 이름의 혼돈 속에서 1970년대가 가고 있다. 집단의 이익을 위하여 개인의 진실이 잠시 유보되어야 했던 시대, 산업화로 말미암아 순식간에 가치 체계가 바뀌어버린 비정(非情)의 시대. 그래서 소외당한 이의 슬픔과 아픔도 적지 아니 컸고, 시인들은 개인의 내면에 감춰진 상처를 조심스레 들춰보기도 하였다. 비록 전체를 위한 일일지라도 개인의 진실이 묵살되어서는 안 되므로, 그 개인이 모여서 궁극에는 전체를 이룰 것이므로.
 아직은 널리 알려지지 않은 젊은 시인의 시를 한 편 여기 잠깐 옮겨보면,

> 척박한 땅일수록 여럿이 묻혀
> 개간의 괭잇날을 완강히 거부하던
> 너는 한때 보수주의자였다.
> 그러던 네가 어디를 떠돌이로 다니다가
> 고향 버린 막벌이꾼들만 모여 사는
> 이 변두리 길에까지 굴러와서
> 취한 사내들의 발부리에 채거나
> 리어카 바퀴에 밀리거나 하면서도
> 너는 그들과만 같이 살고자 원한다.

　김창완의 「돌멩이」라는 제목의 이 시에서, 취한 사내들의 발부리에 함부로 차이는 길바닥에 흔하게 흩어져 있는 돌멩이는 평범한, 이웃의 보편적인 삶을 상징적으로 보여주고 있다 할 것이다. 개간의 괭잇날을 완강히 거부하던 보수주의적 사고방식, 즉 근대화의 소용돌이에 재빠르게 대처하지 못하는, 고통을 당하는 민중들의 삶을 드러내고 있는 것이다. 유능한 젊은 시인들이 이 산업화 시대 삶의 어려움을 굳이 노래하는 것은 인간의 궁극적인 행복이라는 욕망 성취에 대한 강렬한 소망의 표현일 따름이다. 충격이 충격으로 받아들여지지 않는 비정한 산업화 시대의 아픔은 그 무감각 증세가 커다란 병인이라고 지적될 수도 있으리라.

　이제 다시 새로운 역사의 장이 열리고 있다. 시인은 항시 새로움을 갈구한다. 어떠한 역사가 시인의 삶과 그 시 속에 투영될 것인지 그것은 미지수이다. 한 가지 분명한 것은, 훌륭한 시인은 항상 역사의 현장을 살아가며 그 역사의 진실을 가장 정확하게 응시하고자 노력하고 있다는 것이다. 또한 어떠한 명목으로도 인간의 진실이 외면당

해서는 안 되며, 어려운 시대일수록 적어도 삶의 구체적인 어려움을 깨닫지 못하는 이에게 분명하게 보여준다는 사실이다. 그 총체적인 삶의 어려움을 극복하거나 그에 대한 정책을 제시하는 일은 시인의 몫이 아니므로.

(1979년)

현실 인식과 시 정신의 균형

　음악이나 미술은 사정이 다를 수도 있겠지만, 문학은 삶에 뿌리를 내리고 언어로 꽃을 피우는 예술이다. 더욱이 시는 삶의 현실을 표현하되 그것이 겉으로 추하게 드러나서는 안 되며, 언어적 측면의 시 정신 또는 예술성을 드러내되 한갓 공허한 말장난이어서는 안 된다는 게 나의 짧은 시론이다. 그리고 시를 쓸 때 시 일반에 대한 이론을 지나치게 많이 아는 것은 도리어 실제로 시를 창작하는 데에는 방해가 될 뿐이라는 것을 말하고 싶다.

　　1965

　　I
　　일천구백육십오년의 가을이 부두를 떠날 때

　　겨울은 점령군처럼 급히 왔다.

　　II
　　부러울 게 없어야 할 시절에
　　교정에서, 그 커다란 미루나무 아래서 모표를 반짝이며

애당초 글러먹은 기후와 시를 이야기하던 친구가
몰래몰래 막걸리를 마시더니
무섭게 자라버린 그 친구가
애당초 글러먹은 나라의 특등사수가 되어
터지는 포화 속으로 달려간다 하지만
우리들은 말릴 수가 없다.
사랑하는 친구가
떠난다 해도

사랑하는 친구가 우리를 떠난다 해도
하나 안 기쁘고 하나 안 슬픈
그것은 일천구백육십오년.
하나도 하나도 안 기쁜 환송을 받으며
친구는 웃었다.

Ⅲ
일천구백육십오년의 가을이 부두를 떠날 때
잠도 안 오는 이국 산천이 한꺼번에 빨려들어
풍선 속을 팽창하다가 수천의 비둘기 똥에 짓눌렸던 게지
짓눌려 터지는 소리가 우리들의 방
문풍지를 울렸던 게지.
그것은 일천구백육십오년.

사랑하는 친구가 젊디젊은 나이를 총구에 달고
가버렸을 때,

겨울은 무심히
우리들의 텅텅 빈 가슴에 무심히
겨울은 닻을 내렸다.

IV
칫솔에 묻어난 피를 닦는 일상의 어느 아침
문득 받아든 에어 메일,
친구의 얼굴이 두 손바닥으로 감쌀 수 있는
그래서 안녕이 더 그리운 수만리 밖의 체온
체온을 만질 수 있는 문명을
감사해야 할까,
날아온 친구의 얼굴은 웃고 있었다.

사랑하는 친구는, 하늘이 뜻한다면
고향 집 마당도 쓸고
보리밥 된장찌개도 먹을 수 있지 않겠느냐고,
낯선 바람에 깎여 코가 커지고 눈알이 파래진다고
사랑하는 친구는 웃고 있지만
그것은 일천구백육십오년.

V
일천구백육십오년의 겨울이
우리들의 내장 속에서 정박을 하고
우리들은 지금, 글러먹은 땅에서 어차피 굴러먹는다.
창자 속에 얼어붙은 겨울을 꺼내어

개선장군처럼 웃는다.
산다는 것이 즐거워서 웃는다.

그것은 일천구백육십오년.

Ⅵ
일천구백육십오년의 가을이 부두를 떠날 때

우리가 떠나온 그 교정의, 그 미루나무 아래에선
우리들의 동생이 글러먹은 기후와 시를 마시며
아, 무섭게 자란다.
미루나무는 이파리도 없이 무섭게 자란다.

  나는 전주고등학교 시절에 문예반인 '맥랑시대(麥浪時代)' 동인이었다. 신석정 선생님이 지도교사였고, 당시 학생 잡지 《학원》이 고교생들의 산문 이삼십 매를 게재할 때 우리는 곧잘 원고지 일백매가 넘는 단편소설도 끼적이면서 도무지 무서울 게 없었다. 동인 중 몇은 흑석골이라는 골짜기에 찾아가 객기를 부리며 막걸리를 마셔대기도 하였었다. 우리는 형제 이상으로 친하게 어울려 다녔다. 고등학교를 졸업하고 나자 다들 제각기 흩어져 갔다. 나도 대학에 진학했지만 허무하기만 하고 왠지 정붙일 곳이 없었다. 이 무렵 1965년은 대학 4학년 시절이다. 몇 달을 두고 전국의 대학생들과 국민들의 들끓는 반대 여론이 이어졌으며 반대를 무릅쓰고 마침내 박정희 군사정권은 굴욕적인 한·일 협상을 타결시키고야 말았다. 참으로 비통한 일이었다. 그리고 그 해 가을 베트남 전선에 비둘기 부대, 맹호 부대가 반대 여론을 무시하고 파병되었다. 월남전이 장기화되면서 미국은 우리나라에 용병을 요청하였고, 박 정권은 개발 독재에 필요한 자금 마련을 위해 젊은이들의 목숨을 주저 없이 빌려준 것이었다. '맥랑시대' 친구들 가운데서 1년 선배인 오홍근 형이 맹호부대로 가게 되었다.

  몇 친구가 모여 흑석골로 갔다. 형제 같은 친구를 전쟁터로 보내는 자리였다. 우리는 술을 마시고 웃고 떠들었지만 조금도 술이 취하지 않았다. 부산항의 부두는 가을이래도 바닷바람이 세었을 것이다. 그 뒤 다낭에서, 퀴논에서 웃통을 벗어젖힌 채 웃고 있는 사진과 함께 홍근 형의 편지가 왔다. "하늘이 뜻한다면, 고향에 돌아가서 된장찌개에 보리밥을 실컷 먹고 마당을 쓸어 보고 싶다."고도 했고, "미군 레이션 깡통을 까먹다 보니까 나도 코가 커지고 눈알이 파래지는 게 아닌지 모르겠다."고 익살을 부린 편지도 있었다.

  나는 「1965」라는 이 시에 도대체 글러먹은 한·일 회담과 월남 파병을 담고 싶었다. 한·일 회담에 반대하는 글을 쓴다는 것은 당시 정치 상황에 비추어 만용에 가까웠으므로 나는 시의 행간에 그것을 감춰 넣었다. '일천구백육십오년'이라는 거듭된 반복이 무엇인가 더 말할 듯 말할 듯하면서 말을 삼켜버린 느낌을 받도록 하였다. 친구가 전쟁터로 떠남과 동시에 이 나라엔 겨울이 닥쳐오고, 그 겨울이 언제 끝날 줄 모르는 상황인데 우리들 다음 세대 역시 똑같은 겨울을 무섭게 견디지 않으면 안 된다는 비극의 계승을 나는 쓰고자 하였다. 후렴구 같은 "그것은 일천구백육십오년"에 물론 시의 음악적인 효과를 어느 정도 고려한 면도 있었다. 비교적 차분한 심정으로 「1965」는 쉽게 써진 셈이었다. 이 시는 서너 차례의 옮겨 쓰기 과정밖에 거치지 않고 완성되었다. 부산항에서 태극기를 흔들며 전송하던 수많은 손과 손, 풍선을 하늘 높이 띄우고 비둘기 떼를 한꺼번에 날려 보내던 그 뉴스 영상이 지금도 흑백 필름으로 내 기억의 한편에는 남아 있다.

오늘의 시가 상업예술이 아니고 비상업적인 예술이라는 가장 기본적인 입장에서 우리는 모든 상업주의를 거부한다. 지나친 테크닉 위주의 장인적인 상업성과 지나친 독선의 정치적인 또 다른 상업성도 우리는 거부한다. 시인은 가수도, 정치가도 아니다. 시인은 다만 운율 있는 언어로 자기의 성을 구축하는 언어의 주인일 뿐이다. 주제가 없이 도도히 범람하는 현란한 의상과 공허한 핏대를 똑같이 우리는 배격한다. 그러나, 시는 시인의 성실한 삶을 반추하는 그 시대의 사회적 산물이며, 무엇보다도 시 정신을 내포해야 한다는 점을 결코 우리는 잊지 않을 것이다. 적어도 올바른 주제와 올바른 아름다움이 있는 참다운 시를 지향하며 우리는 첫걸음을 내디딘다.

1979년 〈목요시〉 동인지 첫 호에 내가 쓴 동인의 선언이다. 1970년대까지도 순수시와 참여시(1980년대의 민중시)의 대립은 끝난 것이 아니었고, 나는 그 둘의 한계를 뛰어넘고 싶었다. 시가 주제 전달에만 집착하면 정치적 구호가 될 것이며, 시가 또 삶의 냄새가 배어 있지 않은 아름다운 의상에만 집착하면 공소한 지푸라기로 전락할 것이라는 생각은 지금도 변함이 없다. 사실 1980년대의 상황이 나에게 그러한 균형 감각의 유지를 어지간히 괴롭힌 건 사실이다. 그러나 필경 시인은 자기 언어의 주인에 다름 아닐 것이다.

귀

길이 끝나는 곳에서

바람이 일어난다
바람보다 투명한 우리들의 귀.

하찮은 이야기에도
놀라기를 잘해
잠자는 시간에도 닫혀지지 않고
문 밖에 나가 쪼그려 앉는
가엾은 우리들의 귀.

이 세상 어디선가
총성이 울리고, 사람이
사람이 눈 부릅뜬 채 거꾸러져도
전혀 듣지 못하고

수도 꼭지에서 방울방울
무심히 떨어지는 물방울
그 동그란 소문 속으로 들어가 버리는
편리한 우리들의 귀.

  노트를 보니 1984년 6월 16일이라는 날짜가 시의 끝에 적혀 있다. "길이 끝나는 곳에서/바람이 일어난다."라는 첫 구절을 쓰고 거의 한 달 동안 시상을 진전시키지 못했다. 그것으로 하고 싶은 말을 다한 것처럼 생각되었기 때문이다. 하나의 시기가 끝나면 또 다른 시기가 도래하게 된다는 잠언적인 서두에서 한참을 못 벗어나다가 '바람'을 다시 끄집어내면서 말문이 트였던 생각이 난다.

1980년 5월을 광주에 살면서 생체험으로 항쟁의 시기를 겪었던 나는 – 광주 사람들이 다 그랬듯이 억울하고 답답하였다. 이렇게 또 다시 억압의 시대가 계속되는가 싶어서였다. 그 무렵 우리의 언론들은 유추적 현실로서 필리핀의 민주화를 통제 속에 1단 기사로 싣고 있을 때였는데, 마르코스의 독재에 맞서 오랜 망명 생활 끝에 야당 지도자 아키노가 귀국하다가 총격으로 피살되고 말았었다. 내게는 그 사건이 우리 민족에게 던져진 하나의 무서운 상징인 것처럼 느껴졌다. 왜 이렇게 우리 국민들은 진실에 어두운 것일까 답답하기 짝이 없었다. 그래서 진실에 어두운 사람들을 '귀'로 표현하기로 마음먹었다. 터무니없는 헛소문에 쉽게 내둘리고, 진실을 깨닫지 못하는 귀, 수도 꼭지에서 떨어지는 물방울 소리나 듣고 아예 큰 소리(진실)를 굳이 외면하는 귀. 작고 무의미한 일에는 쉽게 흥분하고, 크고 의미 있는 사건에는 정작 분노할 줄 모르는 우리 국민성이 언제부터 비롯된 것일까. 생각해 보면 경제 개발의 미명 아래 보다 근본적인 민주주의를 짓밟은 오랜 군사 독재의 필연적인 산물이 아닌가 싶기도 하다. 이 시 속에서 나는 진실을 의식적으로 외면하는 우리들의 습성을 짚어 보고 싶었다. 밤에도 "문 밖에 나가 쪼그려 앉는…귀"에서는 궁상맞은 몰골에 대한 냉소를, 수도 꼭지와 동그란 소문의 은유적 일치를 거쳐 "편리한 우리들의 귀"에선 소시민적 자기 기만에 대한 야유를 넌지시 담아 본 것이다. 또한 3연의 "총성이 울리고, 사람이/ 사람이 눈 부릅뜬 채 거꾸러져도"에서는 화자의 진정성을 강조할 필요가 있어서 '사람이'를 반복하여 의미 강조와 운율을 동시에 살려내고 싶었다. 그리고 앞서 설명한 '귀'에 대한 배경 지식이 없을지라도 한 편의 희화적 풍경으로 이 시를 읽으면 족하다고 생각하며 나는 이 시를 썼는데, 충분히 형상화되었는지는 알 수 없다.

보랏빛 남쪽

오랜 가뭄 끝에 내리는 비는
싱싱한 초록이다.

보랏빛 남쪽
하늘을 끌어다 토란 잎에 앉은
청개구리

한 소쿠리 감자를 쪄 내온
아내 곁에
졸음이 나비처럼 곱다.

　　비교적 최근인 1993년에 완성된 작품이다. 짧은 시이건만 무던히 긴 숙성 기간을 거쳤다. 혹독한 가뭄으로 시달리다가 문득 단비가 내릴 때의 기쁨과 작은 평화를 스케치한 시인데, 처음엔 백지에 두어 줄밖에 못 썼다. 아무래도 시가 될 것 같지 않아서 노트 갈피에 끼워 둔 채 가끔씩 꺼내보았지만 이미지가 잡히지 않았다. 그러다가 5년 만에 문득 "토란 잎에 앉은 청개구리"의 영상이 떠올랐고, 다시 "보랏빛 남쪽 하늘"이 뒤를 이었다. 비를 머금은 서늘한 구름을 배경으로 하고 결국 "보랏빛 남쪽 하늘을 끌어다 토란 잎에 앉은 청개구리"라는 가운데 연이 이루어졌다. 감자를 쪄서 가져오는 아내와 달콤한 빗소리 속의 졸음, 마지막 연의 이미지가 쉽게 풀려 나왔다.
　　그러면서도 이 구도 속에 '아내'를 배치할까 말까 오래 망설였다. 두보의 율시 「강촌」에 나오는 아내의 이미지와 흡사하지 않을까 하는 걱정 때문이었다. 졸음을 꽃처럼 곱다고 하지 않고 나비처럼 곱다고 한 것은 '나비잠(갓난아기가 두 팔을 머리 위에 벌리고 자는 잠)'을 연상해서였다. 다시 말하면, 감자를 먹고 초록의 빗소리를 자장가 삼아 나도 나비잠을 자고 싶은 심경을 쓴 것이다. 물론 '나비'와 '나비잠' 사이에는 의미의 편차가 심한데도 "꽃처럼 곱다."보다 "나비처럼 곱다."는 쪽을 나는 택했다. '나비'에서 졸음의 가벼움과 나긋나긋함을 떠올릴 수 있으리라는 생각에서였다. 다시 둘째 연을 돌아보면,

  보랏빛 남쪽 하늘을 끌어다
  토란 잎에 앉은
  청개구리

이것이 초고의 둘째 연이었다. 그러나 시란 단순히 산문을 몇 도막 행 가르기 한다 해서 시가 될 수는 없는 법이다. 그래서 밋밋한 호흡을 다시 가다듬어 보기로 하였다.

  보랏빛 남쪽
  하늘을 끌어다 토란 잎에 앉은
  청개구리

"남쪽 하늘"을 행을 갈라 달리함으로써 이미지의 단절과 한 호흡 뒤의 연속에서 빚어지는 시적 긴장을 취하자는 의도였다. 그리고 또 하나는 초록, 보랏빛, 토란 잎, 청개구리의 시어들이다. 시의 전체

적인 색조를 푸른빛으로 처리하여 담수채화의 맛을 내고 싶었다. 고백하건대, 이 시는 내가 '쓴' 시라기보다 '씌어진' 시에 가깝다. 한 편의 시라는 맑은 이슬이 붓끝에 맺히기까지 때로는 5년쯤의 시간이 필요하기도 한 것을 나는 「보랏빛 남쪽」을 쓰면서 깨달았다.

  습작 시절 나는 초고를 완성한 뒤에는 그것을 꼭 새 종이에 옮겨 쓰면서 퇴고를 했다. 최소한 다섯 번 이상, 심한 경우엔 열다섯 번이나 옮겨 쓰기를 한 시도 있었다. 마지막 단계에서는 언제나 소리 내어 읽어 보았는데 시의 전체적인 틀을 바로잡고 운율을 살려내는 데는 가장 좋은 방법이라고 생각한다.

(2002년)

올바른 주제와 올바른 아름다움

우리 역사에 큰 획을 그은 1980년대가 조용히 저물어 간다. 1980년대는, 그렇다. 우리들에게 있어서 역사적인 연대로 기록되어 마땅하리라. 지난 1970년대가 군사 독재로 일관된 암울한 시기였다면, 1980년대는 이른바 민중 자각의 연대라 해도 지나치지 않을 만큼 민주화의 실체를 국민 모두가 몸으로, 생체험으로 겪은 한 연대가 아닐 수 없다.

1980년대는 죽어도 잊을 수 없는 불행한 광주의 비극으로부터 출발되었으며, 학살되고 암장된 이들의 피의 흔적을 확인하는 일로부터 시작되었다 할 것이다. 문학이 인생을 표현하는 예술일진대, 시 또한 인생의 문제, 현실의 문제를 떠나서는 이야기할 수가 없으리라 본다. 이러한 뜻에서 우리의 많은 시들이 80년대에 들어서 목소리를 높여 현실의 삶을 말하고 현실의 추악함을 고발하는 데 주저하지 않았었다. 그러나 시가 문학에 포괄되며 문학이 결국 예술이라는 점에서 볼 때, 시 또한 예술의 범위를 크게 벗어나면 그 존재는 다른 것이 되고 만다.

현실에 발붙이고 살아가면서 그것을 시로 쓰면서 내가 항상 고심해야 했던 건 바로 이 문제였다. 한 편의 시 속에 현실을 담아 '기록'하는 이상으로 '표현'해야 한다는 의식이 항상 나를 물고 늘어졌다. 어찌 생각하면 피투성이 아우성의 현실과 상당한 거리를 두어야만 표현은 가능했으며, 그것은 단순한 기록보다 훨씬 더 비인간적일 수 있었다. 예를 들자면 광주의 5월이 그러했다.

1980년 5월 어느 날, 갑자기 광주는 시외전화가 차단되고, 교통도 완전히 두절되어 버렸다. 완벽한 어둠, 절망밖에 만져지지 않는 섬. 그건 피카소의 「게르니카」였고, 광주에서 숨 쉬는 우리 모두는 로댕의 「칼레의 시민들」이었다. 눈으로 보고 귀로 들을 수는 있으되, 외부로 사실을 말할 수는 없었다(광주에서 그때를 살지 않고 광주를 입에 올리는 시인들을 나는 감히 경멸한다). 그 열흘 동안의 기억은 내가 소년 시절에 겪었던 6·25를 능가하는 처참하기 짝이 없는 것이었다.

릴케의 말처럼, 나는 쓰지 않고서는 견딜 수가 없었다. 어쩌면 그 때 내가 살아서 끼적거리는 일기나 시가 전혀 타의에 의해 없어져 버릴는지도 모른다는 생각이 머리를 스치기도 했으나, 나는 그 때 쓸 수밖에 다른 도리가 없었다. 그 중의 하나가 졸시 「광주, 1980년 5월의 꽃」이었다.

> 허공에 높이 떠 있습니다
> 내려갈 길도, 빠져나갈 길도
> 흔적 없이 사라진 뒤
> 소문에 갇힌 섬입니다.
> 살려주세요, 살려주세요, 살려주세요
> 한 주일 만에 나선 오후의 외출에서
> 꽃상자 속에 담긴 꽃들을 만났습니다
> 서양에서 들여온 키 작은 꽃들

가혹한 슬픔을 향하여

벌거벗은 울음빛으로 피어 있었습니다

말 못하는 벙어리 시늉으로 피어 있었습니다.

─「광주, 1980년 5월의 꽃」전문

 그 해 6월로 기억된다. 때마침 《현대시학》의 전봉건 선생님으로부터 시 청탁을 받은 터라, 나는 곧바로 이 시를 보내 드렸다. 계엄 당국의 검열을 잠시 생각지 않은 건 아니었다. 하지만 별로 개의치 않았다. 그로부터 한 주일이 채 지나지 않아서 전봉건 선생님 특유의 굵고 꿈틀거리는 글씨의 사연과 함께 그 시가 반송되어 돌아왔다. 시기가 좋지 않으니 이 시는 잘 간직하고 있는 편이 좋으리라는 사신이었다. 그래서 나는 한국문인협회의 기관지인 《월간문학》에 제목만 「팬지꽃」으로 고쳐서 슬쩍 보내 보았다. 다행히 《월간문학》 10월호에 「팬지꽃」은 탈없이 발표되었다. 광주의 진실을 그대로 드러내놓고 말할 수 있는 자유가 없었던 시기였으므로 그나마 다행스러웠고 한편으론 은근히 걱정스럽기도 했었다.

 그 5월의 광주는 내 인생의 닻을 내려야 할 바다가 어딘가를 확인시켜 준 사건이었다. 처음엔 조심스럽게들 그 문제를 이야기하고, 변죽만 울리기도 하다가 급기야 소리 높여 고함치게 되고, 이른바 민중시가 나타난 건 80년대 후반으로 생각된다. 하지만 나는 솔직히 요즘의 민중시들이 풍기는 운동 냄새를 별로 좋아하지 않는다. 나와 함께 동인(목요시) 활동을 하는 김준태 시인도 "문학은 선전이며 힘이다"는 민중문학의 슬로건에 긍정적인 듯하지만, 나는 좀 생각을 달리한다. "문학은 예술이며 감동이다"라고.

 〈목요시〉 동인지를 내면서 책머리의 선언에서 나는 이렇게 밝힌 바 있다.

    시는 시인의 성실한 삶을 반추하는 그 시대의 사회적인 산물이며, 무엇보다도 시 정신을 내포해야 한다는 점을 결코 우리는 잊지 않을 것이다. 적어도 올바른 주제와 올바른 아름다움이 있는 시를 지향하며 우리는 첫걸음을 내디딘다. (……) 우리는 비록 역사 속을 살고 있지만, 많은 역사적 사실의 충격 속에 살고 있지만, 그 사실을 쓰고자 하지는 않는다. 우리는 다만 우리들 삶의 진실을 쓸 따름이다.

    시를 어떻게 써야하는가 하는 것은 1980년 이후의 내 시가 안고 있는 가장 큰 문제였는데, 그것을 나는 '역사적 언어와 예술적 언어의 융합'이 되어야 하리라고 굳게 믿었다. 역사적 진실과 언어 예술. 역사적 진실에 너무 많은 비중을 두게 되면 민중시들이 지니는 결함인 공소한 선전으로 떨어지기 쉬웠다. 또 한편으로 언어 예술 쪽에 무게를 주게 되면 삶의 진실성이 결여되는 위험을 안게 되는 것이었다. 평형 감각을 유지하는 일이 물론 대단히 어렵다는 것을 나는 잘 알고 있다. 그렇지만 시 한 편을 쓸 때마다 나는 그것을 의식하지 않을 수 없었다.

    요즘 들어서 일부 젊은 시인들의, 상당히 전위적인 시를 나는 재미있게 읽는 편이다. 재미있게 읽힌다는 것과 시의 감동과는 전혀 별개의 관계라고 본다. 달리 말하면 단순한 재미는 단순한 일회성을 의미한다. 감동의 경우와는 본질적으로 다르다. 그들의 재기 발랄한 요설과 패기는 충분히 재미있지만, 그렇다고 오랜 여운의 감칠맛을 지닌다고 보기는 어렵기 때문이다. 이렇게 말하면 방법론에 있어서 나는 고집스런 보수주의자인지도 모르겠다.

불혹의 나이를 훨씬 넘어 이제 지천명의 나이로 슬슬 나아가는 이즈음, 내 시는 자꾸만 서정의 윤기가 덜해지고 목소리가 탁해지는 듯해서 겁이 난다.

체질적으로 나 자신이 약골이라서인지 나는 폭력이 싫다. 폭력을 물리치기 위하여 또 다른 수단으로 동원하는 것은 옳지 않다고 생각한다. 인도를 지배한 영국의 폭력에 맞서 간디가 저항한 무기는 결코 폭력이 아니라 비폭력이었다는 점에 유의할 필요가 있다. 이 사회에 횡행하는 물리적인 폭력도 싫고, 시에 있어서 언어의 폭력도 싫다는 게 내 숨김없는 고백이다. 할 수만 있다면 나는 영원한 평화주의자로 살고 싶다.

세상의 바보들을 보고 웃는 방법
―시 속의 유머 정신

14세기 이탈리아의 산악지대. 영국의 수도사 윌리엄은 요새처럼 견고하고 폐쇄적인 어느 수도원에 들어간다. 그 수도원에서 날마다 '묵시록'의 예언에 맞춰 발생하는 연쇄 살인 사건. 현대 이탈리아의 철학자이며 기호학자인 움베르토 에코 원작의 『장미의 이름』을 장 자크 아노가 감독을 맡은 미스터리 영화다. 윌리엄으로 분장한 숀 코너리의 중후한 연기가 돋보였고, 아드소 역의 크리스챤 슬레이터가 앳된 모습을 보인다. 이 수도원에서는 절대로 웃음이 허용되지 않는다. "웃음은 두려움을 없애며 이는 악마에 대한 두려움까지 없애는데, 두려움 없이는 신에 대한 믿음조차 없어진다."는 이유로 수도원에 깊숙이 간직된 아리스토텔레스의 『희극론』(에코의 상상이 만들어 낸 아리스토텔레스의 시학 제 2권. 그 1권이 『비극론』이다.)은 금서(禁書)가 되고 문제의 책의 행방이 묘연해진다. 그리고 해괴하기 짝이 없는 살인 사건이 잇달아 발생하는 것이다.

『장미의 이름』이라는 원작의 소설은 무척 난해하지만, 그것을 나름대로의 영화로 해석한 프랑스 감독 장 자크 아노는 역시 거장답다. 벌써 십오년 전 영화다. 웃음이란 인간이 처한 부조리한 상황에서 발생한다. 에코의 이론에 따르면 웃음은 선을 지향하는 힘이며, 인간에게 각성을 주는 장치다.

고대 그리스에서 비극은 일찍이 아리스토텔레스 당시에 있었으나 희극은 훨씬 뒤에 나타난다. 희극은 넓은 의미로는 웃음을 유발하는 모든 연극을 일컫는다. 하지만 문학적으로는 수준 높은 해학극을 가리킨다. 희극은 주신(酒神) 디오니소스의 축제 때 풍자적인 노래를 부르면서 평소에 불쾌하게 생각했던 사람들을 비꼬기 위한 수단으로 흉내를 내거나 주위의 구경꾼과 간단한 응답을 주고받는 과정에서 발생한 듯하다.

희극의 특징을 알기 위해서는 그 범위를 세분해 보아야 한다.

상황희극(comedy of situation)은 인물들을 우스꽝스러운 상황 속에 놓이게 할 때 일어나는 희극이다. 이러한 희극에서는 인물의 성격이나 사상은 그다지 중요시되지 않는다. 성격희극(comedy of character)은 인물의 괴팍한 성격에 의해 진행되는 희극이다. 그 대표적인 예로 우울증, 위선자, 인간 혐오자의 어리석음에 대한 풍자가 가득 찬 몰리에르의 희극을 들 수 있다. 그리고 사상희극(comedy of ideas)은 버나드 쇼의 작품처럼 개념의 충돌에서 생기는 희극이고, 그 밖에 절망희극(black comedy)은 부조리한 현실 또는 비합리적인 구성에서 비극적인 웃음을 끌어내는 희극이다. 이 밖에 풍속희극, 사회희극, 낭만희극을 더 찾아볼 수도 있다.

그러나 이상과 같은 세밀한 분류는 어떠한 연극에서도 불가능한 것으로 실제로는 모든 특징들이 상호보완적으로 교차된다. 무대 위에서 벌어지는 어떤 사건이나 인물의 성격 또는 사상이 비정상적으로 느껴지고, 그것이 심각하게 느껴지지 않을 때 관객들은 웃게 된다. 이런 경우에 관객들이 무대에 대하여 객관적으로 반응하는 웃음은 무대와 너무 밀착되면 그 웃음은 불가능해진다. 요컨대 웃음이란 무대, 즉 자신의 현실이라는 무대와 어느 정도 거리를 유지할 때 일어나는 감정 반응이다. 칸트는 "무엇인가 중대한 것을 기대하고 긴장해 있을 때에 예상 밖의 결과가 나타나서 갑자기 긴장이 풀려 우스꽝스럽게 느껴지는 감정의 표현"을 웃음이라고 규정한 바 있다.

그 웃음을 유발하는 방법에는 문학에서 풍자(satire), 역설(paradox), 반어(irony), 위트(wit), 패러디(parody) 등이 많이 쓰인다.

풍자란 정치적 현실과 세상 풍조, 기타 일반적으로는 인간생활의 결함, 불합리성, 허위 등에 대하여 가해지는 기지 넘치는 비판이다. 스위프트의 『걸리버 여행기』, 1930년대 이기영의 『인간 수업』, 채만식의 『레디 메이드 인생』, 1960년대 김지하의 『오적』, 1970년대 윤흥길의 『아홉 켤레의 구두로 남은 사내』, 『완장』 등을 예로 들 수가 있을 것이다. 대체로 풍자적인 작품은 억압적 현실 상황에서 걸작이 나오는 경향이 많다.

역설은 일반적으로 겉으로 보기에는 모순되거나 불합리하지만 실제 의미상으로는 참다움을 안에 담고 있는 표현 방식이다. 역설은 주로 독자에게 충격과 즐거움을 주는 의도로 사용된다. 모순 어법, 역리(逆理) 또는 이율배반(二律背反)이라고 할 수도 있다. 유치환의 시 「깃발」에서 "이것은 소리 없는 아우성"이라든지 한용운의 시 「님의 침묵」에서 "님은 갔지마는 나는 님을 보내지 아니하였습니다" 같은 표현이 그것이다.

반어(아이러니)는 은폐를 뜻하는 말에서 그 어원을 찾을 수 있다. 반어는 "의미하고자 하는 것과 반대의 표현을 하는 것" 그리고 "비난하기 위해서 칭찬하고, 칭찬하기 위해서 비난하는 것", 때로는 시치미를 떼는 것을 뜻하기도 한다. 아침 늦게 지각하여 어슬렁거리며 교실에 들어온 학생에게 선생님이 "너는 참 일찍 오는구나."라고 말하는 것이 반어적 표현이다.

위트에 대하여 영국 시인 드라이든은 '발상의 예리함'이라고 정의한 바 있다. 기지(機智), 재치라고 할 수 있는 위트의 방법은 어떤 것을 표현하는 데 있어서 비범하고 신기하고 기발한 발상으로 적절하게 표현하는 재빠른 지적 활동이다. 위트는 말이나 글을 즐겁고 재치 있게 그리고 능란하게 구사하는 능력을 의미한다. 오래 전 서부 활극 영화로 〈와로크〉가 생각난다. 악당들에게 붙잡혀서 오른손을 다친 주인공 리처드 위드마크는 어쩔 수 없이 왼손으로 권총을 뽑는 연습을 한다. 웬만큼 숙달되고 나서 그는 싱긋 웃으며 친구에게 말한다. "어때, 나쁘지 않지?" 그러자 곧바로 그의 동료가 이렇게 대꾸한다. "좋지도 않아." 그 대답이 바로 위트가 넘치는 말이다.

패러디는 먼저 텍스트가 전제되고 그것에 대한 모방을 뜻한다. 본디 패러디는 '곁에서 부르는 노래'라는 그리스어 패로디아에 어원을 두고 있다. 패러디는 저명한 시인의 시구나 문장을 모방하여 내용을 변형시켜서 웃음을 자아내는 방법이다. 요즘은 영화나 텔레비전 광고에도 이 방법이 많이 사용되어 대중들에게 친숙해진 상태가 되어 있다. 패러디는 문학에서 독자에게 일정한 교양과 지식을 요구하면서, 독자에게는 화자의 교묘한 말재주를 알고 있다는 식의 지적 만족감을 주기도 한다. 이제 우리 시문학에서 위에 말한 웃음이 어떻게 나타나고 있는지를 살펴보고자 한다.

누가 말했는지 확실치 않지만, 만일 조선 시대의 방랑 시인 김삿갓(김병연)이 서구에 태어났더라면 셰익스피어나 괴테를 능가하리만큼 온 세계를 놀라게 했으리라고 한다. 김삿갓의 본관은 안동이며 호는 난고라 한다. 1811년 홍경래의 난 때 선천부사로 있던 그의 할아버지 김익순이 홍경래에게 항복한 죄로 폐족(廢族)이 되었다. 당시 김병연의 나이 여섯 살이었다. 홀어머니가 병연 형제를 데리고 여기저기 떠돌며 살다가 영월에 살 무렵이다. 김병연이 스무 살이 되던 해(순조 32년) 영월읍내의 동헌 뜰에서 백일장이 열렸다. '논정가산 충절사 탄김익순 죄통우천'이라는 시제를 받고 그는 정의감에 불타 김익순의 불충한 죄에 대하여 만 번 죽어도 마땅하다고 추상같은 탄핵의 시를 써서 장원을 하였다. 집에 돌아와 그 이야기를 듣고 그의 어머니는 그 동안 숨겨왔던 집안의 내력을 들려주었다. 너무나 기막힌 사실에 그는 말문이 막혀버렸다. 반란군의 괴수 홍경래에게 비겁하게 항복한 김익순이 나의 할아버지라니…. 그는 자신이 그 조부를 다시 죽인, 천륜을 어긴 죄인이라 스스로 단죄하고 차마 하늘을 보기가 부끄럽다고 삿갓을 쓰고서 방랑을 시작하였다. 김삿갓이라는 별명도 이로 인한 것인데, 그는 전국을 떠돌아다니면서 도처에 많은 즉흥시를 남겼다. 그의 시 중에는 권력자와 부자를 풍자하고 조롱한 것이 많으며 그런 시들 가운데 걸작이 많아 민중 시인으로 기림을 받았다. 그의 시에서 우리는 기가 막힌 웃음을 볼 수가 있다.

    스무나무 아래 서른 나그네가   (二十樹下三十客)
    마흔 집안에서 쉰 밥을 먹네.   (四十家中伍十食)
    인간 세상에 어찌 일흔 일이 있으랴.   (人間豈有七十事)
    차라리 집으로 돌아가 서른 밥을 먹으리. (不如歸家三十食)
             —김병연 「스무나무 아래」

  스무나무란 느릅나무과에 속하는 나무의 이름이다. 삼십객(三十客)에서 삼십은 '서른'이니 '서러운'의 뜻으로 서러운 나그네. 사십가(四十家)에서 사십은 '마흔'이므로 '망할'의 뜻이다. 망할 놈의 집이라는 의미다. 오십식(伍十食)은 '쉰(상한) 밥'이고, 칠십사(七十事)란 '이런 일'을 말한다. 삼십식(三十食)은 '서른 밥' 즉 '선(설익은) 밥'이다. 이 시는 김삿갓이 함경도 지방의 어느 부잣집에서 냉대를 받고 나그네의 설움을 한문 숫자의 뜻을 이용하여 익살스럽게 표현한 시이다. 다시 제대로의 의미로만 새기자면 "스무나무 아래 서러운 나그네가/ 망할 놈의 집안에서 쉰 밥을 먹네./ 인간 세상에 어찌 이런 일이 있으랴./ 차라리 집으로 돌아가 선 밥을 먹으리."

김삿갓은 희화적인 시만 능한 건 아니었다. 눈[雪]을 시제로 주고 누가 봄철의 '나비蝶'와 초여름의 '개구리蛙'를 넣어서 시를 지어보라는 청을 받고 지었다는 다음의 시를 보면 얼마나 위트가 출중한지 충분히 짐작할 수 있다.

> 비래편편삼춘접(飛來片片三春蝶)
> 날아오는 조각조각은 봄철의 나비요,
> 답거성성오월와(踏去聲聲伍月蛙)
> 밟고 가는 소리소리는 오월의 개구리 소리라.
> ─김병연 「눈雪」 '운자' 나비蝶, 개구리蛙

겨울 속에서 봄, 여름의 이미지를 찾기가 어디 쉬운 일인가. 펄펄 날리는 눈송이를 흰나비로 보고, 눈을 밟는 소리에서 그는 개구리 울음소리를 유추해내고 있다. 시각적 이미지와 청각적 이미지의 그 절묘한 배치를 한 번 음미해 볼 일이다.

대체로 우리나라 현대시는 주요한의 「불놀이」 이후 소월을 거치고 청록파를 지나오면서 동양적 관조나 엄숙주의로 일관해오고 있다. 심지어 어떤 시인은 가장 슬픈 시가 가장 아름다운 시라고까지 말하기도 하였다. 눈물과 한, 설움의 정조가 들어가지 않으면 그건 마치 한국적인 시가 아닌 양 이른바 순수 전통시의 흐름이 그것을 말해준다.

6·25 전쟁이 우리에게 가져온 변화는 시에도 엄청난 변화를 요구하기에 이르렀다.

삼월은 가고 사월은 돌아와 있어도
모두다 남들은 소위 대학교수가 되어 꼬까옷에
과자 부스레기를 사들고 모두 다
자랑 많은 나라에 태어나서
산으로 바다로 금의환향을 하는데
걸레 쪼각 같은 얼굴이나마 갖추고 돌아가야 하는
고향도 집도 방향도 없이
오늘도 남대문 막바지에서
또다시 바지저고리가 되어보는 것은
배가 아픈 까닭이 아니라 또다시
봄은 돌아와 꽃은 피어도
뒤 받쳐주는 힘 없고
딱지 없고 주변머리가 없기 때문에
소위 대학교수도 꼬까옷도
과자 부스레기 하나 몸에 지니지 못하고
쓸개 빠진 사나이들 틈에 끼어
간간이 마른 손이나마 설레설레 흔들며
떠나보내야 하는
남대문 막바지에서
우리 모두 다 막다른 골목에서

우리 모두 다 밑천을 털고 보면 다 똑같은

책상물림이올시다

삼월은 가고 사월은 돌아와 있어도

봄을 싣고 산으로 바다로

아스라이 멀어만 가는 기적소리

못다 울 설움에 목이 메인 기적소리를

뒤로 힘없이

맥없이 내딛는 발끝에 채이는 것은

어머니 돈도 명예도

지위도 권세도 자유도 아무것도 아닌

아무것도

아닌 돌멩이뿐이올시다

―전영경 「봄 소동(騷動)」

    신구문화사의 『한국 전후 문제 시집』에서 작자는 말한다. "이 작품은 1956년의 것이오. (…) 형하고 서대문 주변에서 청춘을 연소시키던 계절의 것이오. 번민과 방황, 그리고 어쩌자는 것인지도 모를 좌충우돌 시대의 유산이오. 일언이폐지하면 고독이라는 박래품(舶來品)에 병들었던 때의 것으로 내 딴에는 퍽 아끼고 소중한 작품이오."
「요강 뚜껑으로 물을 떠먹던 시절」이라든가 「사본 김산월 여사」, 「소녀는 배가 불룩했습니다」 등 세태를 풍자하는 그의 시는 그 당시 젊은 문학도들에게는 즐거운 충격이었다. 1930년대 이상(李箱)의 다다이즘 혹은 조향의 쉬르 리얼리즘에는 한 번 눈길을 주고 지나칠 뿐이었을 그 때 전영경이 요설체로 풀어내는 시들에는 모두들 환호하였다.
    "모두 다 자랑 많은 나라에서 태어나 산으로 바다로 금의환향을 하는" 상황적인 아이러니, 돈(딱지)도 없고 빽(뒤 받쳐주는 힘)도 없는 힘없는 지식인 청년의 발길에 차이는 건 지위도 권세도 명예도 아닌 돌멩이뿐이라는 자조적(自嘲的) 표현에 깃들인 것은 웃음 이상의 페이소스일시 분명하다. 막다른 골목에서 서로 마주치는, 똑같은 책상물림의 지식인들의 절망이 예리한 냉소 속에서 빛을 발한다.

> 내가 먹다 남기면 할머니는 그것을 당신이 먹었다. 지금 내가 먹다 남기면 아내는 그것을 개에게 준다. 내가 코를 흘리면 할머니는 입으로 빨아먹었다. 지금 내가 코를 흘리면 아내는 외면하거나 짜증을 낸다. 나는 할머니를 사랑한 적이 없다. 일편단심 다만 나는 아내를 사랑한다.
>
> —범대순「일편단심」

〈60년대 사화집〉 동인으로 출발한 범대순 시인은 우리나라 최장수 동인지 〈원탁시〉의 창립회원이다. 흰 수염을 보기 좋게 기르고 늘 멋지게 운전도 잘하는 시인이다. 〈원탁시〉의 장로이면서 항상 그는 젊다. 그가 있는 곳에서는 항상 웃음이 떠나지 않는다. 동인지가 나오고 그날 전체 동인들이 모임을 가지는 자리에서 다른 시인이 이 시를 일어서서 낭독을 했는데 나는 들으면서 박장대소를 하였다. 시의 제목이 「일편단심」이라고 할 때 모두들 숙연한 자세로 고려말 정몽주나 안중근 의사를 떠올렸을 것이다.

옛날에 어린 손자인 내가 먹다 남긴 코 묻은 밥을 할머니가 먹었다. 그런데 지금은 내가 먹다 남긴 밥을 아무도 안 먹는다. 아내는 그것을 개밥으로 처리한다. 그 대목에서 나는 눈물이 나게 웃었다. 시인은 시치미를 떼고 "나는 할머니를 사랑한 적이 없다."고 말한다. 그 당시에는 그랬을 것이다. 그러나 지금 그 할머니의 나이가 되어서 시인은 그 옛날의 할머니를 그리워하고 있음을 그렇게 완곡하게 말한다. '일편단심'으로 아내만을 사랑할 뿐이라는 마지막의 강조는 다시 한 번 웃음을 터뜨리게 만든다. 위트와 역설의 조화 속에서 빚어지는 건강한 웃음이 이 시 속에 들어 있다. 심장병 예방에 웃음이 효과가 있다고 의사들은 말한다. 건강을 위해서도 되도록 많이 웃을 일이다. 시인은 본인이 장난기가 좀 있노라고 엄숙하게 변명하였다. 하지만 나는 범대순 시인이 이런 시를 더 많이 우리에게 보여주길 기대하고 싶다.

>
> 한 줄의 詩는커녕
> 단 한 권의 소설도 읽은 바 없이
> 그는 한평생을 행복하게 살며
> 많은 돈을 벌었고
> 높은 자리에 올라
> 이처럼 훌륭한 비석을 남겼다
> 그리고 어느 유명한 문인이
> 그를 기리는 묘비명을 여기에 썼다
> 비록 이 세상이 잿더미가 된다 해도
> 불의 뜨거움 굳굳히 견디며
> 이 묘비는 살아남아
> 귀중한 史料가 될 것이니
> 역사는 도대체 무엇을 기록하며
> 詩人은 어디에 무덤을 남길 것이냐
>
> —김광규 「묘비명(墓碑銘)」

돈 많은 재벌의 총수들이 다투어 자서전을 내던 시기가 있었다. 아니 요즘에는 이른바 '떴다'고 하는 연예인들조차 자서전을 내기도 하는데 소문에 의하면 직업적인 대필 작가들이 그 일을 해준다고 한다. 이 시에서도 하나의 훌륭한 묘비가 등장한다. 아마도 당대의 유명한 문인이 그의 행장을 기리는 묘비명을 썼을 것이다. 붓글씨 잘 쓰는 사람들은 항상 붓글씨 못 쓰는 사람들 밑에서 글씨를 써주게 마련이라 하던가. 여기 한 사람의 세속적으로 출세한 졸부가 있다. 그는 생전에 책 한 권 읽은 바 없이, 정신적 가치와는 담을 쌓고 살았던 사람이다. 돈과 높은 지위를 얻어 행복하게 살다가 죽은 그를 위하여, 정신적 가치를 추구하는 문인이 동원되어 훌륭한 비문을 새긴 비석이 세워졌다. 속물적 근성에 입각한 자들은 거드름을 피우며 물질의 권위를 앞세우고 거들먹거린다. 시인은 이 시의 이면에 숨어서 그들을 마음껏 조롱하고 있다. 아이러니가 독자들에게 역사의 허무함, 위선의 가면을 벗겨내면서 조소와 고소를 터뜨리게 하는 시이다. 겉으로 표현된 진술과 시 속에 내재된 의미 사이의 깊은 골 사이에 매복된 풍자와 아이러니가 이 시를 높은 정신세계로 고양시키고 있다.

      개가 밥을 다 먹고
      빈 밥그릇의 밑바닥을 핥고 또 핥는다
      좀처럼 멈추지 않는다
      몇 번 핥다가 그만둘까 싶었으나
      혓바닥으로 씩씩하게 조금도 지치지 않고
      수백 번은 더 핥는다
      나는 언제 저토록 열심히
      내 밥그릇을 핥아보았나

밥그릇의 밑바닥까지 먹어보았나
개는 내가 먹다 남긴 밥을
언제나 싫어하는 기색 없이 다 먹었으나
나는 언제 개가 먹다 남긴 밥을
맛있게 먹어보았나
개가 핥던 밥그릇을 나도 핥는다
그릇에도 맛이 있다
햇살과 바람이 깊게 스민
그릇의 밑바닥이 가장 맛있다

—정호승 「밥그릇」

앞서 범대순의 「일편단심」에서는 내가 남긴 밥을 아내가 개에게 주어버린다 하였는데, 여기서는 그 개가 밥을 먹는 모양이 매우 사실적으로 그려진다. 개가 밥을 다 먹고 나서도 빈 밥그릇을 지치지 않고 씩씩하게 핥는다는 진술에 이르면 폭소가 터진다.

시적 화자는 한 순간 개와 자신의 위치를 전도시켜 본다. 뼈아픈 자기반성이다. 나는 언제 저와 같이 끝까지 일을 추구한 적이 있었던가, 시적 화자는 반문한다. 햇살과 바람이 깊게 스민 그릇의 밑바닥이란 끝까지 밀고 나가는 작업의 순수함, 그 도저함을 이르는 표현이지 실제 상황이 아님에 유의해야 한다. 세상에 개 밥그릇을 핥는 사람을 상상할 수 있겠는가. 자기에게 주어진 일을 끝까지 열심히 해내는 사람에게 주어지는 '밥그릇'은 어쩌면 세상에서 가장 숭고한 가치의 상징일 것이다. 이 시가 읽는 이에게 단순한 폭소만 유발하지 않고 웃음 끝에 슬며시 얹어지는 각성의 눈물 한 방울을 놓쳐서는 안 된다. 그 한 방울의 눈물은 별빛처럼 아름답다.

김종수 80년 5월 이후 가출
　　　소식 두절 11월 3일 입대 영장 나왔음
　　　귀가 요 아는 분 연락 바람 누나
　　　829-1551

　　　이광필 광필아 모든 것을 묻지 않겠다
　　　돌아와서 이야기하자
　　　　어머니가 위독하시다

　　　(……)

　　　나는 쭈그리고 앉아
　　　똥을 눈다

　　　　　　　　　　　　　　　-황지우 「심인(尋人)」의 일부

　　황지우는 이와 같이 활달한 어법으로 시를 쓸 때라야 성공적인 시를 보여준다. 그의 시에서 화자가 근엄한 표정으로 표면에 나타나는 시들은 십중팔구 실패작에 가깝다. 평론가들이 그런 시들 앞에서도 설설 기는 것은 그의 이름에 기가 죽어서이지 압도적인 정신세계에 짓눌려서가 아니다. 그의 실험적인 기법은 무척 매력적이다. 위트가 번뜩인다. 이 시는 신문기사를 패스티쉬라는 '짜깁기'의 방법으로 나열하고 나서 끝에 가서야 비로소 시적 화자를 등장시킨다. 시적 화자 '나'는 신문 기사를 읽으면서 지금 용변을 보고 있다. 그의 유명한 「새들도 세상을 뜨는구나」라는 시에서의 결구 "대한사람 대한으로/

길이 보전하세로/ 각각 자기 자리에 앉는다/ 주저앉는다"에서처럼 베이소스(안티 클라이맥스) 기법을 구사하여 웃음을 자아내고 있는 것이다. 그런데 이 시는 단순히 그의 실험적 성공만을 담고 있는 시가 아니다. 1980년 5월이라는 시대 배경에 유의해야 한다. 그 기사들은 당시에 사라진 실종자들을 찾고 있는 광고 기사라는 점이다.

황지우와 가까우면서도 먼 거리에「바람 부는 날이면 압구정동에 가야 한다」의 유하가 있다. 그러나 이상하게도 그의 시를 읽으면 웃음이 없다. 재기 발랄함과 패러디의 표현과 요설 말고는 아무것도 남는 게 없다.

압구정동에 겨울-나무로부터 봄-나무에로라는 까페가 생겼다
온통 나무 나무로 인테리어한 나무랄 데 없는

이라는 이 첫 도입 부분부터 황지우의 패러디다. 그리고 그는 계속하여 '배꼽→배→배나무'와 같은 식의 어휘 연상을 이어나갈 뿐, 웃음도 없고 감동도 없고 미감도 없는 도시 풍경을 좌충우돌 묘사할 뿐이다.

환장허겄네 환장허겄어
아, 농사는 우리가 쌔빠지게 짓고
쌀금은 저그덜이 편히 앉아 올리고 내리면서
며루 땜시 농사 망치는 줄 모르고
나락도 베기 전에 풍년이라고 입맛 다시며
장구 치고 북 치며
풍년 잔치는 저그덜이 먼저 지랄이니

우리는 글먼 뭐여

　　　신작로 내어 놓응게 문둥이가 먼저 지나간다고

　　　기가 차고 어안이 벙벙혀서 원

　　　아, 저 지랄들 헌게 될 일도 안 된다고

　　　올 농사도 진즉 떡 쪄먹고 시루 엎었어

　　　　―김용택 「마당은 비뚤어졌어도 장구는 바로 치자」의 일부

　　전라도 구어의 능란한 구사와 속담의 파격적 인용, 그리고 그런 속담의 패러디와 풍자가 뒤섞여 있는 김용택의 유장한 이 시를 나는 그의 「섬진강」 연작보다 우위에 두고 싶다. 이 작품은 농민의 분노가 단순한 분노를 넘어 기막힌 익살과 비극적 카타르시스로까지 승화된 시라 할 것이다. 그가 이 시 말고 또 다른 어떠한 시로 높이 평가받는다 해도 이만큼 강렬한 인상을 주기는 어려울 것이다. 최근 김용택이 보여주는 투명하고 서정성이 강한 시들도 충분히 그의 역량을 보여주기는 하지만, 나로서는 그가 이 시에서 보여준 걸쭉하고 활달한 시의 세계로 다시 돌아와 주었으면 싶다.

　　　삼년 전 월부로 사들인 냉장고

　　　아래층에

　　　달걀 한 줄과

　　　김치 한 단지,

　　　곯아버릴 수도 없고 시어버릴 수도 없이

　　　억지로 억지로 싱싱한 체함.

　　　이층에는 오십원 짜리

　　　싸구려 아이스크림 세 개

학교에서 돌아올 우리 아이들을
조용히 기다리고 있음.
내가 마실 맥주 몇 병과
아내가 마실 오렌지주스는
처음부터 부재중.
아내와 나는 이 대형 냉장고 곁에
쪼그리고 앉아 미소 지으며
사진 찍기를 좋아함.
문을 열면
짜고 매운 한국의 냄새뿐이지만
그러나 문을 닫고
잠자리에 누워서도 하염없이
냉장고를 사랑함.
열려라 냉장고, 열려라 냉장고,
아이들은 열렬히 마술의 문에 매달려
꿈꾸며 노래함.

― 졸시 「냉장고를 노래함」

    이 시는 내가 1980년 6월에 발표한 작품이다. 제목은 「코스모스를 노래함」이란 가곡의 패러디이다. 5·18을 불러오기까지 박정희 군사정부가 이룩해 놓은 우리나라 경제 발전의 허상을 이 시에서 나는 풍자해 본 것이었다. 빛 좋은 개살구로서의 대형 냉장고는 월부로 산 것이니 외상이다. 우리의 외채가 당시 얼마나 심각한 상황이었는지를 미국에 살고 있는 교민들로부터 들은 바 있었다. 거의 절망적인 실정이라 해도 지나치지 않는 것이었다. "억지로 억지로 싱싱한 체하"지만 냉장고 안에서도 썩을 것은 썩고야 만다.

그리고 냉장고 앞에서 보란 듯이 사진 찍기를 좋아하는 것은 그 당시 전시효과만을 내세우는 속 빈 강정의 우리나라의 전시 행정을 은근히 풍자하고자 함이었다. '열려라, 참깨'라는 마술의 주문에 의해 열리는 알리바바의 동굴 앞에서 천진난만한 아이들은, 아니 우리 국민들은 얼마나 순진하기만 한 것이었던가. 그 허울 좋은 경제 발전의 미명 아래 자행된 인권의 유린이며 퇴행으로만 치닫던 민주주의의 아픔이 이 시에는 차마 "곯아버릴 수도 없고 시어버릴 수도 없이"라고 표현된 것이었다. 많은 독자들은 이 시를 다만 웃음으로 읽는다. 그러나 그 웃음 속의 진실은 눈물 이상이었다.

다시 움베르트 에코를 생각한다. 그가 소설 『장미의 이름』을 쓴 것은 웃음의 진정한 효용성을 강조하고자 함이었으며, 그 연장선상에 얼마 전 그는 속물근성이 만연한 이 세상을 비틀어 보기 위하여 『세상의 바보들에게 웃으면서 화내는 방법』이라는 비평적 에세이집을 내놓고 있다. 우리의 현대시도 세상의 바보들을 웃게 하면서 넌지시 자기반성의 깨우침으로까지 나아가야 할 것이다. 이제 그 새로운 방향을 모색해야 할 때가 지금이라고 생각한다.

(2001. 8. 22)

코끼리가 그린 추상화 한 점

　세상에서 제일 그리기 쉬운 건 귀신이나 도깨비 그림이라는 말이 있습니다. 왜냐하면 아무도 귀신이나 도깨비의 실체를 본 사람이 없기 때문입니다. 적당히 쓱쓱싹싹 그려놓고 이게 귀신이라고 말한들 그게 잘못 그려졌다고 따지려면 제대로 귀신을 보지 않고서는 안 되기 때문입니다. 아무도 실제로 본 이가 없는 그 귀신 그림이라는 게 따지고 보면 추상화일 것입니다. 그러므로 추상화란 이현령비현령(耳懸鈴鼻懸鈴)으로 해석이 여러 가지로 가능하기도 하겠습니다. 추상화 하면 흔히 우리는 피카소를 떠올립니다만 피카소 흉내를 내기란 참 어렵습니다. 몬드리안이나 호안미로가 차라리 흉내 내기 쉬울 겁니다. 피카소 비슷하게 따라가려면 사실적인 그림 그리기를 충분히 수련하고 그런 다음에라야 반추상, 더 나아가 추상으로 나아가야 할 것입니다. 무턱대고 어설픈 반추상이나 어설픈 추상이라면 웃음거리밖에 안 될 것입니다.
　태국 여행 가서 코끼리 쇼를 본 적 있습니다. 코끼리들이 축구경기도 하고 농구 시합도 하는 것이었습니다. 그 쇼의 마지막에 코끼리가 붓을 코로 말아 쥐고 물감을 듬뿍 찍어 화지에 척척 붓 자국을 내는 걸 보았습니다. 그렇게 번갈아 붓을 바꾸고 물감을 바꿔 찍어서 울긋불긋 이른바 한 폭의 추상화를 그려내는 것이었습니다. 그다지 예술적 감각이 세련되지 못한 터이기는 해도 내가 보기에도 그건 도저히 미술작품으로 보기 어려운 우스꽝스런 코끼리라는 동물을 이용한 장난의 흔적일 뿐이었습니다. 코끼리가 3년쯤 석고데생이나 사실적인 그림을 연마한 연후에 반추상이나 추상의 그림을 그린다는 말은 아직 못 들었습니다.

시에서도 석고데생이나 사실적인 그림 같은 경우를 얼마든지 찾아볼 수 있습니다.

> 한낮인데 화덕불에 된장국이 끓는다
> 생닭 고는 데
> 약재로 쓰인다는 엄나무를
> 한짐 해놓은 마당엔 잡어젓이 익는다
>
> 아주까리 노란 새잎을
> 데쳐 먹으면 맛이 좋다고 하는
> 한쪽 뺨에 흉터가 난 절름발이 할아배
>
> 이른 아침 망태기를 메고
> 재 너머 독살을 갔다 오는 길에
> 잡아 온 뱀이 올뱀이라며
> 깊은 겨울 양식이란다
>
> 어슬어슬 갯바닥에서
> 낙지를 찾는 눈매가
> 어찌나 돌미륵을 닮았던지

열 손마디에 새까마니 물때가 배어 있다

흰 박꽃 넝쿨이 오르는 돌담엔
내장을 비워낸
물메기 숭어 갯장어가 가지런히 널리었다

—이세기, 「생업」

가난한 어촌 생활을 손바닥처럼 들여다볼 수 있는 시입니다. 그림으로 치면 사실적인 그림이겠지요. 마당에 땔감으로 엄나무를 한짐 쌓아 놓았고, 마당 한쪽 화덕에는 된장국이 끓고 있습니다. 주인 영감은 한쪽 뺨에 흉터를 가졌으며 절름발이입니다. 얼굴의 흉한 모습뿐만 아니라 그의 일상적 행동 또한 평범한 사람들로서는 생각하기 어려운 면이 있습니다. 재 너머에서 잡아온 뱀은 겨울 양식으로 마련하고 갯바닥을 훑고 다니며 낙지를 잡고 갯장어를 잡는 게 생업입니다.

사실주의[리얼리즘]라는 게 이렇습니다. 가난하고 소외당하고 불쌍한 이들, 노동자나 농어민, 고달프고 궁핍한 삶을 영위하는 이들의 생활을 실감나게 그대로 그려내는 게 그 특징입니다. 호화로운 재벌 집안의 얘기, 높은 직책의 고관대작 자제들의 눈부시게 화려한 생활을 그려낸 이야기라면 그건 사실주의가 아닙니다. 낭만주의라고나 해야 할 것입니다.

이제는 미술에서 반추상에 해당하는 것으로 볼 수 있는 시를 한 편 예로 들어볼까요? 피곤하고 강퍅한 현실을 벗어나 한 발 비켜 선 곳에서 바라보는 이런 사랑스런 그림.

내가 너의 손을 잡고 걸어갈 때
왼쪽 비는 내리고 오른쪽 비는 내리지 않는다.

우리에게는 언제나 너무 많은 손들이 있고
나는 문득 나의 손이 둘로 나뉘는 순간을 기억한다.

내려오는 투명 가위의 순간을

깨어나는 발자국들
발자국 속에 무엇이 있는가
무엇이 발자국에 맞서고 있는가

우리에게는 언제나 너무 많은 비들이 있고
왼쪽 비는 내리고 오른쪽 비는 내리지 않는다.

내가 너의 손을 잡고 걸어갈 때
육체가 우리에게서 떠나간다.
육체가 우리를 쳐다보고 있다.

우리에게서 떨어져나가 돌아다니는 단추들
단추의 숱한 구멍들

속으로

> 왼쪽 비는 내리고 오른쪽 비는 내리지 않는다.
>
> —이수명, 「왼쪽 비는 내리고 오른쪽 비는 내리지 않는다」

이 시에 대해서는 시인과 같은 대학 선후배 간의 젊은 평론가 신형철의 친절한 해설을 들어보기로 합니다.

"어쩌면, 비는 내리는데 우산은 하나? '나'는 '너'의 왼편에서 함께 우산을 들고 걷습니다. 그래서 왼쪽 어깨만 젖네요. 나쁘지 않습니다. 그 순간 내 몸을 스쳐가는 어색하고 애틋한 느낌들 때문. 왼손과 오른손이 따로 노는 것만 같고, 어색해서 아래만 보고 걷자니 발자국조차 따라 어색해지고, 이런 식으로 어느덧 내 육체 전체가 한없이 낯설어지는 것입니다. 내가 나로부터 떨어져 나와서 나 자신을 보고 있는 것만 같은 시간이 흐르고, 단추가 떨어져나가듯 우리에게서 떨어져나가 뒹구는 느낌들, 느낌들. 그렇군요. 소년과 소녀가 손을 잡으면 세상에는 이상하고 아름다운 일들이 벌어지는군요. 결론. 시인의 상상력이 세상을 바꾸지는 못해도 세상을 바꿀 사람들을 아주 조금씩 바꾸기는 할 것입니다. 이상하고 아름답게, 이수명의 시처럼."

기왕에 이런 경우로서 내가 쓴 졸시 한 편을 더 예로 들어보겠습니다.

> 앉아서 담배를 피울 수 있는 공간
> 카페 손님이 그래서 많다
>
> 당신은 내 앞에
> 떠 있다
> 강이 있고

건너편에는 내가 떠 있다

우리들은 하반신이 지워진 채 마주앉아
앞에 놓인 강에
뛰어들 것인지 말 것인지
오래 들여다본다

지워진 다리들이
비가 내리는 산책로에 우산을 같이 쓰고
가만가만 걸어가는 것일까
아니면 걸음을 멈춰 마주보고 있을까

아무도 보이지 않는다
담배 두 대, 커피 한 잔
그리고 오후의 카페를 나선다

언젠가 비가 왔고
비에 젖어 눈을 뜨던 길들이
소리 없이 등뒤로 사라진다.

—강인한,「오후의 실루엣」

[어지럽고 너저분한 세계에서 눈을 돌려 아늑하고 정갈한 정경을 보고 싶지만 그것이 뜻대로 되지 않을 때가 많다. 잠시도 쉴 틈을 주지 않고 지나가는 이 잔혹한 시간의 행보는 우리의 몸과 마음을 하

릴없이 녹초로 만든다. 육신이 흐느적거리도록 피로할 때 정적의 순간이 애인처럼 그립다. 정적의 순간을 언어로 포착한 시가 우리 마음에 파문을 일으킬 때가 있다. 강인한의 「오후의 실루엣」은 그러한 신비로운 체험을 안겨준다.

이 시의 구도는 독특하다. 시인의 상상력은 비구상 회화처럼 여기 있는 공간을 잘라 저곳에 배치한다. 당신과 내가 마주앉아 있지만 그 사이에 강이 있다. 강 이쪽과 저쪽에 당신과 내가 떠 있다. 진정 그러하리라. 담배 연기 가득한 카페에 마주앉아 이야기를 나누지만 연기의 강을 사이에 두고 차안과 피안으로 갈라져 아득한 거리감을 느낀 적이 어디 한두 번이던가? 마주앉아 있는 우리의 하반신은 보이지 않는다. 유리창 밖으로는 보행하는 사람들의 다리가 보인다. 마치 우리의 가려진 다리가 창밖에 돌아다니는 것 같다. 의자에 마주앉아 있으면서도 다른 일을 몽상하며 거리를 헤맨 일이 어디 또 한두 번이었던가.

결국 모든 정황은 무로 돌아가고 아무 일도 없었던 것처럼 당신과 나는 강의 차안과 피안으로 돌아선다. "아무도 보이지 않는다."라는 시행은 "담배 두 대, 커피 한 잔"으로 요약되는 무위의 시간의 무정한 흐름을 체험한 자아의 담담한 발성이다. 무엇이 오고 또 무엇이 갈 것인가. 사실은 아무것도 온 것이 없고 어느 것도 간 것이 없다. "언젠가 비가 왔고" 또 그렇게 비에 젖은 길은 "소리 없이 등뒤로 사라"질 뿐이다. 그러나 번잡한 생의 소용돌이 속에서 이렇게 미세한 기미를 포착하여 한 편의 시로 응축해낼 수 있는 사람은 행복한 시인이다. 이 시는 실체를 가린 실루엣이 투명하게 변하면서 허공으로 증발하는 그런 신비의 순간을 체감케 한다. 그 침묵의 눈길은 이제 또 어디를 향해 가는 것일까? 내가 떠 있고 당신이 떠 있는 시간의 강을 따라 소리 없

이 그렇게 흘러갈 것이다. 침묵의 파문만 남기면서.]

인용한 글은 문학평론가 이숭원 교수의 평문입니다.
이 글에서도 지적했지만 나는 비구상 회화, 구체적으로 말하면 반추상의 그림을 시로 형상화하고 싶었습니다. 카페에 두 남녀가 상반신만 앉아 있고, 그들의 하반신은 우산을 같이 쓰고 비오는 거리를 정답게 산책하고 있습니다. 마치 르네 마그리트의 그림 같은 풍경.

자, 이제는 피카소의 그림에 도전할 차례입니다. 반추상에서 한 걸음 더 앞으로 나아간 추상화로서의 시. 엄밀하게 보면 반추상과 얼핏 구분이 가지 않을 수도 있지만 분명히 다릅니다.

내 육체의 운전석에 앉은 그대여 내가 세워지는 곳은 언제나 폐허다

철의 기둥
미지의 부름을 기다리는
언어의 피스톤

갑자기 내 팔이 공중으로 뻗는다

사물은 이동한다
이곳에서 저곳으로
국경 너머로

변경되는 사물의 이름
나는 내가 들어 올리는 사물의 이름을 알지 못한다

그러나 나는 세계와 함께 있다

하얀 태양
붉은 대지의 나라

항구에 하역된 화물들이 쌓인다
엄습한 안개 속으로
그대는 다시 사라진다

나는 비어있다
나를 작동시키는 힘의 원천

나는 안개 속에 떠 있는 창백한 얼룩을 향해 나아간다
―송승환, 「크레인」

 사실 추상화라는 게 이렇게도 저렇게도 해석할 수 있으므로 이 시 또한 얼마든지 다른 해석이 가능하다는 전제를 해야 합니다. 송승환은 「크레인」이라는 똑같은 제목으로 열 편 가까이 각기 다른 작품을 발표하였습니다. 그 중에 이 한 편은 묘하게 시선을 끄는, 묘하게도 성적(性的)인 요소를 함의하고 있는 시입니다.
 먼저 이 시의 형태를 보면 아마도 의식적인 듯이 보이는 그 기다란 첫 행이 눈에 띕니다. 그건 마치 골리앗 크레인, 고공에서 길게 뻗어나간 바로 그 크레인의 형상을 떠올리기에 충분합니다. 그럴지라도 이 시를 한 번 읽고 단숨에 파악하기엔 감춰진 정보가 너무 많습니다. 마치 '숨은그림찾기'를 생각할 수도 있겠지요. 하지만 그 이상입니다. 난해하기 짝이 없습니다. 나는 이 시를 한 개의 밑그림 위에 또 하나 다른 그림이 그려진 방식으로 이해하기로 마음먹었습니다. A라는 그림, 그리고 전혀 다른 B라는 그림의 합성으로.

A의 그림. '나'는 철제 크레인입니다. 부둣가에 나는 세워져 있습니다. 운전기사 당신은 운전석에 앉아 철의 기둥을 조종합니다. "미지의 부름"이라는 명령대로 당신은 크레인의 피스톤을 작동시켜서 화물을 운반합니다. 선박에 선적되는 화물은 수출품이라는 이름을 가지게 되고, 부두에 하역되는 화물은 수입품이라는 이름으로 변경됩니다. 이쪽 부두에 정박한 화물선에서 무거운 짐을 내립니다. 이 부두의 바닥에는 붉은 쇠의 녹물이 뻘겋게 흐르고 하늘엔 하얗게 태양이 빛납니다. 화물 선적이나 하역의 작업을 마친 다음 운전기사인 당신은 크레인을 내려가 안개 속으로 사라집니다. 저 멀리 안개 속으로 점점 사라져 가는 당신은 창백한 얼룩처럼 보입니다.

B의 그림. 크레인의 작업을 남녀의 성행위로 윤색해서 부분적으로 덧칠해 그린 것입니다. "내 육체의 운전석에 앉은 그대"라거나 "철의 기둥", "피스톤", "갑자기 내 팔이 공중으로 뻗는다", "나는 비어 있다/ 나를 작동시키는 힘의 원천", "나는 안개 속에 떠 있는 창백한 얼룩을 향해 나아간다" 등을 직접 성행위의 움직임으로 대입해 볼 수 있는 표현들인 것입니다. '나'는 아래에 누운 남성이고 '당신'은 내 위에 있는 여성입니다. 이와 같이 두 남녀가 여성 상위의 체위로 교접하는 것으로 볼 수 있으며, 이 행위의 끝은 "내가 세워지는(발기하여 삽입

하는) 곳"은 "언제나 폐허"라는 허무한 감정입니다.

　일가를 이룬 화가가 항상 멋진 그림만을 그려내지는 못합니다. 형편없는 그림을 그려낼 수도 있습니다. 시인도 마찬가지입니다. 마음 같아서는 언제나 좋은 시만 쓰고 싶은 게 시인 누구나의 소망입니다. 하지만 꼭 자기 욕심대로 시가 써지는 건 아니지요. 시인도 사람인지라 빼어난 수작을 쓸 때도 있고 형편없는 태작(駄作)을 쓸 때도 있습니다. 과거에 훌륭한 시를 썼다고 해서 지금도 높은 수준의 시를 쓴다고 무조건 신뢰할 수는 없다는 말입니다. 다음의 경우를 한 번 살펴보기로 합니다. 멋진 추상화를 그려보려 하였으나 어깨에 잔뜩 힘이 들어가 이상야릇한 그림이 되고 만 이런 경우.

　　눈을 뜨지 않고
　　나는 오늘 오는 중이다.

　　얼음과 구름의 그래프 철과 오페라의 그래프 쏟아지는 파과들과 동시다발적인 그래프

　　나는 솟아나는 중이다. 여기에서 거기로

　　아름다운 풍습에 물들어 날마다의 밑줄들을 매달고 있는 오선지들이 탈선하고 있으니까 거기에서 지금으로 내일이 휘어진 것이라면 오늘을 돌파하지 못하겠지 그러니 이젠 아니다. 떨어져 나간 의족에 뺨을 부비고 서서 지금이 내일이다. 내일이 쏟아지는 오늘이다.

떨어져 나간 자물쇠가 저 혼자 열리는 꿈을 꾸고 있으니까

양말이 발을 실현하듯 나는 오는 중이다. 양말을 뒤집어보자. 목소리가 없다. 목소리가 없이 아주 길게 시동이 걸린다. 한꺼번에 춤을 추자. 거기에서 여기로 솟구치는 동안

거기를 빌린다. 오늘을 오늘 태어난 표들을 빌린다. 이상한 도표들을 펼치면서 걸어간다. 이건 당나귀 이건 자장가 어디선가 나타나는 또 다른 손목들 언제나 더 많은 붕괴들에 불과하다. 당황하는 통계들에 예를 갖추자. 눈을 뜨지 않고

익명의 그래프들이 일어서고 있다. 번개와 광고의 그래프 빌딩과 총알의 그래프 급진적인 그래프 무너지는 그래프 쓸모없이

나는 오는 중이다.
비인칭 그래프

—이수명,「비인칭 그래프」

이 시는 『현장비평가가 뽑은 2010 올해의 좋은 시』에 실려 있습니다. 앞뒤 문맥으로 보아 해설을 쓴 평론가가 뽑아서 수록된 것 같습니다. 그런데 세상에, 이 시를 뽑아 올리면서 이 시가 어떤 '정서적 가치'를 품고 있는지 잘 모르겠다고 고백합니다. 그럼 이 시에 대한 추천자인 신형철 평론가의 해설을 직접 읽어 보기로 합니다.

[사전에 따르면 그래프란 '서로 관계가 있는 두 개 또는 그 이상의 양의 상대값을 나타낸 도형'이다. 그런데 '비인칭 그래프'(='익명의 그래프')란 도대체 무엇인가. 특정한 인칭에 귀속되지 않는 어떤 양을 도형으로 표시한 것이겠다. 이 시에서 '나'라는 1인칭 대명사는 그 비인칭들 전체를 대신한 어떤 '나'일 것이다. 그 '나'는 계속 "나는 오는 중이다"라는 말을 반복한다. 그 어떤 비인칭적인 양들이 우리의 삶의 세계로 부단히 진입해 오고 있는 중이고, 시인은 지금 그것들의 역동적인 진입을 그래프를 보듯이 보고 있다. 얼음과 구름의 그래프, 철과 오페라의 그래프, 쏟아지는 파과(破果)들과 동시다발적인 그래프, 번개와 광고의 그래프, 빌딩과 총알의 그래프, 급진적인 그래프, 무너지는 그래프…….

독특한 '인식적 가치'와 수려한 '미적 가치'를 갖고 있어서 '올해의 좋은 시'로 천거했지만, 나는 이 시가 어떤 '정서적 가치'를 품고 있는지 잘 모르겠다. 이 시는 즐거운 시인가 슬픈 시인가 아니면 제3의 무엇인가. 그러나 이 모호함은 이 시를 자꾸 되풀이 읽도록 유혹하는 매력적인 모호함이다.

다시 한 번 말하거니와 '난해시'라는 말은 투박한 말이다. 원숙한 모호함과 미숙한 모호함이 있고 이것을 구별하는 능력이 곧 안목이다. 이 시를 전자의 좋은 사례로 추천한다.]

내가 보기에 이 시는 무슨 인식적 가치가 독특한 것도 없고, 미적 가치가 수려하다고 느낄 만한 표현도 없습니다. "자물쇠가 저 혼자 열리는 꿈을 꾸고", "양말이 발을 실현하듯" 두 구절 정도가 상식의 판단으로 긍정적인 공감을 할 수 있을 뿐, 첫머리의 "나는 오늘 오는 중이다."부터 끝까지 전혀 논리적 판단을 가능하게 하지 않는 시입니다.

시가 논문이 아닐진대 그 바탕에 정서가 내재함은 상식입니다. 정서가 아닌, 해석하기 어려운, 뒤틀리고 어긋난 논리의 표현이 결국 이런 시(글)로 나타났습니다. 이 시를 '좋은 시'로 뽑은 건 단지 과거에 평론가가 그의 시세계에 무척 매혹되었기 때문입니다.

오늘은 이수명 시인 특집. 벼르고 있었는데, 마침 이번 계절에 멋진 시를 발표했군요. 1994년에 등단했고 지금까지 네 권의 시집을 냈습니다. 아마 잘 모르시리라 짐작합니다. 비평가들이 자주 왈가왈부하는 시인도 아니고 대중적으로 널리 읽히는 편도 아니니까. 그러나 저는 이 시인이 없었더라면 한국 시단이 많이 따분해졌을 거라고 생각합니다. 천박한 구분법을 양해해주신다면, 감동에 취약한 다수 독자들에게 호소하는 '헤픈 시'가 있고 감동을 경계하는 소수 독자들에게 말을 거는 '도도한 시'가 있다고 말하겠습니다. 후자에 해당하는 시를 쓰는 시인들이 최근 많아졌는데, 이수명 시인이야말로 그들의 '은밀한 선배'라는 생각.

(2009. 9. 25 한겨레21 [시 읽어주는 남자-벼르고 별렀던 이수명 특집])

이라는 지난날 평론가 신형철이 쓴 헌사가 그것을 입증합니다. 다시 말하면 이수명 시인에 대한 무조건적인 지지와 신뢰 때문에 시인의 태작(駄作)조차도 뭔가 있는 시가 아닌가 하고 생각한 것입니다.

요즘 이 시인은 과거의 자기 세계를 부수고 새로운 세계를 만들어 내고자 고심하며 연구, 천착하다가 이러한 소통 불능의 딜레마에 봉착한 것으로 보입니다. 뭔가 그럴싸한 새것을 생각하고 그것을 고안하는 과정에서 혼란이 일어나고, 자기도 모를 소리를 지껄이게 된 것입니다. 점프를 하다가 발이 꼬인 피겨스케이팅 선수처럼, 대사를 외다가 혀가 꼬인 배우처럼.

혼자만의 내면에 갇힌, 생각이 미처 정리되지 못한 그 혼란 자체, 이것을 펼쳐내어 정돈해서 읽을 능력이 있는 독자는 아무도 없습니다. 일반 독자는 물론이거니와 이수명의 이 시를 읽은 어떤 시인도 이 시에 대해서 참으로 훌륭한 시라고 공감하며 박수쳐 줄 만한 이가 없습니다. 태국의 그 코끼리가 아무렇게나 붓을 내둘러 그린 어설픈 추상화보다야 낫겠지만, 이것은 '원숙한 모호함'도 아무것도 아닙니다. 설명되지도 않고 느껴지지도 않는, 난해한 글도 아니고(난해시란 누군가는 이해할 수 있다는 전제가 되는 시), 단지 그냥 혼자 중얼거린, '쓸모없이' 모호한 글일 뿐입니다.

지금은 이렇게 이상하게 비틀려져 버렸지만, 이 어려운 딜레마의 시기를 벗어나면 아마 이수명 시인은 환골탈태한 멋진 시를 우리들 모두에게 보여주리라 기대하고 싶습니다.

《시를사랑하는사람들》 2011년 1-2월호)

독자 없는 시대에 '불통'이 미덕인가
―우리 시의 오늘과 내일

1. 시의 바다에 입만 떠 있는 진풍경

어언간 우리 시가 오늘 이 지경에 이르렀다. 민물에서 자란 장어인지 바닷물에서 자란 장어인지 아무튼 그렇게 모호한 지경에서 자랐고 바다와 민물을 넘나든다는 풍천장어는 맛이나 좋지만 시인이냐 독자냐를 구분하기 모호한 오늘의 우리 시는 슬프고 한심할 따름이다. 시인 이만 명의 시대라는 풍문이 떠돈다. 하지만 독자는 다 어디 가고 독자 없는 시인만 남았는가. 눈과 귀가 사라지고 우리 현대시의 바다에는 온통 입만 무수히 떠있는 진풍경이 펼쳐지고 있다.

서점의 시집 코너에 꽂힌 창비시선, 문학과지성 시인선, 문학동네 시인선, 민음의 시집들 서가엔 책등의 시집 제목, 시인 이름을 꼼꼼히 살펴봐야 한다. 책 표지를 드러내어 좌판에 진열한 곳에 몇 종의 시집들이 있다. 아마도 독자들이 비교적 많이 찾는 시집들인가 보다. 시와 그림을 곁들인 도종환 시화선집 『흔들리지 않고 피는 꽃이 어디 있으랴』 1판 28쇄 2판 9쇄(2015. 1. 16), 이해인 시집 『필 때도 질 때도 동백꽃처럼』 1판 8쇄, 그리고 필사해야 할 사랑시라는 게 요즘 유행하는 대세의 시집인 듯. 김용택의 『꼭 한번 필사하고 싶은 시 101편』6쇄. 그런데 필사를 권하는 이 시집들을 보면 왼쪽은 인쇄된 시, 오른쪽은 백지 페이지로 독자가 왼쪽의 시를 필사하도록 된 책이다. 이정하, 용혜원, 고두현의 필사용 시집들이 그런 종류이다. 박준 시집『당신의 이름을 지어다가 며칠은 먹었다』는 12쇄. 신현림 편저『딸아 외로울 때는 시를 읽으렴』은 51쇄, 정호승 시선집『내가 사랑하는 사람』은 초판 12쇄 개정판 17쇄 신개정판 4쇄(2015. 5. 18), 그런 가운데 결코 말랑말랑하거나 닭살 돋는 시가 아닌데 기형도 시집『입 속의 검은 잎』은 초판 24쇄 재판 55쇄(2015. 8. 5). 짧은 시편 185편을 묶은 고은 시집『순간의 꽃』이 28쇄, 류시화 잠언시집『지금 알고 있는 걸 그때도 알았더라면』은 무려 111쇄(2015. 7. 24)다. 요컨대 독자들이 즐겨 찾는 시라는 게 입속에 넣고 씹을 만한 껌 같은 종류의 잠언시나 사랑시, 그리고 비교적 널리 알려진 시들이 많았고 기형도 시집은 예외처럼 보인다. 아마도 문학 지망생들이 꾸준히 찾는 시집인 듯한데 의외로 신예 박준의 시집이 도종환, 김용택, 정호승과 함께 대중들의 눈길을 끄는 건 부드러운 어조의 쉽게 읽히는 소박함 때문일 것이다. 그와 함께 황인찬의『희지의 세계』가 이십일 만에 2쇄를 내놓고 있는 건 약간 기이한 현상으로 보인다. 요즘 유행의 한 가지 주목할 만한 대목은 필사를 유도함으로써 나도 시인이라는 착각을 부추긴다는 점일 듯하다. 단순히 시 쓰는 사람이 시인이라는 폭넓은 개념으로 볼 때 시인이 이만 명, 삼만 명이면 어떠랴. 다만 독자 없는 시인들이라는 점이 서글플 뿐.

  서점 좌판에 깔린 저 시집들이 호사를 누리는 그 이면을 들여다보면 일반 시집들은 십여 년 전 초판 1쇄를 1천부 찍었다는데 요즘은 기껏 5백부를 찍는다고 한다. 시집은 그렇다 치고 문제는 누가 시를 읽는가이다. 월간 시 전문지나 계간지의 시를 읽는 순수 독자는 거의 없다고 봐야 한다. 작품을 발표한 시인 자신들이 읽거나, 자기가 아는 주변 시인의 작품만 대충 훑어보면 그만이다. 시 쓰는 사람은 2만 명 시대인데 시 읽는 독자는 5백 명쯤. 그러므로 요즘 발표되는 시를 거의 아무도 읽지 않고, 그저 자기의 시만 쓰는 시인이 대다수라고 생각하면 과히 틀리지 않을 것이다.

한때 시집의 판매 부수가 30만을 넘는 베스트셀러가 나오던 시절, 그때의 시 독자층과 지금을 비교한다면 극과 극의 차이가 실감된다. 예전의 시 독자를 형성하던 보편적인 교양인들은 오늘 몽땅 책이 아니라 스마트폰 등 영상매체에 빠져 있다. 오늘의 시 독자 계층을 파고들면 시 전문 독자(시력 20년 이상의 시인들)를 제외하고는 미미할 정도이다.

신춘문예의 계절도 한참 지난 올해 하반기의 신인문학상 현황을 보면 의외로 시인 지망생의 탄탄한 계층이 형성돼 있음을 느낄 수 있다. 5월말에 응모를 마감한 『창작과 비평』 신인상 시 부문에 751명, 6월 20일에 마감한 《문학동네》에 748명, 8월말 마감 〈중앙일보〉 신인문학상에는 710명이 각각 응모하고 있다. 그렇다. 실은 7백 명을 상회하는 이 숫자가 우리나라 독서계의 진정한 시 독자일 것이다. 이들이 예의 주시하는 기성시인들의 작품은 어떤 것이겠는가. 당연히 5년 미만의 앞서 등단한 신인들의 작품 또는 요즘 문제작으로 회자되는 시들의 방향에 오래 시선이 머물 것이다. 짐작건대 다음과 같은 시들이 지망생들의 롤 모델이 되었으리라.

비밀을 하나 말해줄게 새를 쪼개면 흉터가 된다 오래 전 하나의 흉터가 폭발했을 때 너는 흘러나왔다

비밀을 감추기 위해 눌러쓴 모자처럼

얼굴의 한쪽이 흘러내리면 너의 흉터를 보여줘 얼굴을 뒤집어서 모자로 씌워줄게

모자를 쪼개면 구석과 구석으로 분열한다 구석을 뒤집어쓰면 불 꺼진 예배당 들어가면 자꾸 속죄할 일이 생겼다 새를 쪼개고 나오면 멀리서, 빛

— 여성민,「새와 모자」뒷부분

이 털실은 부드럽다. 이 폭설은 따뜻하다. 이 털실은 누가 던졌기에 아무도 사용하지 않습니다. 이 털실로 뭐 할까 물고기는 물고기를 멈추지 않고 돌아다닙니다. 끌고가고 끌려가고 이 털실은 돌아다닙니다. 앞으로 갔다가 뒤로 갑니다. 이 선반 위에는 아무것도 올려놓지 않습니다. 이 폭설은 소원을 이룬다. 폭설 속에는 아무것도 없다. 털실 안에는 아무것도 들어 있지 않다. 털실은 앞으로 갔다가 뒤로 갑니다. 아무 형체도 짓지 않습니다. 이 털실은 집어 올릴 수 없습니다. 이 별은 풀린다. 이 털실은 풀린다. 끝없이 풀리기만 한다. 이 털실은 화해하지 않는다. 그 속으로 들어가지는 않고 털실 뭉치를 달고 다닌다.

— 이수명,「털실 따라 하기」전문

시를 전체적으로 보지 못하고 형식에만 집착하는 버릇이 있는 신인 지망생들의 작품을 여기에서 직접 들춰보긴 어려우므로 4천여 편의 예심을 마친 『중앙일보』 기사(2015. 9. 4)를 읽어본다.

손택수 씨는 대뜸 "태양이 너무 눈부셔 그 너머를 볼 수 없는 상태와 같은 작품이 많았다"고 말했다. 이미지를 촘촘하게 배치해 화려한 느낌을 주지만 그런 경향이 지나쳐 정작 읽고 나면 어떤 내용이었는지 기억이 잘 나지 않는 작품들을 그렇게 평한 것이다. 강동호 씨는 세련된 스타일이 대세로 느껴질 만큼 내용보다 기량이 승한 작품이 흔하다는 설명이다. 강 씨는 "특히 40대 이상 나이 든 사람들의 응모작 가운데도 모던한 느낌의 작품이 많았다."고 했다. 대학 등에서 시를 가르치는 시 선생들이 주로 젊은 느낌의 모던한 시를 가르친 결과다. 그래서 위기에 몰린 건 전통 서정시다. 소수, 타자처럼 느껴진다고 했다. 강 씨는 "형식적 새로움을 추구하는 데서 오는 피로감은 없는지 반성이 필요하다."고 진단했다.

2. 난해한 '불통'은 시의 미덕인가

나에겐 계절마다 만나는 친구가 몇 있다. 지난달 우리나라 카피라이터 원조로 손꼽히는 그 친구와 나눈 이야기. 내가 전문 시 잡지로 『현대시학』『현대시』가 있다고 말했더니 그는 대뜸 "시인들이 '현대'를 좋아하는 특별한 이유가 있나? 옛날에도 『현대문학』이 있었지만." 하고 묻는다. 친구에게도 나에게도 『현대문학』은 진작 사라진 문예지였다. 양모 씨가 발행인 겸 편집인이 된 이후 '전통과 권위'를 자랑하는 그 보수적인 종합 문예지의 존재감은 사라져버린 지 오래다. 그래 맞다. 없어진 잡지 중에 『현대-』를 붙인 『현대시세계』『현대시사상』도 있었다.

현대…. 모더니즘, 모더니티, 모던. 시를 쓰는 입장에서 살아가는 당대(현대)에 관심을 두지 않으면 금세 일선에서 뒤처질 거라는 무의식적인 강박증이 저 『현대-』의 제호에서 느껴진다. 지금도 시와 우호적이긴 하지만 요즘 시인들의 시가 지나치게 '모던'해서 아예 냉정하게 등 돌린 저 카피라이터의 따끔한 지적은 새겨볼 만하다. 전통 서정시가 위기에 몰렸다는 문화부 기자의 말이 괜한 소리가 아니다.

  어떤 평론가는 한 번 읽어서 금방 이해되는 시는 더 이상 읽을 필요를 느끼지 못한다고, 마치 쉽게 이해되는 시를 쓰는 시인은 저급한 시를 쓰는 양 매도하려 들기도 한다. 그러니까 시에선 난해한 '불통'(조연호,「우주 에세이」같은 경우)이 지고지선의 미덕이고, 쉽게 이해되는 '소통'(고영민,「송편」같은 경우)은 최고의 악덕이란 말인가.

  엄마라는 단어는 문어적입니다. 엄마로 만든 개를 바다에 짖게 하고 싶습니다. 시장에선 한 푼이라도 깎으려고 사람인 걸 포기하기도 합니다. 엄마가 낮술에 취해서 난간이 죄다 위험합니다. 거기 머무는 구름 종류가 많지 않아서도 슬픕니다. 소년소녀를 모두 말과 마부에게 맡겨두면 공전주기는 자전주기 아래 반쯤 가라앉습니다. 하루의 절반쯤에서 1년이 지납니다. 약은 모두 섹스 후의 슬픈 알갱이입니다. 숲은 숲에 대항하지 않는 사람에게 뱉은 침이기도 합니다.

                                                      -조연호,「우주 에세이」부분

  올해 한가위엔 아버지가 없고
  아버지가 빚은 기름한 송편도 이 세상에 없고
  쪄내면 푸른 솔잎이 붙어 있던
  뜨끈한 반달 송편 하나
  선산엔 아버지를 넣고 빚은 커다란

> 흙 송편 하나
> 그리고 나에게는 예쁜 딸이 둘
>
> — 고영민, 「송편」 부분

일선, 곧 아방가르드에서 뒤처지지 않고자 하는 일부 신인들의 몸부림은 정말 눈 뜨고 볼 수 없을 지경이다. 빽빽한 산문시로 쓰는 건 기본이고 문체도 반말과 경어를 뒤섞어서 혼란을 유도하며 활자의 글씨도 비스듬한 사체, 때로는 진하고 굵은 글씨, 더 나아가 글자 허리에 삭제 표시의 줄까지 두르기도 한다. 이러한 시각적 형태뿐만 아니라 내용면에서도 SF 콩트라고 하면 좋을 산문(김현의 시)이거나, 연극의 한 장면 같은 짤막한 서사적 산문(박상수의 시)을 시라고 모아서 시집을 낸 경우도 본다. 아무리 전위적인 현대라고 해도 무조건 분량이 짧은 글, 상상력으로 빚은 단편적인 허구에 모두 '시'라는 헐값의 딱지를 붙여줌이 과연 온당한지 의문이다.

3. 산문은 산문일 뿐, 산문시가 아니다

오래 전 유안진 시인이 발표한 수필 「지란지교를 꿈꾸며」를 적당히 문장마다 토막 내어 자유시 형태로 늘어놓고 그걸 시라고 우기는 한심한 이들이 있음을 인터넷에서 많이 본다.

> 저녁을 먹고 나면
> 허물없이 찾아가 차 한잔을 마시고 싶다고
> 말할 수 있는
> 친구가 있었으면 좋겠다.

입은 옷을 갈아입지 않고
김치 냄새가 좀 나더라도 흉보지 않을 친구가

우리 집 가까이에
살았으면 좋겠다.

(중략)

그러다가
어느 날이 홀연히 오더라도
축복처럼,
 웨딩드레스처럼,
수의를 입게 되리라.

같은 날
또는 다른 날이라도……

세월이 흐르거든
묻힌 자리에서
더 고운 품종의 지란이 돋아 피어,
맑고 높은 향기로 다시 만나지리라.
— 유안진, 수필 「지란지교를 꿈꾸며」를 자유시처럼
변형시켜 본 글

산문을 이와 같이 자유시 형태로 변형시킨다고 해서 산문의 본질이 사라져버리고 하루아침에 시가 되는 건 아니다. 「지란지교를 꿈꾸며」가 유안진 시인의 대표시가 아니었느냐고 반문하는 신진 시인도 있다. 요즘 저런 식의 산문을 시랍시고 발표하는 시인이 적지 않다. 이렇게 산문을 자유시 형태로 눈속임하려 드는 것을 일컬어 '장르의 경계를 허무는 가상한 노력'이라고 상찬해야 할까.

시와 산문은 엄연히 다른 장르이다. 엄격한 기준으로 말한다면 올해의 미당문학상을 수상한 최정례의 「개천은 용의 홈타운」은 치기만만한 산문일 뿐이다. 아무리 높은 거액의 상금을 받을지라도 그게 내 눈에는 기지와 해학을 앞세운 산문에 지나지 않아 보인다. 행여 저러한 산문을 태산백두의 산문시로 떠받들어 공부하는 지망생들이 있다면 정말 잘하는 짓이라고 문예창작과 교수 시인들은 칭찬해줄 수 있겠는가.

최정례의 「개천은 용의 홈타운」은 산문치고는 센스가 있는 산문이라 할 것이다. 산문시라면 그보다는 김산의 「겨울의 할례」가 빼어난 산문시로서 좋은 본보기가 될 것이다. 그리고 다음 작품을 통하여 산문시 좋아하는 시인들은 다시 한 번 산문시가 어떠해야 할 것인지 근본을 짚어보는 게 좋겠다.

복도는 복도다, 복도에는 어떤 것들이 흐른다, 나는 복도에서 무언가 망설였다, 창을 열면서, 너를 사랑했다, 창을 닫으면서, 너를 사랑했다, 복도는 망설이는 곳이다, 우주처럼, 복도는 우선 복도다, 복도는 하나의 지평을 가지며, 복도는 두 개의 지평을 가지며, 복도는 세 개의 지평을 가진다, 복도 말고는 아무것도 없다, 복도에 신문이 떨어질 때, 복도에 아이들이 뛰어갈 때, 복도에 세탁부가 지나갈 때, 복도에 손님이 지나갈 때, 복도는 여전히 복도다, 복도는 우울하다, 복도는 조금 휘어 있다, 복도는 정확한 직선이 아니다, 복도는 조금 미쳐 있다, 조금 미치고 있는 내가 바라보는 복도는 조금 미친 복도다, 복도는 깨끗하지 않다, 복도에서 벗어나야 한다, 복도에서 벗어나 문을 열고 마루로 진입해야 한다, 나는 복도에 문득 서 있었다, 복도의 다른 끝에 당신이 있었다, 내가 있었다, 복도는 너를 사랑한다, 사랑하는 복도, 우리의 시.

—이준규, 「복도」 부분

4. 지향해야 할 시, 내일의 시

  십 년 넘게 나는 카페 〈푸른 시의 방〉 좋은 시 읽기 코너에 날마다 잡지나 시집에서 좋은 시를 두세 편씩 소개하고 있다. 그런데 시 한 편을 다 타이핑한 뒤 곰곰 되새겨보다가 못내 지워버리는 경우가 더러 있다. 눈에 든 티처럼, 목에 가시처럼 좋았던 전체의 기분을 홱 바꿔버리는 것. 아래에 최근에 겪은 몇 가지를 들어본다.

  ① 후배에게 전화가 왔다/ 바람 드는 곳에서 술이나 마시자고
  ② 창문엔 내내 비悲가 내린다
  ③ 씻어내며 골라내는 동안 생략되어지는 시간들
  ④ 나는 어머니와 씹한 적도 있다

  우리가 평소의 사적인 대화에선 "후배에게 전화가 왔다"를 "후배에게서 전화가 왔다"로 이해하는 데 큰 문제가 없다고 느낀다. 하지

만 '시'라고 하는 공적인 고급의 문장에서 ①처럼 쓰는 건 삼가야 할 것이다. 문어에서 '-에게'란 조사는 분명 'to'의 개념이기 때문이다. ②에서 '비悲'라는 표기는 비와 슬픔을 한꺼번에 표현하려는 의도인 것 같다. 하지만 한자를 이용한 말장난이 요즘 광고에 하도 많이 나와서 너무 식상하지 않던가. ③에선 중복 피동의 표현이 거슬린다. '생략되는'으로도 충분한 것을 어색한 번역문체로 쓰는 건 좋지 않다. ④를 쓴 시인에게 과감한 표현을 썼다고 하기엔 거부감이 심하다. 신화에 오이디푸스 콤플렉스가 있긴 하다. 근친상간의 표현을 육두문자로 직핍하는 건 내 상식으론 받아들이기 어려웠다. 이 한 문장 때문에 「비밀」이란 좋았던 시를 손에서 놓고 같은 시인의 다른 시를 택한 건 무척 안타까웠다.

기왕에 우리 시인들이 자칫 틀리기 쉬운 '갖는다'와 '딛으며'라는 표기에 대해서도 말하고 싶다. 준말은 음절수를 생략하는 언어의 경제에서 나왔음을 상기해야 한다. 가지다의 준말은 '갖다', 디디다의 준말은 '딛다'이다. '가진다, 디딘다'로 충분한데 '갖는다, 딛는다'로 쓰는 건 음절이 줄어든 게 아니기에 '가진다'로, 디디며'로 써야 바른 표기이다.

현대시 백 년. 특히 최근의 우리 시는 놀랄 만큼 다양한 진화를 거듭하고 있다. 바람직한 진화도 있지만 선두에 선 소수의 아방가르드 선수들이 범한 오류조차 후배 지망생들이 무비판적으로 답습하는 경우가 요즘 극심하게 드러나고 있다. 절세의 미인 서시(西施)가 위장병이 있어서 이따금 미간을 찡그리고 다닐 때, 궁녀들은 '아 저렇게 미간을 찡그려야 미인의 아름다운 표정이 되는구나' 생각하고 너도나도 궁 안에서 찡그리고 다녔다고 한다. '효빈(效顰)'의 고사다. 선배 시인이 저지른 실험의 실패, 혹은 실수마저 따르고자 하는 효빈의 행위는 웃음거리가 될 수밖에 없다. 또한 이해하기 쉬운 시를 회피하여 굳이 난해한 시를 쓰기 위한 요령부득 혹은 언어도단의 수사를 구사하는 건 어리석은 일이다.

　최근 내 보기에는 송찬호의 「울부짖는 서정」, 신용목의 「호수 공원」, 안희연의 「기타는 총, 노래는 총알」, 조인호의 「철가면」같은 시들이 신인 지망생들의 본보기로서 부족함이 없으며 우리 시의 내일을 지향하는 지표가 되리라 생각한다.

　올해 삼, 사십대 세 명의 심사위원이 〈창비신인시인상〉 심사를 마치고 쓴 심사평 저 한 마디에 나도 뜨거운 지지의 박수를 보낸다.

　"독자가 없으면 시는 존재할 수 없다."

《시인수첩》 2015년 겨울호)

붙임 | 보유의 시편들

겨울의 할례

김산

　죽어가는 사람은 죽고 있다는 것을 모르는 듯. 죽음을 각오했기에 죽음 따위는 애써 두렵지 않다는 듯. 산다는 것과 죽는 것의 경계가 무용한 임계점이라는 듯. 죽음 너머와 죽음 넘어 사이에서 아직도 구원을 찾지 못하는 듯. 죽음이라는 관념과 주검이라는 구체 사이에서 이

한여름의 겨울은 도무지 덥고 습하다는 듯, 매실 밭에서 우리의 교주가 신발을 가지런하게 벗고 죽었습니다. 저의 하찮은 몸을 마지막까지 구더기에게 긍휼하게 나눠주신 그는 구도자셨지요. 귀갑테 안경도 없이 두꺼운 바이블도 없이 적막하게 썩어 문드러졌습니다. 죽음을 저녁 풀숲에 던져두자 주검이 새벽 풀숲을 방언으로 간증하셨다지요. 개미와 날파리 떼가 몰려들어 고개를 숙였고 산짐승 몇이 죽음의 내장을 육개장처럼 씹으며 그의 발인을 묵묵히 지켰습니다. 매실들이 밤별처럼 무럭무럭 자라 반딧불이와 함께 도란도란 합창을 했답니다. 성나게 발기했던 말씀들을 추운 바람이 건드렸지만 도무지 일어나지 않았습니다. 죽음이 벌떡 일어나 주검을 재빠르게 수습하고 푸하하하 웃으며 전속력으로 달릴 것 같았지만, 죽음을 내려다보는 또 다른 죽음 앞에서 그의 뼈는 털썩 주저앉기를 반복했습니다. 살아도 산 게 아닌 죽음은 모든 것을 체념한 듯 울상을 짓고 죽은 척 눈을 감고 있었습니다. 매실주를 마시면 달달한 죽음의 향이 온몸에 사르르 퍼집니다. 밤별과 반딧불이와 추운 바람이 이 한여름을 겨울로 내몰고 있습니다. (미안하지만) 나는 오래 전에 죽은 귀신입니다. 몹시 춥고 배가 고파 잠이 오지 않습니다.

—웹진 『시인광장』 2014년 8월호

울부짖는 서정

송찬호

한밤중 그들이 들이닥쳐

울부짖는 서정을 끌고
밤안개 술렁이는
벌판으로 갔다
그들은 다짜고짜 그에게
시의 구덩이를 파라고 했다

멀리서 사나운 개들이
퉁구스어로 짖어대는 국경의 밤이었다
전에도 그는 국경을 넘다
밀입국자로 잡힌 적 있었다
처형을 기다리며
흰 바람벽에 세워져 있는 걸 보고
이게 서정의 끝이라 생각했는데
용케도 그는 아직 살아 있었다

이번에는 아예 파묻어버리려는 것 같았다
나무 속에서도
벽 너머에서도
감자자루 속에서도 죽지 않고
이곳으로 넘어와
끊임없이 초록으로 중얼거리니까

—《22세기시인》 2015년 여름호

호수공원

신용목

네 머리를 떠난 네 생각이 여기 호수에 잠겨 있다 부러진 칼처럼,
헤엄치고 있다
  꼭 누군가의 몸을 지나온 칼처럼,

  빨갛다
  헤엄쳐도 씻기지 않는다

물 밖에는 사람들이, 손잡이만 남은 칼을 귀에다 대고 무슨 말인가
하고 있다 손잡이만 남은 칼 앞에서
  웃고 있다,
  찍어대도 피가 나지 않는다

너는 잉어의 눈알을 파먹고 온 눈으로 나를 바라본다, 인생은 가끔
그런 순간을 과거에 갖다 놓는다
  살아 있는 느낌

  살아 있는 느낌,
  그것이 너무 싫다고 말했다

지느러미를 연기처럼 풀어 놓고 석양은, 알 수 없는 깊이에서 보이
지 않는다

그러므로

밤이라는 국경을 거슬러 헤엄치면 꿈나라에 닿겠지 그래서 묻는다, 이렇게 많은 사람들이 한꺼번에 잠이 들고 이렇게 많은 사람들이 한꺼번에 꿈을 꾸면

그 나라는 도대체 얼마나 크단 말인가?

모든 칼들이 손잡이만 남아 있는 나라,

돌아오는 집 앞 정육점에도 칼은 있다

거기 돼지를 지나간 생각이 걸려 있다 아직도 타고 있는 석양처럼 환해서, 한 덩어리 베어와 물에 담가 두었다

―《문장웹진》2015년 9월호

기타는 총, 노래는 총알*

안희연

염색공은 골몰한다
흑백으로 이루어진 세계에 어떤 색을 입힐 것인가
고심의 고심을 거듭하던 그가
얼결에 페인트 통을 엎질렀을 때
우리는 태어났다

우리는 그의 아름다운 실수
돌이킬 수 없는 얼룩들
당신이 갓 태어난 아이를 보며 알 수 없는 두려움을 느끼거나
툭하면 허물어지는 성벽을 가진 것은
그 때문

내정된 실패의 세계 속에 우리는 있다
플라스틱 병정들처럼
하루치의 슬픔을 배당받고
걷고 또 걸어 제자리로 돌아온다

우리는 그의 기억 저편으로 사라진
풀리지 않는 숙제
아무도 내일을 믿지 않는다

그러나 우리에겐 노래할 입이 있고
문을 그릴 수 있는 손이 있다
부끄러움이 만드는 길을 따라
서로를 물들이며 갈 수 있다

절벽이라고 한다면 갇혀 있다
언덕이라고 했기에 흐르는 것

먼 훗날 염색공은
우리를 떠올릴 것이다

우연히 그의 머릿속 전구가 켜지는 순간

그는 휴지통을 뒤적여 오래된 실패를 꺼낼 것이다
스스로 번져가던 무늬들
빛을 머금은 노래를

*기타는 총, 노래는 총알: 빅토르 하라

―《포지션》 2015년 봄호

철가면

조인호

철과 장미의 문명 속에서 그는 용접공으로 일했다 철가면을 쓰면 산소용접기 밖으로 장미처럼 피어오르는 불꽃이 보였다 그는 철과 장미를 사랑했다 불이 붙는 독한 술을 즐겨 마셨고 쇠못을 씹어 먹는 철인이었다 중금속에 중독된 그의 눈은 세상이 온통 붉은색 셀로판지처럼 보이게 만들었다 용접 불꽃이 그의 눈을 멀게 만들수록 세상에 없는 단 하나의 붉은색을 지닌 철의 장미를 그는 볼 수 있었다 그의 피는 붉은 철로 철철 흘러 넘쳤고 그는 조금씩 녹슬어 갔다

그의 철근콘크리트 지하방은 습하고 어두운 철가면 같았다 철가면은 심해 속으로 가라앉는 자물쇠처럼 무거웠다 강철 수면(水面) 위로 드러난 그의 얼굴은 점점 철가면을 닮아갔다 그는 눈을 뜰 때마다

철가면을 쓴 채 욕조 안에 몸을 담근 자신을 발견하곤 했다 파이프들이 붉은 녹을 떨어뜨리며 삐걱거렸다 욕조 속의 물이 용광로처럼 부글부글 끓었다 그의 알몸은 장미 잎 같은 붉은 화상 자국투성이였다

그는 일생 동안 불꽃만을 바라본 몽상가에 가까웠다 그는 용접 불꽃 속에서 살아 있는 구멍들을 보았다 오, 입 벌린 구멍들 모음들 비명들이 불타오르는 지옥을 보았다 그 구멍 저 편에선 아름다운 붉은 장미의 정원이 펼쳐져 있었다 그의 두 눈엔 콘센트 구멍 같은 어둠이 고여갔다

그는 철가면을 쓴 채 홍등이 켜진 도살장 골목을 붉은 쇳물처럼 흘러다녔다 도살장 골목 어둠 저편 번쩍거리는 칼날들이 뱀의 혀 같은 용접 불꽃처럼 쉭쉭거렸다 붉은 장화를 신은 인부들이 소 머리가 가득 쌓인 수레를 끌고 다녔다 도살장 담벼락엔 덩굴장미가 대퇴부 핏물처럼 번지고 있었다 담벼락 너머 높다란 송전탑에서 철근들이 금속성의 동물 울음소리를 내며 뒤틀렸다 도살장 시멘트 바닥 물웅덩이 위로 뜨거운 김이 피어올랐고 고압전류 같은 쩌릿쩌릿한 비가 내렸다

그는 송전탑 꼭대기 위로 덩굴장미처럼 기어오르기 시작했다 번쩍, 가시철조망 같은 번개가 송전탑에 내리꽂혔다 고압전류 속에서 그는 자신의 철가면과 함께 흐물거리며 녹아들었다 철가면이 송전탑의 철근 속으로 들러붙고 있었다 송전탑 밑 지상의 사람들이 붉은 뼈를 드러낸 채 해골처럼 웃고 웃었다 번개가 번쩍거릴 때마다

송전탑은 거대한 한 송이 붉은 장미로 피어났다

—《실천문학》 2008년 가을호

산문시가 산문이 아니라 시인 이유

산문시는 시입니다. 산문 형태를 취했을 뿐 본디 시가 지니고 있는 운율, 함축성, 센스, 이미지, 모호성, 알레고리 등의 요소를 두루 갖춘 산문 형태라면 그것은 시입니다. 산문시입니다. 산문시를 읽는 건 매우 신중하고 치밀하게 읽어봐야 하지요. 그래서 그 산문 형태를 대하자마자 빽빽한 그 형태에 질려서 공연히 어렵겠구나, 하고 곤란을 느끼게 됩니다. 약삭빠른 얼치기 시인들이 그러한 점을 노려 시도 아닌 산문을 써서 시(산문시)라고 위장하여 발표하는 경우가 곧잘 눈에 띕니다. 이를테면 하수가 고수인 척 겉모습만 흉내를 내는 것이지요. 대략 어설픈 자기 시의 실력을 감추기 위해 산문시라고 포장해 봤자 잘 뜯어보면 금세 들통이 나게 마련입니다.

다음의 산문시는 이번 겨울호 계간지에 발표된 작품입니다. 퍽 재미있는 산문시입니다. 일견 산문인 것처럼 보이지만 새겨 읽어볼수록 시의 맛이 새록새록 우러나는 빼어난 시입니다.

나비를 밀어내며 나비가 날아간다 나비는 잘 접힌다 또 금방 펴진다 나비가 될까 나비가 될 수 있을까 나비를 밀어내며 나비를 깜빡인다 나비는 몸이 가볍다 생각이 가볍다 마음먹은 대로 날아가는 적이 드물다 줄인형처럼 공중에 매달려 나비에게서 달아난다 나비에게로 돌아온다 나비를 밀어내며 나비를 닮아간다 옥타브를 벗어나는 나비 따라 부르기 어려운 나비 나비를 밀어내며 나비를 넘어선다 높아지는 나비 어머나 비가 온다 어머나 비가 간다 나비가 버리고 간 나비 나비가 채우는 나비 줄인형처럼 꽃밭 속에 나비를 담근다 나비가 될까 나비가 될 수 있을까 나비를 밀어내며 나비가 발생한다 나비를 서성이며 나비가 날아간다

—심언주, 「나비가 쓰고 남은 나비」
(《시로여는세상》 2015년 겨울호)

이 산문시를 일반적인 자유시 형태로 바꿔서 읽어보도록 합니다. 행을 가르고 기왕이면 연도 구분해 볼까요. 이걸 읽어보면 위의 산문시가 바탕이 시였음을 확실히 알게 될 것입니다.

나비를 밀어내며 나비가 날아간다
나비는 잘 접힌다
또 금방 펴진다
나비가 될까
나비가 될 수 있을까
나비를 밀어내며 나비를 깜빡인다

나비는 몸이 가볍다
생각이 가볍다
마음먹은 대로 날아가는 적이 드물다
줄인형처럼
공중에 매달려 나비에게서 달아난다

나비에게로 돌아온다

나비를 밀어내며 나비를 닮아간다
옥타브를 벗어나는 나비
따라 부르기 어려운 나비
나비를 밀어내며 나비를 넘어선다
높아지는 나비

어머나 비가 온다
어머나 비가 간다
나비가 버리고 간 나비
나비가 채우는 나비
줄인형처럼
꽃밭 속에 나비를 담근다

나비가 될까
나비가 될 수 있을까
나비를 밀어내며 나비가 발생한다
나비를 서성이며 나비가 날아간다

이와는 반대로 서정적인 산문이 시가 될까, 그냥 산문일까 잘 생각해 보기로 합니다. 결론을 말하자면 산문은 산문일 뿐입니다. 다음의 글을 읽어봅니다. 널리 알려진 이효석의 소설 「메밀꽃 필 무렵」에서도 마치 아름다운 시에 나옴직한 비유나 감각적 이미지가 가장 빛나는 부분입니다.

길은 지금 긴 산허리에 걸려 있다. 밤중을 지난 무렵인지 죽은 듯이 고요한 속에서 짐승 같은 달의 숨소리가 손에 잡힐 듯이 들리며, 콩포기와 옥수수 잎새가 한층 달에 푸르게 젖었다. 산허리는 온통 메밀밭이어서 피기 시작한 꽃이 소금을 뿌린 듯이 흐뭇한 달빛에 숨이 막힐 지경이다. 붉은 대궁이 향기같이 애잔하고 나귀들의 걸음도 시원하다. 길이 좁은 까닭에 세 사람은 나귀를 타고 외줄로 늘어섰다. 방울소리가 시원스럽게 딸랑딸랑 메밀밭께로 흘러간다.

이것을 자유시 형태로 다음과 같이 바꿔봅니다. 요즘 유행하는 시들처럼 마침표도 빼고 행과 연을 구분하여 변형시킨 다음의 글이 비록 시인 것처럼 보일는지 모르지만 본질은 변하지 않고 그냥 산문입니다. 이러한 산문을 시라고 쓰는 시인들이 적잖이 있는 게 오늘의 우리 시단입니다.

    길은 지금 긴 산허리에 걸려 있다
    밤중을 지난 무렵인지 죽은듯이 고요한 속에서
    짐승 같은 달의 숨소리가 손에 잡힐 듯이 들리며

    콩포기와 옥수수 잎새가 한층 달에 푸르게 젖었다

    산허리는 온통 메밀밭이어서
    피기 시작한 꽃이 소금을 뿌린 듯이
    흐뭇한 달빛에 숨이 막힐 지경이다

붉은 대궁이 향기같이 애잔하고
나귀들의 걸음도 시원하다

길이 좁은 까닭에
세 사람은 나귀를 타고 외줄로 늘어섰다

방울소리가 시원스럽게 딸랑딸랑 메밀밭께로 흘러간다

시 아닌 산문이 그럼 어떤 글인지 '국어국문학자료사전'에서 간단히 살펴보면 다음과 같습니다.
"산문형식으로 엮어지는 소설·수필·일기문·기행문 등은 산문정신에서 기초한다. 이것은 인생과 직결되어 있으며 운율이나 조형미에 의거하지 않고 인생의 진실을 이야기하고 어디까지나 내용 자체의 전달로 독자에게 감명을 주는 것이다. 따라서 작자가 걸어온 인생의 체험에서 비롯되는 현실의 묘사나 서술에 그 예술성이 보존된다. 특히 산문정신을 작가정신의 요체(要諦)로서 시정신과 대립시켜 제창하는 까닭은 소설의 리얼리티가 시나 운문과는 별도로 그 문예성을 보유하고 있음을 강조하기 위해서이다."

그럼 문제를 하나 제시해 보겠습니다. 다음 글은 산문일까요, 산문시일까요?

용은 날개가 없지만 난다. 개천은 용의 홈타운이고, 개천이 용에게 무슨 짓을 하는지는 모르지만 날개도 없이 날게하는 힘은 개천에 있다. 개천은 뿌리치고 가버린 용이 섭섭하다? 사무치게 그립다? 에이, 개천은 아무 생각이 없어, 개천은 그냥 그 자리에서 뒤척이고 있을 뿐이야.

갑자기 벌컥 화를 내는 사람이 있다. 용은 벌컥 화를 낼 자격이 있다는 듯 입에서 불을 뿜는다. 역린을 건드리지 마, 이런 말도 있다. 그러나 범상한 우리 같은 자들이야 용의 어디쯤에 거꾸로 난 비늘이 박혀 있는지 도대체 알 수가 있나.

신촌에 있는 장례식장 가려고 버스를 기다리고 있다. 햇빛 너무 강렬해 싫다. 버스 한대 놓치고, 그다음 버스 안 온다, 안 오네, 안 오네…… 세상이 날 홀대해도 용서하고 공평무사한 맘으로 대하자. 내가 왜 이런 생각을? 문득 제 말에 울컥, 자기연민? 세상이 언제 너를 홀대했니? 그냥 네 길을 가, 세상은 원래 공정하지도 무사하지도 않아, 뭔가를 바라지 마, 개떡에 개떡을 얹어주더라도 개떡은 원래 개떡끼리 끈적여야 하니까 넘겨버려, 그래? 그것 때문이었어? 다행히 선글라스가 울컥을 가려준다 히히.

참새, 쥐, 모기, 벼룩 이런 것들은 4대 해악이라고 다 없애야 한다고 그들은 믿었단다. 그래서 참새를 몽땅 잡아들이기로 했다지? 수억 마리의 참새를 잡아 좋아하고 잔치했더니, 다음 해 온 세상의 해충이 창궐하여 다시 그들의 세상이 되었다고 하지 않니, 그냥 그 자리에서 뒤척이고 있어, 영원히 오지 않는 버스를 기다린다 해도 넌 벌컥 화를 낼 자격은 없어, 그래도 개천은 용의 홈타운, 그건 그래도 괜찮은 꿈 아니었니?

　　　　　　　　　　　－최정례,「개천은 용의 홈타운」

글을 쓴 이는 이것을 과감하게 '시'라고 내놓고 있지만 엄격한 기준을 적용해서 판단하건대 어디까지나 이 글은 치기만만한 산문일 뿐입니다. 아무리 높은 거액의 상금을 받았을지라도 그게 내 눈에는 기지와 해학을 앞세운 산문에 지나지 않아 보입니다. 산문정신에 충실한, 산문치고는 센스가 있는 수필이라 하겠습니다. (요즘 수필 쓰는 이들 가운데에는 5매 안팎의 짧은 수필 쓰는 경향도 있다고 들었습니다.) 저런 수필을 모아놓은 책은 그러므로 수필집으로 대우하는 게 정당할 것입니다. 시인이 '시'라고 생각하고 써서 발표한 글이 모두 시라는 보장은 없습니다. 그렇게 생각한다면 그건 시인이 자기 양심을 기만한 것이며, 독자 위에 군림하는 오만입니다.

(2015. 12. 9)

패러디, 모방, 표절

"태양 아래 새로운 것은 없다." 이 말은 대체로 모든 창조적인 결과물이 어떤 영향 관계에서 생성되게 마련이므로 하늘로부터 뚝 떨어진 것인 양 새로운 것이 있을 수 없다는 뜻으로 해석되고 있다. 하지만 이는 창작에 대하여 지나치게 부정적인 시각에서 보는 관점이 아닐까 싶다.

최근 연예가에 서태지와 이재수라는 두 사람 사이에 심상치 않은 논쟁이 벌어지고 있다. 나는 서태지의 노래를 젊은이들이 왜 그렇게 열광적으로 좋아하는지 그 이유를 잘 모른다. 그만큼 세대간의 간극이 크기 때문일까. 기껏 내가 기억하는 서태지는 「난 알아요」라는 곡 말고는 우스꽝스러운 복장과 국적 불명의 춤밖에 생각나지 않는다. 서태지의 「컴백 홈」이라는 노래를 이재수라는 음치가수('음치'와 '가수'란 두 단어가 어떻게 연결될 수 있는지 알 수 없지만)가 자신의 스타일로 패러디하여 부른 노래 「컴배콤」이 저작권 침해, 인격권 침해의 문제가 되어 법정 공방으로까지 번졌다는 이야기다.

여기서 잠깐 패러디에 대한 개념을 살펴볼 필요가 있다. 패러디란 어떤 저명한 시인/작가의 시의 문체나 운율을 모방하여 그것을 풍자적으로 또는 조롱 삼아 꾸민 익살스러운 시문(詩文)을 말한다. 유명한 작품의 한 단어, 한 구절을 비틀어 바꾸거나 과장하여 웃음을 자아내는 것이 그 본질이다. 넓은 개념으로 보면 모방의 일종에 지나지 않는다.

요즘 언론에서는 현직 대통령도 희화화(戲畵化)되고, 텔레비전에서는 대통령의 목소리를 흉내낸 코미디가 나오기도 한다. 도올 김용옥 교수의 논어(論語) 강의가 인기를 끌자 코미디언 서 아무개의 '돌 선생 강의'라는 패러디가 나온 적도 있었다. 그래도 대통령이나 도올 선생이 인격권 침해로 그들을 소송했다는 얘기는 없다. 그렇다면 서태지는 그보다 위의 어떤 신성 불가침의 존재일까.

패러디는 단순히 웃자는 데서 출발한다. 대중들이 보고 웃으면 그게 바로 패러디의 효과일 뿐이다. 영화에서도 패러디의 경우가 심심치 않게 나타난다. 007 제임스 본드, 람보를 흉내 낸 백발의 코미디 배우는 「못 말리는…」 시리즈 영화의 단골 주역이다. 그가 「탑건」, 「사랑과 영혼」, 「타이타닉」 등을 혼성 모방한 영화도 있었던 것으로 기억된다.

베토벤의 유명한 피아노곡 「엘리제를 위하여」를 우리 나라에서 오래 전 김용선이 편곡한 대중가요 「정열의 꽃」이 있다. 아마 70년대일 것이다. 당시 이화여대 미대 출신의 가수 정미조가 그 노래를 불렀고, 요즘은 다시 김수희가 가사를 바꿔 부른 「정열의 꽃」을 들을 수 있다. 혹시 베토벤의 유족들이 저작권 운운하며 항의하러 오지 않을까.

음악에서는 일반적으로 한 음률에 다른 가사를 붙이는 경우를 패러디라고 하며 그 반대의 경우도 있다. 특히 16세기에는 어떤 악곡의 선율이나 구성법을 빌어 작곡한 유사한 악곡을 패러디라 하였다. 그것은 풍자나 익살이 목적이 아니라 오히려 경의를 나타내기 위한 것이라는 점에서 문학의 경우와는 다르다. '패러디 미사곡'이라는 게 있을 정도였다.

　문학에서의 패러디, 또는 모방을 생각해 본다. 패러디의 시조는 멀리 고대 그리스 시대로까지 거슬러 올라간다. 그리스의 풍자시인 히포낙스가 그 패러디의 시조라 한다. 세르반테스의「돈 키호테」도 실은 중세시대 기사도 전설의 패러디인 것이다.
　셰익스피어의「햄릿」에 나오는 유명한 독백이 있다. "죽느냐 사느냐, 이것이 문제로다(To be or not to be, that is the question.)." 텔레비전의 역기능이 심각히 우려되었던 미국의 1960년대에는 이것을 패러디한 "텔레비전을 보느냐 마느냐, 이것이 문제로다(TV or not TV that is the question.)."라는 말이 유행했다던가. 패러디에 대하여 언급한 이사라 시인의 말을 들어본다.

　　린다 허천(Linda Hutcheon)에 의하면 패러디는 포스트모더니즘 예술의 주제와 형식을 표현하는 주요한 기법이며 모방의 한 형식이다. 그런데 패러디는 단순히 패러디된 작품을 희생시키는 것은 아니다. 오히려 아이러닉하고 장난스러운 것에서부터 경멸적이고 조롱조인 것까지를 포함한 전도(顚倒)에 의한 모방이다. 그러나 패러디는 더 나아가 이전의 예술작품을 재편집하고 재구성하고 전도시킬 뿐만 아니라 초맥락화하는 통합된 구조적 모방의 과정을 뜻하기도 한다. 그러므로 협의로 볼 때는 하나의 텍스트가 다른 텍스트를 '조롱하거나 희화화' 시키는 것이지만 광의로 볼 때는 텍스트와 텍스트 간의 반복과 차이를 의미한다.
　패러디라는 용어는 '대응하다' 또는 '반(反)하다'의 뜻인 'para'와 노래의 뜻인 'odia'의 합성어 parodia에 근원을 두고 있다. 그러나 선행의 텍스트와 대응하거나 반한다는 데 있어서 패러디와 풍자, 패스티쉬, 상호텍스트성은 엄격한 구분이 불가능할 만큼 상호작용을 하고 있다.

패러디와 패스티쉬(pastish, 긁어모은 것)는 양자 모두 모방을 뜻한다. 그렇지만 패러디가 다른 텍스트와의 관계에서 차이와 변형을 강조하는 데 비해 패스티쉬는 모방적인 관계를 형성하는 데 그친다. 프레드릭 제임슨(Frederic Jameson)은 중성 모방 또는 혼성 모방인 패스티쉬가 숨은 동기나 풍자적 충동, 웃음이 없는 공허한 패러디이며, 스타일상의 가면이고, 내부 깊이가 없는 표피적 모방이며, 여기저기 원전들을 차용하는 짜깁기라고 설명한다.

-「실험적 기법」『시창작 이론과 실제』(1998, 시와시학사)

널리 알려진 김춘수 시인의 시 「꽃」은 많은 패러디 작품을 거느리고 있다. 황지우는 "내가 꽃에게 다가가 '꽃'이라고 불러도 꽃이 되지 않았다. 플라스틱 造花였다."라고 쓴 것도 있고, 오규원의 「'꽃'의 패러디」, 장경린의 「김춘수의 꽃」도 있지만 다음과 같은 장정일의 「라디오와 같이 사랑을 끄고 켤 수 있다면- 김춘수의 '꽃'을 변주하여」는 기발하며 도발적이기까지 하다.

　　내가 그의 단추를 눌러준 것처럼
　　누가 와서 나의
　　굳어버린 핏줄기와 황량한
　　가슴 속 버튼을 눌러다오
　　그에게로 가서 나도

그의 전파가 되고 싶다.

—장정일의 시 일부 인용

　남의 창작물 중 한두 군데라도 자신의 독창적인 작품인 양 슬쩍 훔쳐 넣는 것을 표절(剽竊)이라고 한다. 그건 모방이라 할 수가 없다. 대중가요 쪽에서 이따금 일본 노래 한두 소절을 표절했다고 말썽이 나기도 하고, 문단에서도 그런 이야기가 곧잘 불거져 나온다. 쉽게 말하면 남의 시가·문장·학설 따위를 자기 것인 양 발표하는 일이 곧 표절이다. 최근 젊은 평론가가 저명한 평론가의 글에 대하여 감히 표절 사실을 밝히고, 그 문제로 인하여 오히려 자신이 피해를 당한 해괴한 사건이 있었다. 어처구니없는 현실이다.
　금년도 2001신춘문예 당선 시 가운데도 그런 의심을 받은 작품이 있어서 어느 계간지의 홈페이지 게시판이 정월 한 달 내내 시끄러운 적이 있었다. H일보의 당선작이 문제의 표절 의혹을 받은 시였다. 내 개인적인 견해를 말한다면 그건 분명한 표절이라고 생각한다. 심사위원들이 당선작이라고 이미 지상에 발표한 이후라서 철회하기가 힘들었을 것이다. 그 전년도 어느 잡지에 발표된 텍스트의 시와 발상이 비슷하고 영향을 받은 듯하지만 표절이라고 보긴 어렵다는 궁색한 변명이 뒤따랐다. 그가 투고한 다른 시들의 수준도 충분히 고려해서 확정된 결론이라는 것이었다. 그렇다면 차라리 감때사나운 눈총을 받은 시 말고 다른 그의 시를 당선작으로 발표해줄 수도 있었을 텐데. 하긴 그렇다면 표절이라는 사실을 재확인하는 난처한 입장이 될 수도 있으리라.

　이미 고인이 되어서 그의 시를 거론하는 일이 좀 꺼려지긴 하지만, 분명한 평가와 정리를 해야 마땅하리라는 뜻에서 박정만의 서울신문 신춘문예 당선시에 대하여 이제는 말할 때가 된 것 같다. 나는 1966년에 동아일보의 신춘문예에 시가 당선되었다가 그 작품이 일개 지방대학신문에 보름쯤 먼저 발표되었다는 사유로 당선이 취소되는 쓰라림을 맛보아야 했었다. 표절과는 관계없는 사안이었다. 다만 거대 신문사의 권위가 문제였다. 억울하게 낙선의 고배를 든 나는 당선될 뻔한 시와 다른 시들을 묶어서 1966년 여름에 처녀시집 『이상기후』를 발간하였다. 그리고 1967년 조선일보에 당선되었다.

그 이듬해 1968년 박정만은 서울신문 신춘문예에 당선하였는데 신문에 발표된 그의 시 「겨울 속의 봄 이야기」를 보고 나는 깜짝 놀랐다.

겨울 속의 봄 이야기

Ⅰ
뒷 울안에 눈이 온다.
①[죽은 그림자 머언 기억 밖에서]
무수한 어둠을 쓸어 내리는
구원한 하늘의 설화.
나는 지금 어둠이 잘려나가는
순간의
②[분분한 落下 속에서]
눈뜨는 하나의 나무
눈을 뜨는 풀꽃들의
③[건강한 죽음의 소생을 듣는다.]
무수히 작은

아이들의 손뼉소리가 사무쳐 있는
暗黑의 깊은 땅속에서
몸살난 곤충들은 얼마나 앓고
있는가.
사방에 사유의 충치를 거느리고
밋밋한 樹海를 건너오는
찬란한 아침 광선.
수태한 여자의 방문 앞에서
나는,
청솔과 반짝이는 동전 몇 닢을
흔들며
자꾸만 서성대고 있다.

Ⅱ
아침 한때 순금의 부리로
빨갛게
새들은 남은 잔설을 쪼아대고
그때 무어라 귓속말로 읽고 가는
바람의 傳言.
수런거리며 은빛 비늘이 돋아
나는
樹皮의 깊은 안쪽에서부터
몇 개 새순이 자라나고 있는가.
④[사랑의 품사들로 점점이
물들어 가는 나의 눈과 목소리]처럼

⑤[예지의 광채가 가지 끝에 엉기어]
비쭉비쭉 푸른 혈단이 일어서면,
저 유난히 커오르는 숨소리를
내 아내의 어린 살빛은 듣고 있다.
⑥[자꾸만 바람 뜨거운 나뭇가지 끝에서]
까치들은 한 소절의 노랠 부르며 있고.

Ⅲ
⑦[홀연 도련님 눈썹 위에 내려앉는
청아한 뻐꾸기 울음소리.]
봄의 젖줄을 잡아당기는
따스한 母情의 촉감을 한 줄기씩 내리어
꽃대의 燈心을 밝히고 섰는
어머니의 축복을 누가 알까.
⑧[가가호호의 문전마다]
⑨[신춘대길이라 방을 붙이고,]
이 산에서 저 산으로 옮겨 앉는 메아리.
시간은 상처 난 손을 떨어뜨리며 지나가고
⑩[겨울 냉기는 땅강아지 발목 앞에서
바쁘게 무너지고 있었다.]

이 시는 요즘 식으로 말하면 교묘한 혼성 모방으로 이루어져 있다. 나는 표절이라 생각하지만. 박정만은 경희대에 재학 중이었는데, 그 때 국문과 대표인 친구가 내 절친한 동창이었고 그로부터 내 처녀시집을 받아 탐독한 것이었다. 그래서 내 시에서 많이 영향 받았다는 얘기인데, '영향'과 '표절'은 엄연히 다르다. 여기 시행의 앞에 번호를 매긴 것들 아홉 군데가 말하자면 내 처녀시집 『이상기후』에 들어 있는 시들에서 영향을 받았다는 말이 된다.

① 죽은 사람들의 그림자/ 머언 記憶 밖에서
  —'겨울 나무'에서

② 純金의 비가 내린다./ 하늘에서의 분분한 落下
  —'市民들'에서

③ 뛰어다니며 예감하는/ 건강한 우리들의 죽음.
  —'市民들'에서

④ 문을 두드리는/ 나의 손가락까지 점점이 물들어/ 파란 잎사귀로 하늘대다
  —'人形'에서

⑤ 봄철의 예지/ 스미어 있음인가,/ 빗속에/ 비 젖는 나무 줄기 속에
  —'겨울 나무'에서

⑥ 미친 듯이 나부끼는 가슴 속의/ 바람 뜨거운/ 나무
  —'겨울 나무'에서

⑦ 도련님 눈썹에 눈 내리는 돌개바람/ 돌개바람 속에 북소리/ 쇠북 소리/ 冥界를 길어내는 피리 소리
  —'紙燈說話'에서

⑧ 家家戶戶의 뜨락에서
  —'市民들'에서

⑨ 吉兆. 吉兆,/ 紙燈을 걸어두었던 문설주에
  —'紙燈說話'에서

(신춘대길? '입춘대길'은 들어보았지만 그런 말도 대문에 써붙인다는 건 금시초문이다.)

⑩ 여름이/ 땅강아지 앞다리에서/ 바쁘게 무너져 오는 것을 본다.
―이상렬 '씨 뿌리는 마음'에서

    미리 밝혀 둘 일이 있다. 나와 이가림은 고교 동기동창이고, 이상렬은 고교 2년 후배, 박정만은 3년 후배라는 사실이다. 이상렬, 그는 불운한 무명 시인이었다.《사상계》신인상에 최종선까지 올랐다가 강서화(강은교)에게 밀려 떨어진 후 끝내 일어서지 못하였고, 지금 그는 고인이 된 사람이다. 신춘 당선작에 대하여 박정만은 내게 사과 한 마디 하지 않았으며, 오랜 세월 뒤 갖은 고초 끝에 불행한 생을 마감하였다. 어쩌면 내게 뿐만 아니라 다른 시인에게도 빌려 쓴 구절에 대하여 용서를 구했어야 할 시가 바로 이 작품이 아닐까. 나는 그가 죽음을 앞두고 한꺼번에 수많은 시들을 쓴 것에 대하여서는 경탄을 금치 못한다. 하지만 그 많은 마지막 유작들이 실은 평소 그의 습관처럼, 그의 기억 창고에서 한꺼번에 터져 나온 타인의 작품들로 추측된다. 정녕 "태양 아래 새로운 것은 없다."는 말은 진리인가.

(2002. 10. 11)

기형도의 「물 속의 사막」 감상

물 속의 사막

기형도(1960~1989)

밤 세 시, 길 밖으로 모두 흘러간다 나는 금지된다
장맛비 빈 빌딩에 퍼붓는다
물 위를 읽을 수 없는 문장들이 지나가고
나는 더 이상 인기척을 내지 않는다

유리창, 푸른 옥수수잎 흘러내린다
무정한 옥수수나무…… 나는 천천히 발음해본다
석탄가루를 뒤집어쓴 흰 개는
그 해 장마통에 집을 버렸다

비닐집, 비에 잠겼던 흙탕마다
잎들은 각오한 듯 무성했지만
의심이 많은 자의 침묵은 아무것도 통과하지 못한다
밤 도시의 환한 빌딩은 차디차다

장맛비, 아버지 얼굴 떠내려오신다
유리창에 잠시 붙어 입을 벌린다
나는 헛것을 살았다, 살아서 헛것이었다
우수수 아버지 지워진다, 빗줄기와 몸을 바꾼다

아버지, 비에 묻는다 내 단단한 각오들은 어디로 갔을까?
번들거리는 검은 유리창, 와이셔츠 흰빛은 터진다
미친 듯이 소리친다, 빌딩 속은 악몽조차 젖지 못한다
물들은 집을 버렸다! 내 눈 속에는 물들이 살지 않는다
―시집 『입 속의 검은 잎』 (1989년)

빗물 속에는 슬픈 고향이 있다

  기형도의 시. 그의 시는 읽는 이의 가슴을 진한 슬픔에 젖게 한다. 서른 살의 이른 봄, 그는 심야극장에서 앉은 채로 죽음을 맞았다. 뇌졸중. 그의 아버지가 뇌졸중으로 쓰러졌고, 그를 아껴주던 누이가 교회에서 죽었다. 고등학교를 수석으로 졸업하고 연세대 정법대학을 나온 그는 중앙일보 기자로 재직하며 항상 '절망'을 노래하듯 입 밖에 내뱉었다. 냉소적인 성격의 시인은 불우한 가계의 일원이었다. 마치 에드거 앨런 포가 그렸던 몰락한 어셔 집안처럼.
  신문사에서 숙직을 하는 밤이었을 것이다. 장맛비가 유리창에 흘러내리고, 가로수의 푸른 이파리들이 바람에 날아와 부딪쳤다가 어디론가 떨어져 내린다. 밤 세 시에 빌딩에서 내다보는 도시의 길들은 물바다를 이루어 마치 온통 물의 길인 양 물줄기가 사방에서 꿈틀거

린다.

자다가 한밤중에 문득 눈이 떠진다. 두 시, 혹은 세 시에 갑자기 무엇에 찔린 듯이 일어나 본 적이 있는가. 그 시간이라면 전날 밤부터 잠을 안자고 철야 근무를 하다가, 또는 악몽에 놀라 깨서 맞닥뜨린 시간이라야 한다. 새벽이라기에는 너무나 이른 시간이 밤 세시인 것이다.

그런데 그는 깨어서 일어나 있다. 시계에서 밤 세시를 읽는다. 두 시, 혹은 세시의 깊은 밤에 나도 문득 눈떠 본 적이 있다. 잠을 자다가 갑자기 창자를 면도날로 에이는 듯한 무서운 통증에 놀라서 눈떠 보니 그게 두 시였다. 세 시라 해도 마찬가지다. 위궤양이 심했을 때의 경험이다. 한밤중, 망망대해에 떠 있는 한 점의 인간이라는 이름의 작은 섬. 그 절대적이고 완전무결한 단절과 고립의 쓰라림이란….

그는 지금 빌딩 안에서 밤을 지내고 있다. 신문사의 당직인 밤이었으리라 생각된다. 밤 세 시에 눈을 뜬다. 그를 깨어나게 한 것이 빗소리 때문인지, 무서운 악몽 때문인지 잘 알 수는 없다. 그러나 그것은 밖에 나가서 약을 사거나 병원에 갈 수도 없는 난처한 시간이다. 상점도, 병원도, 식당도 문을 닫고 버스도 다니지 않는 깊이 잠든 도심에서의 밤 세 시는 그 무엇도 할 수 없는 일상적 행동이 '금지된' 시간이다.

여름이다. 장맛비가 빌딩을 무너뜨릴 듯이 무섭게 쏟아진다. 한밤에 그는 창가에 서 본다. 희미한 가로등 불빛 언저리로 퍼붓는 사나운 빗줄기가 보인다. 도로의 아스팔트 위를 빠르게 흘러가는 물줄기, 무어라고 악을 쓰며 빗줄기가 흘러내리지만 그는 빗소리가 말하는 의미를 해독하지 못한다(물 위를 읽을 수 없는 문장들이 지나가고). 때로 거센 바람이 분다. 바람이 빗발을 세차게 몰아붙이고 가로수 이파리가 가지에서 찢겨져 날아와 유리창에 부딪힌다. 그 나뭇잎은 그에게 어린 시절 고향의 옥수수 잎을 연상시킨다. 성장한 뒤 누구나 떠나온 고향은 있게 마련이고 고향의 기억은 대체로 슬프다. 그의 고향 옥수수 밭이 무성하던 여름의 장마철이 겹쳐진다. 홍수로 흙탕물에 잠겨 가던 옥수수 밭.

그는 고향을 자기 의지로 떠나왔다. 석탄가루를 뒤집어쓴 개가 그 해 장마철에 집을 나간 것처럼 고향집을 떠나왔다. 서울에서, 보란 듯이 한 번 일어서리라 단단히 굳은 각오를 하고. 그렇지만 세상이란 그렇게 만만하지가 않았다. 이십대 청년이 서울에서 만난 것은 도처에 절망뿐이었다.

바람이 거세게 빌딩 유리창을 뒤흔든다. 그는 꼼짝하지 않고 서서 그 유리창을 통해 바라본다. 유리창에 붙었다가 떨어지는 어떤 나뭇가지와 이파리는 마치 사람 같기도 하다. 누구일까. 아, 그건 아버지의 얼굴이었다. 병으로 일찍 세상을 뜬 아버지가 잠시 유리창에 대고 그에게 무어라고 말하고 있는 것 같다. "나는 헛것을 살았다, 살아서 헛것이었다." 그렇게 슬피 소리치는 것 같았다. 그리고 아버지를 떠올리게 한, 이파리를 단 찢긴 가지는 아래로 떨어져 갔다. 아버지의 고향은 북쪽에 있었고, 그 북쪽이 보이는 섬에 정착하여 살며 언젠가는 당신의 고향으로 돌아가리란 생각을 잊지 않았다. 꿈을 이루지 못한 채 그 아버지는 세상을 떠나버린 것이었다. 남들이 다 가지고 있는 것을 소망한다는 것, 그 작은 소망을 채 이루지 못하고 세상을 등진 자는 얼마나 슬픈 사람일 것인가.

나는 아버지처럼 헛된 삶을 살지는 않으리라. 그런 각오를 스스로 다짐하며 그는 서울에서 대학을 다녔고 서울에서의 삶을 시작하였으리라. 밤비에 젖어서 번들거리는 유리창에 거울처럼 비치는 제 얼굴이 어쩌면 젊은 날의 아버지 얼굴 같기도 하다. 검은 유리창 거울에 비친 와이셔츠의 흰빛, 한밤의 빌딩 속에서 만난 '악몽'을 그는 어떻게 할 것인가. 그는 운다. 젊은 사내가 빌딩 안에서 미친 듯이 소리쳐 운다.

기형도의 시 「물속의 사막」은 마치 초현실주의 그림을 보는 것 같은 느낌을 준다. 가슴 저리게 슬프면서도 아름다운 시다. 여름 밤 장맛비, 빌딩 안, 밤 세 시. 도심 속의 한 점 섬인 양 완벽하게 단절되고 구원이 닿지 않는 시간과 공간 속에 그는 갇혀 있다. 제목에서의 '사막'은 막막한 절망의 심정을 상징한 것으로 보인다. "나는 금지된다, 인기척을 내지 않는다, 통과하지 못한다" 등 부정 어법에서 끼치는 절망감은 흑백의 대비적인 풍경 속에 더욱 선명하게 드러난다. 이 시 속에서 "밤, 석탄가루, 검은 유리창"과 함께 "흰 개, 비, 비닐집, 환한 빌딩, 와이셔츠 흰빛"의 흑백 대비는 어쩌면 죽음과 삶의 경계를 말하는 것인지도 모른다. 밤 세시의 풍경 속에 유일하게 "푸른 옥수수잎"이 들어있다. 하지만 그것은 그의 과거의 기억 속에 남아 있는 유일한 희망이었을 뿐, '무정한' 희망이었을 뿐이다.

(2002년)

은사시나무에서 들리는 물소리
―소재로 시작해서 한 편의 시가 되기까지

　며칠 전입니다. 대개는 저녁 일곱 시에 일과가 끝나는데 그 날은 저녁 햇빛이 비낀 다섯 시 무렵에 일과를 마치고 교문을 나서는 길이었습니다. 요즘은 해가 짧아져 일곱 시면 벌써 밤이지요. 입동이 이틀 전이었고, 예년 같으면 가을 기분이 한창인 절기인데도 날씨는 초겨울처럼 춥고 스산하였습니다. 교문을 나서는데 어디선가 스스스 하는 맑은 물소리가 들려오는 것이었습니다.
　가까운 어디에도 계곡이 있는 곳이 아니었기에 이상한 생각이 들었습니다. 학교 정문 건너편에 노란 은행나무 몇 그루가 저녁 햇살을 받아 눈이 부시도록 금빛으로 빛나고 있을 뿐, 물이 흐르는 계곡은 아무 데도 없는 곳이어서 이상한 생각이 들었습니다. 그런데 바로 그 황금빛으로 샛노랗게 위용을 자랑하는 듯한 은행나무들 곁에서, 비탈에 선 나무의 무성한 은빛 잎사귀들이 팔락거리며 바람에 반짝반짝 빛나는 게 눈에 띄었습니다. 은사시나무였습니다. 은수원사시나무라고도 하지요. 어떤 시에서 나는 그 나무를 소재로 삼은 적이 있습니다. 시에서 은수원사시나무라고 쓰기엔 왠지 내키지 않는 말이라는 생각이 듭니다.
　요즘 시인들의 시 속에 곧잘 등장하는 초목이 생각납니다. 애기똥풀꽃. 한두 사람도 아니고 많은 이들이 너도나도 그 애기똥풀꽃을 시에 등장시키는 것을 보고서 무척 식상했던 기억이 납니다. 오래 전에는 쥐똥나무, 물푸레나무가 그렇게 시 속에 많이 나오는 게 무슨 유행이듯 하였던 기억이 납니다. 너무 많이들 쓰게 되면 진부한 느낌을 지울 수 없습니다.

 은사시나무의 잎사귀들이 바람에 불려 서로서로 몸 부딪는 소리가 마치 물소리처럼 스스스 들리는 것이었습니다. 얼마나 맑고 조촐하게 들리는 소린지, 그 스스스 하는 물소리는 정말 아름다웠습니다. 아마도 나무의 깊은 뿌리에서 길어 올린 깨끗한 물줄기가 가지의 그 이파리까지 올라와 싸늘하게 부는 바람과 만나서는 그윽하고 투명한 물소리를 내는 게라고 나는 생각하였습니다.

 "은사시나무가 물소리를 낸다."

 문득 그런 시구 하나가 떠올랐습니다. 영감(靈感)이라고 하기에는 뭣하지만 무척 신선한 느낌으로 그 말은 내 가슴속으로 파고들었습니다. '은사시나무의 물소리'를 마음속으로 굴리며 집으로 가는 시내버스에 올랐습니다. 버스 속에서 앉아서도 그 생각만을 굴리다가 가지고 있던 서류봉투의 겉에다가 나는 몇 줄을 끄적거렸습니다.

   엊그제가 입동이던가
   코트 깃을 여미며 퇴근하는 길에
   가까운 데서 물소리가 들렸다
   이상도 하여라, 여긴 골짜기가 아닌데
   누가 물소리로 나를 부르는 것일까
   금빛 눈부신 은행나무 곁

은사시나무가 물소리를 내고 있었다

　시는 사물이나 세계에 대한 새로운 발견이거나, 그에 대한 시인의 주관적 정서를 나타내는 게 일반적입니다. 그 정서가 읽는 이에게 고스란히 전달되기를 시인은 바랍니다. 더러는 기발한 표현으로 독자를 웃길 수도 있고, 때에 따라서는 흥분시켜 세상을 보는 흐려진 눈을 닦아주고, 시인 못지않게 공감의 진폭을 넓혀 현실에 대한 각성을 촉구하는 경우도 있을 것입니다. 서정시 속에 심오한 사상이나 철학을 담고자 노력한다면 그는 차라리 시를 쓰지 말고 철학적 산문을 써야 하리라고 나는 생각합니다.
　궁극적으로 시인이 추구하는 세계는 범상한 대중들이 잊고 사는 높고 깨끗한 정신세계이어야 함은 물론입니다. 고결한 삶의 자세, 의연한 가치의 추구는 바람직하지만 설익은 형이상학적 세계에 빠져서 허우적거리는 것은 꼴불견일 수밖에 없습니다. 시인은 심오한 철학을 풀어서 글로 표현하는 자가 아닙니다. 그는 눈이 밝아야 하고, 항상 깨어 있어야 하며, 구체적인 표현으로 자신만의 독창적이고 주관적인 정서를 펼쳐내어 보편성을 획득할 수 있도록 독자에게 보여주는 사람이어야 합니다. 시인이 자기 지식이나 사상을 설교해서는 안 되고 또한 설득하려고 해서도 안 됩니다. 자기의 깊은 사상을 독자가 몰라본다고 깔보거나, 자기만의 철학을 독자가 몰라도 나는 상관없다는 태도로써 현세를 초월하며 사는 시인이 있다면 그는 사실 시인이 아닙니다. 철학자, 혹은 사상가, 그도 아니면 정신병자일 것입니다.
　시는 눈물입니다. 눈물이 98 퍼센트의 수분과 염분으로 구성되어 있듯이 시에는 의미나 관념 외에 최소한의 정서가 함유되어 있어야만 합니다. 정서가 함유되지 않은 시는 눈물이 아니라 맹물입니다.

은사시나무 잎사귀가 바람에 바스락거리는 소리를 물소리로 유추하는 것은 철학이나 사상으로 가능한 게 아닙니다. 새로움에 눈뜨고자 하는 자신도 모르는 열망과 순수함을 곧이곧대로 받아들이는 자세 —관조(觀照)의 심경이 마주쳤을 때 그것은 가능합니다. 버스 속에서 몇 줄 적어놓은 시상은 아직은 시가 될 수 없는 원석에 불과한 것이었습니다. 그 날 밤에 그 몇 줄을 토대로 초고(草稿)를 이렇게 썼습니다.

> 엊그제가 입동(立冬)이던가
> 코트 깃을 추스리고 퇴근하는 길에
> 가까운 데서 물소리가 들렸다
> 이상도 하여라 여긴 골짜기가 아닌데
> 누가 물소리로 나를 부르는 것일까
> 고개 돌려 바라보니
> 금빛 눈부신 은행나무 곁
> 은사시나무가 물소리를 내고 있었다
> 너무 오래 잊고 지내었구나
> 뿌리 깊은 곳에서 길어 올린
> 한 줄기의 그리움이
> 저렇게 스스로 깊어져서
> 바람에 볼 비비며
> 잎새마다 부서져 물소리를 내고
> 나를 부르는 것을.

물. 물의 함축적 의미는 얼마든지 다양합니다. 물은 항상 수직을 지향하는 속성이 있습니다. 아래로 아래로 흐르는 시냇물이나 하늘에서 내리는 빗줄기나 그것들이 지향하는 것은 수직의 하강일 것입니다. 또한 물은 신화적 의미에서 생명의 시원(始原)이기도 합니다. 나는 이른봄의 빗소리를 좋아합니다. 그 속삭이는 듯 차분한 방문은 나를 영원한 모성의 세계에 들게 하는 까닭입니다. 때로 그 물이 세상에 범람하여 죽음을 불러오는 수도 없지 않지만 대부분의 물이란 순리와 평화의 이미지로 다가옵니다.

　물소리는 어떤 것일까요. 연암(燕巖) 선생은 「일야구도하기(一夜九渡河記)」에서 밤에 물소리가 더욱 선명하고 크게 들린다 하였습니다. 그것은 밤에는 눈에 보이지 않고 귀가 더욱 밝아지기 때문이라 하였습니다. 물은 실재하는 사물입니다. 그러나 물소리는 그 사물과 다른 사물이 부딪쳤을 때 나타나는 현상이겠지요. 사실 물 자체에는 소리가 없습니다. 물이 없이 물소리만 독립해서 나타나기는 어렵습니다. 물과 또 다른 사물이 있어야만 물소리가 생성되게 마련입니다. 물소리가 들린다는 건 비록 보이지 않을 때에도 물의 존재를 증명해 주는 현상이라 할 것입니다. 나는 내 시 속에 '물소리'를 많이 끌어다 쓰고 있습니다. 그 물소리는 대체로 흘러간 것, 흘러간 과거에 대한 그리움의 이미지로 많이 사용되었습니다.

　그런데 은사시나무의 잎새들이 내는 물소리, 그것은 존재하지 않는 물을 물소리가 대신하고 있다는 생각을 하게 하였습니다. 부재의 사물을 증명하는 허상으로서의 한 현상이 내 눈을 번쩍 뜨게 한 겁니다. 아 그것은 놀라운 일이었습니다. 말하자면 존재하지 않는 그리움을 저 은사시나무가 실재하는 그리움으로 내게 말하고 있었다고 나 할까요.

　다음날 아침 나는 초고를 다듬었습니다. 누군가 나를 그리워하는 그 물소리와 마찬가지로 나의 그리움 역시 그러한 물소리가 될 수 있으리라는 것에 생각이 미친 겁니다. 그래서 다음의 구절들이 마무리로 붙여졌습니다.

> 내가 잊고 있는 부끄러운 사랑도
> 뿌리 깊이 묻혀 있다가 어느 날 문득
> 그대가 무심히 내다보는 유리창에
> 물소리로 들릴 것인가.

그리고 제목이 붙여졌습니다. 「물소리가 그대를 부를 때」라고. 여기서의 '그대'란 구체적인 대상을 염두에 둔 표현이 아닙니다. 은사시나무의 물소리가 '나'를 부른 것과 마찬가지로 '나'와 상대되는 개념으로서의 '그대'일 뿐입니다. 독자들은 옛날의 연인을 쉽게 떠올리겠지만 그렇다고 해서 굳이 그게 틀린 생각이라고 고집하고 싶지는 않습니다. 그런 식으로 읽어도 무방합니다.

이렇게 해서 일단락을 본 시를 인터넷의 홈페이지에 올리면서 연의 구분 없이 썼던 것을 다시 한번 생각하여 보았습니다. 읽는 호흡과, 읽으면서 떠올릴 이미지의 선명성을 위해서는 아무래도 연을 구분하는 게 좋으리라는 생각이 들었습니다. 그래서 처음 발표한 시는 1연이 "가까운 데서 물소리가 들렸다", 2연이 "은사시나무가 물소리를 내고 있었다.", 3연이 "그리워하는 것을"로 각각 끝나게 하고, 그리고 나머지가 4연이 된 것입니다. 4개의 연이 3행, 5행, 7행, 4행으로 이루어졌는데 3연의 7행이 다른 연들에 비하여 너무 길다는 생각을 떨칠 수가 없었습니다. 또한 첫 연의 서술이 단순한 산문적 진술인 것도 마음에 걸렸습니다.

그 날 밤에 다시 고쳤습니다. 은행잎의 금빛과 은사시나무의 은빛이 허술하게나마 대비적 이미지가 될 수는 있으나 흡족한 게 아니었습니다. 금빛이란 말 대신 '노란'이란 형용사를 쓰고 '은빛' 그리움으로 강조해 보았습니다. 3연의 끝 행에서 "그리워하는 것을"을 지우고 그냥 "물소리를 내는 것을"로 처리해도 같은 뜻이 되리라고 생각하였습니다.

'눈부신 노란(금빛) 은행나무'와 '한 줄기의 은빛 그리움'의 대비, 첫 연의 '나'와 끝 연의 '그대'의 대비, 그리고 복선으로 숨은 '바람'의 수평적 이미지와 '물(한 줄기의 그리움)'의 수직적 이미지의 대비, 존재하는 현상과 부재하는 사물과의 대비— 이러한 대비적 구성을 나는 마음속으로 가늠해 보았습니다. 아울러 어딘가 맺히는 듯한 가락을 유연하게 다듬고자 끝에다가 "물소리로 물소리로 흐를 것인가"의 반복을 덧붙였습니다. 전체적으로 아직도 미흡하지만 이제 더 손보고 싶은 생각은 없습니다.

파블로 네루다의 말처럼 이 작품은 그렇게 '내게 찾아온 시'입니다. 마지막으로 퇴고를 마친 졸시를 여기에 옮겨 봅니다.

물소리가 그대를 부를 때

엊그제가 입동(立冬)이던가
코트 깃을 세우며 퇴근하는 길
가까운 데서 물소리가 나를 불렀다
이상하여라 골짜기도 보이지 않는데

누가 나를 부르는 걸까
고개 돌려 바라보니
눈부신 노란 은행나무 곁
은사시나무가 물소리를 내고 있었다

너무 오래 잊고 지내었구나
뿌리 깊은 곳에서 길어 올린
한 줄기의 은빛 그리움이 스스로 깊어져서
바람에 볼 비비며
잎새마다 부서져 물소리를 내는 것을

내가 잊고 있던 부끄러운 사랑도
뿌리 깊이 묻혀 있다가
어느 날 문득
그대가 무심히 내다보는 유리창에
물소리로 물소리로 흐를 것인가.

(2002년 4월)

나희덕, 푸르고 서늘한 언어의 감별사
—「오래 된 수틀」과 그 밖의 시들에 대하여

얼마 전 어느 계간지의 정기 구독자에게 주어진 보너스로 두 권의 시집을 얻게 되었다. 그 중 한 권이 나희덕의 시집 『어두워진다는 것』(2001)이었다. 그냥 여기저기를 들춰보다가 이건 아무렇게나 심심풀이로 읽을 만만한 시들이 아님을 깨닫고 정신이 번쩍 들어서 앉은 자세를 바로잡았다.

어떤 경우 그의 시는 독자에게 놀라움을 안겨주고, 또 어떤 경우에는 애절하리만큼 섬세한 서정이 전율케 하는 힘을 가지고 있었다. 나는 나희덕의 시를 잡지에서 이따금 한두 편 볼 때마다 아, 재능 있는 시인이구나 하고 가볍게 지나쳤었다.

그의 상당수의 시 가운데 묘사적 서술성을 띤 것들이 있다. 그렇다고 해서 시가 긴장을 놓쳐버리는 어리석음을 결코 그는 저지르지 않는 것이었다.

> 고픈 잠이 아직 남아 있는지
> 녹슨 캐비닛보다 더 굳게 잠겨 있다
> 그는 땀조차 흘리지 않는다
> 잠시도 잠들지 않는 시장 입구에서
> 그는 어제부터 잠 말고는 아무것도 듣지 않았다

> 그런데도 너무 많이 먹은 사람처럼
> 이따금 입 밖으로 흰 액체를 흘려보낸다
> 그를 둘러싼 공기들이 석회질처럼 굳어간다
> ─「잠을 들다」의 후반

 푹푹 찌는 듯한 삼복더위에 솜잠바를 입고 시장 입구에서 깊은 잠에 빠져든 자가 있다. 어제 아침부터 그 자세로 자기 시작하여 오늘까지 내쳐 그는 잠에 골아 떨어져 있다. 잠시도 잠들지 않는 시장에서 땀조차 흘리지 않고 이틀째 계속하여 잠자고 있는 사내. 그는 어떤 사람일까. 병든 사람? 아니면 죽어 가는 사람? 하루하루 살아가기 위해 밤낮없이 한 댓새 철야 작업의 힘든 노동 끝에 한 이틀 푹 자기로 작정한 사람?
 시인은 여기서 냉정한 관찰자로 아무런 감정의 개입도 없이 녹슨 캐비닛처럼 비정한 시선으로 대상을 그려낼 뿐이다. 아무것도 먹지 않고 입 밖으로 침을 흘리고 잠자는 그 사내의 주변 공기만이 왠지 수상한 낌새를 느끼게 한다. "그를 둘러싼 공기들이 석회질처럼 굳어간다"는 결구가 그것이다. 슬며시 시적 화자는 세계 밖의 석회질처럼 굳어지는 공기에서 비정한 시대 상황을 읽어내고 있다. 그 많은 사람들 사이에서 사람이 죽어가고 있는 것이 방치되는 오늘의 세태. 며칠 전 무더위로 몰려든 수영장 안에서 한 아이가 익사체로 발견되었다는 보도가 떠오른다. 시인은 비록 산문적 묘사를 이용하면서도 아슬아슬하게 줄타기를 하며 시의 경계를 벗어나지 않는다. 약간 위태로운 느낌을 주지만 그는 오히려 천연덕스럽다. 나희덕은 천성적으로 시적 언술을 타고난 시인인 것 같다.

그리고 한 가지, 이 시의 제목이 「잠을 들다」라는 걸 잊어서는 안 될 것이다. '잠에 들다'도 아니고 '잠들다'도 아니다. '잠을 들다'라고 한 것은 '들다'가 '먹다, 마시다'와 같은 의미의 동사로 사용되었다는 점이다. 관찰자의 눈에 비친 사내는 지금 잠을 먹고/마시고 있는 중이다. 석회질로 굳어지는 공기 속에서 그 역시 조금씩 석회질(죽음)이 되어 가면서.

산문적 서술 또는 묘사로서 술술 풀어져 나온 시로 「만화경 속의 서울역」은 이렇게 시작된다.

지하도를 거의 올라왔을 때 계단에 앉아 등 긁는 대막대기를 파는 사내가 보였다 음산한 눈빛과 질겅거리는 입술, 그가 나를 향해 뱉은 말이 껌처럼 얼굴에 달라붙었다 떼어내려고 할수록 더욱더 들러붙는 이 낯선 물컹거림, 한 여자의 불룩하게 드러난 가슴이 붉은 물감 덩어리처럼 울컥 눈 속으로 쏟아져 내리고 그녀와 팔짱을 끼고 걸어오던 중년 남자의 지팡이가 갑자기 뱀이 되어 꿈틀거리기 시작했다

껌처럼 달라붙는 말의 낯선 물컹거림, 붉은 물감 덩어리처럼 쏟아져 내리는 한 여자의 가슴, 뱀이 되어 꿈틀거리는 지팡이 등의 풍경에서 느껴지는 팽팽한 긴장감이 이 시의 힘이다. 초현실주의 혹은 야수파의 그림에서처럼 불길한 징후가 여기저기에 교묘하게 장치되어 있다. 특히 장사꾼 사내가 나에게 던진 말이 껌처럼 달라붙고, 그 낯선 물컹거림의 징그러운 감각적 이미지가 시를 읽는 독자까지 진저리치게 만든다.

나희덕이 세계를 대하는 눈은 예지와 서슬 푸른 상상적 감성으로 빛을 발한다. 어찌 보면 그건 천성적인 듯하다. 그가 여류시인이

기 때문에 특별히 감성적이라고 보이진 않는다. 오랜 경험 세계의 여과를 거친 끝에 사물과 세계는 그의 손끝에서 감성의 열매를 맺는다.

> 그녀가 앉았던 궁둥이 흔적이
> 저 능선 위에는 아직 남아 있을 것이어서
> 능선 근처 나무들은 환한 상처를 지녔을 것이다
> 뜨거운 숯불에 입술을 씻었던 이사야처럼

「상현」이란 시의 마지막 연이다. 여기서 달은 '그녀'라는 여성으로 인격화되고, 능선을 비추는 그 달빛은 관능적이기까지 하다. 달이 나무들에게 환한 상처를 입힌다는 발상이 무척 신선하다. '뜨거운 숯불'은 능선을 비추는 상현달, '이사야'는 능선에 서 있는 나무들로 비유되고 있다. 한 가지 아쉬운 점은 '이사야'가 성서에서 어떤 인물이었는지 기독교 신자가 아닌 일반 독자에게는 이해하기 어렵다는 점이다. '이사야'와 '숯불'의 관계가 풀리지 않고서는 이 시의 완전한 감상이 이루어질 수 없다. 사족을 하나 붙이자면 나는 기독교 신자가 아니다. 별 수 없이 그 대목의 성서를 찾아 읽어보았다.

··· 이사야가 성전에서 기도하다가 문득, 훨훨 날아다니며 야훼의 영광을 외치는 천신(天神)들을 본다. 그를 본 이사야는 깜짝 놀란다. "큰일났구나. 이제 나는 죽었다. 나는 입술이 더러운 사람이므로." 그러자 천신 중에 하나가 제단에서 뜨거운 숯불을 집어 이사야의 입에 대고(입술을 지지고) 말한다. "보아라, 이제 너의 입술에 이것이 닿았으니 이제 네 악은 가셔지고 너의 죄는 사하여졌도다." (이사야 6장)

그러므로 상현달은 이 시에서 날개 달린 천신으로 몸을 바꿔 나무들의 입술에 묻은 어둠— 죄를 환하게 씻어준다는 의미의 표현인 것이었다.

　나희덕이 사물을 감지하는 촉수는 대단히 섬세하다. 아니 예민하다.

> 나는 어제의 풍경을 꺼내 다시 씹기 시작한다[…]
> 벽오동의 풍경은 이미 단물이 많이 빠졌다
> 　　　　　　　　　　　　　　　—「벽오동의 上部」에서

> 가슴 붉은 새 한 마리가
> 휙, 내 앞을 지나 숲으로 들어간다[…]
> 아, 검은 입으로 새를 삼킨 나무
> 　　　　　　　　　　　　　　　—「새를 삼킨 나무」에서

> 버스가 달리는 동안 비는
> 사선이다
> 세상에 대한 어긋남을
> 이토록 경쾌하게 보여주는 유리창
> 　　　　　　　　　　　　　　　—「빗방울, 빗방울」에서

> 종합병원 복도를 오래 서성거리다 보면
> 누구나 울음의 감별사가 된다[…]
> 그것이 병을 마악 알았을 때의 울음인지
> 죽음을 얼마 앞둔 울음인지
> 싸늘한 죽음 앞에서의 울음인지 알 수가 있다
> 　　　　　　　　　　　　　　　—「이 복도에서는」에서

그는 눈이 밝은 시인이다. 눈이 밝으므로 그 앞에 전개되는 세계는 전혀 새로운 의미로 변용되고 아름답게 구현되는 것이 가능해진다. 옛날에 '병아리 감별사'라는 직업이 있었다. 양계장에서 막 알에서 깨어난 병아리를 보고 암수를 단박에 구별하여 내는 능력을 가진 사람을 지칭하는 말이다. 그런데 '울음의 감별사'라는 패러디는 독자에게 웃음을 주기보다 이상하게도 전율 같은 감탄을 안겨준다.

어제의 풍경을 벽에 붙여 놓았다가 다시 떼어 입안에 넣고 씹기 시작한다든가, 검은 입(나무의 짙은 그늘)으로 나무가 새를 삼킨다든가, 바깥에서는 수직으로 내리는 비가 버스의 유리창 안쪽에서 볼 때는 사선을 긋는다든가 하는 식의 심상한 풍경들에 대한 심상치 않은 발견은 눈이 밝아야 볼 수 있을 것이다. 이와 같이 시인의 감성은 대상을 즉물적으로 파악하기보다는 일단 눈에 보이는 일차적인 현상을 치밀한 여과 장치를 통하여 놀랍도록 생생하게 해석하는 일에 성공하고 있다 할 것이다.

그가 예외적으로 자기감정을 억제하지 않고 자연스레 풀어놓은 듯한 다음의 시 한 편을 본다.

> 해질 무렵 해미읍성에 가시거든
> 당신은 성문 밖에 말을 잠시 매어두고
> 고요히 걸어 들어가 두 그루 나무를 찾아보실 일입니다
> 가시 돋힌 탱자 울타리를 따라가면
> 먼저 저녁 해를 받고 있는 회화나무가 보일 것입니다
> 아직 서 있으나 시커멓게 말라버린 그 나무에는
> 밧줄과 사슬의 흔적 깊이 남아 있고

수천의 비명이 크고 작은 옹이로 박혀 있을 것입니다
(……)
단 한번만 회화나무 쪽을 천천히 바라보십시오
그 부러진 나뭇가지를 한번도 떠난 일 없는 어둠을요
그늘과 형틀이 이리도 멀고 가까운데
당신께 제가 드릴 것은 그 어둠뿐이라는 것을요
언젠가 해미읍성에 가시거든
회화나무와 느티나무 사이를 걸어보실 일입니다

―「해미읍성에 가시거든」

  이 시에서 시적 화자가 표면에 드러나는 건 "당신께 제가 드릴 것은"이라고 한 번 밖에 드러나지 않지만 전체적으로 그 어조는 무척 애절하다. 그리고 시적 화자가 대화를 건네는 '당신'은 "성문 밖에 말을 잠시 매어두고" 두 그루 나무를 찾아보도록 권유받는 사람이다. 다시 말하자면 '당신'은 백여 년 전의 해미읍성을 찾아온 어떤 나그네라고 생각해야 한다.

  해미읍성은 문화 유적 관광지요, 해미성지는 처참한 죽음의 장소로 전혀 다른 의미를 띤다. 충남 서산시 해미면 읍내리. 해미읍성과 해미성지라는 표현상의 차이는 늙은 나무가 거느린 시원한 '그늘'과 처참한 죽음을 앞둔 '형틀'의 거리만큼 멀고도 가깝다. 1790년대로부터 백 년 동안 천주교 신자들을 무려 3천 명이나 국사범으로 처결한 곳이 바로 이곳이다. 해미 진영 안의 감옥 터 옆에는 지금도 늙은 호야나무(회화나무, 홰나무, 괴목)가 한 그루 서 있다. 천주교 신자들을 끌어내어 머리채를 묶어 매달고 몽둥이로 치면서 고문하던 흔적으로 오늘까지 이 나무의 묵은 가지는 녹슨 철사줄에 움푹 패인 상처를 간직하고 있기도 하다. 병인박해(1866년) 때에는 1천여 명의 처형을 짧은 기간 동안에 해치우기 위해서 한꺼번에 십여 명씩 생매장하기도 하였다고 전해진다. 그 처참한 살육의 역사 현장이 이제는 단순한 관광지로 전락해버린 것을 보며 수천의 비명을 운명처럼 몸에 간직하고 있는 시커멓게 늙은 해나무. 시적 화자는 그 누군가 '당신'에게 "제가 드릴 것은 그 어둠뿐"이라고 말한다. 그 어둠이란 역사의 어둠이며 그것을 무심코 지나치지 말아달라는 부탁인 것이다.

    나희덕 시인의 네 번째 시집 『어두워진다는 것』에서는 '어둠'의 이미지가 많이 보인다. 시집의 제목으로 내세우고도 있는 '어두워진다는 것'은 따지고 보면 '죄를 의식하며 살아가는 일'이며 그러한 인식은 '밝음, 곧 선의지(善意志)의 지향'이라는 아이러니의 표현으로 보인다. 상처, 어둠, 기억, 과거— 이러한 '아픔'은 그의 시 곳곳에서 발견된다.

    저 낡은 소리는
    어떤 상처를 읽은 것이다

    바늘은
    소리가 남긴 기억을
    그 만져지지 않는 길을
    천천히 되밟으며 지나간다

                           —「축음기의 역사」 부분

    그리고 건반을 다시 울리기 위해
    아이가 뒷문 계단에 앉아 기다리는 동안

밖은 半音씩 어두워져갔다

—「음계와 계단」부분

어둠만 어둠만 밀려와
닫혀진 문 앞에서 나 오래도록 서성거리고

—「새를 삼킨 나무」부분

    요즘은 오디오, 전축이라고 불리는 옛날의 축음기에서 시인은 과거의 소리가 남긴 기억을 상처라고 말한다. 추운 겨울의 예배당에서 피아노를 쳐보기 위해 아이가 오래도록 그 향기로운 도취의 시간을 기다리는 동안 바깥세상은 반음씩 어두워져 가고 있으며, 저녁 하늘을 배경으로 선 나무가 새를 감추어주건만 나무는 어둠 밖에 선 '나'를 받아들이지 않는다. 어둠으로 상징되는 삶의 아픔은 주로 과거와 관련되어 있고 그 과거 또한 현재와의 연관성을 배제할 수 없는 것으로 보인다.
    나희덕은 이번 시집에서 '말'에 대한 사랑을 곡진하게 펼쳐 보이고 있다. '말/ 언어/ 시'에 대한 그의 진지한 자세가 가장 돋보이는 시가 바로「오래 된 수틀」이다. 어쩌면 가장 극명하게 시인의 자화상을 각인하고 있는 시라고 해야 할 것 같기도 한데 이 역시 과거의 기억과 아픔을 환기하고 있음에 주목해야 한다.

    누군가 나를 수놓다가 사라져버렸다

    씨앗들은 싹을 틔우지 않았고
    꽃들은 오랜 목마름에도 시들지 않았다

파도는 일렁이나 넘쳐흐르지 않았고
구름은 더 가벼워지지도 무거워지지도 않았다

오래된 수틀 속에서
비단의 둘레를 댄 무명천이 압정에 박혀
팽팽한 시간 속에서

녹슨 바늘을 집어라 실을 꿰어라
서른세 개의 압정에 나는 아직 팽팽하다

나를 처음으로 뚫고 지나갔던 바늘 끝,
이 씨앗과 꽃잎과 물결과 구름은
그 통증을 지금도 기억하고 있다 기다리고 있다

헝겊의 이편과 저편, 건너가면
다시 돌아올 수 없는 언어들로 나를 완성해다오
오래 전 나를 수놓다가 사라진 이여

—「오래된 수틀」전문

    수틀에 수를 놓는 것을 모티브로 한 시들로는 "보라, 옥빛, 꼭두서니,/ 보라, 옥빛, 꼭두서니,/ 누이의 수틀을 보듯/ 세상을 보자.// 누이의 어깨 너머/ 누이의 수틀 속의 꽃밭을 보듯/ 세상을 보자."라는 서정주의 「학」이 떠오르기도 하고 허영자의 「자수(刺繡)」도 생각할 수 있지만 나희덕의 이 시는 그것들을 한꺼번에 뛰어넘는 절창이다.
    먼저 이 시에서 수를 놓는 실은 '언어'이며 수놓는 대상은 '나'라고 되어 있다. 그리고 수를 놓는 주체는 '오래 전 나를 수놓다가 사라진 이'라고 말하고 있다. 나를 수놓다가 사라진 이란 누구일까. 언어/시의 주관자인 뮤즈일 수도 있고 절대자로 볼 수도 있으리라. 팽팽한 긴장 속에서 나는 시를 쓰고자 간절히 노력하는 사람, 최초로 시를 썼을 때의 통증 또는 희열을 기억한다. 그렇게 보면 '나를 완성해' 달라는 말은 시인으로서의 완성 또는 자아의 완성을 소망한다는 뜻이리라. 사실 언어/시에 대한 그의 신앙과도 같은 믿음은 "이따금 봄이 찾아와/ 새로 햇빛을 받은 말들이/ 따뜻한 물속에 녹기 시작한 말들이/ 들려오기 시작한다"(「이따금 봄이 찾아와」에서)라든지 "열매가 저절로 터지기 위해/ 나무는 얼마나 입술을 둥글게 오므렸을까/ 검은 숲에서 이따금 들려오는 말소리"(「저 숲에 누가 있다」에서) 등에서 충분히 입증되고도 남는다. 봄이 되어서 새로 햇빛을 받고 태어나는 '말'이 곧 그의 시이며, 상수리나무가 열매를 떨어뜨리기 위해 입술을 오므렸다가 열매를 던진다는 표현도 나무가 '말'을 한다는 것, 나무가 시를 말한다고 볼 수 있지 않을까.

또 다른 각도에서 이 시를 본다. 오래 전에(어쩌면 시인의 여고시절이었을까) '나'는 팽팽한 수틀에 수를 놓았다. 그것은 미처 완성되지 않은 자수였다. 그리고 오랜 세월이 흘러 그 수틀을 우연히 다락을 정리하다가 발견한다. 쓰레기로 버릴까 하다가 잠시 망설인다. 존재의 상실과 소멸에 대한 안타까움이 가슴을 저민다. 꽃과 파도와 구름을 수놓다가 중단된 이후 실을 꿰어 수놓던 바늘은 헝겊에 꽂혀 녹슬어 있다. 헝겊의 이편과 저편을, 현실과 이상을 넘나들던 그 아름다운 시절은 거기 그대로 멎어버린 시간이었다. 그것을 보는 현재의 시적 화자는 아픔을 느낀다. 그게 서른 세 살의 엄연한 현실이다(서른셋이라는 숫자가 상징하는 건 어쩌면 십자가에 못 박힌 예수의 서른 세 살일까). 이제 다시는 돌아올 수 없는 그 옛날의 고통이자 기쁨이기도 하였던 언어로 '나'는 자수, 아니 시가 완성되기를 갈망한다.

이와 같이 「오래된 수틀」은 이중 구조를 지닌 뛰어난 시라고 할 것이다. 근래에 이런 시를 발견하는 것도 흔치 않다.

때때로 나희덕은 단순히 시의 현학적인 모호성과 예술성을 혼동하고 그에 대한 미련을 버리지 못하는 태도를 보여준다. 이를테면 「나비를 신고 오다니」, 「언덕」, 「눈의 눈」 등과 같은 작품들이 그러하다. 그러나 그에게는 세계와 대상을 다스리는 푸르고 서늘한 감성이 그런 결함을 충분히 상쇄하고도 남는 미덕을 가지고 있다. 서른다섯의 나희덕, 그는 아직 젊고 절정을 향해 한 걸음씩 다가가고 있는 시인이라는 점은 분명하다.

(2002년 10월)

불가해한 사랑에 바치는 연가(戀歌)들
―이가림 시집 「바람개비별」

　태양이 가장 크고 밝은 별이 아니란다. 태양의 밝기보다 10만 배가 더 밝고 그 무게는 태양의 25배가 되는 별이 발견되었다. 1998년 미국 캘리포니아 버클리대 연구팀이 하와이에 있는 직경 10미터의 케크망원경으로 지구로부터 4천 8백 광년 떨어진 거리에 있는 바람개비별(WR104)을 촬영하는 데 성공했다. 그 해 4월과 6월에 촬영한 사진에는 이 별이 바람개비 현상을 일으키는 모습과 바람개비 전체가 회전하는 모습이 잘 드러나 있다 한다.
　우리가 몰랐던 신비로운 이 천체 과학의 비밀을 처음 대하는 순간 그것은 경악의 감정으로 우리를 압도한다. 또 다른 우주가 있고 그에 대한 발견은 샘솟는 의문과 의문에 대한 끝없는 탐구로 우리를 몰아가는 것이다. 몰랐던 엄청난 존재에 대한 발견. 그 존재에 대한 인식은 우리를 어떻게 변화시키는 것일까. 시인은 그것을 과학이나 종교가 아닌 인간의 마음 곧 정서로 변용하여 시로써 아름답게 구현해 낸다. 이가림의 연작 「바람개비 별」이 그것을 말해준다. 그것은 끊을래야 끊을 수 없고 잊을 수도 없는 불멸의 사랑이다. 이 세상에서의 현존하는 사랑과 내세의 초월적인 사랑, 그 이상의 불가해한 사랑인 것이다. 그러한 사랑의 발견이 곧 '바람개비 별'인 것이다.

바람구두를 신고
굴렁쇠를 굴리는 사나이
늘 마음의 귀 쏠리는 곳
그 우체국 앞 플라타너스 아래로
달려가노라면,
무심코 성냥 한 개비
불붙이고 있노라면

눈으로 약속한 시간에 마중 나오듯
그렇게 마중 나오는
그대의 신발 끄는 소리……

저 포산(包山) 남쪽에 사는 관기(觀機)가
불현듯 도성(道成)을 보고 싶어 하면
그 간절함
바람으로 불어 가
산등성이 떡갈나무들이 북쪽으로 휘이고
도성 또한 관기를 보고 싶어 하면

그 기다림
바람으로 불어 가
산등성이 상수리나무들이 남쪽으로 휘이는 것
옛적에 벌써
우리 서로 보았는가

내가 보내는 세찬 기별에
그대 사는 집의 처마 끝이나
그 여린 창문이 마구 흔들리는
뜨거운 연통관(連通管)이 분명 뚫려 있어
눈으로 약속한 시간에 달려가는
내 눈먼 굴렁쇠여!

─「바람개비 별 4─마음의 귀」 전문

여기서 시인은 삼국유사(三國遺事)에 나오는 비슬산(포산)의 우정이 돈독했던 두 스님의 설화를 인용하며 마음의 신비로움을 끄집어낸다. 그 신비한 설화를 바탕으로 깔면서 시적 화자는 "눈으로 약속한 시간에" 마중 나오는 그대를 향해 눈먼 굴렁쇠를 굴리며 달려간다는 것이다. 그러나 이처럼 신비롭고 아름다운 마음의 결합이 항상 실현되며 시인의 마음을 기쁨으로 충만하게 하지는 못한다. 「바람개비 별」의 연장선상에 또 다른 연작 「투병통신(投甁通信)」이 있다. 병 속에 편지를 넣어 바다에 던지는 행위는 기대를 담고는 있으나 원하는 수신자에게 꼭 편지가 전해진다는 보장을 할 수가 없다. 그러한 막연한 기대와 자기 마음의 기록을 병 속에 넣어 바다에 띄우는 행동의 그늘에는 은은한 비애와 하염없는 사랑의 문양이 비친다.

이제
내 비소(砒素) 같은 그리움을
천년 종이에 싸

빈 술병에 넣어
달빛 인광(燐光) 무수히 떠내려가는
달래강에 멀리 던진다

먼 훗날
부질없이 강가를 서성이는 이 있어
이 병을 건져 올릴지라도
그 때엔 벌써
글자들이 물에 씻겨
사라져 버렸을 것을 믿는다

끝내 말하지 못한 것이야말로
영원히 숨 쉬는 것

이제
내 비소 같은 그리움을
천년 종이에 싸
빈 술병에 넣어
일찍이 미친 사내 하나 빠져 죽은
달래강에 멀리 던진다
  　　　　　　　　　－「투병통신(投甁通信) 1」전문

 이만큼 치열한 사랑의 고백이 또 어디 있는가. "끝내 말하지 못한 것이야말로/ 영원히 숨 쉬는 것"이라고 시적 화자는 말한다. 하지만 그는 자기의 독극물 같은 그리움을 고이고이 천년을 견디는 종이(한지에 쪽물을 들인 감지紺紙)에 싸서 빈 술병에 담는다는 건 오랜 세월에도 변치 않기를 바라는 마음이 아니고 무엇이랴. 그럼에도 불구하고 먼 훗날 그 병을 건져 올렸을 때는 글자들이 물에 씻겨 사라졌으리라고 생각한다. 어쩌면 스스로도 이렇듯이 간절하며 애타는 마음과 행위가 저 상고시대 공무도하가(公無渡河歌) 속에 나오는 원형 심상과 흡사하다고 생각할 수도 있을 것이다.

그러면 시인은 그 치열한 그리움의 대상일 수밖에 없는 '사랑의 정체 또는 본질'을 어떻게 인식하고 있는지 「촛불소묘 1」을 통해 살펴본다. "패러데이가 실험 삼아／두 개의 촛불을／하나의／불꽃으로／합쳐 보려 했으나／／한사코／홀로 고고히 타오르는 걸／억지로 막을 수 없었다"고 하는 원천적인 고립과 고독으로 시인은 해명한다. 시인의 이 다섯 번째 시집 『바람개비 별』의 가장 핵심에 고독한 실존으로서의 사랑을 노래한 시들이 자리잡고 있음은 「시인의 말」에서 "······또 한 번의 간절한 연가집(戀歌集) 또는 비가집(悲歌集)을 막막한 세상의 바다에 던지게 되었다."와 같은 언명에서 분명하게 확인할 수 있다.

1966년 동아일보 신춘문예에 「빙하기(氷河期)」가 당선되어 등단한 시인은 그 동안 『빙하기(氷河期)』(1973), 『유리창에 이마를 대고』(1981), 『순간의 거울』(1995), 『내 마음의 협궤열차』(2000) 등의 시집을 출간하였다. 그리고 프랑스 루앙대학교에서 불문학 박사 학위를 받는 등 남다른 프랑스문학 및 문화 전반에 걸친 폭넓은 이해는 시인의 작품 편편마다 배어있다. 발레리가 보여주는 완벽한 시의 구조를 알게 모르게 시인이 추구해온 것은 지금 이 시집에서도 넉넉히 들여다볼 수 있을 것이다. 아울러 시인이 남모르게 흠모하여 온 이브 본느푸아가 보여준 다이내믹하고 낭만적인 열정이 「돌의 꿈」 「로프공의

하루」「멋진 식도락」 같은 작품들, 그리고 연작「순간의 거울」에 표백
되었노라고 말하면 지나칠까.

    벌거벗은 바람이
    살짝 손을 내뻗어
    족두리꽃의 젖가슴을 어루만지고

    족두리꽃이
    살짝 손을 내뻗어
    바람의 맨살 허리를
    몰래 휘어 감는
    참 황홀한 애무의 한때를
    전주 설예원(雪藝苑) 안마당에서
    엉겁결에
    나는 엿보았네

    그대 이름은 풍접화(風接花)
    바람의 손길이 스쳐야
    비로소
    피가 도는 여인
    이 천지간
    저 혼자 몸부림쳐 피는 꽃이
    어디 있으랴

    아아,

살갑게 간질이는
　　바람의 수작(酬酌) 없이는
　　족두리꽃 한 송이 피어나지 못함을
　　전주 설예원 안마당에서
　　문득 나는 엿보았네
　　　　　　　　　　―「순간의 거울 15 ―풍접화」전문

　바람이 꽃을 애무하고 꽃이 바람에 감응하는 이 모습을 통해 시인은 남녀 간에 벌이는 성애의 극치를 넘어 만유 생명의 황홀한 교감(交感)을 그려내고 있다. 때때로 시인은 이 시집에 보면 유장한 세월에서 터득한 능청스러운 유머를 풀어놓기도 하는데 「갓길에 앉아서」 「종소리」 「파도리 고 씨의 팻말 읽기」 등과 같은 작품이 그것이다. 그런데 이런 경우 번뜩이는 삶의 지혜를 매설해 놓음은 당연하지만 자칫 시적 긴장이 이완될 것 같은 우려가 스치기도 한다.

　하지만 45년 넘는 시력(詩歷)을 지닌 시인이 아닌가. 그런 우려는 한갓 뜬구름같이 허망한 기우에 지나지 않을 것이다. 그럴 때마다 풀어지려 하는 신발 끈을 다시 한 번 바짝 조여 신고, "수세식 변소에 팔려온 이 비천한 몸/ 억울하게 모가지가 부러진 채/ 유리컵에나 꽂혀 썩어가는 외로움"(「오랑캐꽃」)의 시간을 뜨겁게 기억하는 나 같은 친구가 항상 지켜보고 있음을 그는 잘 알기 때문이다.

　　　　　　　　　　　　　　　　《문학과창작》 2011년 여름호)

즉물적(卽物的)인 시

하나의 대상을 보고 시인은 자기의 주관적 감정을 그 대상에 불어넣어서 표현하는 것이 일반적입니다. 옛날 고교 국어의 「산정무한(山情無限)」이라는 정비석의 금강산 기행문을 기억할 것입니다. 산문이긴 합니다만 대상에 대한 글쓴이의 주관적 감정이 어떻게 나타났는지를 알아보기 위해서 예를 들어 봅니다.

> 무덤 가 비에 젖은 두어 평 잔디밭 테두리에는 잡초가 우거지고, 석양이 저무는 서녘 하늘에 화석(化石)된 태자의 애기(愛騎) 용마(龍馬)의 고영(孤影)이 슬프다. 무심히 떠도는 구름도 여기서는 잠시 머무르는 듯, 소복(素服)한 백화(白樺)는 한결같이 슬프게 서 있고, 눈물 머금은 초저녁달이 중천에 서럽다.

마의태자 무덤 주변에 대한 묘사를 한 부분입니다. 글쓴이는 신라 마지막 태자의 무덤에서 구슬픈 자신의 주관적 느낌을 대상들에 불어넣고 있습니다. 무덤을 지키는 말 형상의 돌에 대해서는 '용마의 고영이 슬프다'고 하고 흰 자작나무도 태자의 죽음을 슬퍼하여 '소복'한 모습으로 '슬프게' 서 있다고 하였으며, 초저녁달이 또한 '눈물 머금'은 채 '중천에 서럽다'고 한 것이지요. 무덤가에 서 있는 용마석, 흰 자작나무들, 하늘에 떠 있는 초저녁 달― 이렇게만 쓴다면 여기에선 아무런 주관적 감정의 개입이 없는 셈입니다.

문학에 있어서 신즉물주의(新卽物主義)라는 흐름이 있습니다. 원래는 1920년대 독일의 미술 운동에서 출발하였지요. 당시 유행하고 있던 표현주의나 추상주의와는 대조적인 사실주의 양식으로 그림을 그렸던 경향을 말합니다. 문학에 있어서도 주관적·환상적인 경향을 배제하고 사물에 대한 냉정한 관찰과 정확한 묘사를 강조하는 흐름이 신즉물주의 경향입니다. 대상에 글쓴이의 주관적 감정을 될 수 있으면 집어넣지 않고 무엇보다도 실제의 사물에 대하여 냉정한 관찰을 통해 치밀한 묘사를 위주로 한다는 것입니다.

시가 '즉물적(卽物的)'이라고 하는 말을 곧잘 쓰는데 그건 바로 신즉물주의의 경향을 띤다는 뜻입니다. 박남수(1918~994) 시인의 시 한 편을 보기로 합니다.

> 어둠은 새를 낳고, 돌을
> 낳고, 꽃을 낳는다.
> 아침이면,
> 어둠은 온갖 物象을 돌려주지만
> 스스로는 땅 위에 굴복한다.
> 무거운 어깨를 털고
> 물상들은 몸을 움직이어
> 노동의 시간을 즐기고 있다.
> 즐거운 地上의 잔치에
> 金으로 타는 태양의 즐거운 울림.

아침이면,

세상은 開闢을 한다.

— 박남수, 「아침 이미지 1」

　아침이 되면 밤의 어둠 속에 가려져 보이지 않았던 사물들이 서서히 그 모습이 나타납니다. 새와 돌과 꽃이 보이기 시작하는 것이지요. 서서히 사물들이 어둠을 헤치고 나타남을 시인은 어둠이 그 사물들을 '낳는다'고 썼습니다. 그렇게 어둠은 아침의 시간에 밀려 땅 위에 굴복하는 것이며 그 사물(물상)들의 쪽에서 보면 어깨에 묻어 있던 어둠을 털어내는 것과 같을 것입니다. 아침의 밝은 표정을 시인은 '즐거운 지상의 잔치'로 명명하며 아침의 금빛 햇살을 '금으로 타는 태양의 즐거운 울림'이라는 공감각적(共感覺的) 이미지로 표현을 하고 있습니다. '금빛 햇살'이라고 하면 시각인데 그것을 '울림'이라는 청각으로 표현한 이것이 '시각을 청각화'한 공감각적 표현이지요. 마지막으로 시인은 '개벽'을 하는 세상으로 「아침의 이미지」를 마무리하고 있습니다. 물론 이 시 안에서 찾아보면 시인의 주관적 감정이 전혀 없는 건 아닙니다. '즐기고, 즐거운'이라는 감정이 있습니다만 그게 이 시의 전체적인 표현 방법으로 나타나고 있는 것은 아니지요. 어둠 속에서 차츰차츰 그 모습을 드러내는 사물들에 대한 묘사가 위주인 것입니다.

　시인 자신도 이 시에 대해서 "밤에는 모든 물상(物象)들이 어둠에 묻혀 버려 그 형상을 알 수 없게 된다. 그러던 것이 아침이 되면 밝음 속에 그 본래의 모습을 낱낱이 드러낸다. 그리하여 어둠의 세계인 밤과는 전혀 다른, 생동하는 밝음의 세계가 펼쳐진다. 이러한 아침의 건강한 모습을 그려 본 즉물적(卽物的)인 시다."라고 말한 바 있습니다.

    수리부엉이 한 마리
    캄캄한 벼랑 위에 앉아 있다
    어둠이 뜯어진 자국, 거기
    뚫린 구멍, 거기
    동그랗게 수리부엉이의
    두 눈이 박혀 있다
    동그랗게 두 눈 속
    꽃이 박혀 있다

    깎아지른 벼랑에서
    일순
    빛을 낚아챈
    그것

—김길나,「눈」

    캄캄한 벼랑 위 어둠 속에 두 개의 빛나는 구멍이 보입니다. 마치 '어둠이 뜯어진' 자리처럼 빛나는 '구멍', 그건 수리부엉이의 눈이었습니다. 동그랗게 어둠 속에 박힌 구멍이라 할까, 수리부엉이의 눈이 거기 있습니다. 이에 대하여 시인은 무섭다든가, 소름끼친다든가 일체의 자기감정을 지우고 있습니다. 다만 그 정경을 치밀한 묘사로 독자에게 드러낼 뿐인 것이지요. 이어서 시인은 부엉이 눈 속에 있는 눈동자를 깨닫습니다. 동그란 눈 속에 꽃처럼 박힌 그 눈동자…. 캄캄한 벼랑과 어둠, 빛을 발하는 부엉이의 두 눈, 꽃 같은 그 눈동자. 시인은 치밀한 관찰을 통해서 그 정확한 이미지를 표현하는 데 주력하고 있습니다. 이런 데서 느끼는 긴장된 아름다움이 바로 시가 누릴 수 있는 미감입니다. 시의 포에지란 과연 이런 것입니다.

    그리고 깎아지른 아슬한 벼랑 끝 어디선가 순간적으로 낚아챈 것이 바로 부엉이의 눈빛이라고 시인은 단언하고 있습니다. 이 시는 정말 즉물적인 시의 좋은 예라 할 수 있겠습니다.

    한 컵의 물이 공중에서 엎질러진다.

    물은
    침묵이 무서워서 저희끼리 부둥켜안은 채
    공처럼 떠 있다.

    무서움과 무서움으로 결합된
    물의 혼은
    허공에서 일순 유리공의 탄성을 지닌다.
                             -강인한, 「물상(物象)」

    이것은 1978년 《현대시학》 5월호에 발표된 필자의 졸시입니다. 언젠가 지극히 찰나적인 포착을 한 사진 한 장을 본 적이 있습니다. 그 기억이 이 시의 모티브가 되었습니다. 공중에서 엎질러지고 있는 물. 그건 흑백사진이었습니다. 검은 어둠을 배경으로 피사체인 물이 엎질러지는 그 순간이 포착됨으로써 문득 물은 공중에 떠 있는 것으로 느껴졌습니다. 마치 하나의 덩어리처럼 결속된 물. 그것을 나는 '저희끼리 부둥켜안은' 공의 이미지로 표현한 것이었습니다. 투명한 액체의 덩어리인 그 물의 형상은 유리로 만들어진 동시에 탄력을 지닌 것처럼 느껴졌습니다. '탄성(彈性)을 지닌 유리공'이라는 이미지가 이렇게 만들어졌습니다. 다음은 졸시에 대한 김광림 시인의 언급(《현대문학》1978, 6월호 「이 달의 화제」)입니다.

"강인한의 「물상」은 물 한 방울의 존재성을 표출해내고 있다. 이 땅에도 즉물주의(卽物主義) 수법에 의해 작품을 영위하는 시인이 더러 있긴 하지만 박남수(朴南秀) 이후 인한(寅翰) 정도가 때로 성공한 작품을 내놓고 있는 듯하다. (졸시 인용은 생략) 빈틈없이 짜여진 조형적 이미지를 볼 수 있다. 긴장과 공포가 지니는 탄성(彈性) 앞에서 포에지를 만난 반가움에 잠시 취기를 맛보게 하는 작품이다."

김소월의 「진달래꽃」처럼 정서를 표출하는 것을 위주로 하는 시도 있지만, 현대시에서는 이와 같은 주지적 경향의 즉물적인 시도 아름다움을 드러내는 데 한 몫을 하기에 충분합니다.

(2008. 5. 16)

극적인 정점에서 시작하는 시, 「레다와 백조」

Leda and the Swan
—W. B. Yeats

A sudden blow: the great wings beating still
Above the staggering girl, her thighs caressed
By his dark webs, her nape caught in his bill,
He holds her helpless breast upon his breast.

How can those terrified vague fingers push
The feathered glory from her loosening thighs?
How can anybody, laid in that white rush,
But feel the strange heart beating where it lies?

A shudder in the loins, engenders there
The broken wall, the burning roof and tower
And Agamemnon dead.
    Being so caught up,

So mastered by the brute blood of the air,
Did she put on his knowledge with his power
Before the indifferent beak could let her drop?

느닷없는 일격, 비틀거리는 소녀 위에
거대한 날개가 아직도 펄럭인다, 검은 물갈퀴는
그녀의 허벅지를 애무하고, 부리는 목덜미를 집는다.
그녀의 여린 가슴을 백조는 제 가슴에 껴안는다.

저 겁에 질린 힘없는 손가락이 어찌 밀어낼 수 있으리,
맥 풀린 허벅지에서, 깃털에 싸인 영광을.
백색의 급습, 그 누군들 눕혀진 그곳에서
이상한 심장의 박동을 느끼지 않을 수 있으리.

떨리는 허리는 거기
무너진 성벽과 불타는 지붕과 망루
죽은 아가멤논을 잉태한다.
그렇게 꽉 붙잡힌 채
그렇게 짐승 같은 하늘의 피에 정복당한 소녀는
무심한 부리가 그녀를 떨구기 전에
그의 권능과 예지를 고스란히 전해 받게 되었을까.

예이츠(1865~1939)의 이 시는 1928년에 발표한 『The Tower』에 수록되어 있다. 이 시를 이해하기 위해서는 시의 배경이 되어 있는 그리스 · 로마 신화를 알아 둘 필요가 있다. 신화에 의하면, 아에톨리

아의 왕녀인 레다가 에우로타스강에서 목욕하고 있는 것을 본 제우스신이 백조의 모습으로 변신하여 하늘에서 날아와 그녀를 겁탈한다. 질투가 심한 아내 헤라의 눈을 피해 제우스는 황소로, 때로는 뻐꾸기로 변신하여 외도를 하곤 하였다.

백조에게 겁탈 당한 레다는 두 개의 알을 낳는다. 하나의 알에서는 트로이 전쟁의 원인이 된 아름다운 헬렌이 태어나고, 다른 한 알에서는 트로이 전쟁 때 그리스군의 총사령관 아가멤논의 아내로서, 십년 동안의 전쟁에서 돌아온 남편을 살해한 클리템네스트라가 각각 태어난 것이다.

예이츠는 인류문명이 2천년을 주기로 하여 순환하는데, 그리스 문명 2천년의 시점을 레다와 백조의 교섭(交渉)의 순간으로 본다. 그 신과 인간의 교섭의 순간을 예수의 수태고지(천사 가브리엘이 성모 마리아에게 예수의 수태를 알린 일)와 맞먹는 중대한 역사적 순간으로 본 것이다. 예이츠가 이 극적인 순간을 포착하여 시화한 것이 「레다와 백조」라는 시이다.

제우스신이 거대한 백조로 변신하여 하늘에서 쏜살같이 내려와 강에서 목욕하고 있는 레다를 덮치는 이 장면. 난공불락의 트로이 성벽이 끝내 무너지고 수많은 병사들과 영웅이 전쟁터에서 죽어간 바로 그 전쟁의 최초의 발단. 하늘과 땅, 신과 인간, 백조와 소녀, 짐승스런 욕망과 무력한 의지, 유장한 흐름의 강과 무상한 인간의 역사… 그 완벽한 대비가 이 시에 각을 세우며 드러나 있지 않은가.

"느닷없는 일격(A sudden blow)", 비수처럼 던져진 시의 첫 부분은 하나의 극적인 정점이다. 첫 연은 레다가 백조에게 피습 당한 상황의 묘사이지만 성적인 표현이 강렬하다. 아직도 펄럭이는 거대한 날개와 함께 허벅지를 애무하고 여린 가슴을 껴안는 백조의 행동이 그것을 말해준다.

둘째 연은 인간의 힘으로는 도저히 막아낼 수 없는 하늘의 운명에 대한 탄식. 두 개의 의문문으로 구성된 이 부분은 불가항력에 직면한 인간의 무력함을 화자가 해석해 내고 있다. 그 모든 것이 "백색의 급습(white rush)"이라고 표현된 레다의 의식을 전제하면서.

전율하는 여인의 허리에서 잉태되는 것들 —길고도 처참한 십 년 동안의 트로이 전쟁, 영웅의 죽음 등을 이야기하는 이 셋째 연은 극적인 대비가 최고조에 이른다. "떨리는 허리"란 어쩌면 생명의 극치감일 수도 있는 관능적 표현인데 그로 인하여 태어나게 된 건 역설적으로 아가멤논으로 대표되는 죽음이다. 또한 "짐승 같은 하늘의 피에 정복당한 소녀"라는 구절에서 유추할 수 있는 것들을 생각해 본다. 짐승 같은 정복자와 가련한 소녀, 신과 인간, 하늘이라는 천상계와 땅이라는 인간계, 무심한 정복자와 고통 받는 피정복자. 어쩌면 아일랜드 출신의 시인 예이츠는 여기에 정치적 시련에 시달려온 아일랜드의 역사와 운명을 암시하여 넣었는지도 모르겠다.

「레다와 백조」라는 같은 제명의 그림을 본다. 신화적인 주제를 격렬하고 몽환적인 이미지로 그려낸 예이츠의 시와 달리 레오나르도 다빈치의 제자 세자레 다 세스토가 그린 「레다와 백조」는 지극히 평화롭고 부드럽다. 많이 보아온 다빈치의 화풍 그대로이다. 보티첼리의 「비너스의 탄생」에서처럼 나체의 레다가 서 있다. 백조의 목을 휘감으며 레다는 알 수 없는 야릇한 미소를 머금고 있는데, 그 발치에는 막 알에서 깨어난 아기들이 기어다니고 있다. 이 그림은 레다가 거대한 백조에게 유린당하는 게 아니라 마치 백조와 나란히 서서 정답게 놀고 있는 듯한 느낌을 준다.

그리스 신화를 소재로 한 「레다와 백조」는 내 생각으론 다빈치나 세스토의 그림보다도 예이츠의 시가 단연 압권이다.

《현대시》 2006년 10월호)

2부
말의 몸짓

감각의 통로에서 바라본 시들
―홍일표, 서안나, 이민하의 시

고양이를 움직이는 것은 한 마리의 쥐도 아니고
쥐를 표절한 그림자도 아니다
고양이의 주린 배는 풍랑을 주식으로 한다

고양이는 파도나 해일쯤은 적당히 요리할 줄 안다
담벼락에서 뛰어내린 고양이는
오랫동안 바람의 낙법을 익힌 터라
바닥의 돌부리 정도는 몸이 먼저 널름 삼킨다

한때 말랑말랑한 구름으로 뒹굴다가
혼자 웅얼거리는 골목을 몸 안에 집어넣은 고양이
어둠의 심장을 두근거리며
눈 감지 못한 잉걸불 같은 눈으로 밤을 사냥한다
한순간 높은 담벼락이 구겨져서
고양이 발 앞에 납작 엎드린다

검은 고양이에게 사육된 밤이
제 몸의 어둠을 뜯어내며 걸어가는 새벽

> 볼펜 끝에서
> 누군가의 검고 가느다란 울음소리가 흘러나온다
> 　　　　—홍일표, 「불 켜진 고양이」(《시에》 2010, 가을호)

　지난 10월 15일은 시단에 세 가지 행사가 겹친 날이었다. 어디로 가야 하나 망설이지 않고 나는 출판문화회관을 향했다. 신현정 시인 1주기 추모시제. 이 행사를 위해서 자기 일처럼 이리 뛰고 저리 뛰고 앞장서서 발 벗고 나선 이들이 홍일표 시인과 최호일 시인이었다. 둘 다 최근 시를 부쩍 많이 발표하고 있고 또 그 작품들이 알토란처럼 여물었다.

　여기 먼저 추켜든 것은 홍일표의 시. 요즘 그가 발표한 것 아무거나 허투루 대할 만한 게 하나도 없다. 편편이 바짝 옷깃을 여미고 대하지 않으면 안 된다. 정말 놀랍다. 「불 켜진 고양이」는 밤중에 환하게 눈에 불을 밝힌 고양이이리라. 고양이는 지금 응시하고 있다. 캄캄한 어둠 속의 전망을. 이 고양이는 안락하게 집안에서 사람의 손에 길들여지고 사람의 품에서 안겨 노는 그런 고양이가 아니다. 야성의 본능에 충실한 고양이인 것이다. 고양이를 움직이는 것은 '풍랑'이라고 한마디로 요약된다. 그것은 먹이를 위한 활동뿐만 아니라 부닥치는 위험, 불안 등 고양이가 정상적으로 살아가는 데 가해지는 모든 위해요소가 집약된 표현이다.

　시의 표면에 화자의 목소리가 드러나는 것을 경계한 저 감각적 표현은 두고두고 음미할 만하다. 고양이는 "바람의 낙법을 익"히고서 "바닥의 돌부리 정도는 몸이 먼저 널름 삼킨다", "혼자 웅얼거리는 골목을 몸 안에 집어넣은 고양이"가 잉걸불 같은 눈으로 사냥을 나선 밤

"한순간 높은 담벼락이 구겨져서/ 고양이 발 앞에 납작 엎드린다"는 것. 박진감 넘치는 대상의 묘사를 따라가느라 손에 땀이 쥐어지고 읽는 이의 심장 박동이 스스로 느껴질 정도다. 이제 홍일표의 시에 나타난 '고양이'의 진화를 더듬어본다.

> 생선이나 육류를 좋아하는 식성이 닮았다
> 냉장고와 고양이는 아픈 기억 탓인지
> 긴 꼬리를 등 뒤에 감추고 산다
> 고양이는 주로 검정을 선호하고
> 냉장고는 주로 흰색을 선호한다
> ─「고양이와 냉장고의 연애」 부분

> 마음에 박힌 가시뼈까지 소화시키던 고양이가
> 동그란 눈알의 불을 끄고 시계를 먹는다
> 적당히 우물거리다가 삼키는
> 동글동글 잘게 부서진 시계
> ─「시계를 먹는 고양이」 부분

단순한 시적 대상에서 출발한 고양이(「고양이와 냉장고의 연애」)는 시인의 색다른 의미 부여(「시계를 먹는 고양이」)로 나타나다가 이 시에서는 대상과 화자의 심정적 일치로 나아가고 있다. 그리고 이 시의 마지막 연을 본다. 앞에서 진술된 저 객관으로서의 대상인 야성의 고양이. 고양이의 검고 가느다란 울음소리가 바로 시인의 볼펜 끝에서 흘러나온다. 보라, 한 순간 저 고양이가 놀랍게도 다름 아닌 화자 자신의 모습으로 돌변하고 있는 것이 아닌가.

개성적인 감각의 옷을 입은 홍일표의 시에는 그만의 연륜이 쌓여 있으면서도 젊은 신예 못지않은 패기가 있다. "개가 개의 꿈을 빠져나오는 동안…공원의 가로등은 아무 것도 결심하지 않았는데/ 불이 켜지네"(「이면의 무늬」)와 같은 다른 시들도 그의 시의 뛰어난 성과일 것이다.

간절한 얼굴을 눕히면 기다리는 입술이 된다

한 사내가 한 여자를 큰물처럼 다녀갔다 악양에선 강물이 이별 쪽으로 수심이 깊다 잠시 네 이름쯤에서 생각이 멈추었다 피가 당기는 인연은 적막하다

내가 당신을 모르는 것은 내가 아직 나를 모르기 때문이다 슬픈 육체가 육체를 조금씩 밀어내던 창백한 그 여름 당신의 등은 짚어낼 수 없는 비밀로 깊다 꽃은 너무 멀리 피어 서러움은 뿌리 쪽에 가깝다

사랑을 통과한 나는 물 위를 미끄러지듯 달리던 비애 우리는 어렵게 만나고 쉽게 헤어진다 내가 놓아 보낸 계절들 물결로 밀려드는 이별의 질서 나는 당신이란 한 문장을 쉽게 놓아 보내지 못한다 강물에 손을 담그면 당신의 흰 무릎뼈가 젖어 있다
— 「서안나, 「이별의 질서」(《詩로여는세상》 2010, 가을호)

먼저 산문시를 생각해본다. 시를 산문으로, 줄글로 쓴 게 산문시일 게다. 몇 사람의 잘 나가는 시인이 산문시를 쓴 적이 있다. 그러자

너도나도 산문시를 써대고, 하다못해 자유시 형태 어디 한 군데라도 산문처럼 풀어 쓰는 게 유행이다시피 되었다. 산문시가, 시적 긴장이 풀어져 마침내 시가 아니라 산문으로 떨어진 것들이 많아져버렸다. 시의 팽팽한 긴장 요소인 함축이나 운율, 이미지 또는 비유 등을 무시한 채 산문으로 쓰되 단순히 남다른 주제의식을 내세우면 그게 산문시인 양 착각한다. 어느 지면에선가 정진규 시인이 행의 구분을 드러낸 자유시들이 오히려 산문으로 풀어진 경우가 많다고 지적한 글을 읽은 적이 있다. 시는 산문으로 써놓아도 시의 본성이 사라지지 않는다. 그래야 시다. 행 구분이 있다고 시는 아닐 것이다. 호박에 먹물로 줄을 긋는다고 그게 어디 수박이 될 것인가.

얼핏 산문의 형식에 기대고 있는 서안나의 시에는 '악양에서 이별을 생각하다'라는 부제가 붙어 있다. 경상남도 하동군 악양면. 박경리 대하소설 『토지』의 배경이 되는 곳. 최참판댁을 이제는 관광명소로 꼽고 있다. 소설 속의 적당한 장소를 물색해보고 그 자리에 적당히 최참판댁이라고 이름 붙여 집을 지었음에도 아예 최참판네 식구들 그러니까 소설 속의 서희네 일가가 그 집에서 살았다고 사람들은 철석같이 믿는다. 그게 허구의 진실일까, 그건 아닐 것이다. 구경하러 다니기 좋아하는 장삼이사의 무지요 몽매일 뿐이다. 어쩌면 서안나의 이 시를 보고서도 누군가는 엉뚱한 상상을 하고 또 그렇게 굳게 믿을지도 모른다. 한심한 일이지만.

옛날 화가들이 즐겨 그리던 인동덩굴과 같은 치렁치렁한 가락에 실어 이 시는 비밀스럽고 격렬한 사랑과 그 이별의 깊이를 감각적으로 그려내고 있다. "간절한 얼굴을 눕히면 기다리는 입술이 된다"는 첫 연. 이 문장은 간절한 얼굴, 눕히다, 기다리는 입술로 의미가 세분된다. 서로를 바라보고 간절히 사랑을 갈구하는 얼굴들, 그리고 가만히 몸을 눕히는 동작과 그에 뒤따르고 있는 입술의 조용한 기다림. 둘째 연에서 시는 급한 물살의 흐름을 탄다. "한 사내가 한 여자를 큰물처럼 지나갔다"로 간단하게 표현된 사랑의 정체나 그 내막에 대해선 알 길이 없다. 다만 '큰물'로 비유된 사랑임에 두 연인이 격렬한 사랑의 물살에 휩쓸렸다고 짐작할 수밖에 없다. 그런데 그건 진행형이 아니라 '큰물'로 '다녀갔'음에 유의해야 한다. 홍수가 휩쓸고 가버린 것처럼. 남은 건 황량한 사랑의 기억일 뿐. 시의 화자는 떠나간 이의 방향과 사랑의 깊이, 아니 이별 후 그 아픔의 깊이를 응시하고 있다. 화자는 계절이 바뀌고 또 바뀌어도 결코 그 홍수처럼 휩쓴 비밀스런 사랑이 어떻게 오고 어디로 갔는지 알지 못한 채 쉽게 잊을 수 없다.

　최근 서안나의 시는 「매화 분합 여는 마음」에서부터 시작된 고전적 감각 취향의 시들과 모던한 감각의 연작 「따뜻한 국경」과 같은 두 갈래의 시들을 동시에 밀고 나가고 있다. 서로 다른 두 가지 흐름의 시를 밀고 나갈 수 있는 추진력의 정체가 자못 궁금하기도 하다.

　　　　얼굴을 모두 태웠으니 뼈대를 털어
　　　　촛농처럼 눈물을 쏟으세요
　　　　채널은 돌아가고
　　　　누구에게도 모두에게도 당신은 등을 돌릴 수 있습니다

　　　　눈을 뗄 수가 없어서 나는 당신을 더듬고
　　　　지난 시즌에도 어둠 속을 돌아봤지만

　　　　끈이 풀린 대화는 스핀이 부족합니다
　　　　이해하세요 당신이 울고 있을 때 나는 잠들었습니다

당신의 광팬으로서

눈물을 가로챈 여자가 관중석을 박차고 일어났어요
이제 막 상경한 그녀는 단숨에 포디움까지 올라섰어요
정오의 갈라쇼가 시작되었지만

나는 夜외 벤치에 누워
당신의 뒷모습에 몰입합니다
냉동실에 눌어붙은 코처럼

숨을 쉴 수가 없어서 나는 당신을 돌려세우고
다음 시즌에도 어둠 속을 내다보겠지만

발이 꼬인 시간은 점프가 부족합니다
당신이 달아나는 한 나는 외로움의 배경입니다
눈의 여왕으로서

당신이 울음을 털 때 비로소
나는 두 손을 텁니다 격렬하게

룰의 마지막은 기립박수
떠날 때는 누구나 키스 아니면 크라이

비둘기처럼 키스를 날리세요
플래시가 터지고

누구에게도 모두에게도 당신은 눈을 맞출 수 있습니다

해변으로 몰려가는 여름의 신도들이
빙질을 복구하는 화동들을 팥빙수처럼 갈아엎지만

얼굴이 섞여도 스텝은 멈추지 않습니다
발목이 잘려도 음악은 끝나지 않습니다
　　―이민하,「키스앤크라이」,《문장웹진》2010년 10월호)

　제법 긴 이민하의 이 시를 처음 대했을 때는 솔직히 골치 아픈 요즘의 시들 가운데 하나려니 생각했다. 쉽사리 독자에게 읽히기보다는 차라리 읽히지 않는 '불편한 소통'의 시들이 얼마나 많은가. 지나칠 정도로 시와 시인에 대한 편식이 심한 어느 평론가의 말에 잠시 귀를 기울여본다.
　"독특한 '인식적 가치'와 수려한 '미적 가치'를 갖고 있어서 '올해의 좋은 시'로 천거했지만, 나는 이 시가 어떤 '정서적 가치'를 품고 있는지는 잘 모르겠다. 이 시는 즐거운 시인가 슬픈 시인가 아니면 제3의 무엇인가. 그러나 이 모호함은 이 시를 자꾸 되풀이 읽도록 유혹하는 매력적인 모호함이다. 다시 한 번 말하거니와 '난해시'라는 말은 투박한 말이다. 원숙한 모호함과 미숙한 모호함이 있고 이것을 구별하는 능력이 곧 안목이다. 이 시를 전자의 좋은 사례로 추천한다." 이 평론가의 높은 안목으로 추천된 해당 시를 잠깐 읽어본다.

　눈을 뜨지 않고/ 나는 오늘 오는 중이다.// 얼음과 구름의 그래프 철과 오페라의 그래프 쏟아지는 파과들과 동시다발적인 그래프// 나는 솟아나는 중이다. 여기에서 거기로// 아름다운 풍습에 물들어 날마다의 밑줄들을 매달고 있는 오선지들이 탈선하고 있으니까 거기에서 지금으로 내일이 휘어진 것이라면 오늘을 돌파하지 못하겠지 그러니 이젠 아니다. 떨어져 나간 의족에 뺨을 부비고 서서 지금이 내일이다. 내일이 쏟아지는 오늘이다.// 떨어져 나간 자물쇠가 저 혼자 열리는 꿈을 꾸고 있으니까.// 양말이 발을 실현하듯 나는 오는 중이다. 양말을 뒤집어보자. 목소리가 없다. 목소리 없이 아주 길게 시동이 걸린다. 한꺼번에 춤을 추자. 거기에서 여기로 솟구치는 동안 (……)

「비인칭 그래프」라는 작품 전체의 3분의 2정도까지 인용했는데 이 원숙하게 모호한(?) 시를 쓴 시인은 지난날 이렇게 완벽한 불통의 시를 쓰진 않았다. 아마도 개성적 자기표현을 천착하고 추구하다가 이런 구렁텅이에 불시착하는 표현의 한계에 도달하였을 것으로 보인다. 시인 자신은 물론 옛날의 독자와 옛날의 그를 기억하며 아직껏 맹신적으로 지지하는 평론가에게도 매우 유감스러운 일이다.

키스 앤 크라이 존(Kiss &Cry Zone)에 돌아온 김연아 선수를 보고 이민하가 이 시를 썼을 거라는 어느 미지의 독자가 쓴 글을 읽었다. 나는 이 시에 대한 난해한 매듭이 거기서 풀리자 속으로 무릎을 쳤다. 키스 앤 크라이 존! 피겨 스케이팅 선수가 화려한 연기를 펼치고 돌아와 코치랑 나란히 앉아서 채점된 점수의 결과를 기다리는 장소. 점수 결과에 기뻐하며 관중들에게 스카이키스를 날리기도 하고 반대로 속이 상해 얼굴을 감싸 쥐고 엉엉 울음을 터뜨리기도 하는 곳.

혼신의 힘을 다하여 경기를 마치고 돌아왔으므로 그녀는 펑펑 울어도 좋을 것이다. 화면에서 눈을 떼지 못한 채로 그녀의 경기를 보았고 그녀가 낙담하여 울 때 나는 채널을 돌린 다음 잠을 청했다. 광적으로 열성적인 그녀의 팬은 관중석을 박차고 일어나 연단(포디움)에까지 올라서서 응원의 구호를 외치기도 하였다. 어쩌다 발이 꼬여서 점프가 불완전할 때 그 실수로 인해서 그녀가 울 때 나는 더 힘껏 격려의 박수를 친다. 모든 경기가 끝나고 그녀에게 쏟아지는 기립박수. 관중들에게 비둘기를 날리듯 키스를 날리거나 속상한 마음에서 울음을 터뜨리거나. 현지에서는 정오에 행해지는 갈라쇼를 나는 여기에서 텔레비전으로 밤중에 본다. 경기에 참가한 선수들이 빙판 위에서 빙글빙글 돌아 얼굴이 뒤섞이고 발의 스텝이 뒤섞여도 쇼의 음악은 계속된다. 전체적으로 눈부신 이미지와 시선의 균형이 아름다운 감각적인 시였다.

처음엔 이 시를 읽다가 "정오의 갈라쇼가 시작되었지만// 나는 夜外 벤치에 누워/ 당신의 뒷모습에 몰입합니다/ 냉동실에 눌어붙은 코처럼"에서 '夜外'라는 한자 조어가 식상하여 텍스트로 선정하는 것을 그만둘까도 생각했다. 그러나 단지 지구 건너편 저쪽 정오의 쇼를 나는 여기서 밤중에 구경하고 있다는 정도의 뜻으로 이해하기로 하였다.

《시안》 2010년 겨울호, '계간 리뷰')

장시와 처녀시집과 시의 재미라는 것
— 조연호 장시집 『농경시』, 유미애 첫 시집 『손톱』, 권혁웅 시집 『소문들』, 이제니 첫 시집 『아마도 아프리카』

올해 신춘문예의 심사평들을 읽어보면 예년의 불안한 자폐적 상상력이 판치는 기세가 한 풀 꺾이고(문화일보) 저도 모르고 남도 모르는 소리를 중언부언하는 시는 눈에 띄게 줄었다(세계일보)고 합니다. 정말 다행입니다. 그건 아마도 럭비공처럼 어디로 튈는지 예측할 수 없는 상상력의 심사자들이 참여하지 않은 탓이 클 것입니다. 한국시의 건전한 발전을 위해서도 그와 같은 심사자들의 불참은 앞으로도 계속되는 것이 바람직할 것입니다.

"겨울, 꿈에게 다짐한다. 밤의 모호한 흔들림에 맺힌 핏방울처럼, 떠오르는 별로부터도 검게 윤이 나도록 너희는 배회로 허공을 치장하고 있었다. 내 작은 껍질을 자르기 위해 어버이는 물 양동이 하나 가득 아름다운 선율을 가져왔다. 가라앉은 부유물의 맛이라고 쓴 달력의 식후감은 매번 물통에 목마름을 쏟아부은 사람의 것이었다. 그간 너는 떠나는 집을 모아왔다. 또 하루가 부엌의 작은 칼에게 고드름처럼 녹는 나를 쥐여주고 있었다. 신체는 전신상을 비우는데 쓰여야 했다./ 겨울, 반박이 없는 꿈을 꾼다. 오늘 밤은 귀신에게서 나의 가루를 묻혀오게 될 것이다. 불 속을 뒹구는 몇 마리 짐승으로는 실은 군도(群島)를 그려보았네. 작고 창백하게 달려 있던, 내 것이었던, 껍질 잃은 달팽이에겐 진심으로 부엌칼을 꽂았네. 겨울은 늘 벌어진 깔때기처럼 잠든 나를 돌림병이게 했다. 입술은 낡은 주름을 암초에 던지며, 떠도는 대양(大洋) 전부를 타인의 질병에게 옮겨버렸다……."

조연호의 『농경시』의 도입부입니다. 장편소설에 버금가는 2만여 단어로 이루어진 시집. 전체 174연으로 되어 있으며 낯선 어휘들, 사어에 가까운 한자어들이 난무하고 의미의 추구를 방해하는 난해성으로 중첩됩니다. 아니 이 시집은 한 편의 장시로서 오리무중(伍里霧中)의 방황과도 같다고 할 것입니다.

"한낮은 한낮을 색적(索敵)하고 말았다. 이 식(蝕)을 간직할 것이다." 시집 앞에 놓인 '시인의 말'에서 열쇠를 구할 수 있을까 하고 읽어보지만 이 역시 상식적 해석을 방해하는 낯선 한자어의 출현은 독자를 당황하게 만들 따름입니다. 고백하건대 천금을 준다 해도 나는 도저히 못 읽겠습니다. 어디서 '서정'을 구하고 어디서 '아름다움'을 느껴야 할는지 기가 막힙니다.

시집 한 권에 장시를 포함하여 모두 열세 편으로 묶은 이준규의 시집 『토마토가 익어가는 계절』도 독자를 바득바득 괴롭히기는 마찬가지입니다. 이런 반면교사(反面敎師)들이 지난날 전봉건의 장시 『춘향연가』(1967)가 진실로 아름다운 서정시임을 다시 한 번 확인시켜 준 계기가 되었습니다.

시단에 데뷔하고 그 이후 처음 내는 시집을 처녀시집이라고 하지요. 등단하고 3년이나 4년 만에 내는 게 보통인데 아주 드물게 35년 만에 첫 시집을 내어 눈길을 끄는 시인도 있습니다. 그런데 오래전 등단 무렵에 성장을 멈춘 듯 퇴색한 시편들을 대하며 느끼는 감정은 오랜 세월을 고스란히 견뎌온 것에 대한 연민 이상도 이하도 아닙니다. 그러나 분출하는 욕구를 안으로 다독이며 참다 참다가 낸 시집에선 알맹이 꽉 찬 석류를 쪼개는 기쁨을 맛볼 수 있습니다. 유미애 시인은 2004년 《시인세계》 신인상에 「고강동의 태양」외 4편이 당선되어 등단했습니다. 처녀시집의 설렘과 매혹이 고스란히 담긴 유미애 시집 『손톱』을 읽는 건 바로 그 알찬 석류를 쪼개어 맛보는 일입니다.

금성여관 턱밑에 못 박아 걸어둔 전구를 보며(「고강동의 태양」) 자궁을 들어낸 늙은 동네(「오쇠리 나팔꽃」)의 삶을 그려낸 등단 무렵의 작품들에선 비루한 현실의 면면을 확인할 수 있었습니다. 그로부터 시인은 현실과 조금씩 거리를 두며 상처받은 사랑과 아름다운 환상의 세계를 찾아 나섭니다. 사랑의 성지를 찾아 나선 순례자처럼.

> 옛집 감샤르가 신기루처럼 떠 있던 시절
> 나는 새의 저녁을 훔친 죄로 형틀에 묶여 있었던 것
> 고하노니
> 나는 저녁에 우는 새와 비린 복숭아 뼈를 가진 장미나무일 뿐
> 이 성의 오래된 발작과 고열을 지켜온 건
> 병사들 몰래 피어난 처녀들과 순수한 혈통 덕분
> 장미의 이름으로 할미는 꽃의 목을 잘라 솥에 던지고
> 어미는 초록의 문자들로 불을 피워 즙액을 짰던 것
> 고하노니
> 한 잔의 피를 홀짝이며 나는 장미의 경전을 넘겼던 것
> 처녀들의 이름을 거두며 노래를 불렀던 것
> 위대한 꽃말이 새어나가지 않도록
> 온몸의 레이스를 깁는 동안 한 생이 흘러갔던 것

고하노니
마루메죤의 가마솥은 저녁 새와 할미마저 삼켰던 것
나는 사막의 붉은 시간에게 몸을 맡겼던 것
천천히 오아시스의 아침과 복숭아 향 체취를 잊어갔던 것
장미의 칼날이 쇄골 뼈에 박혀 와도 내겐 더 이상
신성한 사냥감과 흘릴 피가 모자라 레이스를 벗기면
마지막 책장을 열고, 끼룩끼룩 뱀 한 마리 울었던 것
고하노니
나는 어느새 유혈목이보다
슬프고 유려한 꽃의 문장을 읊고 있었던 것
―유미애 「장미수 만드는 집」 전문

장미수란 장미 꽃잎의 즙을 짜서 만든 증류수. 이 시에서 서정적 자아는 장미나무이며 한 잔의 피를 홀짝이며 노래를 불렀고 위대한 꽃말을 간직한 채 슬프고 유려한 꽃의 문장을 읊는 존재입니다. 감샤르는 장미수 만드는 것으로 유명한 이란의 마을, 마루메죤은 장미 수집에 광적인 집착을 보인 나폴레옹의 조세핀이 머물렀던 궁이랍니다. 복숭아 향의 체취를 지닌 처녀들, 평생토록 레이스를 짜는 여인, 사막의 오래된 성, 병사들, 할미와 어미와 저녁의 새. 가마솥에 장미 꽃잎을 넣고 끓이고 그 즙을 증류시키는 작업 공정, 초록색 몸에 검은 얼룩무늬를 지닌 독사. 전설 같기도 하고 동화 같기도 한 이 시의 환상성은 장미의 붉은 색감과 복숭아 향의 체취가 시사하는 것처럼 강렬한 관능을 바탕으로 한 심미주의적 작품입니다.

표제의 시 「손톱」을 비롯해서 장미가 소재로 등장하는 시들은 「장미수 만드는 집」 「시인의 사려 깊은 고양이」 「장미와 고양이」 「고

양이 깡통에 얼굴을 묻다」「그리운 늑대」「아드울프」「애너벨의 손톱」등을 찾아볼 수 있으며 그 외에도 꽃과 뱀이 소재로 나오는 시는 훨씬 더 많이 찾아볼 수 있습니다. 꽃을 여성으로, 뱀을 남성으로 보는 소박한 프로이드 관점에서 볼 때 사랑의 환상성과 비극적인 사랑의 아름다움은 유미애 시집 전체에 걸쳐 의미 있는 색채를 띤다고 하겠습니다.

단순히 발랄한 개성 하나를 상업적인 전망의 좋은 담보로 보고 출판사에서 첫 시집을 서둘러 낸 경우를 봅니다. 2008년 경향신문 신춘문예에「페루」라는 작품이 당선된 이제니는 15년 동안 소설만 습작하다가 써낸 시가 운 좋게 당선된 케이스. 이 산문시에 대해서는 애당초 반응이 엇갈렸습니다. 사실 심사위원 둘 중 하나만 다른 시인이었어도 다른 작품이 당선작으로 뽑혔을 겁니다.

'말의 재미를 즐기는' 듯한 시인의 태도는 이제니 시의 행보 전체에 가장 분명한 암시가 됩니다. 최근 정말 재미있는 시, 혹은 말의 재미를 보여주는 시를 쓴 이들로는『뽈랑 공원』의 함기석 시인,『마징가 계보학』『소문들』의 권혁웅 시인,『호텔 타셀의 돼지들』의 오은 시인,『소년 파르티잔 행동 지침』의 서효인 시인 등이 있습니다. 권혁웅 시집『소문들』에 실린 다음과 같은 시는 쓰는 시인 자신도 즐겁고 재미있게 시를 썼으리라고 상상되며 읽는 독자들 또한 재미를 만끽할 수 있을 것입니다. 충분한 소통이 가능하기에 이런 행복한 장면이 연출되는 것입니다.

1
창피(猖披)란 짐승이 있어, 무안(無顔)과 적면(赤面) 사이의 좁은 골짜기에 산다 야행성이라 잘 눈에 띄지 않지만 간혹 인가에 내려와 쓰레기통을 뒤진다 팔다리가 가늘고 귀가 뒤로 말려서 비루먹은 곰처럼 생겼다 산정(山頂)을 좋아해서 오르다가도 꼬리가 무거워 늘 골짝으로 떨어진다 이 짐승의 가죽을 얻으면 얼간망둥이를 면할 수 있다

2
낭패(狼狽)는 이리의 일종이다 낭은 뒷다리가 짧고 패는 앞다리가 없어서, 길을 가려면 반드시 두 마리가 짝을 이뤄야 한다 전하여 서로의 배필을 찾지 못했을 때를 낭패라 하고, 동성의 짝을 만나 겹으로 쓸모를 잃었을 때를 낭낭패패라 한다 이 짐승을 달여 먹으면 어지자지가 떨어져 한 몸이 둘이 된다

3
하루에 천 리를 달리는 말이 있으니 이를 무족마(無足馬)라 한다 인적 끊긴 지 오래인 인가의 굴뚝을 끌어안고 살다가, 성체가 되면 인가 지붕 위를 뛰어다니며 긴 혀로 수염에 붙은 침이나 귓속의 귀지를 핥아 먹는다 한 마리에 천 냥이나 하는 귀한 짐승이어서 특별히 이 짐승 기르는 일을 업으로 삼은 자를 말전주꾼이라 부른다

4
암상이라고도 부르는 질투(嫉妬)는 암컷이고, 수컷은 따로 시기(猜忌)라고 부른다 떼를 지어 다니며 사람을 잡아가서는 벼랑 위에서 밀거나 동굴에 가둔다 육질을 연하게 하거나 소금물에 재워두기 위해서다 송곳니와 어금니가 두루 나 있어서 고기를 자르거

나 으깰 수 있다 구들직장이 아니고서는 이 짐승의 눈을 도무지 피할 수가 없다

5
외설(猥褻)은 사면발이의 한 종류다 눈이 작고 앞니가 돌출해 있어서 서생(鼠生)을 닮았으나 그보다도 작고 바글바글하다 어느 구멍이든 파고들기를 좋아해서 한 번 자리를 잡으면 색출하기가 여간 어렵지 않다 하나를 잡으면 둘이 나타나고 둘을 죽이면 넷이 나타나, 마침내 온 집을 가득 채운다 더러우니 먹어선 안 된다

6
개차반 있는 곳에 파리가 있으나 개중에는 군집을 싫어하는 놈들이 있어서, 이를 청승(靑蠅)이라 한다 볕 잘 드는 곳에서 눅눅한 날개 말리기를 좋아하는데, 그러다 간혹 날개가 바싹 말라서 굶어 죽기도 한다 몸 전체가 푸른빛이어서 청백리들이 좋아한다 처마 밑에서 겨울을 나지만 넛보나 계명워리가 드는 집에는 얼씬도 하지 않는다

―권혁웅 「소문들―짐승」 전문

기발한 상상력도 재미있지만 이 시를 읽으며 '어지자지, 말전주꾼, 구들직장, 사면발이, 개차반, 넛보, 계명워리' 같은 말을 국어사전에서 공부하는 맛도 별미입니다. 그런데 여기서 쓰는 사람 자신만 즐겁고 재미있을 뿐 그 시를 읽는 독자는 다만 어리둥절하고 곤혹스럽다면 어떨까요? 말하자면 소통이 되지 않는 상태로서의 시를 가정해 봅시다. 그건 시인이 일방적으로 시라고 선언하고 독자와의 소통을

막아버린, 대단히 이해할 수 없는 처사라고 아니할 수 없습니다.

> 요롱이는 말한다. 나는 정말 요롱이가 되고 싶어요. 요롱요롱한 어투로 요롱요롱하게. 단 한번도 내리지 않은 비처럼 비가 내린다. 눈이 내린다고 써도 무방하다. 요롱이는 검은색과 검은색의 차이에 대해 이야기한다. 끊임없이 끊임없이 계속해서 계속해서. 마침표를 잃어버린 슬픔. 양팔을 껴야만 하는 외로움. 그건 단지 요롱요롱한 세상의 요롱요롱한 틈새를 발견한 요롱요롱한 손가락의 요롱요롱한 피로.
>
> —이제니「요롱이는 말한다」부분

아마도 시인은 이 시를 써놓고 나서 낄낄거리며 좋아했을 것 같습니다. 당신들 요롱이가 무언지 알겠어? 요롱요롱하다는 게 어떤 건지 알겠어? 아, 고소해라. 이와 같이 혼자 써놓고 혼자 재미있어서 즐기는 시. 여기에는 소통이라는 게 무시되어 있습니다.

'후렴구'라는 것이 어떤 주술적 힘을 발휘하는 목적으로 쓰인다고 하지만 이제니에게 오면 그것은 단지 '모호성'의 실현을 위한 것이며 그 자체가 시인 혼자 즐기기 위한 자위도구로 사용될 뿐입니다. 읽고 나서 도무지 내가 무얼 읽었는지 알쏭달쏭하고 몽롱한 가운데 독자는 이렇게 생각할 것입니다. 이건 유명한 시인이 쓴 아주 훌륭한 시야. 이걸 모르는 내가 수치스러운 게야. 아, 나는 너무나 가방끈이 짧아서 이렇게 아름답고 멋진 시를 제대로 이해하지 못하는 게 슬퍼. 또한 시를 공부하는 지망생들이나 정통적인 시를 쓰는 시인들조차 조롱하며 열패감을 심어주는 말도 아닌 시. 시집 속의 시들이 대부분이 그렇습니다. 그런 가운데「무화과나무 열매의 계절」같이 말장난이 아니라 진짜 시가 된 작품도 몇 편 있긴 합니다.

코끼리 사자 기린 얼룩말 호랑이
멀리 있는 것들의 이름을 마음속으로 부를 때
나는 슬픈가 나는 위안이 필요한가
아마도 아프리카 아마도 아주 조금

호랑이, 그것은 나만의 것
따뜻하고 보드랍고 발톱이 없는 것

살고 있나요 묻는다면 아마도 아프리카
아마도 나는 아주 조금 살고 있어요

내 머릿속은
반은 쑥색이고 반은 곤색이다
쑥색과 곤색의 접합점은 성홍열 같은 선홍색

열두살 이후로 농담이 입에 배었다
옷에도 머리카락에도 손톱 끝에도
주황색 양파자루 속엔 어제의 열매들
양파가 익어가는 속도로 너는 울었지

눈을 감아도 선홍색이 보이면
다시 코끼리 사자 기린 얼룩말 호랑이
너무나 멀리 있지만 아마도 아프리카

나는 하룻밤 사이에도 많은 곳을 돌아다닌다
　　　　　　　　　—이제니 「아마도 아프리카」 전문

　　시집 속에서 비교적 시의 꼴을 그나마 제대로 갖춘 작품 중의 하나가 될 이 시는 시집의 표제작입니다. 이 시에서 눈살 찌푸려지게 드러나는 두 가지를 말하지 않을 수 없습니다. 마치 수줍어서 말끝을 흐려버린, 아니면 지능이 낮아 말의 중동을 잘라버린 듯한 말투는 어쩔 수 없는 비문(非文)입니다. "나는 슬픈가 나는 위안이 필요한가/ 아마도 아프리카 아마도 조금" 이것을 시적 허용이라거나 시의 함축적 표현이라고 하기엔 너무 염치없는 일입니다. 또 하나는 우리말에 대한 시인으로서의 기본 예의의 결여입니다. '곤색'이라는 말은 '감색, 진남색'으로 대체해야 할 일본말 찌꺼기입니다. 요즘 대중가요에는 마구잡이로 반토막의 영어를 겉멋으로 삽입한 가사를 적지 아니 볼 수 있습니다. 일본말, 토막 영어 따위를 무분별하게 시에 쓰는 것을 앞서가는 우리말의 다문화 수용으로 보아야 하겠습니까?

　　"화가는 색을, 음악가는 음을, 시인은 언어를 가지고 노는 것이죠. 그럴 때 그들은 어린아이와 같습니다."라고 말하면서 어떤 평론가는 이제니의 천진성을 시인으로서의 최고의 미덕인 양 추켜세우고 있습니다. 그렇게 천진하기 때문에 이상야릇한 말들을 만들어서 통통 튕기며 가지고 노는 것인지. 아움, 자퐁, 뵈뵈, 홀리, 밋딤, 라이라, 요롱…… ('자퐁'은 일본Japan에 대한 프랑스식 발음이라고 하는데, 글쎄요) 등의 해괴한 말과 소리와 비문들을 뒤범벅으로 반죽해서 만든 시를, 괴상한 말들을 도저히 시인의 우리말 사랑이라고 볼 수는 없습니다.

　　시집 『아마도 아프리카』는 '유희적인 말놀이, 무의미한 언술의 나열'의 집합체입니다. 말장난, 시인 혼자 즐기는 말놀이, 텅 빈 언어의 껍질로 노는 언어유희에 지나지 않습니다. 행여 이제 시를 쓰고자 하는 젊은 지망생들에게 이 시집 속의 시편들이 저만큼 앞서가는 훌륭한 시인 양 잘못 인식될까 적잖이 걱정스럽습니다.

《詩로여는세상》 2011년 봄호, '이 계절의 시집 산책'）

삶과 죽음 그리고 사랑의 아름다운 고통

가족과 함께 서래봉 오르기 위해
정읍시 내장동으로 들어가는 도중
길 가운데 놓인 방역분사기를 지나는 순간
눈앞이 하얘졌다

마스크 쓴 소들이
가축우리에 갇힌 축산농민을 끌고 나와
커다란 트럭의 짐칸에 아무렇게나 던져 넣어
어디론가 사라지고
발굽이 심하게 갈라진 채
피가 질질 흐르는 돼지들이 꿀꿀거리면서
비쩍 마른 아이와 노인들을
깊이 파놓은 구덩이 속으로 밀어 넣자
살아도 죽은 목숨, 죽여라 죽여
동학농민군처럼 소리를 지르는 여자들
트랙터 몰고 나와 전봉준처럼 누런 보리밭을
갈아엎는 남자들

어둠이 검은 것은 슬픔 때문이다

탈레반 모자를 쓴 소년들이
부르카 입은 소녀들의 손을 끌어
이어달리기하듯 들어간 숲 속
축제 벌이듯
푸드득 푸드득 날아다니는 닭과 오리들

당황한 관계당국에서는 휴교령을 내리고
방역을 더욱 강화했지만
먼 조상이 난생이었으며
초식동물이었을 거라는 생각이 문득 떠올랐다
불출봉에서 한 발짝도
더 나아가지 못한 채
내장산을 뒤돌아 내려오는 유월
　　　　　　　—고성만,「구제역」(《창작과비평》2010년 겨울호)

　일찍이 이런 재앙이 없었다. 산목숨을 끊어도 차마 이렇듯 참혹할 수가 없었다. 이 시를 쓸 때 시인은 몇 해 전의 기억을 더듬어 썼으리라. 이 시가 실린 잡지가 서점에 나온 게 지난해 11월 25일 무렵. 시인은 앞으로 이런 상황이 전개되리라고 예상한 것은 아닐 테지만 2011년 1월말 현재 이 시는 예언 이상의 무서운 압력으로 우리에게 직핍해 온다.
　구제역(口蹄疫). 구제역이 처음 발생한 것은 지난해 11월 29일, 안동의 한 양돈농가에서였다. 그로부터 두 달 만에 전국 7개 시도(경북, 인천, 경기, 강원, 충북, 충남, 대구)로 확대, 사태는 걷잡을 수 없이 전국으로 확대되고 있다. 지금까지 살처분된 가축만 230여만 마리, 피해액은 2조원을 넘어서고 있다. 방역현장에 투입된 공무원만 하루에 7천여 명, 그 중 5명은 계속되는 강행군에 목숨까지 잃었다.

우리나라는 2000년 봄, 파주에서 발생한 구제역을 20일 만에 종식시켜, 세계에서 구제역을 가장 성공적으로 진압한 모범국가로 인정받기도 했었다. 그 당시 농수산장관은 "새벽 2시에 국방장관 공관으로 전화해 발생 지역에 대한 출입통제를 도와달라고 했다. 그리고 바로 군이 새벽 4시쯤 동원됐다"고 회고했다. 구제역처럼 전파력이 강한 질병의 방역에는 분초를 다투므로 군의 도움은 결정적이었다고 한다. "살처분으로 피해를 보게 되는 농가에는 농민들이 깜짝 놀랄 만큼 파격적인 보상을 해줘라. 그래야 그들의 협조를 얻어내기가 쉬워진다. 구제역 발생 지역의 엄격한 출입통제를 위해서는 즉시 군을 동원해 도움을 받아라."라는 대통령의 지시는 신속하게 이행되었고 소, 돼지 2천여 마리의 희생으로 사태는 끝났다. 구제역 발생 20일 만이었다. 그런데 10년 전과 오늘의 상황은 판이하게 다르다.

이 시에서는 축산농민과 소, 돼지의 위치가 전복돼 나타나 있다. 마스크를 쓴 소들이 우리에 갇힌 농민들을 끌고 나와 트럭의 짐칸에 아무렇게나 던져 넣어 어디론가 사라지는 장면. 어디서 봤더라, 이런 장면을…. 아, 그건 1980년 5월 광주에서 본 그 장면 아닌가. "어둠이 검은 것은 슬픔 때문이다"라는 경구(警句)가 검은 상복처럼 낮게 깔리고, 다시 장면은 비록 비유의 몸을 입고 있으나 이라크 전쟁 혹은 아프가니스탄 전쟁으로 이어진다. 지구촌 곳곳에서 벌어진, 벌어지고 있는 이 끔찍한 살해의 연속. 깊이 파헤친 흙구덩이 속으로 한꺼번에 몰려 떨어지며 비명을 지르는 돼지들, 허우적거리는 돼지들의 모

습, 그게 오늘 우리들의 다른 모습이 아니라고 할 수 있겠는가. 시인
은 그렇게 묻는다.

누가 보낸 꽃일까
무슨 일로 사람들 모여든 걸까
내 영혼은 어리둥절 영안실 복도를 서성거리고
밖에는 비가 오는지

막 벌어지던 꽃망울이 떨어지고
달려가던 트럭이 미끄러지고
유리창이 화염병처럼 깨지기도 하겠지
애인에게 갑작스런 이별을 통보 받은 남자가
빈소의 편육접시를 뒤적거릴 때
그가 내뿜는 담배연기가 허공 속에
동그라미가 되었다가 표정들을 천천히 지울 때

죽은 새의 부리처럼 검은 보랏빛
땅속에 나는 백 년쯤 더 누워 있을 거야
입술이 지워지고 귀에서 떡잎이 돋을 때
밖에는 수만 번 비가 내리고
어디선가 또 풋과일이 떨어지고
새들은 내 가슴이 있던 자리를 종종거리겠지

꽃바구니를 들고 지하계단을 막 오르려던
물방울 원피스의 여인이 우산을 접는 행인에게 묻겠지

밖에는 비가 오나요?
—정채원, 「밖에는 비가 오나요」(《서정시학》 2010년 겨울호)

  사람은 누구나 한 번 죽는다. 이 단순한 사실을 까맣게 잊은 채 우리는 죽음에 맞닥뜨릴 때까지 갈등하고 번민하고, 괴로워하고, 사랑하면서 살아간다. 우리 주변에서 만나는 죽음들은 항상 남의 이야기였으며 어쩌다가 마주친 가까운 사람의 죽음에서 문득 진한 슬픔을 느낀다. 사람이 죽으면 육체에서 영혼이 떠나고 그 순간 21그램의 체중이 사라진다고 한다. 그게 영혼의 과학적 존재이며 무게라는 것.
  스무 해 전 「사랑과 영혼」이라는 영화가 있었다. 원제는 귀신 혹은 유령이라는 「Ghost」였다. 영화의 도입부에서 남자는 강도의 습격을 받고 여자를 지키려다 총에 맞아 쓰러진다. 남자는 바닥에 쓰러진 자기 육신과 사랑하는 여자의 오열을 지켜보면서 자신이 죽었음을 한참 만에 깨닫는다. 남자의 영혼은 육신에서 빠져나와 울고 있는 여자가 왜 우는지를 모른다. 말하자면 영혼은 자기 육신의 죽음에 대하여 모르고 있었던 것이다.
  이 시에서도 첫 연은 비슷한 장면으로 보인다. 영화와 다른 점은 이 시에서 '나'는 여성이라는 것. 나의 가족과 친구들이 모여들고 꽃이 배달되어 오기도 하고 영안실 주변이 어수선하다. 어쩌면 그 시각 밖에는 비가 오고 있을까. 사랑하는 여인의 죽음을 통보 받은 남자는 빈소의 음식을 뒤적이기도 하고 담배연기 속에 슬픔의 표정을 지우고 있을 때, 나는 땅속에 백 년쯤 더 누워 있고 싶다. 물방울 원피스를 입은 한 여인이 꽃바구니를 들고 빈소에 조문 오는 길에 우산을 접는 행인에게 묻는다. "밖에는 비가 오나요?" 그 원피스 여인은 먼 후생의 나일는지도 모른다.

땅속에 누워 백 년쯤 세월이 지나면, 내 입술도 사라지고 내 귀에서는 나무의 떡잎이 돋아나고 수만 번 지상에는 비가 내리고 귀여운 새들은 내 가슴의 흙을 밟고 종종거리겠지. 어디선가 또 예사롭게 풋과일이 떨어지고.

죽음에 얽힌 여러 가지 철학적 사유라든가 구차한 감정을 모두 배제한 채로 단지 죽음을 맞는 영혼만을 깔끔하고 아름답게 표현한 시, 그럼에도 불구하고 사랑하는 애인의 죽음과 지상에 남은 사람들의 슬픔이 마치 셀로판지에 싸인 한 묶음의 꽃다발처럼, 그 꽃다발에 뿌려지는 빗발처럼 싸한 시이다.

《시안》 2011년 봄호, '계간 리뷰')

|정양의 시 감상|

아 그 장구재비가 글씨

남도 땅 무안 어디서 왔다던가
윤 생원네 행랑채 살던 홀애비 기수 아저씨
소 잡고 개돼지 잡고 초상집 화톳불 놓고
우물 칠 때면 맡아놓고 우물 밑바에 내려가고
구들장 밑에 기어들어가 막힌 고래도 긁어내고
마을의 험한 일 궂은 일 도맡던 벙어리 아저씨
지붕 이을 때면 맡아놓고 용마름을 엮던 상일꾼
동글동글 보름달 멍석도 잘도 매던 재주꾼
단옷날이면 왕소나무에 그네 매어주고 돼지 잡을 때
오줌깨 따서 던져주며 씽긋 웃던 벙어리 아저씨
어디 아파도 마을 사람들은
약방집보다 먼저 벙어리를 찾았다
지어주는 단방약으로 효험 본 사람들이 많았다

아 그 벙어리가 글씨
해방됭게 말문이 열려떠래야
징용 안 갈라고, 이사 옴서부터
내내 벙어리 행세를 혀떠래야
해방되자마자 장구채부터 잡더래야

은행나무 밑에서 풍물을 칠 때마다
먼 마을 사람들까지 장구재비 구경을 오곤 했다
왔다리갔다리 정신없이 양장구를 몰아치다가
공중에 장구채를 내던지고 천연덕스럽게
골련[卷煙]까지 피워물며 다시 장구채를 받는
그 손발놀림 어깻짓 고갯짓에 사람들은 넋을 놓곤 했다

저런 재주를 어치케 참꼬 사러때야
아 저 벙어리가 글씨
남도에서도 아러주는 장구재비여때야
조선 팔도 가는 디마다 각씨 하나씩 둔
천하에 바람둥이래야

기수 아저씨 바람처럼 마을에서 사라진 뒤에도
마을에는 장구재비 소문이 꼬리를 물었다

아 그 장구재비가 글씨 각씨들 다 데리고
삼팔서늘 너머가때야
아 그 장구재비가 글씨
인공 때 남도 어디서 군땅위원장을 혀때야
아 그 장구재비가 글씨
지리산으서 대장 노릇을 허더래야

―시집『길을 잃고 싶을 때가 많았다』(2005년 4월)에서

판소리가 녹아서 흐르는 시

　이 시는 정양 시인의 새 시집 『길을 잃고 싶을 때가 많았다』의 제1부에 든 작품. 그의 고향 김제 마재를 중심으로 '신화도 못 되고 전설도 못 되는' 이야기를 시로 형상화한 모음이 바로 1부의 시들입니다. 굳이 사투리의 표음 위주 표기로 구분되는 현장감과 관찰자로 표현된 부분들의 감상이 확연히 구분되고 있습니다. 일본군의 징용을 피해서 벙어리로 숨어 살던 '기수 아저씨'의 이야기는 마치 한 편의 소설이라고 할 수도 있겠지요.
　이를테면 이 시는 서사적 구조를 시 속에 차용하고 있으면서 시적 긴장감을 놓치지 않고 있습니다. 서사와 서정의 화해로운 조화. 참으로 특이한 실험인데 이 시를 단순히 토속적이라고 치부하기 어려운 부분이 바로 그 점입니다. 그리고 그 서사적 흥미는 시인의 판소리적 체취를 물씬 풍깁니다. 이 시의 이면에는 판소리가 녹아서 흐르고 있는 것이라고 볼 수 있을 것입니다.
　소설에서는 일찍이 채만식이 판소리적 문체를 구현한 것으로 정평이 난 바 있습니다. 그런데 시와 판소리의 결합을 시도한 이는 정양 시인이 처음입니다. 판소리와 토속적 정취, 그리고 역사의식을 한 덩어리로 조화시킨 탁월한 시적 성취를 보는 것은 참 즐거운 일입니다.

(2005. 4. 24)

| 김기택의 시 감상 |

취한 말들을 위한 시간

비틀거리며 그는 밤거리를 지나가고 있었다.
한순간 그는 나를 보았다.
그 눈동자는 이미 나를 투시하고
거리의 차들과 행인들을 넘어
세상의 허공과 무의식이 뒤범벅이 된 어느 곳을
아무리 보아도 내 눈엔 보이지 않는 어느 곳을
깊이 들여다보고 있었다.
무어라고 그는 중얼거리고 있었으나
무슨 말인지 알아들을 수 없었다.
억양과 리듬은 있었으나
정작 발음 달린 단어와 문장은 그 말에 없었다.
이미 뭉개져 말의 형태가 없는데도
그 말에는 울음과 한탄 같은 것이 꿈틀거리고 있었다.
그것은 가끔 밤 공기를 붙들고 후려치고 뒤흔들며
비명 같은 노래가 되기도 하였다.
말과 노래가 흔드는 대로
그의 가볍고 허름한 몸은 마음껏 비틀거리고 있었다.
취한 시간에만 보이는 그곳
취한 시간에만 나오는 그 말을 그러나 술이 깬

그는 결코 기억하지 못할 것이다.

—시집 『껌』(2009년)

독보적인 묘사의 시 문체

시인은 2004년 우리나라에서 개봉된 이란 영화에서 이 시 제목 「취한 말들을 위한 시간」을 가져왔을 겁니다. 영화 속에서는 이란과 이락의 국경을 넘어 짐을 싣고 가는 말(또는 나귀)에게 술을 먹인다는 것. 술을 마신 짐승이라야 오르막의 산길을 술의 힘을 빌려 버텨낼 수 있답니다. 이 시 속에서의 말은 동음이의어로 사용된 말[言]입니다.

술에 취한 사람의 폭력적인 행동을 보면 흔히 술 취한 개라고 그 만행을 꾸짖는 게 통상의 비판입니다. 이면에는 짐승스런 행동을 올바른 정신 아닌 심신미약에서 나온 행위라며 은근히 죄의 무게를 덜어주는 사법적 판단이 원성을 사기도 합니다. 술에 취하지 않았더라면 절대로 그런 악행을 저지를 사람이 아니라는 것. 취하기 전의 착한 사람이 취한 뒤에 악한 사람이 되는 일은 하나둘이 아닙니다. 술 취하기 전과 술에 취한 후가 다르다는 경우를 익살스레 쓴 김영승 시인의 시도 문득 생각납니다.

김기택 시인의 묘사적 시 문체는 우리나라 현대시인들 중 가장 독보적인 존재입니다. 그의 시는 읽는 이의 가슴 속에 묻혀 있던 무딘 감성의 지뢰를 단숨에 폭파시켜버려 탄성의 쾌감을 느끼게 해 줍니다. 평소에 우리들이 볼 수 있었지만 무심하게 지나친 것들이 시인 앞에서는 도저히 무심할 수가 없습니다. 유심히 포착되고 지극히 구체적으로 파악된 진실은 그만의 묘사적 문장을 만나 펄펄 살아 있고 읽을수록 쫄깃거리는 유쾌한 맛이 있습니다.

밤거리에서 나는 한 사람의 취객을 보았습니다. 내가 그 밤에 본 취객은 술에 흠뻑 취한 상태의 진수를 보여주는 사람입니다. 비틀거리며 걷는 그의 걸음걸이가 벌써 취객의 특징을 잘 드러내 보이며 그가 한 순간 나를 바라보는 시선은 무서웠습니다. 하지만 그의 시선은 금세 나를 투시하여 더 멀리 있는 다른 곳을 뚫어져라 바라보는 것이었습니다.

혀 꼬부라진 그의 말과 노래는 한이 서려 있었고 이해할 수 없는 문장은 뭉개져 버려서 억양과 리듬만 남아 있는 것이었습니다. 그러나 그의 불분명한 말이 술에 취한 그의 몸을 마구 흔들며 마음대로 후려치는 게 보입니다. 술에 취한 시간에만 그의 눈에 보이는 그곳은 술이 깬 상태에서는 그가 도저히 알 수 없는 장소일 것입니다. 술에 취한 상태에서 입 밖으로 나온 그의 말은 술이 깬 다음에는 그가 결코 기억하지 못할 것입니다.

시에 입문하는 지망생들에게 상상력과 묘사의 힘이 중요하다고 나는 말합니다. 그리고 정확하고 치밀한 묘사의 전범으로서 나는 반드시 김기택 시인의 시편들을 손으로 필사해보라고 권장합니다.

|함기석의 시 감상|

뽈랑 공원

뽈랑 공원의 아름다운 정문이 열린다
꽃밭에서 햇빛과 나비들 춤춘다
뽈랑색 벤치들이 보인다
뽈랑새 두 마리 자유로이 공원을 날고 있다
물푸레나무 아래 꽁치처럼 예쁜 여자
아기에게 젖을 물리고 있다
아기가 젖을 빨다 스르르 잠이 들자
여자는 하늘 한복판을 푸욱 찢어
아기의 어깨까지 살포시 덮어준다
찢어진 하늘에선 푸른 물고기들이 쏟아지고
여자는 유모차에서 책을 꺼낸다
아기를 위한 자장가 뽈랑송을 부르며 책장을 넘긴다
여자가 책을 보는 동안 아기는 꿈꾸고
물고기들은 나뭇가지 사이로 헤엄쳐 다니다
책 속으로 사라진다
한 청소부가 후문에 나타난다
이상하게 생긴 뽈랑 빗자루로 공원을 쓴다
그러자 공원이 조금씩 조금씩 지워지면서
책속으로 빨려들어간다

꽃밭이 사라진다
벤치들이 사라진다
나무들이 사라진다
하늘이 새들이 빛이 시간이 차례로 빨려 들어가고
여자가 사라지면서 손에 들려 있던 책이
청소부 발 아래로 떨어진다
청소부는 이마에 맺힌 땀을 닦는다
책을 주워 들고 주머니에서 담배를 꺼낸다
말들이 피운다는 뽈랑 담배를 꺼내 불을 붙인다
길게 연기를 내뿜으며 책을 펼친다
22페이지에 뽈랑 공원이 나타난다
함기석이라는 휴지통이 보인다
여백이 되어버린 하늘이 보인다
유모차를 끌고 행간으로
사라지는 여자의 뒷모습이 보인다
사라진 새들은 사라진 빛을 향해 날아가고
여자가 머물던 물푸레나무 그늘 속에서
투명한 물고기들이 헤엄쳐 나온다
샘물이 된 아기울음 흘러나온다

마술적 상상력의 언어

  한국문화예술위원회의 어떤 모임에서 함기석의 「뷰티샵 낱말과 일들」을 몇 사람의 선정위원들이 그냥 지나치는 걸 내가 끄집어내어 우수작품으로 올린 기억이 있습니다. (푸른 시의 방, 2006. 07. 08.) 함기석 시인과의 만남은 그렇게 시작됐지요.

"토마토; 유기산과 비타민 A, C가 풍부해 여드름 많은 문장과 지성피부를 가진 문장에 좋다.// 자두; 각종 과일산이 풍부해 상상력을 자극한다. 행간의 모공수축으로 인한 긴장유발 및 문장의 각질제거효과도 있다.// 딸기; 비타민 C와 젖산이 풍부해 봄기운을 불어넣을 수 있다. 씨는 버리지 말고 마침표로 사용하면 된다."등 「뷰티샵 낱말과 일들」의 발랄 상큼한 상상력을 만난 좋은 인연을 기억합니다.

이후에 그의 시집 『뽈랑 공원』을 알게 된 건 2008년 3월입니다. 이 무렵 나와 함께 시 읽고 시 쓰기를 연습하던 젊은 친구들에게 나는 이 시집을 여러 권 사서 하나씩 선물했습니다. 그런 일은 지극히 예외적이었습니다. 이 시집이 다른 어떤 시집보다 매력적인 상상력을 자극하는 좋은 교재가 된다고 생각했기 때문입니다. 대학에서 수학을 공부한 이과 출신이 시를 쓰는 게 이색적이기는 합니다. 의대생이 시 쓰는 경우는 생각보다 많습니다. 그런데 수학과 출신은 함기석 시인 말고 더 있는지 모르겠군요.

무엇보다도 이 시는 상상력의 기발함이 매력적입니다. 동화적이랄까, 시를 읽으며 내용의 전개를 추보식으로 따라가 보면 어떤 영상이 판타지로 충분히 아름답게 그려지기도 합니다. 시인이 찾아낸 '뽈랑'이란 시어도 매우 독특합니다. 처음엔 '빨랑'이란 말에서 착안한 게 아닐까 생각했지만 '빨리'란 뜻을 가진 구어로서의 '뽈랑'과는 거리가 먼 용법을 가진 시어 '뽈랑'이었지요. 이 '뽈랑'은 귀엽고 음악성이 강한 어감의 말입니다. 뽈랑 공원, 뽈랑색, 뽈랑새, 뽈랑송, 뽈랑 빗자루, 뽈랑 담배 등. 그것은 사물의 이름에 동화적인 관념을 유도하며 결합되는 성질이 있습니다. 어떤 시인은 자기만의 독특한 시어 하나를 정하여 놓고 만병통치약처럼 처방하는 경우를 본 적이 있는데요. 명사뿐만 아니라 동사나 부사로 혹은 중요한 상징적 관념으로 그 시어를 사용해서 도저히 논리적 감상이 어려운 경우가 있었습니다. 결국 나는 그 시인이 자기만의 전용적인 그 시어를 사용해서 쓴 시들을 읽지 않기로 작정하였습니다.

「뽈랑 공원」은 새로운 상황을 탄생시키기도 하지만, 반대로 청소부가 나타나 빗자루로 공원을 쓸게 되면서 존재하는 것들이 마술처럼 책 속으로 사라지게도 합니다. 시인이 마치 마술사의 능력을 가진 것처럼 느껴집니다.

(2023. 4)

| 윤성택의 시 감상 |

후회의 방식

때가 되면 모든 것이 분명하다
달리는 기차에 뛰어든
시간은 더 이상 가지 않는다
으깨어진 핏덩이와 뼈가 허공에 박혀 정지된,
플랫폼을 유령처럼 돌아본다
돌아가고 싶다, 목구멍에서
터널 같은 빛이 터져나온다
뢴트겐 차창을 달고 기차는
역에서 거꾸로 멀어져간다
기적 소리를 비벼 끈 꽁초가
손가락 사이 불빛으로 켜질 때
살아 눈뜬 것이 죽음보다 외롭다
한밤중 삼킨 수면제가 한 움큼
손바닥에 뱉어지고 물과 파편이 솟구쳐
책상 위 유리컵으로 뭉쳐진다
어깨를 입은 외투는 캄캄한 밤길을 지나
저녁 어스름까지 데려다 준다
수면제를 건네받은 약사가 수상한
처방을 뒷걸음으로 떼어온다 영안실

흰 천에 덮인 당신이 거실로 옮겨지고
비닐에서 피 묻은 칼을 꺼낸 감식반은
출입금지 테이프를 마저 철거한다
삐끗한 발목으로 창을 넘는
손이 떨린다 당신의 가슴에서 칼을 뽑자
턱에 맺힌 눈물이 뺨을 타올라 눈에 스민다
천천히 몸을 일으키는 창백한 얼굴,
당신에게 어떻게 용서될 수 있나
기차의 굉음이 레일에서 급히 멈춰 섰다
돌이킬 수 없는 시간이 다가온다
나는 마지막으로 공중에서
허공을 찢는 호각 소리를 듣는다

극사실주의의 감각적 표현

시간의 본체는 기억의 퇴적층이다. 현재 우리가 살아가는 이 시간이 분명한 의미를 갖기 위해서는 현재의 시간이 과거가 되었을 때라야 한다. 시간을 거슬러 올라가는 윤성택의 이 시는 영화와 많이 닮았다.

「박하사탕」이라는 영화가 있다. 소설가이기도 한 이창동이 시나리오를 쓰고 직접 감독을 맡은 영화다. 2000년에 개봉된 이 영화는 현재라는 시간성이 과거의 집적이라는 전제하에 과거로의 시간 여행을 보여준다. 기차 철길에 한 사내가 서 있다. 그는 두 팔을 벌려 다가오는 기차 앞에 정면으로 마주서서 외친다. "나, 다시 돌아갈래!" 그의 절규는 저 유명한 뭉크의 「절규」처럼 끔찍하게 다가온다. 그리고 달려오는 기차의 굉음에 파묻혀 버린다.

> ... 현재의 그는 이혼을 당하고 동업자에게 배신당한 자살 직전의 실패한 중년이다. 그러나 죽음 직전 옛 연인의 부름은 그를 박하사탕이나 사진기 등 과거의 응집물들을 통해 과거로 보내진다. 과거의 매 단락은 거꾸로 가는 철로를 통해 열린다. 1999년에서 1979년까지 20년간을 거슬러 올라가는 영호의 삶은 실패한 중년을 넘어 고문 형사가 되고, 오발로 한 여자를 죽인 광주민주화운동의 진압군이 되었다가, 순임과 사랑을 시작하는 수줍은 가리봉동 청년으로 변모하는 과정이다. (…) 이 영화는 이상과 순수함으로 무장하고 좋은 인간이 되려 한 젊은 시절의 당신은 지금 어떤 모습인가, 라고 묻는다. 끔찍하지만 도망갈 수 없는 이 질문을 하면서 관객도 어느새 영호와 함께 기찻길을 밀고 들어가 자신만의 과거, 우리 모두의 과거를 현재 속에 반추하게 된다.
>
> (유지나, 1999. 12. 23. 세계일보 [영화평] 박하사탕)

윤성택은 이 영화에서 특히 시간의 진행, 그 역순에 주목했던 것 같다. 하드보일드 문체로 쓰여진 이 시는 두 사람의 죽음을 다룬다. '나'와 '당신'의 죽음. 시간적 순서로 보아 '당신'의 죽음이 먼저고 '나'의 자살이 나중에 일어난다.

저녁 어스름 외투를 입고 출발한 나는 캄캄한 밤이 되어 당신의 집에 도착한다. 창을 넘다가 발목이 삐끗한다. 창을 넘어 거실로 들어간다. 천천히 몸을 일으키는 창백한 당신의 가슴에 나는 칼을 꽂는다. 눈물이 뺨을 타고 흘러내려 턱에 맺힌다. 당신에게 나는 어떻게 용서될 수 있나. 사건이 일어난 집에 경찰이 들이닥친다. 출입금지 테이프를 두르고 거실에서 살해된 당신의 가슴에서 칼을 뽑는다. 흰 천에 덮여 당신은 영안실에 안치된다. 당신이 없는 나의 외로움은 살아 눈뜬 것이 죽음보다 외롭다. 약국에서 한 움큼 수면제를 사오고 한밤중 수면제를 삼킨다. 물 담긴 유리컵이 책상 위에 떨어져 깨진다. 당신에게 나는 어떻게 용서될 수 있나. 나는 철길을 걷는다. 역에서 출발한 기차는 뢴트겐 필름 같은 창을 달고 달려온다. 터널을 지나 드디어 내 앞으로 달려온다. 기적 소리를 듣고 나는 꽁초를 비벼 끈다. 나는 외친다. "돌아가고 싶다!" 급히 레일에서 멈춰 서는 기차의 굉음. 한 순간 으깨어진 핏덩이와 뼈가 허공에 흩어진다. 허공을 찢는 호각 소리가 들린다.

    이 시의 화자 '나'라는 인물이 남자인 것이 분명한데 '당신'은 성별이 명확히 드러나지 않는다. 사랑하는 여자일 수도 있겠고, 믿었던 친구일 수도 있다. 살인의 동기는 사건의 이면에 잠복해 있는데 아무튼 사건 이후 화자인 '나'는 '살아 눈뜬 것이 죽음보다 외롭다', 죽은 '당신에게 어떻게 용서될 수 있나' 라고 몹시 후회하며 괴로워하고 끝내는 자살을 택한다.

    무엇보다 중요한 것은 이 시의 표현 기법이다. 하나의 스토리를 가지고 있는 사건을 마치 필름을 거꾸로 돌려보는 것처럼 시인은 지극히 사실적으로 묘사하고 있을 뿐이다. "한밤중 삼킨 수면제가 한 움큼/손바닥에 뱉어지고 물과 파편이 솟구쳐/책상 위 유리컵으로 뭉쳐진다", 혹은 "턱에 맺힌 눈물이 뺨을 타고 타올라 눈에 스민다" 같은 데서 치밀한 시간의 역순을 보게 된다. 한밤중에 한 움큼의 수면제를 손바닥에 움켜쥐고 유리컵을 들어 약을 삼킨다, 그리고 유리컵이 책상 위에 떨어진다, 물과 유리의 파편이 튀어오른다. 그리고, 눈물이 뺨을 타고 흘러내려 턱에 맺힌다, 라는 장면을 보여주고 있는 것이다. 시인은 이 시에서 왜 '내'가 '당신'을 살해한 것인지를 굳이 설명하지 않는다. 당신의 죽음 이후에 과거로 '돌아가고 싶'은 열망에 사로잡혀 불면의 밤을 지새우다가 결국 철길에서 기차를 마주함으로써 '후회의 방식'을 결정한 것을 보여주고 있을 뿐이다.

　이 시는 한 편의 비극적인 느와르 영화가 주는 슬프고 아름다운 감동과, 극사실주의의 감각적 표현으로 독자를 사로잡는 매력 있는 작품이다.

(월간《현대시》2007년 1월호)

전복과 함축된 여백
―서정춘 시집 『봄, 파르티잔』

　서정춘 시집 『봄, 파르티잔』은 너무나 당당하다. 모두 33편의 시가 수록된 총 48페이지의 시집이다. 구차한 발문도 없고 고뇌에 찬 시인의 프로필 사진도 없이 그냥 그뿐이다. 시집을 내주는 출판사 측에서 얼마나 황당했을까 생각하니 웃음이 나온다. 시인의 배짱에 아마도 편집자가 두 손 들고 하는 수 없이 책의 부피를 늘일 생각으로 장정을 하드커버의 양장을 택하였으리라 생각된다. 두 페이지를 차지하는 시는 「ㅇ(이응)」하나밖에 없다. 한결같이 짧은 시들이다.
　최근 우리나라의 시집들, 알쏭달쏭하고 현학적인 주례사 같은 해설도 덧붙여 대체로 60편 정도의 시를 실어 120페이지 분량으로 시집 한 권을 묶는 상식적인 관행을 시인은 일축해 버린 것이다. 이 한 가지 사실만으로서 나는 유쾌하면서도 한편으로는 좀 허무한 기분이 들었다. 광복 후 60년대 중반까지 시집 한 권의 분량은 거의 30편쯤이었으며, 다만 세로쓰기의 조판이었던 점이 지금과 사정이 달랐을 뿐이라는 기억이 떠오른다.

　　꽃 그려 새 울려 놓고
　　지리산 골짜기로 떠났다는
　　소식

―「봄, 파르티잔」

    십 년 넘게 시를 즐겨 읽고, 시를 쓰고 있는 젊은 삼십대 여성 독자들에게 나는 이 시를 보여줬다. 그리고 간단한 감상을 써보라고 하였다. 그들은 '파르티잔'을 잘 모르겠다고 하였다. 6·25 때의 '빨치산' 그 어원인 러시아말이라는 것을 일러주었다. 영화「남부군」을 떠올리기도 하였지만 너무 짧은 시라는 점이 충격적인 듯하였다. 이윽고 나는 답안지를 회수하는 시험관처럼 그들의 독후감을 받아들었다. 김행란 씨는 올해 광주일보 신춘 당선을 한 신진 시인이다.

    ―'빨치산'이라는 무거운 주제로도 이렇게 가벼운 시를 쓸 수 있다는 사실이 놀랍다. 제목이 없다면 사랑하는 임을 떠나보낸 여인의 노래쯤으로 생각할 법한데…. (김미영 씨)

    ―빨치산이라는 무거운 이미지와 봄이 주는 생명력과의 어울리지 않을 것 같은 두 단어가 작품 속에서의 여운을 매개로 하여 조화를 이루고 있다. 3행뿐인 아주 짤막한 시이지만 그 짧음 속에 끊임없는 절규와 하고 싶은 말이 함축되어 있다. 그리움과 아픔이, 작자에 의해 의도적으로 절제되어 있다. (나정숙 씨)

    ―봄을 빨치산(파르티잔)으로 대비해 그린 점이 충격적이다. 대부분 봄은 긍정적인 이미지 아닌가. 하지만 빨치산을 서정적 이미지로 묘사한 점은 높이 살 만하다. 가슴 뭉클한 묘사다. 봄이라는 계절이 겨울의 벼랑 끝에 선 아주 짧은 시간적 개념으로 비쳐진다. (김행란 씨)

    내 생각에 이 시를 읽는 길은 두 갈래로 나뉠 것 같다. 그 하나는 생략된 주어가 '봄'이라는 것, 다른 하나는 '빨치산(파르티잔)'이라는 것. 시인은 일부러 그 두 가지 해석이 가능한 것을 알면서도 그냥 여백 속에서 독자를 향해 웃고 있다. 절묘한 몸짓이다.

> 우네
> 물고기 처량하게
> 쇠 된 물고기
> 하릴없이 허공에다
> 자기 몸을 냅다 치네
> 저 물고기
> 절 집을 흔들며
> 맑은 물소리 쏟아 내네
> 문득 절 집이 물소리에 번지네
>
> 절 집을 물고
> 물고기 떠 있네
>
> ―「풍경(風磬)」

절집의 추녀 끝에 매달린 풍경. 그 쇠로 된 물고기가 바람에 흔들리며 울려내는 맑은 물소리. 시인의 어법을 잘 드러내는 이 시의 묘미는 전복 곧 뒤집기에 있다. 절 집에 매달린 물고기가 아니라, 물고기가 절 집을 물고 있다는 것. 세계를 뒤집어 생각하기에서 시인은 영감을 얻는 것일까. "갑자기, 큰 물고기 한 마리가 저수지 전체를 한 번 들어 올렸다가 도로 내립다 칠 때"라고 낚시터의 풍경을 묘사한 시 「저수지에서 생긴 일」도 바로 그런 식의 발상이다.

이 시집 속에는 50년대의 소년 시절, 시인의 추억이 애잔하고 아름답다. 조랑말이 끄는 '말구루마'를 타고 갈 때 그 말이 꼬리를 쳐들고 내놓는 말똥에서 볏짚 삭은 냄새를 맡으며 따뜻한 풀빵을 연상하는가 하면(시 「오늘, 그 푸른 말똥이 그립다」), 채소밭에 거름으로 똥을 끼얹고 언덕 구덩이에 호박씨를 심는 부모님 모습이 그려진 「백석 시집에 관한 추억」도 바로 그 시절일 것이다.

> 너는 가난뱅이 울아비의 작은 딸
> 나의 배고팠던 누님이 아이보개 떠나면서 보고 보고 울던 꽃
> 석양처럼 남아서 울던 꽃 울던 꽃
>
> ―「봉선화」(1950년대)

가난했던 그 시절에 먹는 입[食口] 하나라도 줄이기 위해 남의 집 '아이보개'로 떠나는 누님과 봉선화가 오버랩 된 이 시 역시 「봄, 파르티잔」과 똑같은 기법으로 쓰여졌다. 첫 행의 '작은 딸'이 누님일 수도 있고 꽃일 수도 있다는 점에서 그렇다.

서정춘 시인은 1968년 신아일보 신춘문예에 「잠자리 날다」로 당선된 후 28년 만에 첫 시집 『竹篇』을 내서 화제가 됐었다. 그 동안 시인은 침묵하고 있었다. 아마도 거의 시를 쓰지 않고 세월을 보냈으리라. 시인이 다시 『竹篇』을 들고 무려 28년 만에 시단에 복귀하였고, 그리고 5년 만에 두 번째 시집을 내놓고 있다.

이번 시집 속에 보이는 전복의 기법과 이중적 의미 사용 등 기교는 탄복할 만하다. 다채롭고 호화찬란한 진열이 아닐지라도 그것으로 충분할 것이다. 시인은 당당하고 의연하다.

(계간 《시평》 2002년)

내가 감동한 한 편의 시
　-최문자의 「꽃은 자전거를 타고」

　　창피한 이야기를 고백해야겠다. 이 나이가 되도록 나는 자전거를 탈 줄을 모른다. 물론 남의 자전거 뒤에 타 본 적은 많다. 하지만 나는 내 발로 자전거 페달을 돌리며 탈 줄을 모른다는 것이다.
　　아주 오래전에 광주 변두리에 살 적이다. 그 무렵 아들녀석이 초등학교 3학년쯤 됐을까. 밖에서 돌아온 아내가 기가 막힌 꼴을 봤노라고 하였다. 마을 앞의 작은 하천을 건너 공터가 있는데 거기서 한 아이가 제 키만큼 높은 성인용 자전거를 타더란 거였다. 키가 작은 그 아이는 안장에 오르면 발이 페달에 닿지 않으므로 안장에 올라서 엉덩이를 기우뚱갸우뚱 양쪽으로 오르내리며 자전거를 탔는데 서커스 같은 그 모양이 하도 우습고 재미있어서 넋을 놓고 보았다고 한다. 한데 가까이 다가온 아이의 얼굴을 보고서는 깜짝 놀랄 것이, 그게 바로 아들녀석이 아닌가. 그 이야기를 듣고 나는 흐뭇하기도 하고 한편 쑥스럽기도 하고, 기분이 요상했다.
　　국민학교 6학년 때 우리 집에 자전거가 있어서 배울 기회가 있었으나 자꾸만 넘어지는 바람에 자전거 타기를 못 배웠다. 그 후 이십대가 되어서 학교 운동장에서 동료 선생님의 부축을 받으며 배워보려고도 했다. 하지만 결국 포기하고 말았다. 아직껏 내가 자동차 운전을 배우지 않은 건 바퀴에 대한 일종의 오기 때문인지도 모른다.

엉뚱한 얘기가 나왔다. 여기에 내가 소개하고자 하는 시가 자전거를 소재로 하고 있기에 문득 옛날 생각이 떠오른 것이다.

가난한 두 사람의 남녀가 있었다. 휴일이면 그들은 자동차가 아닌 자전거를 타고 데이트를 즐겼다. 마음이 서로 통하기 때문에 값비싼 승용차가 아니어도 좋았다. 남자는 사랑하는 여자를 뒤에 태우고 야외로 나갈 때도 있었고, 여의도 광장 같은 데서 둘이 자전거를 달리기도 하였다. 자전거 페달을 힘껏 밟으면 바람이 차갑게 얼굴을 스쳐가는 느낌, 그리고 등뒤의 여자가 남자의 허리를 감은 손에 더 힘을 주고 자기 얼굴을 남자의 등에 바짝 붙이는 걸 느꼈다. 어쩌다 남자가 장난삼아 너무 거칠게 자전거를 몰 때에는 여자가 등을 탁탁 두들기기도 하였다.

자전거를 타고 둘은 한강 고수부지로 나간 적도 많았다. 고수부지에서 그들은 도도히 흐르는 강물을 바라보는 것이 좋았다. 강 건너편 높이 솟은 빌딩과 먼 산의 능선을 보며 그보다 높은 꿈을 이야기하기도 하였다.

어느 날 남자는 전혀 생각지 않은 그녀의 소식을 들었다. 그녀가 병원에 입원하였다는 것이었다. 그렇게 명랑하고 사랑스러운 그녀가 며칠 동안 소식이 끊겼던 것을 심상하게 생각했던 터인데 입원을 할 정도의 큰 병에 걸렸다는 게 믿어지지 않았다. 용기를 내어 그녀의 부모에게 전화를 걸어 병명을 물었다. 대수롭지 않은 듯, 금방 수술하고 나면 퇴원하게 될 거라고 했다.

평일에는 직장을 쉴 수가 없어서 남자는 토요일을 잡아 그녀의 병실을 찾아가리라 생각했다. 꽃집에 들러 아네모네 한 다발을 샀다. 그는 평소에 그녀를 태운 자리에 꽃다발을 싣고 자전거를 달려 병원을 찾아갔다. 길바닥이 울퉁불퉁한 곳을 달릴 때면 꽃송이가 탁탁 남자의 등을 때리는 게 느껴졌다. 어쩌면 장난치지 마라고 등뒤에 탄 그녀가 주먹으로 토닥거리는 것도 같이 느껴졌다.

병원 6층이 입원실이었다. 급히 달려오느라고 몇 송이 꽃이 빠져나간 아네모네 꽃다발을 다시 추스르고 그는 열려진 병실로 들어섰다. 서너 명의 환자와 보호자들이 멀뚱히 그를 쳐다보았다. 그녀는 없었다. 병실을 나와 간호사들에게 그녀의 이름을 대고 어디로 옮겨갔느냐고 물었다. 수술실이라고 했다. 다시 그는 3층의 수술실로 내려갔다. 왠지 꽃다발을 든 손이 떨렸다. 그가 수술실에 허겁지겁 도착했을 때, 그녀는 벌써 영안실로 내려간 뒤였다. 꽃다발을 자전거 뒤에 싣고 그는 병원 뒤쪽에 있는 영안실을 향했다. 정말 도저히 믿어지지 않는 꿈인 것만 같았다.

한 시간이나 지났는지 모른다. 남자는 한강 고수부지에 걸터앉아 울고 있는 스스로를 발견했다. 자전거는 잡석 사이에 아무렇게나 쓰러져 있었다. 정신 없이 자전거를 달려오면서 뒤에 실은 꽃다발이 엉망으로 헝클어지고, 길바닥에 뚝뚝 아네모네 꽃송이들이 떨어져 나간 것도 그는 몰랐다. 마지막 꽃송이가 떨어져 나갈 때였을까, 바람결에 문득 여자의 말소리가 들린 것도 같았다.

그녀가 죽던 날
꽃은 자전거를 타고 왔다
그녀의 남자가 입원실 현관 앞에 자전거를 세우고
막 아네모네 꽃을 내리려고 할 때
그녀의 심장은 뚝 멎었다
꽃은 다시 자전거를 타고 영안실 근처로 갔다

죽을 자리에서도 타오른다는 아네모네가
놀란 자전거를 타고 앉아
헛바퀴만 돌리고 또 돌렸다

그날,
꽃은 온종일 자전거에게 끌려 다녔다
꽃을 태운 자전거는 참았던 속력을 냈다
꽃도 그녀처럼 자전거를 타고 앉아
남자의 등을 탁탁 때리며 달렸다
꽃은 내부가 무너지도록 달렸다
마지막 꽃 한송이가
바닥에 떨어지면서 뭐라고 말했지만
바람이 그 말을 쓸어갔다

그날,
빈 자전거 한 대
고수부지 잡석 사이에 쓰러져 있었다

　　　　　　　　　　ー최문자, 「꽃은 자전거를 타고」 전문

 이 시는 《시와시학》 2007년 봄호에 실려 있다. 처음 읽어볼 때에는 그저 시큰둥하게 읽어가다가 두 번째 읽으면서 나는 나도 모르게 가슴속에 뜨거운 것이 치밀어 오름을 느꼈다. 오래 전에 김종삼 시인의 「민간인」이란 시를 읽고 느낀 전율 이상의 것이 온몸을 휩싸는 것이었다.
 두 번째 읽을 때 "꽃도 그녀처럼 자전거를 타고 앉아/ 남자의 등을 탁탁 때리며 달렸다"라는 두 줄의 시행이 모든 상황을 밝혀주고 있었다. 그리고 마지막 꽃 한 송이가 바닥에 떨어지면서 무어라고 하는 말을 바람이 쓸어갔다는 대목에 이르러 나는 두 사람의 아름답고 슬픈 사랑을 충분히 짐작할 수 있었다.

지난 5월 하순 한국시인협회에서는 만해 생가가 있는 홍성으로 문학기행을 다녀왔다. 마침 점심 시간 지나 이 시를 쓴 최문자 시인을 만났다. 반가워하며 내가 이 시에 대한 솔직한 감동을 최 시인에게 들려주었더니 그 시에 담긴 서사적 내용은 평소에 알고 지내는 어떤 사람의 실화였다는 고백을 들을 수 있었다.

사랑하는 아도니스의 죽음을 지켜보며 슬퍼하는 아프로디테. 연인의 피에 술을 부어 그 자리에서 빨갛게 피어났다는 아네모네의 꽃 전설이 슬프고 아름다웠던 게 생각난다.

(계간《시와사람》 2008년 가을호)

| 이기성의 시 감상 |

이상한 우정

나는 길고 긴 이름입니다. 오래전에 구겨진 종이입니다. 나는 백년 전의 구름이며, 어슬렁거리는 감자이며, 어제의 젖은 옷입니다. 당신이 벗어 던진 구두입니다. 그것은 한짝이 뒤집힌 채 현관에 있습니다. 오늘 밤 당신이 나와 함께 간다면, 당신은 구겨진 옷을 다시는 주워 입지 못할 것이고, 내일 아침 사람들은 낡은 구두를 보며 생각에 잠길 겁니다. 아주 감상적인 목소리로 당신의 이름을 기억하려 애쓸지도 모르겠습니다만, 당신의 구두는 당신이 아니고 모두 그걸 알고 있으니, 텅 빈 구두쯤이야. 그들은 서둘러 검은 비닐봉지를 찾으러 달려가겠지요. 그때에도 괜찮다면 나는 아주 조용한 얼굴로 당신의 등 뒤에 서 있겠습니다. 구겨진 종이의 모호하고 다정한 얼굴로 말입니다. 비가 오고 바람이 불도록 아주 오래도록……

―《창작과비평》2019년 겨울호

사후의 영혼과 동행하는 존재

이기성의 시 「이상한 우정」을 한번 읽어서는 전모를 알기 어렵지요. 난해한 시입니다. 그러나 도저히 알아내기 어려운 미궁을 지닌 절대적으로 아리송하며 모호한, 언어도단의 시는 아닙니다. 이 시의 열쇠가 되는 부분은 "오늘밤 당신이 나와 함께 간다면(죽는다면), 당신은 구겨진 옷을 다시는 주워 입지 못할 것"이라는 사실입니다.

오늘밤이 지나고(오늘밤 당신과 내가 떠난 다음) "내일 아침(이 되면) 사람들은 아주 감상적인 목소리로 당신의 이름"에 대하여 이야기할 거라는 예상을 하여봅니다. 그러므로 여기서 당신은 오늘 밤에 죽는 육신[死者]이고, 나는 당신을 이윽히 바라보며 함께 데리고 여행을 떠날 영(靈) 혹은 사자(使者)로서 우리는 '이상한 우정'을 지닌 존재들입니다.

1991년에 만난 감동적인 영화「늑대와 함께 춤을」에서 아메리카 수족들의 이름을 처음 알았을 때의 신비스러운 매혹을 잊지 못합니다. '주먹 쥐고 일어서', '발로 차는 새'와 마찬가지로 이 시에서 나의 이름은 아메리카 인디언 식으로 길고 긴「오래전에 구겨진 종이, 백년 전의 구름, 어슬렁거리는 감자, 어제의 젖은 옷, 벗어던진 구두」입니다. 당신이 있으므로 존재하는 내 이름은 당신의 삶 전체와 관련됩니다. 나의 정체는 당신의 영혼, 혹은 당신의 사후까지 함께 동행할 저승사자입니다. 언제나 당신 등 뒤에 조용히 서서 아주 오래도록 지켜보는 존재로서……

|조정의 시 감상|

버들 귀

님이여 건너지 마라

시끄러운 꿈 한 켤레 건지며
밤새
신기료장수처럼 우는
귀

강은
귓속으로 흘러든다

흰 머리카락 오천 丈 엉킨
목젖이 아,
흐, 백 촉 더 붓도록 부르지 못해

산발한 버들가지 들어 물낯을 친다
오라
오라

—시집『이발소 그림처럼』(실천문학사, 2007년)

노래를 듣는 버드나무

조정의 「버들 귀」라는 시에는 감춰진 재미가 쏠쏠하다. 이 시를 이해하기에 앞서 고조선 시대의 노래 「공무도하가(公無渡河歌)」를 살펴볼 필요가 있다.

공무도하(公無渡河)
공경도하(公竟渡河)
타하이사(墮河而死)
장내공하(將奈公何)

"임이여 물을 건너지 마오
임은 기어이 물을 건너시네
물에 빠져 죽으시니
장차 저 임을 어이하리."

강물을 건너가다가 물에 빠져 죽은 이는 백발을 새벽바람에 휘날리는 미친 듯한 한 사내[白首狂夫]였고, 이렇게 애절하게 만류하는 노래를 부른 여인은 그 사내의 아내였다. 사내가 물에 빠져 죽자 뒤따르던 그 아내도 슬피 울며 노래 부르고 그 물에 빠져 죽었다. 님이여 (강을) 건너지 마라. 이 노래가 귀에 들린다. 시끄럽게, 밤새도록. 켤레라는 말은 신발의 단위이다. 강에서 물에 빠져 죽은 이의 신발 한 켤레를 건지며 운다. 그 강에서의 울음소리가 귓속으로 흘러든다. 백발 오천 장의 사내, 사내의 죽음을 애통해하여 울음으로 부은 목젖. 백수

광부를 향한 애절한 사랑. 그 이름을 부르며 부르며, 아흐(옛말의 감탄사) 산발한 버들가지로 수면(물낯)을 친다, (돌아)오라, (돌아)오라고. 이러한 사연과 비가(悲歌)를 듣는 이는 시의 제목으로 제시된 버들 귀(버드나무의 귀)라고 시인은 말하고 있다. 시인은 아마도 강가에 늘어진 버들가지가 바람에 흔들리며 수면(水面, 물낯)을 치는 것을 보고 버드나무가 그와 같이 슬피 탄식하는 광경으로 그려낸 것 같다.

(2007년 2월)

| 김중일의 시 감상 |

눈썹이라는 가장자리
―2015 봄

　눈동자는 일년간 내린 눈물에 다 잠겼지만, 눈썹은 여전히 성긴 이엉처럼 눈동자 위에 얹혀 있다. 집 너머의 모래 너머의 파도 너머의 뒤집힌 봄. 해변으로 밀려오는 파도는 바람의 눈썹이다. 바람은 지구의 눈썹이다. 못 잊을 기억은 모래 한 알 물 한 방울까지 다 밀려온다. 계속 밀려온다. 쉼 없이 밀려온다. 얼굴 위로 밀려온다. 눈썹은 감정의 너울이 가 닿을 수 있는 끝. 일렁이는 눈썹은 표정의 끝으로 밀려간다. 눈썹은 몸의 가장자리다. 매 순간 발끝에서부터 시작된 울음이 울컥 모두 눈썹으로 밀려간다. 눈썹을 가리는 밤. 세상에 비도 오는데, 눈썹도 없는 생물들을 생각하는 밤. 얼마나 뜬 눈으로 있으면 눈썹이 다 지워지는가에 대해서 생각하는 밤. 온몸에 주운 눈썹을 매단 편백나무가 바람을 뒤흔든다. 나무에 기대 앉아 다 같이 뜬 눈으로 눈썹을 만지는 시간이다. 겨드랑이나 사타구니의 털과 다르게 눈썹은 몸의 가장자리인 얼굴에, 얼굴의 변두리에 난다. 눈썹은 사계절 모두의 얼굴에 떠 있는 구름이다. 작은 영혼의 구름이다. 비구름처럼 낀 눈썹 아래, 새까만 비웅덩이처럼 고인 눈동자 속에, 고인의 눈동자로부터 되돌아 나가는 길은 이미 다 잠겼다. 저기 저 멀리 고인의 눈썹이 누가 훅 분 홀씨처럼 바람타고 날아가는 게 보이는가? 심해어처럼 더 깊은 해저로 잠수해 들어가는 게 보이는가? 미안하다. 안되겠다. 먼 길 간 눈썹을 다시 붙들어 올 수 없다. 얼굴로 다시 데려와 앉힐 수 없다. 짝 잃은 눈썹 한 짝처럼 방 가장자리에 모로 누워 뒤척이는 사람. 방 한가운데가 미망의 동공처럼 검고 깊다. 눈물이 다 떨어지고 나자 눈썹이 한올 한올 떨어지기 시작한다.

　그 사람의 가장자리에는 누가 심은 편백나무가 한 그루.
　그 위에 앉아 가만히 눈시울을 훑는 별이 한 마리.

──《현대시학》2015년 6월호

편백나무 눈시울을 비추는 별

　이 시는 누구나 쉽게 흉내 내기 어려운 주지적 서정시이며 산문시입니다. 시인은 자칫 헐하게 드러나기 쉬운 슬픔과 애도의 감정을 다독거려 깊디깊은 심중에 저장하고 있습니다. 이 시를 해독하는 가장 중요한 열쇠는 부제인 '2015 봄'(이 시를 쓴 시기인 듯)입니다. 시의 첫 문장 중 "눈동자는 일년간 내린 눈물에 다 잠겼지만"과 2015년 봄을 연관 지어 새겨볼 일입니다. 그러므로 일년간이란 2014년 봄부터 2015년 봄까지의 기간을 말하고 있습니다. 2014년 봄, "파도 너머의 뒤집힌 봄"─세월호의 참사를 그 누구도 잊을 수 없겠지요. 그 일년 동안 우리들에게는 "못 잊을 기억"이 파도처럼 밀려오고. 뜬눈으로 지새우는 불면의 밤을 방 한가운데에서 뒤척이고. 생각해 보면 눈썹은 눈동자 위에 얹힌 이엉처럼 표정의 끝에 있고, 몸의 가장자리에 있었습니다.
　시 속에서 '눈썹'은 "얼굴에 떠 있는 구름" "작은 영혼의 구름"으로도 표현되었습니다. 저 멀리 고인들의 눈썹이 날아갑니다. 더 깊은 해저로 잠수해 들어가기도 하는 눈썹, 시의 화자는 고인들에게 "미안하다"고 탄식처럼 말합니다. "얼굴로 다시 데려와 앉힐 수 없"는 고인들의 눈썹.

   방 가장자리에 모로 누워서 눈물로 밤을 뒤척이는 사람, 눈물이 떨어지고 그의 눈썹도 한올 한올 떨어집니다. 그 사람의 가장자리에 심은 편백나무 한 그루, 편백나무 눈시울(눈썹 같은 바늘잎들)을 비추는 별이 하나 슬프게 빛납니다.

| 이근화의 시 감상 |

피의 일요일

　스킨헤드族이었고 샤넬의 새로운 모델이었던 그녀가 로마 가톨릭에 귀의하여 사제의 발걸음을 배울 때, 일요일의 종소리는 열두 시와 여섯 시에 한 번

　나는 이 형식을 벗어나서 휴식을 취할 수 없다

　독일式 파이버를 쓴 남자는 일 초 전이나 일 초 후의 내 자리를 지나고 휘파람을 씨익 불지만 저기 멀리 달아나는 오토바이의 시간

　오토바이는 오토바이의 형식으로 달리고
　모래는 모래의 날들 위에 반짝인다

　누군가 목격하였다고 해도 나는 같은 형식으로 잠들고 멀지 않은 곳에서 사제는 사제의 발걸음을 옮긴다 종소리는 열두 시와 여섯 시에 한 번

　　　　　　　　　―시집 『칸트의 동물원』(민음사, 2006년)

민간 시위대를 향한 무차별 총격의 참상

영화 〈피의 일요일〉은 2002년 베를린영화제 금곰상 수상작으로 영국의 폴 그린그래스 감독의 작품. 1972년 1월, 시민권을 요구하는 북아일랜드의 민간 시위대에 영국군 공수부대가 발포한 사건을 그린 비극적인 영화이다. 영국군 공수부대의 무차별 총격으로 '피의 일요일'에 노인과 부녀자 등 13명이 숨지고 14명이 부상당하는 참사가 벌어진다. 나중에 이 사건은 영국 정부에 의해 왜곡되고 은폐되는 것으로, 우리나라 광주 민중항쟁과 흡사한 점이 많다. 이 영화는 우리나라에서 2005년에 개봉됐다.

시인이 그 영화에서 따온 제목일까. 이 시는 시집 맨 앞에 실려 있다. 그만큼 시인에게 대단히 중요한 의미를 가지며 시집 전체의 아우라를 나타내는 열쇠가 될 것이라고 본다. 종교적 시간 배경이 이 시의 처음에도 있고 마지막에도 있다. 그리고 그 중간에 제시되는 몇 가지의 서사적 행동이 그려졌을 뿐, 대체로 간결한 시다.

머리를 대머리처럼 밀기도 했던 '그녀'는 샤넬의 모델이 되기도 했다. (한때 민대머리 소녀로 옷가게에서 일하다가 모델이 된 아기네스 딘이 그녀일는지도 모른다) '그녀'는 가톨릭에 귀의하여 마치 사제(신부, 주교)의 보법처럼 근엄하고 경건한 걸음걸이를 배운다. 성당의 종소리는 정오와 저녁 여섯 시에 울린다. 그 종소리처럼 엄격하고 규칙적인 모델의 훈련인 것일까. 함부로 휴식을 가질 수 없는 배움의 형식. 파이버를 쓴 남자가 오토바이를 타고 가다가 그녀를 폭행한 뒤 유유히 휘파람을 불며 사라진다. 그것은 일 초를 전후해서 거기서 벌어지게 마련인 운명적인 필연의 사건. 우연적인 현상과 필연적인 사건은 그 나름의 형식으로 존재하는 서사일 뿐이다. 거리에 목격자가 있을지라도 마찬가지. 열두 시에 종이 울리고 또 한 차례 여섯 시에 종이 울리는 것은, 정해진 시간에 사제가 제대를 향해 걸음을 옮기는 것과 마찬가지. 우연은 우연의 형식이 있고, 필연에는 또한 필연의 형식이 있다.

*시 속에 쓰인 '사제'는 모델인 그녀에겐 신부나 수사가 아닌 수녀를 말한 것으로 보아야 함.

(2011년 7월)

| 안희연의 시 감상 |

너를 보내는 숲

빈방을 치우는 일부터 시작했다
놓을 줄도 알아야 한다는 말을 가슴에 돌처럼 얹고서
베개에 붙은 머리카락을 떼어내고
흩어진 옷가지들을 개키며

몇 줄의 문장 속에 너를 구겨 담으려 했던 나를 꾸짖는다
실컷 울고 난 뒤에도
또렷한 것은 또렷한 것
이제 나는 시간을 거슬러
한 사람이 강이 되는 것을 지켜보려 한다

저기 삽을 든 장정들이 나를 향해 걸어온다
그들은 나를 묶고 안대를 씌운다
흙을 퍼 나르는
분주한 발소리
나는 싱싱한 흙냄새에 휘감겨 깜빡 잠이 든다

저기 삽을 든 장정들이 나를 향해 걸어온다
분명 잠이 들었던 것 같은데

사방에서 장정들이 몰려와

나를 묶고 안대를 씌운다

파고 파고 파고

심지가 타들어가듯

나는 싱싱한 흙냄새에 휘감겨 깜빡 잠이 든다

저기 삽을 든 장정들이 나를 향해 걸어온다

가만 보니 네 침대가 사라졌다

깜빡 잠이 든 사이

베개가 액자가 사라졌다

파고 파고 파고

누가 누구의 손을 끌고 가는지

잠 속에서 싱싱한 잠 속에서

나는 자꾸만 새하얘지고

창밖으로

너는 강이 되어 흘러간다

무릎을 끌어안고

천천히 어두워지는 자세가 씨앗이라면

마르지 않는 것은 아직

열려 있는 것

눈이 내리고

눈이 내리고

눈이 내린다

세상 모든 창문을
의미 없이 바라볼 수 있을 때까지
　　　　　　　―시집『너의 슬픔이 끼어들 때』2015년

죽은 사람의 방을 치우면서

　첫 시집을 낸 다음 마련된 독자들과 만나는 어떤 자리에서였습니다. "시인이 아끼는 시가 궁금해요." 독자가 물었습니다. "「너를 보내는 숲」이라는 시에요. 요즘 들어 좀 더 좋아하게 됐어요. 독자들도 좋아해주시는 것 같고요."
　안희연 시인의 첫 시집에서 이 시는 어떤 이야기를 담고 있을까. 시인은 말합니다. "상실, 이별에 대한 이야기에요. 남겨져 있는 사람의 몫에 대해서요. 저는 상실이나 죽음을 품고 간직하고 복기하면서 사는 편이어서 그런 호흡으로 쓴 시들이 많아요. 그런데 두 번 다시는 이런 시를 못 쓸 것 같다고 느끼는 시 중에 한 편이에요. 죽은 사람의 방을 치우면서 시작되는 이야기죠."
　세 번이나 거듭되는 '저기 삽을 든 장정들이 나를 향해 걸어온다'란 시행은 엄혹한 현실을 직시하라는 깨우침입니다. 차가운 숲 속 땅을 '파고 파고 파고' 있는 곁에서 맡는 싱싱한 흙냄새. 죽은 사람은 너인데 그게 곧 나인 것처럼 느껴지는 건 왜일까. 세월호 참사(2014.4.16)의 시편들은 시인이 스스로 만들지 않아도 만들어지거나 만들도록 그녀를 고통스럽게 추동하는 윤리학을 보여준다고 김수이 평론가는 말합니다.

    세월호 참사로 희생된 단원고 2학년 남학생의 아버지가 며칠 전 12월 27일 경기 화성시 한 도로에 주차된 승용차 안에서 숨졌다는 기사가 문득 차마 잊을 수 없는 그 슬픔을 세밑의 우리들에게 일깨워줍니다.

(2019년 12월)

| 이혜미의 시 감상 |

스크래치

종이를 찢어
쏟아져 나오는 빗소리를 재생한다

너는 물었어
입안이 서서히 따듯한 피로 물드는 감각에 대해
아문다는 말이 가진 아름다운 발음에 대해

비 내리는 방을 가지고도 문장의 춤이 필요한가요

스웨터의 보풀을 뜯어내며
한없이 열리기만 하는 유리창을 떠올린다
은색 비늘의 물고기들이 헤엄치던
손목의 수심을

예쁜 무늬네요

가지런히 그어진 흠들을 쓸어보면서

겨울 장미들은 가시가 붉지

얼어붙은 정원 난간에 매달려
핏줄의 형상을 되새기듯이

더 많은 반짝임을 얻기 위해
지어 얻은 비밀들이 필요했다

다급히 건네받은 편지의 울상과
앞 장이 찢어진 책의 발설처럼

무채색의 몸을 열어 기다리던 색을 꺼내놓으며
상처로서 아름다워지려면
낯선 생을 한 번 더 살아내야 한다고

궁금해 너는 베개 밑에
아직도 날 선 초승달을 키우는지

봉투를 열어 가둬진 갈피들을 떠나보내고
손등까지 드리워진 자국들을 따라
흉터의 안쪽까지 도달하고 싶어

슥 슥 심장을 스치며
운석이 밤하늘에 주저흔을 그려놓듯이

밑줄들로 가득한 빌린 책에
문장 하나를 보태 적듯이

—시집 『흉터 쿠키』 2022년 9월

넌 아직도 날 선 초승달을 베고 자는지

종이 위에 먼저 크레파스로 밝은 색깔 – 노랑, 분홍, 연두, 파랑 등을 바탕색으로 칠하고 그 위에 두툼하게 어두운 색깔 – 진갈색, 진주홍, 진초록, 검정색 등을 덧입히듯이 칠합니다. 그런 다음 칼끝이나 송곳으로 긁어내서 처음에 칠한 색이 나타나게 하는 기법을 스크래치라고 합니다. 칠판 위에 분필이 거칠게 긁히는 소리나 유리에 날카로운 무엇이 긁힐 때의 소리가 나는 것도 스크래치입니다. 대중 집회 현장에서 마이크 소리의 적당한 높이를 조정하기 전 갑자기 소스라치게 올라가는 끼기,끽– 하는 소름 끼치는 기계음 역시 스크래치입니다.

긁고 표면에 생기는 달갑지 않은 흔적은 쉽게 사라지지 않습니다.

사람과 사람 사이의 관계에서도 긁거나 긁힘을 당하는 스크래치로 가해자와 피해자가 있을 터입니다. 그리고 거기엔 상처가 생겨서 상처가 아문 뒤에도 흉터는 남게 마련입니다. 시인은 그 상처가 아름답게 치유되는 과정에도 깊은 관심을 기울여 "아문다는 말이 가진 아름다운 발음"을 따뜻하게 기리고 있습니다. "흉터의 안쪽까지" 보살피는 시적 화자의 마음씨가 참으로 따스하고 지극합니다.

종이를 북 찢는 소리, 혹은 쏟아지는 빗소리는 소리로 표현되는 스크래치, 시인은 생각합니다. 너와 나의 대화에서 다정한 말씨로 주고받는 상처에 관한 이야기. 손목에 두 번, 세 번 그어진 극단적인 결심의 흔적들 – 은빛 칼날이 "은색 비늘"을 가진 물고기와 같았다고 생각합니다. 밤하늘에 길게 선을 그으며 떨어지는 운석, 그것은 주저흔의 상징입니다.

시인은 육체적 스크래치에서 심리적 스크래치, 나아가 우주적 스크래치로 상상의 확장을 시도하는데 그것이 퍽 자연스럽습니다. 상상력의 진폭이 크면서도 그게 지나친 과장으로 느껴지지 않는 것에 이 시의 미덕이 있습니다.

(2022년 12월)

| 김경주의 시 감상 |

내 머리카락에 잠든 물결

한번은 쓰다듬고
한번은 쓸려간다

검은 모래해변에 쓸려온 흰 고래

내가 지닌 가장 아름다운 지갑엔 고래의 향유가 흘러 있고 내가 지닌 가장 오래된 표정은 아무도 없는 해변의 녹슨 철봉에 거꾸로 매달려 씹어 먹던 사과의 맛

방 안에 누워 그대가 내 머리칼들을 쓸어내려 주면 그대의 손가락 사이로 파도 소리가 난다 나는 그대의 손바닥에 가라앉는 고래의 표정으로 숨쉬는 법을 처음 배우는 머리카락들, 해변에 누워 있는데 내가 지닌 가장 쓸쓸한 지갑에서 부드러운 고래 두 마리 흘러나온다 감은 눈이 감은 눈으로 와 비빈다 서로의 해안을 열고 들어가 물거품을 일으킨다

어떤 적요는
누군가의 음모마저도 사랑하고 싶다
그 깊은 음모에도 내 입술은 닿아 있어

이번 생은 머리칼을 지갑에 나누어 가지지만
마중 나가는 일에는
질식하지 않기로

해변으로 떠내려온 물색의 별자리가 휘고 있다

요령부득(要領不得)과 앰비규이티(ambiguity)

이상(李箱)이 요절했기 때문에 사실 그의 작품들에 바쳐진 비평가들의 헌사는 수작(秀作)과 함께 태작에도 똑같은 찬양으로 일관하고 있습니다. 그래서 오히려 평자들의 무조건적인 경배가, 편견 없는 독자들의 올바른 감상을 저해하는 요소로 작용한다고 봅니다.

김경주의 시에 대해서도 사람들이 서서히 그런 위험 속에 조금씩 함몰돼 가고 있는 조짐이 느껴집니다. 그의 새 시집 『기담』(2008)에 대한 평단의 평가를 두고 음미해 볼 때 그런 생각을 하게 되는 것은 당연하겠지요. 부정적인 의미의 침묵을 힘 있는 평자들은 암묵적인 동의라고 치부해버리는 경향이 많습니다. 대부분의 일반 독자들이 상당히 황당한 느낌을 받음에 비추어 볼 때 힘센 평론가들의 편향된 시각은 간극을 느끼기에 충분합니다.

물론 김경주가 이상(李箱)의 시적 계보를 이어받고 있다는 데에는 나도 동의합니다. 그렇긴 해도 역시 김경주의 모든 작품이 비평가들의 열렬한 찬사를 받을 만한가, 이 부분에 머물러 나는 회의적입니다.

엊그제 daum의 〈시, 사랑에 빠지다〉에 발표된 김경주의 「내 머리카락에 잠든 물결」에 대해 이야기해 볼까 합니다. daum과 월간 《현대문학》이 공동으로 기획한 이 연재물 가운데 읽을 만한 시들은 대략 열 편에 세 편 정도에 지나지 않았고, 그래도 이 작품은 그 열에 셋으로 꼽을 수 있는 작품이긴 합니다.

먼저 제목의 참신성은 높이 쳐주어야 할 것입니다.

"검은 모래해변에 쓸려온 흰 고래"

이 시의 지배적 이미지인 고래. 특히 '흰 고래'는 『백경(白鯨)』이라는 허먼 멜빌의 소설을 연상시킵니다. 시인은 검은색과 흰색의 강렬하며 담백한 대비적 색감을 의도하고 있습니다.

"내가 지닌 가장 오래된 표정은 …… 씹어 먹던 사과의 맛"

물론 시인이 새로운 문법을 창조하는 자라 할지라도, 이런 건 아니라고 생각합니다. 표정이 맛이라니. 이건 비문(非文)이라기보다는 언어도단(言語道斷)이지요. 말도 아니라는 겁니다.

"방 안에 누워 그대가 내 머리칼들을 쓸어내려 주면 그대의 손가락 사이로 파도 소리가 난다"

마치 해변에 밀려와 누운 착한 고래처럼, 내가 누워 그대의 손길에 머리칼을 맡기면 손으로 쓸어주는 그대의 손가락 사이로 파도 소리가 난다. 이것은 얼마나 아름다운 상상인지요. 대단한 상상력입니다.

"나는 그대의 손바닥에 가라앉은 고래의 표정으로 숨 쉬는 법을 처음 배우는 머리카락들"

도대체 이런 문장을 어떻게 이해해야 할 것인지요. '나는 그대의 손바닥에 가라앉은 고래의 표정으로 숨쉬는 법을 처음 배운다' 라고 하면 그냥 이해할 만해거든요. 그런데 '나는…… 머리카락들'이라니. 이런 식의 비문(非文)에까지 평자들이 눈 딱 감고 박수쳐 준다면 그런 이들을 경멸해주고 싶지 않겠습니까?

"해변에 … 고래 두 마리 흘러나온다 감은 눈이 감은 눈으로 와 비빈다 서로의 해안을 열고 들어가 물거품을 일으킨다"

정말 김경주이기에 가능한, 아름답고 서정적인, 따뜻한 사랑의 이미지!

"어떤 적요는/ 누군가의 음모마저도 사랑하고 싶다/ 그 깊은 음모에도 내 입술은 닿아 있어"

적요는 음모를 사랑하고 싶다? 역시 말도 아닌, 요령부득(要領不得)의 언어도단 아닌가요. 그러나 그 뒤에 이어지는 진술은 그럭저럭 긍정적으로 읽을 수 있는 표현입니다. 다시 생각해 보기로 합니다. '~고 싶다,' 라는 말은 그 앞에 어떤 주체가 놓여져야 할 것인가를. 그것은 반드시 1인칭 주어를 필요로 하는 것이지요. '내가(혹은 우리가) ~고 싶다,' 라고 해야 할 것입니다. 굳이 '적요'를 3인칭으로 간주할지라도 3인칭의 '그는 ~고 싶다,'는 문장은 성립할 수 없습니다.

혹시 시인은 '어떤 적요의 상태에 빠지게 되면 누군가의 음모조차 사랑할 수 있다'는 것을 이런 식으로 얼버무린 것일까요. 시의 문장도 문법에 맞아야 함은 분명한 사실입니다. 요령부득의 문장, 또는 비문(非文)을 시가 지니는 앰비규이티(ambiguity)라고 너그럽게 포용할 수는 없는 노릇입니다.

"어떤 적요는/ 누군가의 음모마저도 사랑하고 싶다"

드라마를 촬영할 때에 배우가 이런 식의 "@&*%"로 대사를 얼버무리는 발음을 하면 연출자는 참지 못하고 NG를 선언하고 말겠지요.

널리 알려진 하나의 예를 들어봅니다.

어져 내일이야 그릴줄을 모로다냐
이시라 하더면 가랴마난 제 구타여
보내고 그리난 情은 나도 몰라 하노라

잘 알다시피 황진이의 시조입니다. "아, 나의 일(내가 저지른 일)이여. 그리워할 줄을 몰랐던가. (가지 말고 여기) 있으라고 하였으면 가랴마는 제(임)가 굳이 보내고 나서 그리워하는 정은 나도 모르겠구나." 여기서 '제 구타여'에 주목할 필요가 있습니다. 중장으로 마쳐지는 문장 의미로만 보자면 "내가 만류하면 제(임)가 끝끝내 뿌리치고 가지는 못할 것이다"라는 뜻으로 나타납니다. 그런데 '제 구타여'가 다음의 종장과도 연결된다는 점에 착안해서 읽으면 달라집니다. "내가 왜 굳이 임을 보내고 그리워하는 건지 모르겠다."는 자탄하는 심정의 발로인 것입니다.

이와 같은 경우의 '제 구타여'는 모호한 사용법을 가졌다 할 것이며(시인은 그것을 의도적으로 노린 것입니다) 이게 바로 시의 앰비규이티, 모호성인 것입니다.

"마중 나가는 일에는/ 질식하지 않기로"

'질식한다'는 건 타자의 힘에 의해, 혹은 어떤 불가피한 상황으로 인해서 숨막힌다는 의미를 지니는 말. 그런데 '~하지 않겠다'고 자기 의지를 피력할 수 있을까 모르겠습니다. 마중 나가는 것과 질식하다라는 의미가 연결될 수나 있는 것일는지. 산소용접을 한다 해도 이건 도저히 불가능한 억지 연결인 듯합니다.

"해변으로 떠내려온 물색의 별자리가 휘고 있다"

해변에 밀려왔다가 다시 곡선을 그으며 물러나는 물색의 물결. 어디선가 흘러 떠내려온 고래의 이미지. 이것은 첫 연과의 연관성을 생각한 아름다운 마무리라고 하겠지요.

김경주의 이 작품은 전체적으로 따뜻하고 아름다운 이미지를 구사하였으며 신비로운 사랑의 행위를 노래한 시라는 점은 부인할 수 없겠습니다. 그러면 이 시가 과연 그의 다른 우수한 시가 보여준 시적 성취와 같은 수준이겠는가, 이 점은 깊이 생각해야 할 문제일 것입니다. 단지 김경주의 시이니까, 무조건 그 아래에 꽃다발을 바쳐야 하는 건 아닐 겁니다.

(2009. 2. 2)

시는 모순과 오류의 발명인가

우리 사회에서 웬만한 법을 위반하는 자는 평범한 국민이며 잡범일 뿐이지만, 더 큰 죄를 저지른 사람에게는 오히려 영웅의 칭호가 붙는 예외적인 경우도 있습니다. 시에 있어서도 정상의 어법과 논리가 아닌, 파괴된 어법과 부실한 논리적 오류의 표현이 과연 새롭다고 찬양할 가치가 있는지 모르겠습니다. 아울러 시가 일상의 논리에 서지 않고 때로는 의도적인 모순과 오류를 자행하는 경우를 마냥 새롭고 참신한 시로 찬양하는 것은 과연 온당한 것인가 의문을 가집니다. 단지 새롭다는 그 한 가지의 면죄부로 어불성설이나 궤변의 모순 어법조차 참신한 시 작법으로 인정하는 것은 전혀 타당하지 않다고 봅니다.

어느 잡지의 〈시인 특집〉에 신작시 두 편, 시인의 자선 대표시 5편, 시인의 시론이 실려 있었습니다. 신작시 두 편 중 앞에 실린 시에 이런 부분이 있습니다.

> 그날 나는 강보에 쌓여 있었고
> 그날 나는 잔잔한 물결 위에 누워 있었는데
> 일사분란하게 저녁이 오고 있었다
> 이상한 건

그 많은 햇빛과 편서풍이 어떻게 내 생에 개입했는지
당신이 어떻게 그 빈 들판에서 쏟아지는 별빛을 맞으며 서 있었는지
나는 어떻게, 치사한 어른이 되어 있는지

무소의 뿔처럼 수많은 아침이 솟아올랐고
나는 전력으로, 먼발치에서 오는 당신을 기다리고 있었다

나는 다만 강보에 쌓여 있었고 꿈결같이 나른한
종소리 위에 누워 있었을 뿐인데

나는 지속적으로 뿌리가 질긴 나무가 되어갔다

나는 지속적으로 커다란 공중이 되어갔다

아마도 시인은 이 시에서 자기가 태어난 '그날'에 대하여 신비로운 사건으로서 존재의 출현을 쓰고 싶었던 모양입니다. 평화롭고 아름다운 자연과 더불어 한 생명, 아니 하나의 존재가 세계와 우주 사이에 어떻게 관계를 맺고 나타나며 성장했는지 약간의 철학적 사유와 모호성을 가미한 아름다운 시로 그려내고 싶었나 봅니다. 이 시인은 이러한 시에 곁들여 자신의 시론을 적극적으로 개진하고 있는데 그 끝 부분에 다음과 같은 글이 있습니다.

그러므로 내가 아는 시는 결코 일상의 논리가 아니라 최소한 일

상과 탈일상, 현실과 초현실, 실체와 환영의 경계에 놓여 있어야 한다고 믿는다. 그곳은 공중이고 그곳은 중세이고 시간에 가속도를 입힌 고양이의 환유가 아닐까. 내 시는 결국 이 세계를 견딜 수 없을 때, 그 불확실성에 절망할 때. 운명이라는 거대한 협곡에서 수동적일 수밖에 없는 불안한 존재임을 확인할 때 기록하는 모순과 오류투성이의 나, 어쩌면 나 아닌, 또 다른 세계인 타자인 셈이다.

나는 이 모호한 세계에서 슬프고 아름다운 실존의 결핍을 말하기 위해 수많은 모순의 어법을 남발하기도 하고, 지성체계와 그 합리성을 파괴한다는 혐의를 피하기 위해 문장의 곳곳에서 적당히 브레이크를 밟기도 한다. 그리고 마침내 일상의 언어와 적당히 타협하기도 한다. 모순에 모순을 덧칠하는 것, 그것이 세계에 대한 오독인 줄 알면서도 나는 매일 나의 또 다른 나인 타자와 정면으로 대면한다. 무소의 뿔처럼 수많은 아침이 솟아오르는 작은 창가에서.

이제 위에 부분만 인용했지만 저 시와 저 시를 위해서 썼음직한 자기 시론을 곁들여서 조심스럽게 시인의 시작 과정을 몇 군데만 짚어서 살펴보기로 합니다.

"그날 나는 강보에 쌓여 있었고"

강보(襁褓)는 국어사전에 '포대기'라 설명돼 있고 예문으로 "강보에 싸인 아기."가 나옵니다. 중학생 정도의 국어 실력을 갖춘 이라면 "그날 나는 강보에 싸여 있었고"라고 쓸 것입니다. 그런데 상당히 명망 있는 이 시인이 "그날 나는 강보에 쌓여 있었고"라고 쓴 데에는 어떤 특별한 의미가 있어서일까요? 사전의 풀이로 [싸다]는 타동사로

①(어떤 물건을) 보이지 않게 속에 넣어 둘러 말거나 덮다. (예문) 보자기로 책을 ~. 라고 나옵니다. 그에 비하여 [쌓다]는 타동사로 ①물건을 겹겹이 포개어 무더기가 높아지게 하다. (예문) 쌀가마니를 쌓아 올리다. 라고 풀이됐습니다. 아무래도 '강보에 싸여 있었고'를 잘못 쓴 듯하지만 혹시 강보 위에 '나1, 나2, 나3'이라는 다중 인격을 지닌 영아의 존재가 차곡차곡 포개져 있음을 표현한 말일까요? 그건 너무 억지스런 추리일 것입니다. "슬프고 아름다운 실존의 결핍을 말하기 위해 선택한 모순의 어법"은 아닐 거라고 생각합니다.

"일사분란하게 저녁이 오고 있었다"

한자 성어 중에 '일사분란'이 맞는지 아니면 '일사불란'이 맞는지 알아내는 건 어렵지 않은 일입니다. '질서나 체계 따위가 정연하여 조금도 흐트러진 데나 어지러운 데가 없음'을 뜻하는 '일사불란(一絲不亂)' 말고 '일사분란'은 사전에도 없는 말입니다. 독자의 오독을 유도하기 위해 일부러 "적당히 브레이크를 밟"은 경우가 '일사분란하게'는 아닐 것입니다.

"무소의 뿔처럼 수많은 아침이 솟아올랐고"

이 대목에서는 세심한 주의가 필요합니다. '물소'와 '무소'는 각각 다른 동물입니다. '물소'는 강이나 호수 주변에 무리를 지어 살며 소와 비슷한 생김새로 머리에 활 모양의 굽은 뿔이 있습니다. '무소'는 "무솟과의 동물. 몸길이 4m, 어깨 높이 2m 가량. 네 다리는 짧으며 표피는 두껍고 단단함. 코 위에 뿔이 나있음. 코뿔소." 사전이 보여주는 이런 차이로도 충분히 알 만합니다. 아프리카 물소는 '누'라고 불리며 떼 지어 사는 동물이고, 무소는 주로 초원에 혼자 나타나는 '코뿔소'라는 동물입니다.

"무소의 뿔처럼 혼자서 가라" 이는 불교의 숫타니파타(Sutta Nipata)와 관련된 말인데 정확한 의미 파악이 전제되어야 합니다. 여기서 코뿔소의 이미지를 떠올려 볼 일입니다. 코 위에 우뚝 솟은 뿔은 우직하고 용맹스러운 무기, 코뿔소는 물소들처럼 떼를 지어 살지 않고 혼자서 고독하게 살아가는 강한 존재입니다. 숫타니파타는 불교의 초기 경전으로 크게 시문집(詩文集) 5장으로 구성되어 있습니다. '뱀의 장(蛇品)'에 실린 12경 가운데 제 3경에 "…소리에 놀라지 않는 사자처럼, 그물에 걸리지 않는 바람처럼, 진흙에 더럽혀지지 않는 연꽃처럼, 무소의 뿔처럼 혼자서 가라"는 비유가 아름답고 신비스러운 구절이 나옵니다. 무릇 수행자는 어떤 칭찬이나 비난에도 흔들림 없이 의연하게(사자처럼), 혼탁한 욕심을 버리고 자유롭게(바람처럼), 순수하고 아름답게(연꽃처럼), 우직한 듯 고독한 존재로 강직하게(무소처럼) 마음가짐을 가져야 함을 격려하는 말입니다. 그러므로 무소의 뿔에는 용맹, 혼자서 가라는 고독한 단독자로 수행하라는 뜻이 들어있지요. 떼 지어 우왕좌왕하지 말고 자기 혼자서 의지를 굳게 지니고 살아가라는 것.

'무소의 뿔처럼 수많은 아침이 솟아올랐고' 이 구절을 다시 음미해 보면 아침이 코뿔소 뿔처럼 솟아올랐다는 삼엄한 이미지는 이해할 수 있습니다. 하지만 혼자 살아가는 단독자인 코뿔소처럼 수많은 존재라는 이 구절이 지닌 모순의 의미는 수긍하기 어렵습니다. 다만 '무소의 뿔처럼 혼자서 가라'는 경전의 빛나는 비유에서 시인은 부사어 '혼자서'가 크게 중요치 않다고 생각하고 무소(의 뿔처럼)에 '혼자서

와는 정반대인 '수많은'이라는 말을 가져다 붙여놓았습니다. 결국 수많은 코뿔소가 나타난 아침이라는 판타지를 만들어낸 이 구절은 어처구니없이 난센스가 되고 말았습니다.

"나는 전력으로, 먼발치에서 오는 당신을 기다리고 있었다"

우리 국어 문어체 문장에서 쉼표는 의미를 구별하는 중요한 요소로 기능을 발휘합니다. 위 문장에서 '전력으로' 다음에 쉼표가 없었다면 '전력으로'에 이어지는 서술어는 가장 가까운 '오는'이 됩니다. 나는 전력으로, 이렇게 쉼표가 있는 경우는 이 문장의 마지막 서술어 '기다리고 있었다'로 이어지게 됩니다. 생각해 봅시다. 아마도 이 문장에서 시인은 '당신이 전력으로 오고 있다' 그렇게 전력을 다해 나에게 오는 '당신을 (나는) 기다린다'라는 의미를 표현하려는 것 같습니다. 그렇지만 쉼표 하나가 부주의하게 들어가서 '나는 당신을 전력으로 기다린다'는 기이한 표현이 되고 만 것입니다. 전력으로 (달려)오는 건 합리적 표현이지만 전력으로 기다린다는 건 납득하기 어려운 표현입니다. 문장의 오류라 할 수밖에 없습니다. "먼발치에서 전력으로 (달려)오는 당신을 나는 기다리고 있었다."라는 문장으로 고쳐보면 어떨까 싶습니다.

가당치 않은 모순 어법이나 어처구니없는 표현의 오류로 이루어진 시, 이런 시가 요즘 흔히 상찬 받는, 낯선 모호성의 새로운 시일까요? 그런 모순이나 오류를 발명하여 쓰는 게 현대시는 아닐 거라는 게 상식적이고 소박한 필자의 소견입니다.

(2017. 8. 20)

| 양안다의 시 감상 |

나의 작은 폐쇄병동

첫 감기에 시달리는 아이의 이마를 짚어 보듯 너는 나를 쓰다듬지 초점 풀린 눈을 감겨 주려고

길지 않은 휴일 내내 너는 네가 그린 그림에 섞이기 위해 영혼을 기울였고 종종 길고양이가 울었어 나는 웅크린 채로 금단의 터널 한가운데에 있었지 달이 뜬다

수많은 사람들의 목소리가 귓가를 적시고 사라졌지만 나는 너의 메마른 입술만 바라봤어 무언가를 먹고 마시고 숨을 내쉬는 모습이 고요했고

청력이 쏟아지는 밤, 우리의 내부보다 컴컴한 겨울비가 내리기 시작했지 나의 편지와 너의 그림 속에서 죽어 가는 인물들의 비명이 불협화음을 내는데 우리가 할 수 있는 건 그저 눈물을 참는 일이라서

주먹을 움켜쥐고

새벽마다 너는 목도리로 얼굴을 뒤덮고 산책을 나섰지

상자에 작은 새를 담아 두는 마음으로 너를 이끌었어 너에게 말
하지 않았어, "우리는 어디로 가야 할까?"

회복자들은 거리를 헤매고 있었지

*

때때로 아침이면
창가로 날아온 새들이 지저귀고
잠든 너에게로 햇빛이 쏟아진다
나는 이 느낌을 사랑해

지난밤이 벗어 두고 간 허물을 정리하는 일
탄산 빠진 병을 잠그고
우리 중 누군가가 흘렸을 술을 닦는다
샌드위치 봉지에선 악취

잠든 너의 곁을 지날 때는 까치발로,
네가 졸린 눈을 비비며 몇 시냐고 물으면

조금 더 자요 조금만 더,
너에게 필요한 잠을 부르고

젖은 수건에서 개 냄새가 난다

향초에 불을 붙이고
담배를 문다
너의 가슴은 고요하게 떠올랐다가
가라앉는다

필터가 축축히 젖을 때까지

너의 얼굴 위로 햇빛이 떨어지는 장면

누가 오전의 귀를 잡아당긴 듯이
점점 느리게
나를 관통한다

*

그러나 견딜 수 없었다고 뒤늦게 고백하는 밤이면 꿈에서 모진 돌만 골라 주머니에 넣은 채 강가로 뛰어드는 이를 바라보았습니다 미열 속에서 나는 자신을 납득시키기 위해 얼마나 많은 현기증을 지문에 가두고 있었던 걸까요

창문을 열어 줘, 우리에게 소량의 바람이 필요한 것처럼 양들은 자신의 이름을 외우려 애쓰고 있었습니다 사소하고 허무하고 시시한 농담으로 세상을 웃길 수 있다면 사람들은 모두 목을 매어도 좋겠지요 한겨울에도 비가 쏟아집니다 우리가 흘린 술은 증발되어 어디로 가는 거죠?

눈을 떠, 오래전 누군가의 목소리가 되감길 때
눈을 떠, 내가 너를 바라보려 애쓸 때

모든 계절을 반으로 나누어 우리가 여덟 개의 계절을 갖는다면

이불로 감싸도 나는 내 몸을 쪼갤 듯 주체할 수 없었지만

네가 두 눈을 뜨자
두 개의 달이 뜬다

*

너에게 원했던 건 투명하고 둥근 병과 알약을 나의 손 안에 안겨 주는 것 나는 모든 것이 타 버린 숲의 잔재 속에 있어 열이 오르는데 온 세상이 정지한 듯 얼어붙고 있어

피가 나도록 손등을 물어뜯었지 이 밤 어디선가 새 울음이 들리지만 너는 꿈속에서 들려오는 선율이라 단정하고

오래된 꿈에 두고 온 작고 작은 생물이 문득 떠올라 버려서

질끈 눈을 감았다 어둠 속에서 현기증이 흩날리고

네가 침 범벅이 된 얼굴로 내게 불가해한 감정을 요구할 때

수백 그루의 벗나무

눈송이처럼 조각난 칼날을 떠올렸어 예쁜 피, 예쁜 마음, 중얼
거렸지

―시집『숲의 소실점을 향해』

숲이 불타서 소실된 지점을 향하여

신인의 매력은 참신함과 가능성(미숙함)에 있지요. 양안다의 시집『숲의 소실점을 향해』는 시인의 네 번째 시집인데 언제까지 성숙을 기대하며 '가능성'이 보인다고 마냥 칭찬할 순 없겠습니다. 시집 전체를 다 보지 않고 한 작품으로 평가함은 온당하지 않다고 항변할까요. 하지만 장독에 가득 찬 간장을 훌훌 전부 다 들이켜야만 간장 맛이 어떻다고 품평할 수 있는 건 아니죠.「나의 작은 폐쇄병동」은 전문 6쪽에 걸친 의욕적인 작품. 시인이 가장 자신 있게 내세운 시집의 첫 작품만 살펴 음미하여 평가를 내려서 크게 지나침이 없을 것입니다.

소실점(消失點)은 본디 서양미술에서 원근법이 표현된 아득하게 멀어지는 공간 속의 평행선이 만나는 것 같은 하나의 점을 뜻합니다. 하지만 이 시집에선 불타서 없어진다는 '소실(燒失)'로 귀결되어서 어처구니없는, 중의적 표현도 아닌 난센스에 불과합니다. 이 시 마지막 장(章)에 보면

"너에게 원했던 건 투명하고 둥근 병과 알약을 나의 손 안에 안겨

주는 것 나는 모든 것이 타 버린 숲의 잔재 속에 있어 열이 오르는데 온 세상이 정지한 듯 얼어붙고 있어"

'모든 것이 타버린 숲'에서 소실(燒失)됨을 말하면서 황당하게도 난센스 퀴즈를 생각한 모양입니다. 시집 표제 중 "소실점을 향해"라는 부분은 당연히 아스라한 평행선이 멀리서 만나는 지점을 의미합니다. 나무들이 숲을 이룬 가운데 그 소실점을 멀리 내다보며 지향한다는 미래지향적인 소망인가 싶었는데, 그게 갑자기 불타 없어져버린 지점이라는 소실점(燒失點)으로 바뀜은 야바위꾼에게 사기당한 듯 어안이 벙벙할 뿐입니다.

부분적으로 매혹이 될 만한 "첫 감기에 시달리는 아이의 이마를 짚어 보듯", "네가 그린 그림에 섞이기 위해 영혼을 기울였고", "나는 웅크린 채로 금단의 터널 한가운데에 있었지", "창가로 날아온 새들이 지저귀고/ 잠든 너에게로 햇빛이 쏟아진다/ 나는 이 느낌을 사랑해", "누가 오전의 귀를 잡아당긴 듯이/ 점점 느리게/ 나를 관통한다," 등 작고 예쁜 구절들이 산재해 있습니다. 이런 부분들로 이 시 전체가 아름다운 연시로 포장되어선 안 되겠지요.
전체적으로 보면 시적 화자를 환자로 설정하고 너는 나를 보살펴주는 보호자 혹은 연인으로 무조건의 보살핌을 주는 존재입니다.

"청력이 쏟아지는 밤, 우리의 내부보다 컴컴한 겨울비가 내리기 시작했지 나의 편지와 너의 그림 속에서 죽어 가는 인물들의 비명이 불협화음을 내는데 우리가 할 수 있는 건 그저 눈물을 참는 일이라서"

시 속의 '나'는 편지(글)를 쓰고 '너'는 그림을 그리는 사람입니다. 시인은 그럴싸한 상상의 허구 속에 자기들이 설정한 인물들을 도와주지 못하는 무능을 고백하면서 작중 인물들에게 연민의 눈물을 참는 감정의 과잉을 고백하고 있습니다. 그런데 이 인용문 처음에 나오는 '청력이 쏟아지는 밤'을 어떤 상황으로 이해해야 할지 알 수 없는 맹랑한 표현이군요. 하지만 아픔을 견딜 수 없었다고 뒤늦게 고백하는 밤이면 나는 꿈속에서 돌멩이를 가득 주머니에 넣은 채 버지니아 울프처럼 강물 속으로 뛰어들고 싶었던 때도 있었나 봅니다.

"샌드위치 봉지에선 악취", "젖은 수건에서 개 냄새가 난다", "(담배)필터가 축축히(축축이) 젖을 때까지", "누군가가 흘렸을 술을 닦는다", "네가 침 범벅이 된 얼굴로" 등 지저분하고 혐오감이 드는 구절들을 살펴보면 불순하고 불결한 사랑을 시인은 내심 즐기고 있는지도 모릅니다.

다음은 어떤 시적 표현을 위한 기교인지 종잡을 수 없는 것들입니다. 그건 마치 뭔가 근사한 게 있는 양 멋진 제스처를 하고 있지만 사실은 무의미한 표현에 지나지 않는 말들이지요.

"나는 자신을 납득시키기 위해 얼마나 많은 현기증을 지문에 가두고 있었던 걸까요"
"우리에게 소량의 바람이 필요한 것처럼 양들은 자신의 이름을 외우려 애쓰고 있었습니다"
"사소하고 허무하고 시시한 농담으로 세상을 웃길 수 있다면 사람들은 모두 목을 매어도 좋겠지요"

양안다의 「나의 작은 폐쇄병동」이란 시에서 나는 폐쇄병동의 환자며 너는 나를 돌보는 애인이거나 보호자, 아니면 타인의 간섭이 없는 폐쇄 공간에서 서로의 병증을 돌보며 동거하는 연인들일까요. 외인의 출입이 통제되는 폐쇄병동에 너와 나만 병실에 은밀하게 존재하는데 시인은 여기서 불결하며 금단의 불순한 연애를 소망하고 있습니다. 데카당한 사랑이 무조건 독자들에게 멋지고 아름다운 서정의 치장으로 느껴질 것이라고 시인은 계산하고 있는지 모르겠습니다.

(2020. 7. 20)

독자를 조롱하는 젊은 시인의 자의식 과잉
―어느 신예시인 두 번째 시집의 시에 대한 평설

젊은 시인의 의욕적인 장시 한 편(전문 31쪽, 2백자 원고지 53매 분량)을 읽었습니다. 한 번도 아니고 두 번, 세 번 읽었습니다. 선배 시인으로서 후배 시인에게 뭐라고 말해 줘야 할까. 내가 읽고 느낀 것이 오독일 수도 있으리라 생각합니다. 비록 오독일망정 진지하게 읽고 난 솔직한 독후감을, 역작을 발표한 젊은 후배 시인과 다른 독자들에게도 들려주고 싶어서 이 글을 씁니다.

요즘 극히 일부의 젊은 시인들은 자기 시가 독자들에게 쉽게 이해되는 것을 수치라고 생각하는 기이한 풍조도 있나 봅니다. 대범하고 읽기 쉬운 서정시에 만족하지 못하는 것이죠. 게임에 어느 정도 곤란의 정도를 가미해야 맛을 느끼듯이 쉽게 풀어지는 수수께끼라면 이미 그 존재 가치가 떨어지는 건 당연합니다. 그래서 독자에게 시인이 문제(시)를 내고 겨루기를 한다고 할까요.

오늘의 좋은 시는 독자에게 '열린' 해석의 길을 제시하고 있는 게 일반적입니다. 한 가지만의 정답이 아니라 두 가지 해석의 정답도 가능한 것입니다. 어찌 보면 이것도 맞고 저것도 맞는 애매모호한 이러한 특성을 일러 앰비규이티(ambiguity)라고 합니다. 대체로 예술 작품은 어느 정도 이러한 모호성을 띤다고 볼 수 있습니다. 게다가 독특한 은유나 상징의 기법이 독자들의 머리를 혼란시키는 시를 만나면 이만저만 시가 까다롭고 이해하기 곤란한 게 아닙니다. 그게 난해시인 것이지요. 이상(李箱)의 「오감도(烏瞰圖)」는 그런 난해시입니다. 이해하는 길이 어렵기는 해도 감춰진 몇 개의 키워드를 알면 독자가 어느 정도 이해할 수 있습니다.

그런데 요즘 일부 젊은 시인들의 시 중에는 도저히 이해할 수 없는 경우도 있습니다. 까다로운 상징의 기법이나 복잡하고 괴팍한 은유를 써서 독자에게 쉽게 접근함을 허락지 않는 게 아니라, 아예 자기 혼자만의 입속말처럼 횡설수설하는 독백의 낙서를 시라고 발표한다거나 표현하고자 하는 의욕만 가지고 있을 뿐 육화된 표현으로 도저히 나타내지 못하고 지리멸렬(支離滅裂)을 벗어나지 못하는 글이 그런 시입니다. 시인들은 모호성의 시적 미학을 품은 시라고 착각하지만 단적으로 그건 시가 못 되는 글일 뿐이지요.

필자인 시인과 친구며 독자로서 만난 두 시인의 대담을 통해서 시인이 처음 의도한 주제가 어떤 성격의 것인지 어느 정도 짐작할 수 있었습니다. 가정폭력 내지 남성혐오에 초점을 맞추어 쓰기 시작한 모양 같습니다. 거기까지입니다. 시인의 머릿속에 풀어내야 할 주제는 그것인데, 그것이 충분히 시로 육화된 구체성을 잃어버리고 잡다한 곁가지만 늘어놓고 있는 형국입니다. 쓰다 보니 주제가 희미해져 버리고, 자기도 모르는 길로 시가 저 혼자 이리저리 흩어져 가고 있다고나 할까요. 독자가 읽고 나서 무얼 읽었는지 정말 '아무것도 기억하지 못하는' 글이 되었고, 머리에 남는 것은 하나도 없습니다.

나는 55년 동안 시를 쓰고 있는 현역 시인이며 동시에 시 전문 독자이기도 합니다. 누가 손가락질하건 말건 한 편의 장시를 쓴 시인의 노고를 존중하여 나는 이 작품을 세 번 정독했습니다. 읽고 나서의 솔직한 느낌을 한 마디로 피력하면 실망이 컸습니다. 시인의 의욕에 비해 표현된 문장들은 답답했습니다. 처음엔 어떤 역작이기에 시집 첫머리에 내세웠을까 흥미와 호기심으로 한 번 통독하였습니다. 두 번째는 이 시 전문을 손으로 베껴 쓰면서 읽고, 세 번째는 생각을 정리하기 위해 메모하면서 읽었습니다.

시적인 사유를 끝없이 나열하는 화자, 그러나 발화로 나타난 이미지와 내면의 이미지가 충돌하여 의미가 희석되는 경향이 강합니다. 독자에게 전하고 싶은 메시지를 꺼내다가 다시 황급하게 부정하기도 하고 뒤죽박죽입니다. 어쩌면 시인은 복잡하고 모호한 상태를 굳이 간추리지 않고 독자들이 그것을 일종의 신비주의로 받아들이기를 바라는지 모르겠습니다. 시인은 절망적 상황에 대하여 오랜 시간 적의를 품고 자학하기도 하며 종잡을 수 없는 무의식의 자아를 고백합니다.

"아무도 기억하지 못하는 장면들로 만들어진 필름/ 그것이 이 시다"

독자는 여기에 이르러 허탈한 실소를 터뜨릴 뿐입니다. 이 고백에서 차마 못 볼 것을 본 것처럼, 시인의 엉뚱한 나르시시즘을 본 듯 내 얼굴이 화끈거림을 느낍니다. 이 작품은 시인 스스로 온 마음을 다해 쓴 시며 가장 좋아하는 시라고 말하고 있습니다. 그의 한계를 본 듯합니다. 허술한 구성, 흐릿한 주제, 요령부득의 표현 등 여러 가지 문제점들이 있습니다. 시인이 타결해야 할 과제입니다.

그가 제일 좋아하는 김혜순 시인의 장시「돼지라서 괜찮아」전체를 자기 손으로 한 번만이라도 또박또박 필사해 볼 것을 나는 치유의 방법으로 제시하고 싶습니다. 장시의 주제 선정, 장시의 치밀한 구성, 장시 표현의 방법 등 「돼지라서 괜찮아」 전체를 필사해 보는 과정 속에 문제의 해결 방법은 다 들어 있을 것입니다.

 시의 중간 중간에 취소선으로 글자를 지우고, +++*****+++ 혹은 ((((((((처럼 기이한 표시를 하며, 글자를 굵고 진하게 한다거나, 기울어진 글자체를 사용하는 등의 잡다하고 쓸데없는 기교는 아방가르드도 뭣도 아닐뿐더러 시의 진실성에 아무런 도움이 되지 않습니다. 오히려 치기만만한 장난처럼 보입니다.
 그런데 문득 머릿속을 스치는 시인의 웃음소리. 이 긴 시 속에서 뭔가 그럴싸한 알맹이를 찾아내고 싶어 하는 독자를 '조롱'하여, 킥킥거리는 시인의 웃음소리가 독자인 내 머릿속에서 들리는 듯합니다.

(2020. 11. 28)

3부
자작시 해설

귓밥 파기

나는 아내의 귓밥을 판다.
채광가(採鑛家)처럼 은근히
나는 아내의 귓구멍 속에서
도란거리는 첫사랑의 말씀을 캔다.
더 멀리로는 나에 대한 애정(愛情)이 파묻혀 있는
어여쁜 구멍
아내의 처녀 적 소문을
들여다보다가
슬며시 나는 그것들을 불어버린다.
아, 한숨에 꺼져버리는
고운 여인의 은(銀)부스러기 같은 추억.

《現代詩學》1966년 9월호

시의 표정과 말의 몸짓

이「귓밥파기」라는 시는 1966년에 발표된 작품이다. 내 나이 스물두 살, 물론 결혼 전이다. 문단이라는 곳에 정식으로 명함을 내민 것이 1967년이므로 이것은 사실 비공식적 처녀작이라고 함이 옳을 것이다. 대학교 재학 중이었는데, 그 무렵 나는 열병 이상으로 치열한 시병(詩病)에 걸려 있었다. 그 때 김광림 시인이 주간으로 계시던「현대시학(現代詩學)」이라는 제호의 얄팍한 시지에 '신인 작품'으로 활자화된 나의 처녀작은 이것이었다.

어렸을 때부터의 나를 아는 사람들이 지금도 곧잘 이 시를 이야기할 때가 많다. 말하자면 체질적으로 나에게 가장 잘 어울리는 시의 표정을 이 시가 지니고 있다는 걸 뜻함이리라. '귓밥'이란 말은 표준어가 아니다. 그렇다고 '귀지'라는 표준어를 쓴다면 이 시는 상당히 다른 것이 되고 말 것이다. '귀지 파기'와 '귓밥 파기'를 구별해서 발음해 보라. 전자가 왠지 추하고 축축한 느낌이 드는 것에 비하면 후자는 훨씬 시원하고 파삭거리는 느낌이 강하다. 그것은 '귓밥 파-'에서 울리는 자음끼리의 결합에서 파열음이 연속적으로 세 개나 발생하기 때문이다.

'귓밥'과 '귀지' 사이에서 나는 상당히 많은 갈등을 겪은 끝에 결국 '귓밥'을 택했던 기억이 지금도 생생하다. 시에 쓰이는 국어는 물론 표준어라야 한다. 하지만 시의 빛깔이나 표정을 위해서는 때로 사전에 올라 있지 않은 말일지라도 꼭 필요하다면 주저해서는 안 된다는 게 내 지론이다. 그것은 꼭 필요한 경우라야 한다. 이를테면 내가 살고 있는 전라도에선 솥단지 바닥에서 긁어낸 바삭거리는 '깜밥'과 물을 부은 '눌은밥'이 분명히 구별되는데, 중부 이북에선 이 둘을 '누룽지'로밖에 달리 표현하는 말이 더 없음을 생각할 것이다.

시는, 아니 문학은 아리스토텔레스의 말을 굳이 인용할 필요도 없이 상상력에 의한 소산이다. 그것이 반드시 자신의 체험에만 국한되는 것이라면 예술성을 스스로 포기하는 일이 된다. 그것이 또한 말(언어)로 표현되는 관계로 말 자체가 지니는 그윽한 울림과 몸짓도 충분히 살펴지지 않으면 안 된다. 더욱이 시에 있어서는 말의 울림과 몸짓을 배제한다면 그것은 단지 의미의 부호에 지나지 않는다. 다음과 같은 경우를 생각해 보자.

    1. 클로버(토끼풀)가 푸르게 펼쳐진 언덕이 있다.
    2. 그 언덕 위에 바람이 분다.

 이것을 시로 쓸 때 먼저 '클로버'로 써야 할 경우도 있으며, 또 '토끼풀'로 써야만 할 때도 있다. 어떤 시에 나는 이것을 "언덕빼기에 토끼풀이 바람보다 푸르다."고 썼었다. 일 년 뒤에 나는 이것을 또다시 "언덕빼기에 토끼풀은 바람보다 푸르다."고 고쳐 썼다.
 그 시행의 바로 위에는 "어린 쑥잎이 돋아나고"라는 구절이 걸려 있었다. "쑥잎이 돋아나고…토끼풀이…푸르다." 주격조사 '이'의 중복을 고치는 데 나는 일 년을 소비한 셈이었다. 토끼풀은 바람보다 푸르다. —이 말은 토끼풀이 푸르다는 사실에 앞서 선행적으로 바람이 푸른 것을 전제로 한 표현이다. 그러니까 이 속에는 '바람이 푸르다'고 하는 은유가 내재해 있다.
 「귓밥 파기」에는 일련의 공통성을 띠는 말들이 있는데 그것은 '판다', '캔다', '파묻혀 있는'과 '채광가', '은(銀) 부스러기' 따위의 광물성의 어휘가 그것이다. 이 반대편에 놓인 시어들은 '귓밥', '귓구멍', '첫사랑', '애정', '소문', '추억'과 같은 여성적 어감의 어휘라 할 것인데 이 두 가지의 서로 속성을 달리하는 말들이 사이좋게 어울린 데서 약간은 곰살맞고 섬세한 표정의 「귓밥 파기」가 이루어진 것이다.
 처음부터 시인은 아름다운 작품을 쓰겠다거나 뛰어난 작품을 써보겠노라고 선언하지는 않는다. 그는 다만 마음속으로 호흡을 조심스레 가늠하며 시를 쓸 뿐이다. 마음의 심연에서 충분히 발효가 된 다음이라야 시는 그윽한 향기를 발하며 스스로의 빛깔과 표정을 가지게 된다.

　귓밥(귀지)을 파는 일, 나는 그에 대해서 추억해 본다. 어렸을 때 시집가기 전 누나의 무릎을 베고 누워서 누나가 내 귓밥을 파줄 때의 간질간질하고 조마조마한 즐거움. 그 반대로 젊은 아내의 귓밥을 내가 파주는 즐거움은 또 어떠할 것인지를 상상해 보았다. 달팽이집처럼 작고 예쁜 귓구멍을 들여다보며 조심스럽게 후벼 귀지를 팔 때의 조용한 몰입. 가만히 내 무릎을 베고 내맡긴 채로 눈을 감고, 숨조차 크게 쉬지 못하는 은밀한 믿음이 얼마나 사랑스러운 것이겠는가. 대학 시절 스물 두 살에 생각해 본 아내의 모습이었다.

(2002. 10. 29)

램프의 시

　사랑하는 이여, 당신의 마음이 마른 붓끝처럼 갈라질 때, 램프에 불을 당기십시오. 그러면 오렌지 빛깔의 나직한 꽃잎들은 하염없이 유리의 밖으로 걸어나오고, 어디선가 문득 짤랑거리는 금방울 소리가 들려올 것입니다. 희미한 옛 성이 흘러나오고 그 속에서 장난감 말 두 마리가 청색의 어둠을 펄럭이며 달려오는 것을 당신은 또 보실 수 있습니다. 검은 갈기를 물결치며 물결치며 달려오는 이 작은 쌍두마차의 뜻하지 않은 출현에 몇 파운드의 눈발조차 공중에 튀고 있습니다.

　램프에 불을 당기십시오. 어둠에 얼어붙었던 모든 평화의 장식물들을 그래서 훈훈히 녹여주십시오. 성에가 끼기 시작하는 유리창에는 알 수 없는 나라의 상형문자가 나타나 램프의 요정에게 말해줄 것입니다. 비단뱀이 땅속에서 꾸는 이 긴 겨울 밤의 천 가지 꿈에 대해서, 에로스가 쏘아부친 보이지 않는 금화살의 행방에 대해서, 아아 당신 생의 의미에 대해서 말해줄 것입니다. 램프의 요정을 찾아오는 어떤 바람결에는 당신의 이름이 섞여서 나부끼는 것을 볼 수도 있습니다.

　램프에 불을 당기십시오. 일에 시달려 당신의 온몸이 은박지처럼 피곤하여질 때, 뜨거운 차라도 한 잔 끓이고 있노라면 아주 먼 데서 미다스 왕의 장미꽃들이 눈 속에서 무거운 금빛을 툭툭 터는 소리가 들려올 것입니다. 찻잔 속에 피보다 진한 밤의 거품이 가라앉고, 당신의 부름에 좇아 그리운 흑발의 머리칼이 떠올라선 어두운 당신의 얼굴을 포근히 감싸줄 것입니다. 찻잔 밖으로는 돛대를 높이 단 배 한 척이 눈보라 속을 홀린 듯 흘러나오고, 고운 가락의 옛 노래와 같이 어떤 두 사람의 끝없는 발자국이 먼 해안의 모래밭 속에 가만가만 감춰지고 맙니다.

끊을 수 없는 욕심에 사로잡혀, 사랑하는 이여, 당신의 영혼이 끓어오를 때 램프에 불을 당기십시오. 그 조용한 불길의 칼에 지나온 눈물을 더하십시오. 그러면 고요의 은빛 바다가 말없이 열리고, 빨간 루비의 꽃들이 지천으로 피어날 것입니다. 한 무리의 젊은이들은 가슴 설레며 몰려가 저마다의 정다운 꽃등을 높이 든 채 바다로 나가고……. 아 그럼 사랑하는 이여, 당신도 이 겨울이 다 가도록 당신의 가장 아름다운 추억으로 나의 램프를 밝혀 들고 조용히 흔들어주시렵니까. 꺼지지 않는 루비의 램프를.

(1969년)

램프 앞에서의 아름다운 '불멍'

요즘 '멍'이라는 말이 붙은 신조어가 두루 쓰이고 있다. '불멍'은 주로 캠핑 등에서, 장작불을 피워 놓고 불꽃의 움직임을 멍하니 바라보며 시간을 보내는 일을 말한다. 한국전쟁 직후 전력 사정이 안 좋았을 때는 '남포'를 켜고 밤 시간을 요긴하게 쓰던 추억이 있다. 램프가 변한 '남포'란 투박한 말이 주는 어감이 우아한 것만은 아니었다. 석유를 담은 아랫부분과 심지를 달고 불을 켜고 있는 윗부분으로 구분된 램프 위쪽으로는 얇은 원통형의 유리병 부분이 바람막이로 끼워졌다. 그 유리병 끝으로 갈수록 대롱처럼 구멍이 좁아져 꺼먼 그을음이 유리병 안쪽을 두텁게 덮기 일쑤였다. 그 남포등(램프등)을 켜고 불꽃을 바라보면 마음이 포근하게 가라앉았다. 이른바 옛날의 그런 시간을 '불멍'의 시초라 부를까.

    이 시는 램프를, 램프의 불꽃을 바라보며 내면의 세계로 침잠하며 끌어내는 동화적 이미지들을 그리고 있는 시다. 마치 알라딘의 마술 램프에서 환상의 거인이 나타나 램프 소유자의 갖가지 소청을 들어주는 것처럼. 1960년대 후반에 쓴 이 시를 쓸 때 나는 일부러 산문시를 쓰고 싶다는 생각을 하진 않았다. 시를 쓰는 동안에 치렁치렁한 운율을 몸으로 느끼며 썼다.

    먼저 네 개의 연이 각각 어떻게 시작하고 있는가를 볼 일이다. 조금씩 변주하며 전개되는 이미지들을 따라 한 편의 아름다운 고백을 시로 썼을 뿐이다. 요즘은 산문으로 어떤 짤막한 수상(에세이) 같은 서사를 쓰고서 그걸 시라고 발표하는 젊은 시인들의 작품을 곧잘 보게 된다. 우습다기보다 참 딱하다는 생각을 하게 된다.

    이 시의 초고를 완성한 건 1969년 12월 17일. 1974년 1월에 낸 시집 『불꽃』에 수록했다. 그 뒤로도 오랜 기간 몇 차례 더 퇴고한 시를 시선집 『어린 신에게』에 실었다. 초고로부터 30년 지난 1998년이다.

(2023. 3. 1)

불길 속의 마농

어지러워요 저 불길
당신의 사랑은 너무너무 높아서 어지러워요
저 불길을 누가 좀 잡아줘요
어려요 저는 어리고 당신은 높으신 분
말 많은 당신을 누가 사랑해요
사랑해요
잊어버리세요 저것들
거렁뱅이들의 소동쯤 당신의 거대한 배짱으로
밀어버려요 불도저로 밀어버려요
까짓 양복점 직공의 항변쯤 눈감으면 그만
벗어 놓은 제 브래지어로 차라리
눈을 가리세요
보지 마세요 듣지도 마세요
무시해버려요 말짱 미친놈들만 박테리아처럼
박테리아처럼 우글거리는 이 도시의 공기는
담배보다 해롭고
구할이 외상이에요
타네요 이 시디신 공기
악질의 근성 근대식의 멋진 연애가
아주 잘 타네요
늦잠 자던 산타클로스가 저봐요

뛰어내리네요 나비처럼 사뿐히
불길 속을 뛰어내리네요 자꾸만 자꾸만
어지러워요 어려워요 어려요
절 놓아주세요 닥치는 대로 부수고
닥치는 대로 세우는
미끈한 당신의 폭력
한 번 두 번 세 번이나 속고 또
믿어요 믿을 수 없어요
놓아주세요 절 좀 놓아주세요
이렇게 높은 창틀에 올라서면
저는 여왕이에요 난초 열끗이에요
뛰어내릴 테요 금리처럼 단호히 내릴 테요
아주 잘 타네요 저 불길 잘 타네요
함부로 말씀하시면 곤란해요
누가 듣고 있어요
이 도시는 빈 놋그릇처럼 울려요 날마다
꽝꽝 울려요 하늘도 땅도
울려요 어지러워요
어디서 오셨나요 당신의 유니폼이 겁나지만
뭘 드시겠어요 총을 들고 버티겠어요
저는 당신의 포로 그래요 마농예요
주간지에서 절 보셨다구요 아이 기뻐요
밤이 되면 전활 걸어주세요
저기 오빠가 달려와요
절 죽이러 허겁지겁 달려오고 있어요

어지러워요 막 타네요 저 불길
농축된 당신의 욕망이 프로판가스처럼
치솟아 오르면서 타네요
세계에서 제일 쓸쓸하고 화려한
돈 돈 돈자천하지대본이 타네요어지러워요
어지러워요 저 불길
붙잡아주세요 아무도 없나요

(1972. 1. 22)

절망의 겨울, 암울한 시대의 판화

　말도 안 되는 것을 말이라고 들이대던 시대였다. 1960년 4월 학생 의거로 민주주의의 희망을 보던 그 짧은 시기의 설렘을, 흥분을 생각하면 야릇하게 가슴이 떨린다. 외국 기자들은, 이승만 독재에 억눌려 살면서도 끽 소리 못하고 죽어 사는 우리 국민들의 민주주의에 대한 실정을 "쓰레기통에서 장미꽃을 기대하는 것과 같다."고 야유하였다. 그렇게 말할 것이, 억눌려 살면서도 선거 때가 되면 돈 몇 푼, 고무신 한 켤레에 양심을 팔고서, 불법을 자행하는 여당을 지지하곤 했으니 그럴 만도 하였다. 그러나 4·19 혁명이 있었다. 눈물겹게도 쓰레기통 속에서 장미꽃을 피운 사건이었다. 민주당 정권은 이 시기에 우리나라 경제개발 계획도 세우고 내각 책임제를 운용하였다. 물론 약간의 과도기적 사회 혼란이 있었다고는 하나 국가의 기반이 흔들릴 만큼 위험한 지경은 아니었다. 그럼에도 불구하고 군사반란의 음모가 이 때부터 싹트고 있었음에 이르면 할 말이 없다.

1961년 5월 이른바 5·16 군사반란이 발생하였다. 해방 전 해에 태어났기에 나는 일제 식민지 시대를 잘 모른다. 하지만 일제치하에서 학교에선 매일 아침 조회 때마다「황국신민서사」라는, 일본 천황에 충성을 바치는 다짐의 글을 앵무새처럼 외워야 했다고 한다. 군사정권이 맨 처음 시행한 것이 그와 비슷한「혁명공약」을 매일 아침 외우게 한 것이었다. 그리고 이로부터 우리나라 민주주의는 다시 쓰레기통 속으로 처박히고 무려 30년간 보류되었다.

가장 먼저 군사정권이 손본 것이 대학이었다. 대학 신입생 정원을 종전의 사분의 일 혹은 오분의 일로 대폭 줄이고, 각 대학별로 치르던 입시제도를 단숨에 바꿔 전국적인 '국가고시(지금의 수능시험)'를 시행하였다. 그 합격자 수도 전국 대학 신입생 정원의 1.5배를 초과하지 않았던 것으로 기억된다. 국가에서 대학 신입생 선발권을 장악한 이것이 교육 망국의 연원일 것이었다.

사회가 안정되면 민간에 정부를 이양하고 군인은 다시 본연의 군으로 돌아가겠다던 '혁명공약' 마지막 조항은 한갓 물거품이 되고 말았다. 군복을 벗고 민간인으로서 대통령에 취임하던 그 날 그 통치자의 말이 생각난다. "이 나라에 나같이 불행한 군인이 다시는 있어서는 안 된다." 행복의 절정에서 한 그의 말을 아무도 믿지 않았고, 입에 발린 거짓말이라는 것을 누구나 잘 알고 있었다. 지금 생각하면 사실 그는 거짓말의 달인이었다. 그리고 그렇게 '불행한 군인'을 추앙하는 군인이 1979년 12월에 또 다시 나타날 줄은 아무도 몰랐다.

1970년 이른 봄, 정인숙이란 미모의 젊은 여인이 죽었다. 편의상 위키백과에 실린 글을 옮겨 본다.

정인숙 살해사건은 제3공화국 당시의 의문사이다. 1970년 3월 17일 밤 11시경, 서울 마포구 합정동 부근의 강변3로에 멈춰서 있는 검정색 코로나 승용차에서 권총에 넓적다리를 관통 당해 신음하고 있는 한 사내와, 머리와 가슴에 총을 맞아 이미 숨진 한 젊은 여인이 발견되었다. 부상당한 사내는 정종욱(당시 34세), 숨진 여인은 정인숙(당시 26세)으로 두 사람은 남매 관계로 밝혀졌다.

나중에 정인숙의 집에서 발견된 정인숙의 소지품에선 정관계 고위층의 명함 26장이 포함된 33장의 명함이 쏟아져 나왔다. 이후 경찰 수사는 지지부진해졌고 언론 보도가 수사를 대신하게 되었다. 언론은 정인숙에게 숨겨진 아들(정성일, 당시 3세)이 하나 있고, 정인숙이 당시 정관계 고위층 전용이라 할 수 있는 고급 요정 '선운각'을 드나들었다는 걸 밝혀냈다.

1주일 후에 나온 검찰 수사 결과에 따르면, 범인은 오빠인 것으로 밝혀졌다. 정종욱은 정인숙의 운전기사 노릇을 하면서 정인숙의 문란한 행실을 지적했으나, 정인숙이 듣지 않고 자신에게 심한 욕설을 퍼붓자 가문의 명예를 위해 누이동생을 죽이고 강도를 당한 것처럼 위장하려 했다는 것이었다.

절대권력이 악취를 내뿜으며 부패하기 시작한 것은 이 무렵부터였다. 세 살 난 사내애를 안고 자랑스럽게 웃고 있는 미모의 젊은 여인의 사진 한 장. 그 아기의 귀가 영락없이 최고 권력자 누구 귀를 닮았다는 이야기가 세간에 파다했다. 그러나 훗날 그 똥물을 뒤집어쓴 것은 정일권 총리였다.

그녀가 죽기 불과 두 시간 전 어느 연예기자가 정인숙을 보았노라 했다. 그 기자의 글을 보면 권력에 의한 죽음의 냄새가 느껴진다. 남산 중턱 타워호텔 18층의 나이트클럽에서 그녀는 세 번 네 번

밴드에게 똑같은 곡의 연주를 부탁했다고 한다. 잉글버트 험퍼딩크의 '릴리스 미'라는 노래. "나를 좀 놓아주세요. 떠나갈 수 있게 놓아주세요. 난 더 이상 당신을 사랑하지 않으니까요. 내게는 새로운 사람이 생겼답니다. 당신의 입술은 차갑지만 그이의 입술은 따뜻합니다." 라는 내용의 가사. 그녀는 일찍이 대학시절 메이퀸(오월의 여왕)으로 뽑힌 적도 있다고 하였다.

「불길 속의 마농」이라는 이 시는 정인숙을 서정적 자아로 내세워 쓴 시. 습작 노트를 보니 1972년 1월 22일에 완성시킨 작품이다. 한 달 전 1971년 12월 25일에는 명동에 있는 대연각호텔에서 화재 사고가 일어났었다. 불길이 치솟고 시커먼 연기가 뿜어져 나오는 호텔 객실 창문에서 숨막혀 괴로워하던 끝에 뛰어내려 죽는 이들도 있었는데, 그 모든 현장이 텔레비전으로 중계되었다. 사망 167명. 끔찍한 화재 사고였다.

그 전 해인 정인숙 살해사건이 있은 1970년 11월 13일, 청계천 6가 평화시장에서 열악한 노동현장을 견디다 못해 전태일이란 한 청년이 분신자살한 사건이 발생하였다. 그 사건은 모든 신문에 겨우 1단 기사로밖에 취급되지 않았다. 언제나 그랬다. 중요한 국내 뉴스는 외신기사를 통해 전해지거나 기사의 행간에 숨어 있기도 했으며 기껏해야 1단 기사로 나오는 게 고작이었다. 그리고 다방에서 수류탄을 들고 인질극을 벌인 무장 탈영병 이야기도 있었고, 불도저처럼 부수고 세우고 하는 밀어붙이기 식의 서울시 행정이 있었고, 도색잡지라 할 만한 주간지가 길거리에서 잘 팔리던 시기……

이 시는 이와 같은 시대 상황을 복합적으로 모자이크하여 쓴 것이었다. 대통령의 재선만을 허용한 헌법을 뜯어고쳐 '3선 개헌'을 전격적인 날치기 수법으로 통과시킨 건 1969년 9월이었다. 당시 절대적인 통치자는 절대로 헌법을 고치는 일은 없을 것이라고 장담했음에도 그게 몇 번째 거짓말을 한 건지 알 수 없었다. "소비가 미덕인 시대를 만들겠다."고 국민을 우롱하던 그의 말도 나는 지금 똑똑히 기억한다. 정말 암울한 시대, 엄혹한 한파가 몰아치는 겨울의 연속이었던 시대, 그게 제3공화국 시절이었다.

졸시 「불길 속의 마농」은 1972년 봄 《현대시학》의 '특집/ 60년대 50인집'으로 발표된 작품이다. 그리고 바로 그 해 몇 달 뒤에 이른바 '10월 유신'이 자행된다. 마농은 아베 프레보의 소설 「마농 레스코」에서의 여주인공 이름. 시작 노트에 이 시에서만은 모든 문장부호를 뺄 것이라는 다짐의 메모가 보인다.

(계간 《시와경계》 창간호, 2009년 봄호)

밤 버스를 타고

절망으로 가는 길만이 터널처럼 뚫린다.
겨울밤을 달리는 버스의 전방
아우성처럼 부딪쳐 오는 눈보라 속을
벌거벗고 뛰어가는 우리들의 마음.
흉측하고 거대한 손이
이 시대의 하늘에 떠서
주시하고 있다.
벗어날 생각은 말라,
너털웃음을 날리면서 날리면서 떠 있다.

―《現代文學》1974년 9월호

악몽 같은 시대 상황 속에서

겁도 없이 시를 쓰던 때가 내게도 있었다. 내 20대 때였다. 정신 없이 쓰고 또 썼다. 그것만이 내 삶의 가장 확실한 증거라고 생각되어서였다. 30대에 들면서 시 쓰는 일이 그렇게 신바람 나고 즐겁기만 한 건 아니라는 생각이 들기 시작하였다. 그리고 시를 쓴다는 일이 조금씩 힘에 겨워지고 감각이 둔해지는 것을 점점 구체적으로 느끼게 되었다. 꿈속에서도 시를 생각하던 지난 20대의 열정이 이젠 아득한 옛날처럼 생각된다. 내 죽은 뒤에도 나는 내 시를 걱정하리라. 그런 치기

만만하던 시절이 새삼 그리워진다. 시대 상황이 내 시에 역설적으로 힘이 돼 준 것은 옛날 시 노트를 보면 분명하게 드러난다. 악몽 같은 시월 유신(維新). 그 어두운 상황 속에서 나는 이런 시를 쓴 적이 있다.

　누구의 그림인가 기억이 확실하진 않다. 살바도르 달리였던가. 화면의 삼분의 이를 하늘이 차지하고 있는데 음산하고 불길한 구름이 흐른다. 어디선지 갑자기 나타난 거대한 붉은 손이 악마의 저주처럼 지상을 장악하고 있는 초현실주의의 그림인데 그것이 이 시의 중요한 모티브가 되었다. 겨울밤의 눈보라 속을 달리는 버스의 기억도 빼놓을 수 없을 것이다. 눈은 버스의 헤드라이트 불빛 속으로만 마구 펑펑 퍼붓는 것이었고, 어둠 속엔 아무것도 분간할 수 없었다. 나는 그것을 하나의 상징으로 받아들여 이 시를 썼다. 1974년의 일이다.
　불의와 왜곡된 시대 상황은 말하자면 그 무렵 내 시의 어쩔 수 없는 에너지가 되었고, 나는 거기에 어떤 설명을 부연하고 싶지는 않다. 그것은 80년대까지도 이어졌다. 그렇다고 내가 소리 높여 민중시를 쓴 건 아니라고 생각한다. 또한 그렇게 의식한 적도 없다. 의식한다는 것은 아무래도 시 스스로의 길을 구속하리라는 생각에서였다. 시가 스스로의 길을 갈 수 있도록 나는 나의 언어를 조종할 뿐. 그러면서도 나는 비교적 보수적인 태도를 잊지 않고 있었다. 시가 지나치게 신기에 빠지거나 전위를 앞세운 황당한 실험형식의 자기도취에 빠지지 않도록 경계하는 것이 그것이다.
　나의 시가 수많은 독자를 만나 공감을 얻고 오래 읽힌다면 그야 더 말할 수 없는 영광이겠지만, 나는 그런 소망을 가진다는 게 헛된 욕심의 발로라고 생각한다. 그저 시인은 제가 좋아서 천성으로 시를 쓰면 족하다. 사후(死後)의 평가에 기대어 보고자 함도 또한 허욕이다.

사람마다 키가 다르고 얼굴이 다르고 살아가는 방식이 다르듯, 시인들의 시 또한 마찬가지다. 잣나무 같은 시, 싸리나무 같은 시, 장미꽃 같은 시, 난초 같은 시… 내 시가 이름 없는 풀꽃 같은 시라 해도 좋고 그만도 못한 한 포기 잡초에 지나지 않는다 해도 나는 타인의 눈을 따갑게 느끼지 않을 것이다. 내 재주가 허용하는 시의 길이 그렇게밖에 되지 않음에랴.

    시의 길과 삶의 길에 대하여 요즘 많이 생각해 본다. 될 수 있으면 나는 그 두 길이 하나로 일치하기를 바라며 살지만 욕이나 얻어먹지 않으면 다행일 것이다. 어떤 시인은 간드러진 시로 사람들을 홀리는 기술이 대단하건만 그가 살아가는 삶의 길이 구역질나는 것을 보게 된다. 시인이 너무 많아서일까. 요즘 개방의 물결을 타고 저질의 싸구려 외국 농산물이 곧잘 국산 농산물로 둔갑하는 경우와 어쩌면 그리도 흡사한지. 자기 이익을 취하기 위해 삶의 길조차 손바닥 뒤집듯 하는 그런 시인은 아무리 큰 상을 받는다 하더라도 솔직히 시정잡배에 다름 아닐 것이다.

    시인은 평범한 인간보다 우위에 있다. 그래야 마땅할 시인이 인간 수준 미만의 삶을 택하고 그 길을 걷는다는 것은 아무리 당대의 비평가들이 침이 마르도록 그의 시를 칭찬한다 해도 그건 값싼 모조품에 지나지 않는다. 시는 언어의 기교가 아니다. 명예와 출세를 위해서 언어의 기교를 습득한 경우, 그것은 향기 아닌 악취를 풍긴다.

(2023. 3. 8)

검은 달이 쇠사슬에 꿰어 올린 강물 속에

은빛 서걱이는 강변에
바람 부는 갈밭, 검은
달이
애드벌룬처럼
기나긴 쇠사슬 끝에 매여 있다.

−임금님 귀는 당나귀 귀, 임금님 귀는 당나귀 귀

갈대는 여기저기서
단칼에 허리가 꺾인다.
허리 아래 드러난
복두장이의 피 묻은 너털웃음이
비비꼬여 달아난다.
쇠사슬을 절컥이며 절뚝절뚝 달아난다.

검은 달이
쇠사슬에 꿰어 올린 강물 속에
앙금으로 남은 귀엣말
시퍼렇게 녹이 슬려 인양된 뒤.

−《현대시학》 1980년 4월호

내가 본 것을 말할 수도 없던 시대

이 시를 쓴 것은 1979년 6월 9일입니다. 유신 독재 시절이지요. 유신헌법 위에 다시 대통령 긴급조치 1호, 2호…9호가 발동합니다. 유신헌법을 국민투표에 부쳐 통과시키는데 아마 세계에 그 유례가 없는 대대적인 부정선거였을 겁니다. 그를 위하여 하수인으로 동원된 건 전국의 초중고교 교원들이었습니다. 고등학교 교사인 나도 그 유신의 주구 노릇을 할 수밖에 없었습니다. 밤마다 주민들에게 찾아가 계도하는 사랑방 모임을 열고 유신헌법만이 국가를 부강하게 할 헌법이라는 선무공작을 펼쳤으며, 국민투표 당일 개표 현장에서 개표요원으로, 집계요원으로 종사한 이들도 선생님들. 행정관청에서 지시하는 대로 투표지 백 장 묶음 맨 위에는 찬성표를 장식하여 올리면 그걸로 끝이었습니다. 정당 참관인도 없고, 검표도 없고 물론 누구 하나 입 열고 항의하는 사람도 없는 기막힌 현장이었습니다. 사전에 책정된 98퍼센트던가 97퍼센트던가, 먼 뒷날 수정하여 확정 발표된 통계는 91.9%의 투표율과 91.5%의 찬성으로 통과된 것이 유신헌법입니다.

유신헌법을 비난하거나 반대하는 말을 하면 대통령 긴급조치 1호령에 의하여 체포되었고 군사재판에서 최고 징역 15년까지 처해질 수 있었습니다. 걸핏하면 빨갱이로 몰리고, 자칫하면 간첩으로 몰려 죽는 것도 유신시절엔 어렵지 않았습니다. 그 시절의 상황을 시로 그려내기에는 어쩔 수 없이 초현실주의적인 기법과 상징의 표현을 쓸 수밖에 없었습니다. 아무도 감히 독재자에게 비판적인 발언을 할 수 없었던 암흑과 공포의 시기. 이 시를 쓰면서 나는 살바도르 달리나 막스 에른스트, 혹은 르네 마그리트의 그림을 떠올렸습니다.

수많은 시민들과 젊은 학생들의 성토와 반대여론을 무릅쓰고, 아니 전국의 대학교 교문을 휴교령으로 닫아걸고 1965년 박정희는 필생의 소망이던 한일관계 개선을 위한다는 명분으로 굴욕적인 한일 협정을 졸속으로 체결하고 맙니다. 이것은 50년 뒤에까지 정신대 문제, 강제 징용 등의 문제를 해결하지 못하는 근본 원인으로 작용합니다. 그리고 1965년 그 해 미국의 요청으로 베트남에 공병부대인 비둘기부대를 시작으로 전투부대인 청룡, 맹호부대를 파병합니다. 2000년대에 밝혀진 프레이저보고서(1978년 10월 31일 미국 하원이 발간한 한미관계 보고서)에 보면 당시 베트남 파병 계약에 장병 1인당 월급을 2백 달러로 책정하였다고 합니다. 실제로 현지에서 장병들이 받은 월급은 기껏 30달러(나머지 170 달러는 박정희 개인금고로 들어갔는지 정부 기금으로 사용됐는지 밝혀진 바 없음)에 불과했습니다. 포항제철을 필두로 경제 개발 명분으로 대대적인 토목공사를 벌여 공장을 건설하기에 앞서 청와대 측근들은 그전에 미리 공사가 벌어질 땅을 알아두어 헐값으로 매입하여 막대한 보상비를 챙기거나, 그 부근에 건물을 지어 집값을 올리는 데 선봉에 섰습니다. 말하자면 오늘날 부동산 투기의 근원은 박정희의 경제개발에 빌붙은 측근들의 떡고물 나누기에서 비롯된 것. 결국 오늘의 부동산 문제의 원흉은 조국 근대화라는 명분을 세운 박정희 휘하의 배후에서 놀아난 그 측근들입니다.

1970년 6월 18일. 박정희는 청와대로 기시 노부스케를 초대하여 1965년의 한일 수교에 대한 공을 치하하여 수교훈장 광화장을 수여합니다. 기시 노부스케는 1936년 만주국 산업차관이었으며 당시 다카키 마사오(박정희)는 만주군의 청년 군관. 30년 세월을 건너 두 사람은 만주국 시절을 떠올리며 술잔을 부딪쳤습니다. 평소 청와대에서 기분 좋게 술에 취하면 대통령은 일본 군가를 즐겨 불렀다는 말이 전합니다.

두 번, 세 번 감언이설로 국민들을 현혹하는 거짓말로 삼선개헌을 하며 대통령직을 거머쥔 그는 급기야 1972년 가을 일본의 메이지 유신을 떠올린 듯 시월 유신(維新)을 선포합니다. 이제 더 이상 민주적인 선거제도에 의하여 집권하기가 어렵다는 것을 깨달은 그가 종신 집권을 위한 쿠데타 형식의 다른 무엇이 필요했던 겁니다. 그게 일본 메이지 유신을 모방한 시월유신이었지요. 한국적 민주주의라는 허울을 씌운 유신 체제는 엄밀히 보면 1인 독재의 강화 술책에 지나지 않았습니다.

1979년 10월 26일 궁정동 안가에서 김재규 중앙정보부장이 18년간 집권한 대통령 박정희를 저격한 사건(70년 전 만주 하르빈 역두에서 안중근 의사가 이토 히로부미를 저격한 바로 그날 10월 26일)이 터집니다. 그 이후 '안개 정국'이라는 신군부의 암중모색 기간이 계속되다가 1980년 5월 18일 광주의 대학살과 그에 맞선 시민들의 민중항쟁이 터집니다.

끓어오르는 분노와 억압된 슬픔을 다독이며 쓴 「검은 달이 쇠사슬에 꿰어 올린 강물 속에」는 궁정동의 10·26 사태를 지나 5.18 한 달 전 『현대시학』에 발표되었습니다. 무언지 모르지만 기분 나쁘고 암울한 속에 유언비어가 난무하는 안개 정국. 축축하고 음산한 안개를 헤치고 나타난 건 보안사령관 겸 중앙정보부장 전두환이었습니다. 그는 스스로 육군대장 진급을 하고, 예편을 하고, 마침내 유신헌법의 도움을 받아 장충체육관에서 단독 출마하여 대통령으로 군림하며 화려한 저녁 아홉시 '땡전 뉴스 시대'를 열었지요.

내가 전주고등학교 2학년 때입니다. 1960년 3월, 대통령과 부통령을 뽑는 선거가 치러졌는데 이승만 자유당 정부는 전국적으로 3인조, 5인조로 부정선거를 저질렀고 그에 항거하는 시민과 학생들의 데모가 전국에서 들불처럼 타올랐습니다. 4월 19일 학생들의 시위대가 경무대(뒷날의 청와대)를 향하여 가는 것을 저지하여 경찰들이 쏜 총탄에 수많은 학생들이 피를 흘렸습니다. 그 한주일 뒤 만 12년간 1대, 2대, 3대 대통령을 지낸 이승만이 물러났습니다. 김수영 시인은 그 4월 26일 아침에 "대한민국의 방방곡곡에 안 붙은 곳이 없는/ 그놈의 점잖은 얼굴의 사진을/ 동회란 동회에서 시청이란 시청에서/ 회사란 회사에서/ (…)전국의 국민학교란 국민학교에서 유치원에서 선량한 백성들이 하늘같이 모시고/ 아침저녁으로 우러러보던 그 사진은/ 사실은 억압과 폭정의 방패이었느니/ 썩은 놈의 사진이었느니/ 아아 살인자의 사진이었느니/ (…)무서워서 편리해서 살기 위해서/ 빨갱이라고 할까보아 무서워서/ 그저그저 걸어만 두었던/ 흉악한 그놈의 사진을…"「우선 그놈의 사진을 떼어서 밑씻개로 하자」는 시를 썼습니다. 다시 공명정대한 대선이 치러졌고 새로운 윤보선 대통령과 장면 총리의 민주당 정부가 들어섰습니다.

　아, 얼마나 고대했던 민주주의 정부였던가. 그러나 민주당 정부가 면밀한 국가 경제개발 5개년 계획을 구상하고 미처 실행에 옮기기도 전, 합법적인 민주 정부를 무너뜨린 1961년 5·16 군사쿠데타가 4.19 이후 1년 만에 나타났습니다. 그건 악몽이었습니다. 이때 무슨 혁명공약이 전단지로 날아다녔는데 열 가지 항목이 적혀 있고 말미에 육군중장 장도영이란 계엄사령관 이름이 있었습니다. 혁명 공약 마지막 항목은 국가가 안정되면 즉시 군은 군 본연의 임무에 복귀한다는 것이었습니다. 그런데 1년 뒤 슬그머니 국가재건최고회의 의장은 장도영에서 박정희 소장으로 바뀌어 버립니다. 그리고 군 본연의 임무로 돌아가겠다는 혁명공약 마지막 항목은 흔적 없이 사라지고 박정희의 거짓말은 세 번, 네 번 세월 따라 거듭되었습니다.

(계간《시인시대》2022년 봄호)

대문에 태극기를 달고 싶은 날

포켓이 많이 달린 옷을
처음 입었을 때
나는 행복했지.
포켓에 가득가득 채울 만큼의
딱지도 보물도 없으면서
그 때 나는 일곱 살이었네.

서랍이 많이 달린 책상을
내 것으로 물려받았을 때
나는 행복했지.
감춰야 할 비밀도 애인도
별로 없으면서
그 때 나는 스물 일곱 살이었네.

그러고 나서 십 년도 지나
방이 많은 집을 한 채
우리 집으로 처음 가졌을 때
나는 행복했지.
그 첫 번째의 집들이 날을 나는 지금도 기억해
태극기를 대문에 달고 싶을 만큼
철없이 행복했지.

그 때 나는 쓸쓸히 중년을 넘고 있었네.

(1984. 6. 17)

우리 집의 독립기념일

초등학교 졸업 앨범을 보면 나는 상고머리에 스웨터를 입고 있다. 가로로 잿빛 굵은 줄이 그어진 밤색 스웨터로 누나가 짜 준 단벌 옷이었다. 그 스웨터를 입고 중학교 입학시험을 치렀다. 2월인데도 누나의 분홍색 털목도리를 두르고 추위에 떨던 그날의 기억이 그 사진을 보면 새삼스러워진다.

중학교에 입학하고 교복을 처음 맞춰 입었을 때의 기쁨이란 요즘 자라나는 애들은 아마 짐작하기조차 어려울 것이다. 윗저고리에 속주머니가 달려 있는 게 그렇게 좋을 수가 없었다. 금빛 샛노란 교복 단추를 반짝반짝 윤이 나게 닦기도 하고, 모표와 학교 배지도 그렇게 열심히 닦았다. 3년 동안 입을 옷이거니 해서 미리 좀 헐렁하게, 넉넉한 품을 재어 입는 옷이건만 내 몸에 맞춘 옷이란 점에서 철없이 좋았다.

우리 집이 셋방으로 떠돌기 시작한 건 내 고등학교 1학년 때부터였다. 처음엔 단독 전세에서, 대학교를 졸업할 땐 단칸방으로 줄어들었다. 졸업 후 직장을 가지고 나서야 겨우 다시 방 세 개짜리 전세로 불릴 수 있었는데 그 시절에 결혼도 하고, 아이들 셋을 연년생으로 두게 되었다.

내 나이 열 한 살 때 돌아가신 아버지 당신께서도 집 한 채 없이 늘 관사로만 떠돌아다니던 걸 생각하면 집이야 일찍 가지는 게 아니라는 생각이 허물없어지곤 했었다. 그러다가 도시로 옮겨와 살게 되니 그게 아니었다. 양옥집의 이층에 어머니, 애들 셋, 우리 내외 여섯 식구가 숨도 크게 못 쉬고 살다가 집주인이 여섯 달 만에 방을 비워 달라고 하지 않는가. 해도 너무한다 싶었다. 그 동안 저축했던 돈이라고 해야 새 집을 사기엔 턱없이 적었다. 여기저기서 빚을 얻고 큰 무리를 해서 변두리 구석진 곳에 어렵사리 집을 마련할 수 있었다. 지금도 기억난다. 그 청명한 10월의 어느 토요일.

　　10월은 예전엔 국경일이 많아서 좋았다. 1일은 국군의 날, 3일은 개천절, 9일은 한글날, 24일은 국제연합일. 그 무렵 국경일의 날짜에는 달력마다 곱게 태극 마크가 찍혀 있지만 요즘은 그냥 날짜의 숫자만 붉은 잉크로 찍혀 나온다. 나는 10월 달의 날짜 중 그 하루를 찾아 태극 마크를 그려 넣었다.
　　"아빠, 그 날이 무슨 날이야?"
　　막내의 물음에 나는 엄숙하게 말해 주었다.
　　"우리 집 독립기념일!"

(2002. 11. 7)

하수구를 뚫으며

원한보다 질긴 폭력이 조직적으로
꽝꽝 다지고 뭉친 모양이다.
좁고 캄캄한 하수구 속에 틀어박혀서
위에서 아래로 흐르는
물의 흐름을 완강히 거부하는 것,
아래로 흐르는 물길이 막혀서
물은 부엌 바닥을 기어오르고
대문간의 문지방까지 넘보고 있다.
무엇일까,
촘촘한 수채 그물로 배추 이파리랑
질긴 찌꺼기들을 걸러내곤 하였는데,
아내의 법망에도 걸리지 않고
빠져나간 불순분자가 있는 모양이다.
꽉 막힌 하수구 속을
철근으로 쑤시고 쑤셔서 끌어낸 것은
정작 확고한 조직도 없이
머리를 감을 때마다 실없이 빠져나오던
머리카락, 혹은 신경만 남은 야채의 섬유질.
그랬구나,
힘없는 너희들이 무서운 절망으로
소리 없이 뭉쳐 있었구나.

낮은 데로 낮은 데로 흘러가는 물살에 잠겨
소리 없이 뭉쳐 있었구나.

(1980) 시집 『全羅道 詩人』 1982

막히면 넘치는 어떤 여름의 삽화

　1979년 여름이었다. 집중호우가 쏟아질 때였다. 평소에 아무렇지도 않던 하수구가 꽉 막혀버렸다. 갑자기 요지부동으로 꽉 막힌 하수도로 인하여 집안은 말이 아니었다. 아이들이 대문을 열어 젖히고 마당의 물을 골목으로 퍼넘긴다, 아내는 아내대로 종아리까지 찰랑거리는 부엌에 들어찬 물을 마당으로 퍼넘긴다 하며 야단들이었다. 시간이 갈수록 시멘트로 발라진 마당과 부엌의 물은 불어나고 있었고, 빗줄기는 사나운 기세를 멈출 기색이 아니었다.
　마침내 집의 구조물 전체를 위험에 빠뜨릴 요량인 듯 빗물은 그득그득 넘쳤다. 마당 한가운데 있는 하수구의 네모난 덮개를 끙끙거리며 들어 올려 보았다. 시커먼 흙탕물 속에 손을 집어넣어 보았다. 거기 좁고 캄캄한 속에 무언가 있었다. 그것을 끄집어내었다. 그러나 근본적으로 크게 물길이 시원스럽게 뚫린 것 같지는 않았다. 대문 밖 골목으로 나와 이웃집과 공동으로 사용되는 하수관을 기다란 철근으로 쑤셔 보았다.
　사실 그것의 하찮음에 싱거운 웃음이 터져 나왔다. 놀랍게도 하수관 속에는 시궁과 머리카락 뭉치와 야채의 찌꺼기들이 한데 엉키어 그렇듯이 막강한 힘을 발휘한 것이 아닌가. 그것들이 하수관의 사분의 삼쯤을 틀어막고 나머지 사분의 일쯤으로 평상적인 배수의 구실을 했었는데 갑자기 많은 비가 쏟아지자 물길이 제 길을 잃은 것이었다.

    물길은 제대로 뚫려야 한다. 한 가정에서도 그렇고, 작은 집단이나 큰 조직체에서도 마찬가지로 물길은 뚫려야 한다. 그래야만 비로소 물길이 범람하는 무서운 위협으로부터 안전할 수 있으리라고 나는 생각해 보았다.

    이 시를 쓸 무렵, 우리나라의 정치, 사회적 분위기는 국민들이 제대로 하고 싶은 말을 할 수 없었던 저 어두운 유신체제 말기였다. 언로(言路)가 막히다 막히다가 결국 그것이 '부마(釜馬) 항쟁'과 '10·26'으로 터지고 만 것은 필연이었다. 여기에 이 시의 상징적 의미가 있다.

(2002. 11. 5)

카인의 새벽

새벽이었다.

헬리콥터의 프로펠러 소리
전차의 캐터필러 소리
소리에 소리가 섞이며
점점 가까이 다가오고 있었다.

투항하라, 투항하라, 투항하라,
눈이 시린 하늘 하느님보다 높이 뜬
군용 비행기에서
아카시아 꽃잎 같은 전단이 떨어져내려
피레네의 성을 빠져나간 이웃은
이 새벽 저 소리를 들었을까.

쥐새끼처럼 처참하게
옆구리에서 창자가 삐져나와 죽어버린
젊은이의 얼굴은
온통 페인트로 회칠돼 있었다고
말해 주던 친구도
그 새벽에 울고 있었던 것을.

라디오에선 '콰이강의 행진'도 경쾌한
오월의 새벽.

밤이면 밤마다 이불을 뒤집어쓰고
아흐레 동안을
우리가 기다린 것은
빈주먹이나 불끈 쥐어 보는 아 허망한
한 줌의 비겁,
소리 없는 눈물이었던가.

이윽고 문 밖 어디쯤에서
피보다 검붉은 총성이 빗발치기 시작했다.

국민학교 담벼락에
붉고도 붉게 장미꽃이 피어난 것을
며칠이 지난 뒤
살아남은 우리는 아무 일도 없었던 듯
무심히 지나쳐 갔다.

시집 『칼레의 시민들』 1992

캄캄하게 고립된 내륙의 섬에서

    오월입니다. 아카시아 꽃이 하얗게 피는 계절. 그해 5월 우리는 광주에 살았습니다. 전남대학교 농대 뒤쪽에 있는 새마을, 서구 용봉동 696-32번지. 내 손으로 처음 장만한 집이었습니다. 대지 33평에 건평 18평 이태리식 주택이라든가 그랬지요. 대문 우측 문설주에 내 이름을 새긴 문패를 달고 얼마나 흐뭇했는지 모릅니다. 어머니를 모시고 우리 내외는 병아리 같은 아이들 셋을 데리고 살았습니다. 우리 집에서 직장인 S고등학교까지는 걸어서 십오 분 정도 거리였습니다.

1980년 내 나이 서른일곱. 그 전 해에 고정희, 국효문, 김종, 김준태, 송수권, 허형만 등과 함께 우리 젊은 7인은 《木曜詩》동인지 2집을 냈지요. 큰딸이 초등학교 2학년, 가운데 장남이 유치원생, 막내딸이 다섯 살이었을 것입니다. 5월 18일 오후 시내에 나갔다 돌아온 아내가 무서운 얘기를 들려줬습니다. 얼룩무늬 군복을 입은 군인들이 몽둥이를 들고 대학생 아이들만 보면 마구잡이로 붙잡아 두들겨 패는데 피가 터져도 아랑곳하지 않더라고, 그런 광경을 시내버스를 타고 오며 보았다고 했습니다. 전날 밤만 해도 금남로에서 대학생들이 횃불시위를 벌였어도 행진을 마치고 거리의 쓰레기까지 말끔히 청소하였다는 말을 들었는데……. 공수부대라고 했습니다. 그들은 대학생만 눈에 띄면 끝까지 뒤쫓아 가서 흠씬 두들겨 팬다고 했습니다. 그래서 집집마다 대학생 아이들을 지하실로, 어디로 숨긴다고 야단이었습니다.

시외전화가 불통이 되어버렸습니다.
광주역에 들고 나는 열차도 끊어져버리고, 버스도 끊겼습니다. 그나마 다행인 건 시내 전화만 숨통을 트이게 통화가 가능했습니다. 그로부터 광주는 완전히 외부와 고립된 내륙의 한 개 섬이었습니다. 물론 시내버스도 다니지 않았으므로 무슨 소식을 듣기 위해서는 시민들이 많이 모인 금남로 분수대 부근까지 가는 게 고작이었습니다.

자전거로 혹은 도보로 가는 도리밖에 없었습니다. '부처님 오신 날'이던가, 금남로에서 시위대와 공수부대가 대치한 가운데 시민들을 향한 최초의 조준 사격이 가해졌습니다. 그 당시 시위 군중이 30만 명이었다고 했습니다. 그 이후 택시부대의 도청 진격이 있었고, 파출소 무기고에서 너도나도 총기를 찾아낸 시민들은 무장을 하기 시작했습니다. 공수부대가 시 외곽으로 퇴각을 하고 시내 치안은 시민군들이 자발적으로 맡아서 돌보게 되었지요. 부상당한 사람들에게 병원에서 헌혈하는 여학생이며 시민군들에게 주먹밥을 나눠주는 젊은 아낙들이며…….

광주에서 벌어진 이렇게 처참하고 야만적인 참상이 벌어지고 있음에도 불구하고 텔레비전에서는 미스코리아 선발대회를 중계하고 태평할 뿐이라서 얼마나 분통이 터질 지경인지 몰랐습니다. 도청 앞 상무관에는 차마 눈으로 보기 어려운 참혹한 주검들이 관 속에 들어 있고. KBS도 MBC도 모두 거짓말만 앵무새처럼 뉴스라고 방송하고 있었습니다. 금남로에서 가까운 MBC 사옥이 불타게 된 것도 조작된 허위 사실만 보도하는 데 격분하여 시민들이 화염병을 던져 불지른 결과였습니다.

이따금 하늘에 높이 뜬 비행기가 선무방송을 하는 소리가 아스라하게 들렸습니다. 저런 방송이나 삐라를 뿌리는 게 아니라 저런 비행기에서 광주 시내에 폭탄을 투하한다 해도 우리 시민들은 꼼짝없이 당할 수밖에 없겠구나, 그런 공포와 절망이 실감되었습니다. 우리가 외부와 고립된 채 여기서 무참하게 학살된다 해도 제대로 알려지지 못하고 개죽음으로 끝날 건가, 그게 너무나 원통하고 분할 뿐이었습니다.

5월 27일 새벽.

다급하고 앳된 젊은 여성의 목소리가 가두방송으로 들렸습니다. "시민 여러분, 지금 계엄군이 시내로 쳐들어오고 있습니다."

차를 타고 다니며 방송하는 그 목소리를 막 잠결에서 깨어나 듣는 순간, 무서운 탱크의 굉음도 묵직하게 들리기 시작하였습니다. 아, 어쩌나, 차마 밖으로 나가볼 수도 없이 비겁한 자신이 부끄럽고 죄스러워서 그 새벽 울음을 참을 수 없었습니다. 라디오를 켜자 경쾌한 「콰이강의 행진」이 당당하게 들려나오고 "지금 폭도들을 소탕하고 있으니 시민 여러분들은 집 밖으로 절대 나오지 말라"는 무서운 경고 방송이 나오고 있었습니다.

그리고 낮게 떠서 날고 있는 요란한 헬리콥터 소리에 섞여 몸서리쳐지는 총소리, 총소리……

그로부터 34년이 흘렀습니다.

그 새벽 광주 시민 모두가 가두방송이라고 들었던 여성의 목소리, 그 주인공이 밝혀진 기사를 대하고 그날의 기억이 떠올랐습니다. 그 당시 전남대 사범대 음악교육과 졸업반이었다는 목소리의 주인공은 올해 56세라는 신문기사를 대하며 나는 세월의 무상을 느낍니다.

1980년 5월 27일 그 새벽의 뼈아픈 자책과 어쩔 수 없이 비굴한 심경을 눈물로 쓴 졸시 한 편, 아래에 다시 옮겨봅니다. 시집 『칼레의 시민들』은 그로부터 12년 뒤에 낸 시집이지만 살아서 빚진 자의 심정으로 고스란히 '5월 광주'만을 기록한 시집입니다.

(2014. 5. 18)

겨울 가로수

하는 수 없구나 인제는
자기 몫의 추위를 안고
걸어가자
아들아, 우리가 걸어야 할
길은 아득하고
건너야 할 강과 밤은
아직 많은 것을

이 겨울 사금파리로 빛나는
아침 햇살을 나눠 받아
맨살의 가지에 걸치고
뿌리로 뿌리로 내려가자
내려가서는
아슬한 물소리 속에
한때의 헛소문으로 더럽혀진
귀도 씻고
눈도 씻을 일이다

가자, 아들아
우리들 헐벗은 등허리에 스치는
한 움큼 눈보라도

넉넉한 꽃으로 피우면서
제 몫의 아픔이라면
한 움큼씩 녹이면서
살아갈 일이다.

(1986. 12. 3 조선일보)

1986년 11월 26일의 생각

어젯밤이었다. 시내의 어느 모임에서 돌아오는 길이었다. 용봉동 가는 27번 시내버스를 금남로에서 기다리고 있었다. 하루 사이에 날씨가 이렇게 달라질 수 있단 말인가. 추웠다. 버스를 기다리고 있으니 더욱 추웠다. 거리에서 나처럼 시내버스를 기다리는 사람들 모두가 추워 보였다. 잎을 죄 떨구고 서 있는 은행나무 가로수 밑에서 어깨를 잔뜩 웅크린 모습들. 가령 우리가 따뜻한 손으로 서로의 손을 잡고 추위를 조금씩 덜려고 하여도 그것은 어려울 게라는 생각이 들었다. 이 겨울에 어차피 우리는 제각기 주어진 몫만큼의 추위에 시달려야 하리라. 어쩔 수 없이 맡아야 할 자기 몫의 추위. 나는 그런 생각을 가져보았다.

내 아들이 자라면서 나랑 같이 목욕 가는 때가 많아졌다. 즐거운 일이다. 아빠의 등도 곧잘 밀어주는 것이 대견하기도 하다. 자그마하고 도톰한 아들의 손을 잡고 목욕탕을 나와 골목길을 걸어가면서 '내가 너와 함께 이렇게 손잡고 가는 날이 앞으로 몇 번이나 남았을까' 하고 생각해 보았다. 벌써 내 나이도 사십대 중반이니 그런 기회도 사실 많지 않을 것이다. 메마른 나뭇등걸 같은 내 손아귀에 전해 오는 아들의 따스한 체온이 그래서 더욱 사랑스러웠다. 우습게도 부자유친(父子有親)이라는 단어가 불쑥 떠오르기도 했다.

사람이 살아간다는 것, 제각기 살아간다는 것도 결국은 자기 몫의 주어진 운명에 부대껴야 하는 걸 뜻할 것이었다. 그것을 나는 나보다 더운 아들의 체온을 느끼며 잡은 손에 힘을 주어 전해주고 싶었다. 마음으로 전해주고 싶었다.

여름철의 무성한 이파리들을 모조리 떨구고 을씨년스럽게 서 있는 거리의 가로수들. 아스팔트 양편에 나뉘어 늘어선 가로수들이 마치 어디론가 먼 길을 걸어가고 있는 그런 모습으로 비쳐졌다. 어디로 가는 걸까, 이 겨울에 저 나무들이 다정히 손잡고 가는 곳은. 나무와 나무가 손잡고 도란도란 끝없이 걸어가는 곳은.

이 시는 어느 신문의 청탁을 받고 쓴 것인데 발표 당시엔「나목(裸木)」이었다. 나중에 생각해보니 너무 흔한 제목이라서「겨울 가로수」로 고쳐 시집에 수록하게 되었다.

(2002. 10. 15)

지상의 봄

별이 아름다운 건
걸어야 할 길이 있기 때문이다.

부서지고 망가지는 것들 위에
다시 집을 짓는
이 지상에서

보도블록 깨어진 틈새로
어린 쑥잎이 돋아나고
언덕배기에 토끼풀은 바람보다 푸르다.

허물어진 집터에
밤이 내리면
집 없이 떠도는 자의 슬픔이
이슬로 빛나는 거기

고층 건물의 음흉한 꿈을 안고
거대한 굴삭기 한 대
짐승처럼 잠들어 있어도

별이 아름다운 건

아직 피어야 할 꽃이 있기 때문이다.

―《현대시》1991년 3월호

집을 잃고 떠도는 이의 슬픔

철들며 우리 집이 없이 산다는 것, 집 없는 설움, 그 막막한 설움을 느낀 시기에 내 소년 시절은 거기서 끝났다. 초등학교 5학년이 끝나갈 무렵. 아버지가 돌아가셨다. 서석초등학교 5학년 소년이 살던 그 마지막 집을 기억한다. 광주시 서석동 당산나무 골목. 집 앞의 골목으로 나가면 남동 성당이 나오던가 그랬다. 지금도 기억은 선명한데 결혼하고 한참 지난 삼십대 중반부터 삼십 년을 광주에 내리 살면서도 옛 집터 근방을 정확하게 찾아내지를 못했다. 사세청(국세청) 관사였는데…. 이후 집이 없는 것과 아버지의 부재는 동전의 앞이며 뒤와 같은 의미였다. 아버지가 우리 집이었다.

노태우 정부 시대의 몇 해를 살았던 광주시 북구 용봉동 147-14번지. 전남대 후문 쪽의 골목에 위치한 대지 33평에 지어진 집이었다. 그래도 내 집이라고 문패를 붙이고 살았고, 현관 밖에 애완견도 길렀다. 시내버스를 타고 출근하기 위해 큰길로 나설 때 허물고 있는 집을 보았다. 포클레인으로 낡은 벽을 철거하고 더 깊이 땅을 파는 작업 현장을 몇날 며칠 바라보았다. 아마도 그 자리엔 최소한 사오층의 건물이 가난한 이의 꿈을 허물고 들어설 것 같았다. 허물어진 집의 주인이 그 자리에 새로운 빌딩을 짓는 것으로 보이진 않았다. 집을 잃고 떠도는 이의 슬픔이 풀꽃에 맺히는 새벽이슬로 빛날 것이었다. 그럴지라도 나는 이 지상에 봄이 오면 비록 멀리 있는 별빛은 슬픈 사람들의 앞

날과 소망을 비춰 주리라 믿고 싶었다. 슬픈 사람들을 말없이 비춰주는 별은 그렇게 아름다운 존재였다.

    이 시는 1990년 4월에 썼고, 시집 『칼레의 시민들』에 수록한 작품. 해설을 몇 달이나 늑장부리며 늦게 써준 평론가가 그나마 이 작품을 대수롭지 않게 지나쳐버린 것이 나는 못내 유감스러웠다.

(2023. 3. 4)

우리가 만나자는 약속은

사람 사는 일이란
오늘이 어제 같거니, 바람 부는 세상.
저 아래 남녘 바다에 떠서
소금 바람 속에 웃는 듯 조는 듯
소곤거리는 섬들.
시선이 가다 가다 걸음을 쉴 때쯤
백련사를 휘돌아 내려오는 동백나무들
산중턱에 모여 서서 겨울 눈을 생각하며
젖꼭지만한 꽃망울들을 내미는데,
내일이나 모레 만나자는 약속
혹시 그 자리에 내가 없을지 네가 없을지
몰라, 우리가 만나게 될는지.
지푸라기 같은 시간들이 발길을 막을는지도.
아니면 다음 달, 아니면 내년, 아니면 아니면
다음 세상에라도 우리는 만날 수 있겠지.
일찍 핀 동백은 그렇게 흰눈 속에
툭툭 떨어지겠지.
떨어지겠지, 단칼에 베어진 모가지처럼
선혈처럼 떨어지겠지.
천일각에서 담배 한 모금, 생각 한 모금.
사람 사는 일이란

어제도 먼 옛날인 양 가물거리는
가물거리는 수평선, 그 위에 얹히는
저녁놀만 같아서.

—시집 『푸른 심연』 2005

바다를 보며 동백꽃이 진다

　고 시인. 안녕하세요? 날씨가 아닌 게 아니라 십일월 초순의 요즘 날씨가 갑자기 가을을 생략하고 겨울로 들어서는 듯해서 스산하고 쓸쓸합니다. 어젯밤엔 눈이 온 모양인데 동네에는 자취도 없고 학교 가는 버스에서 보니 산에는 눈이 희끗희끗 덮여 있었습니다.

　한 주일 전에 강진문화원에 있는 소설가 S씨로부터 『강진문화』의 책머리에 실을 시 한 편의 청탁을 받았습니다. 강진과 관련되는 내용의 시 한 편을 써 달라는 겁니다. 강진―다산 초당이 있고, 백련사가 있고, 만덕산의 동백 숲이 있고, 그리고 청자 도요지가 있는 곳. 다산 초당과 백련사는 십여 년 전에 가 본 적이 있었습니다. 백련사 절 마당에서 보는 남해 바다와 그 아래 동백 숲. 바다를 바라보며 뚝뚝 떨어지는 동백꽃은 상상만 해도 처연한 느낌이 있습니다. 동백꽃은 붉다 못해 검붉은 꽃, 차라리 핏빛입니다. 꽃이 활짝 핀 그대로 통째로 떨어지는 게 왠지 안타깝고 구슬픕니다.

　원고 청탁을 받고 허락한 그 시간부터 마음속에서 섬광처럼 무얼 써야겠다는 생각이 떠올랐습니다. 그리고 청탁받은 시가 써질 때까지의 며칠간은 온통 거기에만 생각이 미치는 이상한 버릇이 있습니다. 「우리가 만나자는 약속은」도 그랬습니다. 백련사… 동백꽃…. 마감 전의 한 주일 내내 이 생각에 사로잡혀 지냈습니다. 백련사 절 마당은 한 눈에 다도해를 내려다 볼 수 있는 시원한 곳. 이런 풍경 앞에서 '아, 이 바다랑 저 섬들을 오롯이 같이 보고 싶은 사람, 이 다음에 함께 와서 볼 수 있다면…' 절을 내려오며 동백나무 숲을 만납니다. 몇 굽이를 돌아 천일각에서 잠시 쉬며 담배 한 대 피우고.

이 시에서 '우리'는 '너와 나'이기도 하고, '동백꽃과 나'이기도 합니다. 두 가지 다 가능하게 느낄 수 있도록 쓰려 했는데 모르겠군요, 제대로 되었는지.

(2002. 11. 9)

빈 손의 기억

내가 가만히 손에 집어든 이 돌을
낳은 것은 강물이었으리.
둥글고 납작한 이 돌에서 어떤 마음이 읽힌다.
견고한 어둠 속에서 파닥거리는
알 수 없는 비상의 힘을 나는 느낀다.
내 손 안에서 숨쉬는 알,
둥우리에서 막 꺼낸 피 묻은 달걀처럼
이 속에서 눈뜨는 보석 같은 빛과 팽팽한 힘이
내 혈관을 타고 심장에 전해온다.
왼팔을 창처럼 길게 뻗어 건너편 언덕을 향하고
오른손을 잠시 굽혔다가
힘껏 내쏘면
수면은 가볍게 돌을 튕기고 튕기고 또 튕긴다.
보라, 흐르는 물 위에 번개 치듯
꽃이 핀다, 핀다, 핀다.
돌에 입술을 대는 강물이여
차갑고 짧은 입맞춤
수정으로 피는 허무의 꽃송이여.
내 손에서 날아간 돌의 의지가
피워내는 저 아름다운 물의 언어를
나는 알지 못한다.

빈 손아귀에 잠시 머물렀던 돌을 기억할 뿐.

―《현대시학》 2005년 10월호

흐르는 물 위에 번개 치듯

소년시절부터 저수지나 냇가에서 나는 물수제비 뜬 기억이 많다. 서귀포의 쇠소깍 바닷가에서 물수제비를 뜨기도 했다. 동글납작한 돌, 손아귀에 쏙 들어오는 그런 돌을 손에 들고, 수면에 스칠 듯 말 듯 돌을 내쏘아야 하므로 알맞은 돌을 고르는 게 중요했다. 창던지기 자세처럼 왼 팔을 건너편 언덕을 향해 뻗고 오른손으로 힘껏 수면을 비스듬히 끌어당겨 던진다. 햇빛이 눈부신 가을날 오후였다.

아이들 셋을 데리고 아버지 산소를 돌아보고 오는 길. 전라북도 정읍군 산내면 매죽리. 웃매대 산허리에 묘소가 있고 아랫매대를 거쳐 칠보 방향의 차도로 올라서야 했다. 아랫매대 개울에서 종아리를 걷어붙이고 다슬기를 잡고 아이들은 신바람이 났다. 나는 허리 굽혀 물수제비 뜰 돌을 찾는다. 추석 무렵 아직 따가운 햇살에 달궈진 돌이 뜨겁진 않아도 온기가 넉넉하였다. 파팟팟팟… 힘껏 내쏜 돌멩이는 날아서 수면 위를 담방 담방 담방, 몇 차례 스프링처럼 튀어오르다가 스르르 잠긴다. 그 순간의 은빛 물방울들. 수정의 꽃이 핀다고나 할까 찰나의 환호성이 들릴 듯한 광경이다.

손아귀에 쥐며 느낀 돌의 온기를 나는 둥우리의 갓 낳은 달걀에서 느껴본 적이 있었다. 어떤 달걀은 살짝 핏기가 스친 것도 있었다. 알은 생명체다. 비록 돌은 무생물이며 광물일 터이지만 수면에서 아주 짧은 찰나에 물을 만나 수정 왕관 같은 꽃, 영원한 생명을 피운다고 생각했다. 하나, 둘, 셋, 넷⋯. 그 찬란하고 가슴 떨리는 순간의 은빛 개화를 어떻게 말로 다 그려낼 것인가. 존재에 대한 순간의 자각. 그러나 너무나 짧게 그것은 무로 돌아간다. 아름다웠던 존재의 허무. 연속적으로 나타나는 수정 꽃송이의 현현을 나는 시에서 어떻게 표현하나 고심하다가 "흐르는 물 위에 번개치듯/ 꽃이 핀다, 핀다, 핀다"라고 써내려갔다. "돌에 입술을 대는 강물이여/ 차갑고 짧은 입맞춤"을 또한 아름다운 물의 언어라고 생각하였다. 유장한 물의 흐름에 비하면 그 수면에 나타날 수 있는 황홀의 극치는 얼마나 짧은 순간의 섬광일 것인가.

내가 대표 시라고 꼽을 수 있는 이 시는 2005년 9월 12일 초고를 썼고, 그해 《현대시학》 10월호에 발표했다(이 시를 주목한 이가 당시엔 아무도 없었다). 2017년 한국시인협회는 2017년 9월 14일부터 17일까지 3박 4일간 알펜시아 리조트에서 평창 동계올림픽 성공을 기원하는 문화올림픽의 일환으로 〈한중일 시인 축제〉를 개최하였는데 그 3개국 합동 시집에 나는 이 시를 냈다. 일본 시인들 너댓 명이 합동 시집을 읽은 그날 저녁 나를 찾는다는 말을 들었다. 매력적인 시라고, 환상적인 시라고 반겨줬고 일본 후쿠오카의 시인 야치슈소(谷內修三)는 귀국한 다음 이메일로 그 시에 대한 에세이를 내게 보내줬다.

"2017년 9월 14일~17일까지 서울과 평창에서 〈한중일 시인 축제〉가 열렸다. 그것을 기념해서 『2017 한중일 시인 축제 시선집』이 발행되었다. 그 책 속에 아주 매력적인 시가 있다. 강인한의 「빈 손의 기억」이다."

라고 소개한 "아름다운 감동과 눈부신 무음 교향악의 매력 −강인한 「빈 손의 기억」"이란 제목의 에세이(원고지 30매)다. 나는 카페 〈푸른 시의 방〉과 시집 『두 개의 인상』(2020)에 우리말로 옮긴 그 에세이를 실었다.

(2023. 2. 17)

스크램블드에그를 만드는 여자

달걀에 우유를 섞어 당신은 힘차게 휘젓는다
차려 자세의 벚나무 두어 그루 창밖에서
스크램블드에그를 기다리는 동안
만성소화불량의 기색으로 바라보는 시선을 느낀다
내 사랑, 한때는 멋진 남자였는데

비의 씨앗을 잉태한 보랏빛 구름은
추억을 기울여 과일 접시 속으로
사월의 꽃향기를 가만가만 흘려 넣는다
시들어버린 야망, 시들어버린 사랑을
뱃속에서 지우고
당신은 붉은 핏방울을 방울방울 떨군다
번져가는 불길한 소문처럼 카펫이 붉게 물든다

당신이 내다보는 남쪽
창밖으로 초록빛 느린 시간이 흘러가고
한꺼번에 붉은 물감이 쏟아진다
죽은 포도나무 가지는 붉은 식탁보를 넘어
당신 몸을 뚫고 주방의 붉은 벽지를 타고 오른다

벽에 걸린 새빨간 태피스트리의 문양에

검은 번개가 긁힌다.

—《현대시》 2009년 5월호

「붉은 방」에 출렁이는 아라베스크 검은 문양

앙리 마티스의 그림 「붉은 방(The Red Room, 1908)」의 강렬한 색감이 문득 시 한 편을 촉발시킨다. 어디부터서 시작된 선홍빛 색채일까. 검정 정장에 하얀 에이프런을 두른 여인이 고개를 가만히 숙여 꽃병인지 과일 그릇인지 매만지는 매우 조심스런 동작. 선홍색은 식탁 위로, 그리고 그 너머 벽 전체에 가득하다. 방 전체가 선홍색으로 온통 충만한 상태다. 이 방을 '붉은 방'이라고 명명해도 될 것이다. 이 방에서 왼쪽 구석에 의자 건너 큼직한 창이 하나 숨통을 틔워주는 구실을 하는 셈으로 그 창 밖에 푸른 정원과 잔디밭이 보이고 세 그루의 벚나무가 환하게 꽃을 피우고 섰다. 정원의 위쪽으로 비를 머금은 보랏빛 하늘이 펼쳐져 있다. 이 방에서 역동적인 리듬을 느끼게 하는 건 아라베스크 문양의 구불거리는 나무 가지일 것이다. 검은 가지가 물결치듯 출렁이며 테이블로, 다시 벽을 타고 뻗어가고 있는 게 심상치 않은 느낌을 준다. 어떤 불길한 징조처럼 느껴지는 문양의 움직임을 통해 한 편의 영화 속 서사를 불러오고 싶어진다.

두 사람은 레볼루셔너리 로드(혁명길)에 집을 얻었다. 거기 살면서 자기들에게도 혁명적인 변화가 일어날 거라고 기대했을까. 자그마한 정원이 있고 현관 문 밖에 벚나무가 봄이면 하얗게 꽃잎을 날리는 집. 뉴욕 중심가에서 한 시간 거리에 살며, 티격태격 반복되는 일상. 일상의 탈출을 위해 파리로 가자고 프랭크와 에이프릴 부부는 파리에서의 새로운 삶을 꿈꿔본다. 변화를 기대하며 들떠서 생각하는 자체가 좋았다. 정작 회사를 그만두려다 프랭크는 승진 권유를 받는다. 파리 이민을 포기하고 눌러앉을까, 그럼 월급은 오르겠지. 에이프릴은 간단한 계란 부침을 조반으로 요리한다. 출근하는 남편을 현관에서 배웅한다. 정원은 벌써 가는 봄을 알리는 벚꽃이 어지러이 흩날린다. 현관문을 잡고 여자는 격심한 통증을 느끼며 하혈을 한다. 피가 종아리를 타고 흐른다. 바닥에 떨어져 원을 그리다가 급기야 피의 원은 점점 더 범위를 넓힌다. 피의 흐름은 마침내 범람한다. 거부할 수 없는 운명처럼. 1997년 영화 〈타이타닉〉 남녀 주연배우들의 10년 지난 모습이 이 영화에 들어있다.

(2023. 3. 19)

병 속에 고양이를 키우세요

수박 맛있지요.
열매가 둥글다는 상식을 넘어
네모 난 수박은 상식보다 맛있을 거야.
정사각형 틀 안에 가두고
키운 멋진 수박
처럼
네모 난 유리병 안에
새끼 고양이를 키워 보실래요?
부드럽게 부드럽게
새끼 고양이를 병 속으로 유인하세요.
얼른 병마개를 닫은 다음
두 개의 빨대를 끼우세요.
하나는 먹이를
또 하나는 배설을 위한 장치,
들어가면 나온다는 철학을 위한 장치.
사랑도 정기적으로 확인이 필요하듯
가끔씩 뼈를 유연하게 하는 약물을
투입하기도 하면
귀여운 고양이는 병에 맞춰 자라지요.
자라면서 끝내는 유리병 모양이 된다나요.
사뿐한 도약 호기심 많은 질주는 거세된 채

적응한다는 것이 얼마나 훌륭한 미덕인지
고양이는 잘 알지요.
분재 고양이, 아니 본사이 키튼
네모 난 고양이를 보세요.
얼마나 정직하고 우아한지요.
죽을 때까지 유리병에 갇혀서
동그란 눈을 깜박이는 본사이 키튼,
당신의 맨션에 살아서 빛나는 소품.
본사이 키튼.

계간《시선》2010년 봄호

본사이 키튼에 대한 은밀한 유혹

그 이야기를 전해들은 건 2002년 6월초였습니다. 닉네임 '몰라'를 사용하는 여성 작가라고만 알고 있었지요. 가야금 명인 황병기, 소설가 한말숙 부부와 친분이 있어 가야금 연주도 공연장에 동행하여 가서 들었다는 분입니다. '몰라' 님이 본사이 키튼(Bonsai Kitten) 관련 내용을 소상하게 알려줬습니다. 본사이(盆栽)에서 짐작하듯 일본 분재의 일종, 새끼 고양이를 분재처럼 병 속에 기른다는 것. 분재는 수반 위에 옮겨 담은 일본의 정원수며 바윗돌의 축소형일 것입니다. 오래전에 소나무며 매화나무며 전문적으로 화분에 알맞게 틀을 잡아 묘목부터 가꾸는 지방 소재 분재원을 찾아간 적이 있습니다. 1밀리 굵기의 철사로 나무의 몸통부터 친친 감고 묶어서 잘 자라지 못하도록 감시하는 게 분재의 요점이지요.

같은 발상으로 동물―새끼 고양이를 유리병 속에 가둬 키운다는 것. 미국 MIT 대학생들이 본사이 키튼 사이트를 만들어 장난삼아 의견을 주고받으며 즐거워한 듯. 급기야 FBI가 출동해서 수사하였다는 이야기도 있는데 아무튼 조작된 것이 아니겠는가 하는 결론이 났습니다. 생명을 가지고 장난삼아 희롱한다는 점에서 본사이 키튼은 호사가들의 끔찍한 발상이라고 생각할 수 있습니다.

처음엔 2002년 6월 11일 초고(草稿)를 썼습니다. 「병 속의 고양이를 아세요」라고 넌지시 묻는 의문형의 문장 제목. 퇴고를 한 다음 제목을 고쳤습니다. 은밀한 유혹의 표정을 실은 청유형으로 「병 속에 고양이를 키우세요」라고.

(2023. 2. 19)

붉은 가면

걸쭉한 노을이 거대한 레미콘에서 빠져나와
까무룩 잦아드는 교정,

히말라야시다 플라타너스 키 큰 나무들
시커멓게 날개 접은
가지와 가지에서 불길한 예언처럼 흘러나와
정문의 사비오 동상에서 루르드 성모동굴 쪽으로
떼 지어 날아가는 것들,

그렇게 찍찍거리는
츳츳츳 침을 뱉는
날개 치는 수백 마리 저것들은 박쥐, 박쥐 떼였다.

동굴에서 걸어나온 오월의 성모가
지그시 밟고 선 발밑
두 갈래 빨간 혓바닥을 입에 문 뱀이 몸부림치는 밤,
박쥐 떼가 달려들어
우리들의 악몽을 향해 할퀴며 덤벼들어…….

아침 햇살이 황금빛으로 비치는 성모동굴 앞
땅바닥에 시든 장미처럼 나뒹구는 건

간밤 박쥐들의 저주가 끈적거리는 우리들의 얼굴,
붉은 가면들이었다.

—계간《시와지역》 2010년 여름호

1980년의 장미와 성모상과 박쥐 떼

1970년대 말 광주의 그 학교는 30년 가까이 된 교사(校舍)가 노후해서 목조건물의 틈과 구멍에 많은 새나 쥐, 박쥐 등이 서식했습니다. 땅거미가 내릴 무렵 수백 마리 날개 달린 것들이 늘 같은 시각에 서쪽에서 동쪽으로 퍼덕퍼덕 날아들었는데, 처음엔 참새 줄 알았던 그건 박쥐들이었습니다. 지나고 보니 그게 1980년 5월의 비극을 예언하는 기분 나쁜 징조가 아니었나 생각됩니다.

이태리에서 그 이름의 학교를 맨 처음 설립한 이는 돈 보스코라는 신부님이었답니다. 그 신부님이 존경하는 '성인(聖人)'의 이름을 따서 교명(校名)을 지었다고 하였습니다. 광주의 그 학교는 교문을 들어서면 정면의 원형 화단 중앙에 도밍고 사비오라는 소년 성인의 대리석 동상이 서 있었습니다. 학생들이 본받을만한 성품의 소년 성인, 열다섯 살에 선종(善終)한 성인이라 했습니다.

모든 성모상은 맨발이고 발밑에는 뱀이 괴롭게 꿈틀거리는 걸 볼 수 있습니다. 뱀은 사탄의 상징인 것이지요. 루르드 성모동굴을 본떠 만든 학교 '성모동굴' 앞에서 해마다 5월이 되면 '성모 성월' 행사를 경건하게 바쳤습니다. 그리고 성모동굴 둘레에는 빨간 덩굴장미가 아름다웠습니다.

　1980년 그해 5월에도 성모 성월을 지내다가 그런 무섭고 불행한 사태가 벌어진 것입니다. 핏빛 노을이 검은 어둠으로 변할 때 한꺼번에 나타나는 박쥐 떼의 기습.

　성모 동굴 주위를 치장한 덩굴장미에서 성모상 발치로 떨어진 검붉은 낙화, 시들어 죽은피의 색조를 띤 꽃잎들은 바로 박쥐들의 얼굴이 아닌가 싶었습니다.
　그로부터 몇 해 지나, 학교는 멀리 도시의 변두리로 이사 갔습니다. 처음 세워진 학교 부지는 지금은 대단위 아파트 단지로 탈바꿈한 뒤라서 옛날의 흔적은 이제 아무것도 찾을 길이 없습니다.

(2023. 4. 5)

강변북로

내 가슴의 동쪽에서 서쪽으로
달이 지나갔다.
강물을 일으켜 붓을 세운
저 달의 운필은 한 생을 적시고도 남으리.

이따금 새들이 떼 지어 강을 물고 날다가
힘에 부치고 꽃노을에 눈이 부셔
떨구고 갈 때가 많았다.

그리고 밤이면
검은 강은 입을 다물고 흘렀다.
강물이 달아나지 못하게
밤새껏 가로등이 금빛 못을 총총히 박았는데

부하의 총에 죽은 깡마른 군인이, 일찍이
이 강변에서 미소 지으며 쌍안경으로 쳐다보았느니
색색의 비행운이 얼크러지는 고공의 에어쇼,
강 하나를 정복하는 건 한 나라를 손에 쥐는 일.

그 더러운 허공을 아는지
슬몃슬몃 소름을 털며 나는 새들.

나는 그 강을 데려와 베란다 의자에 앉히고
술 한 잔 나누며
상한 비늘을 털어주고 싶었다.

(2011. 3) 격월간《유심》5-6월호

파노라마로 펼쳐진 한강을 보며

남향의 전체 거실 유리창은 통유리였습니다. 한강이 내 눈앞에 동에서 서로 펼쳐져 있고, 하늘 아래 저 멀리 관악산이 보였습니다. 한눈에 보이는 한강과 하늘…. 그 풍경은 실내에서 생전 처음 보는 일망무제의 아름다운 풍광이었습니다. 셋집으로 살게 된다는 게 흠이지만, 일단 압도적인 풍경은 그림 같았고 상쾌하며 시원스러웠습니다.

이삿짐이 대강 정돈된 집에 살면서 이 풍경을 한번 내 기어이 근사하게 시로 써야겠노라 마음먹었습니다. 그런데 실상 그게 내 맘대로 되는 게 아니었습니다. 두 달 넘게 괴로워하다가 가까스로 시의 첫 연을 끌어내었습니다. 유장한 강의 흐름과 달을 곁들여 "강물을 일으켜 붓을 세운 달의 운필"까지 힘겹게 끌어낸 시상이지만 마음에 들었습니다.

집 구경을 온 큰동서가 말해주었습니다. 저 아래 어디쯤이 옛날 '국군의 날' 행사의 본부석을 설치한 한강 백사장이 있었던 장소라고. 아마 거기 어디에선가 국가재건최고회의 의장 박정희 소장이 짙은 선글라스를 쓰고 망원경으로 공군 비행기들의 곡예비행을 보았을 겁니다. 탱크를 앞세워 적지가 아닌 새벽의 방송국으로 쳐들어가 군사혁명을 선언한 그는 훗날 적군도 아닌 부하의 총에 죽게 될 운명을 꿈에도 생각지 못했을 것입니다.

내가 바라보는 왼쪽(東)에 동작대교가 보이고 관악산을 오른쪽으로 끌며 한강대교(西)가 서 있습니다. 그 옛날 초대 대통령이 전쟁이 터지자 남쪽으로 남보다 먼저 피신한 다음 한강 이북의 서울 시민들은 나 몰라라, 인민군들에게 떠맡기고 부숴버린 한강철교가 있던 곳. 더 아래로 마포 쪽입니다. 거기 있는 원효로 부근 강변3로 어딘가 자기 오빠에게 권총으로 살해당했다고 정부가 암암리에 뒤집어씌운 정인숙 여인 피살사건의 슬픈 현장이 있습니다. 정인숙 여인의 어린 아들의 귀가 마치 누구의 쪽박귀를 쏙 빼닮았더라는 풍문이 그 당시 국회 안에서 회자되던 뒤끝이었습니다.

졸시 「강변북로」는 관악구를 2011년 1월에 떠나 강 건너 용산구 이촌1동으로 이사한 그해 3월에 쓰고 격월간 《유심》 5-6월호에 발표한 작품입니다.

(2023. 3. 8)

브릭스달의 빙하

설레는 오로라 때문일까요,
잠이 오지 않아요.
빙하를 보았지요. 푸른빛이 눈을 찔러요.
브릭스달의 빙하, 저 높은 이마를 가진 빙하도
이제 많이 늙었어요.
눈꺼풀이 무겁지만 잠이 올 것 같지 않아요.
내 나이 열일곱에 만난 당신
그때 만난 당신은 늠름한 청년이었지요.
이제 나도 마흔을 넘겼어요,
빙하의 푸른빛이 온통 내 눈으로 흘러드나 봐요.
어젯밤 우리들의 딸이
저희 반 남학생이랑 함께 지낸 걸 알아요.
빙하가 우레처럼 울고 난 뒤
피오르드로 한꺼번에 떨어지는 얼음 덩어리,
단숨에 벌어지고 쪼개지는 그게 우리네 삶인 걸요.
오늘 새벽 그 사내애를 만났어요. 화가 나서
따귀를 때리고 싶었지만, 당신의 서늘한 눈빛이 생각났어요.
저 빙하의 푸른빛이 산골짜기마다 넘쳐요.
이렇게 많은 푸른빛에 싸여서
나는 언젠가 눈이 멀 거예요.
당신이랑 작은 보트를 빌려 타고

피오르드에서 송어를 낚던 지난여름이 생각나요.
흥정도 없고 덤도 없는 세상.
이제 알아요. 나는 푸른빛에 둘러싸여서
머지않아 눈이 멀 거예요.
아름다운 브릭스달의 빙하도 언젠가는 폭포로
폭포 아래의 호수로 모두 다 풀어질 거예요.
내일 아침엔 노란 튤립 화분을 주방 창틀에 내놓겠어요.
아픔 반 기쁨 반, 딸애도 알게 되겠지요.
해가 없는 여섯 달, 해가 지지 않는 여섯 달
아이들은 알게 될 거예요.
블루베리는 보랏빛으로 익어가고
월귤 열매는 빨갛게 익어가는 것을.

—계간 《열린시학》 2011년 여름호

압도적인 노르웨이의 풍광 속에

전철을 갈아타기 위해 환승통로를 가고 있었다. 통로는 길고 양쪽 벽은 약간 구부러지고 있었는데 거기 있었다. 그 길고긴 통로의 벽에 큼직큼직한 패널들이 붙어 있었다. 컬러사진인데 웅장한 대자연의 풍경들이 시선을 놓아주지 않는 힘이 있었다. 좁은 골짜기 사이로 들어서는 짙푸른 바다. 구불거리며 뻗는 험한 골짜기들. 북쪽 하늘을 아래서부터 기어올라 다시 옆으로 아래로, 제멋대로 흐르고 넘실대는 푸른 연기, 푸른 안개, 아 그것은 겨울하늘의 오로라였다. 그 환승통로의 갖가지 풍경사진들을 몇 시간 뒤에 역순으로 돌아보며 지났다. 노르웨이 관광청의 선전물이었다.

　노르웨이―북유럽에 있는 나라. 입센의 『인형의 집』. 그리그의 「솔베이지의 노래」, 바이킹, 바다로 띄워 보내는 불길 속 장송의 배. 에드바르 뭉크의 「절규」. 무라카미 하루키의 소설 『노르웨이의 숲』도 있지. 저 자연과 사람들과 예술의 세계가 어떻게 어우러진 것일까. 무엇보다도 노르웨이의 풍광은 압도적이었다. 거기서 이루어지는 사람살이도 궁금하다. 서점에 가서 관광 도서를 찾는데 북유럽 몇 나라를 한데 모은 책도 있고 주로 여행 상품 안내서였다. 그런데 국가별 단행본도 시리즈로 있었다 그래, 한 권 안에 한 나라만 담고 있는 책. 노르웨이.

　가족들과 함께 노르웨이에서 몇 해를 살다가 왔다는 싱가포르의 중년 여성이 쓴 책이었다. 노르웨이의 작은 도시에서 몸으로 부딪치며 친숙해진 노르웨이의 역사, 문화, 교육, 경제 등을 차분하게 서술한 책이었다. 이틀 동안에 책을 다 읽었다. 단지 관광엽서 같은 풍경을 넘어 그 자연에 어울리는 아름다운 사람살이라면, 그걸 시로 한번 쓰고 싶었다. 가보지 않은 먼 나라지만 빙하와 피오르드와 계곡과 호수가 있는 마을, 그리고 여름이면 해가 지지 않는 백야의 나라 이야기를 나는 쓰기 시작했다.

(2023. 2. 28)

신들의 놀이터

태초에 말씀이 있어도 좋고
장엄한 노을 아래 배경음악을 까는 것도 좋겠지
삼면을 장벽으로 세우고
한쪽은 바다가 좋아 평화로운 바다 지중해

대낮의 길거리 아무 데도 도망칠 곳이 없는 거리에
아이들이 달리면서 손을 흔들어
날아오는 비행기를 향해 키득키득 웃으면서 손을 흔들어

하마스의 로켓탄을 던져봐
그리고 이스라엘의 열화우라늄폭탄도 몇 개
백린탄은 반짝반짝 폭죽처럼 아름답지
밤의 커튼 아래로는 신성한 달빛을 좀 흘려줄까

무너진 콘크리트 더미 속
철근이 꽃대처럼 목을 뽑아 내다보는 거기
어린 사내아이의 연한 뱃가죽에서
삐져나온 창자를 물고 가는 개
포도알처럼 달콤한 소녀의 눈을 파먹는 쥐들

끔찍하게 즐거워서 으스스 소름이 돋는 놀이터

이 풍성한 성찬에 당신들을 초대하고 싶어
유서 깊은 원한을 그윽한 향불로 피우며
멀리서 아주 멀리서 바라봐, 붉은 피와 흰 뼈가 검게 타고
증오가 다윗의 별로 빛나는 그곳.

―《현대시학》2009년 3월호

전쟁이란 종목의 스포츠를 구경하는 자 누구인가

이스라엘과 팔레스타인의 전쟁. 그 전투의 내용을 보면 항상 일방적인 이스라엘의 공격과 승리로 끝나는 것이 대부분이었다. 리하르트 슈트라우스의 〈차라투스트라는 이렇게 말했다〉나 영화 〈영광의 탈출〉에 나오는 장중한 음악 「엑소더스」가 배경음악으로 들림직한 장면을 연출하는 이 전쟁의 승자는 이스라엘 군일 것이다. 여름과 가을 6개월 간 가자지구의 하마스와 이스라엘 사이에 진행되었던 휴전이 2008년 12월 19일에 중단될 수밖에 없었던 것은 이스라엘의 봉쇄 때문이었다. 하마스는 팔레스타인 해방을 주장하며 게릴라 활동을 벌이는 반 이스라엘 무장 저항세력의 명칭. 팔레스타인 사람들은 휴전을 통해 가자지구에 대한 봉쇄가 풀리고 생활이 나아질 것을 기대했다. 그러나 휴전에도 불구하고 봉쇄는 계속되었고, 팔레스타인의 하마스는 생존권이 보장되지 않는 휴전은 무의미하다고 선언할 수밖에 없었다.

2008년 겨울, 이스라엘은 가자지구에 대규모로 무차별 폭격을 가함으로써 무고한 시민들이 많이 희생되었다. 이스라엘은 2008년 12월 27일부터 12월 29일까지 사흘 동안 100여 톤이 넘는 폭탄을

팔레스타인 가자지구에 퍼부음으로써 팔레스타인인 345명이 죽고, 1,450명이 부상당한 것이다. 다음은 2009년 1월6일자 경향신문 기사.

이스라엘군은 5일 가자지구 중심도시인 가자시티 동부에 진입했으며, 전투용 헬기와 폭격기들을 동원해 공습을 계속했다. 전날 이스라엘군은 가자시티를 포위하는 한편 가자지구를 남·북으로 양분, 통제력을 확보했다. 지금까지 팔레스타인에서는 530여명이 숨지고 2500명이 다쳤다. 이스라엘군은 지상 교전으로 1명이 전사했다. 이스라엘군은 이집트 접경지대에 초강력 폭탄 벙커버스터를 퍼부은 데 이어 유전질환을 일으키는 열화우라늄탄과 제네바협약 상의 금지무기인 백린탄까지 사용한 것으로 전해졌다. 이란 프레스TV는 가자지구 노르웨이 의료진의 말을 인용, "부상자들에게서 열화우라늄탄이 나왔다"고 보도했다. 영국 더타임스는 이스라엘군이 가자시티 외곽에서 화학무기인 백린탄을 썼다고 보도했다.

열화우라늄이란 폭탄은 방사성 폐기물로서 중금속의 독성을 가지는 데다 충격을 받아 입자 형태로 외부로 방출될 경우 산소와 결합해 먼지의 형태로 인체에 흡수된다고 알려졌다. 납의 2배에 달하는 이 우라늄 입자들은 호흡이나 식수를 통해 일단 인체에 흡수되면 배출되지 않고 암, 기형, 유전자 변이 등을 유발시킨다고 한다. 열화우라늄탄은 걸프전에서 처음 사용됐는데 이라크에서는 전쟁 이후 사산, 기형아 출산, 백혈병, 무정자증 등의 발병률이 급증했다.

백린탄은 목표물을 불태워 없애는 소이탄의 일종으로, 엄청난 살상력 때문에 국제조약에 따라 사용이 금지돼 있다. 백린탄은 섭씨 수천 도의 고열로 공격 대상을 불태우며 산소를 차단하지 않는 이상 연소를 멈출 수 없다. 백린은 사람의 뼈와 살을 녹일 정도의 치명적 피해를 준다. (팔레스타인 지역에 대한 이스라엘군의 공습으로 2014년 7월에도 한 주일 동안 186명이 죽고, 최소한 1350여 명이 부상을 당한 것으로 밝혀졌다.)

이스라엘 폭격기가 팔레스타인 가자지구에 폭탄을 쏟아 붓는 장면을 보려고 빵과 음료수 등을 챙긴 이스라엘 젊은이들이 높은 지대에 올라 망원경으로 실제 폭탄 투하 장면을 보며 마치 스포츠 경기를 관람하듯 즐기기도 하였다. 가자지구에서는 끊임없는 공습으로 인해서 미처 시신을 처리하지 못하여 동물들이 사람의 사체를 훼손하는 끔찍한 장면을 목격하면서도 어떻게 손을 쓸 수 없었다 한다. 그러한 폭격을 위해 비행기가 날아오는데도 거리에서, 야산에서 놀던 팔레스타인 소년들은 어디로도 피할 수가 없어 오히려 그 비행기를 향해 손을 흔들어 주며 키득거렸다는데 그 순수무구를 미쳤다고 해야 할 건지 실성했다고 해야 할 건지 모를 일이다. 처참한 살육과 파괴의 전장에서 벌어진 이 비극은 모두가 다 거룩한 야훼 하나님의 뜻인지, 아니면 위대한 알라의 뜻인지…….

정삼각형과 역삼각형이 겹쳐져 이뤄진 모양으로 꼭짓점 여섯 개인 별의 도형, '다윗의 별'— 이스라엘 국기에 들어있는 바로 그 별이다. 거인 골리앗과 맞서 싸운 한낱 양치기 소년이었던 다윗, 훗날 이스라엘 2대 왕위에 오른 그 다윗왕의 상징적인 별이다. 홀로코스트에서는 피압박 민족의 상징으로 유태인들의 가슴에 피눈물로 수놓아진 별, 그러나 아이러니컬하게도 오늘날은 팔레스타인 사람들을 시도 때도 없이 죽음의 공포로 몰아넣는 역할을 수행하고 있는 존재가 다윗의 별이다.

(2015. 10. 31)

마리안느 페이스풀

간절하면 이루어지나 봐요, 마리안느
미안해요 당신을 간밤 꿈속에서 만났어요
나랑 둘이서 피나콜라다를 마시기 위해
구석진 카페에 앉았는데
안타깝게도 어둠이 안개처럼 피어오르고 있었어요
그 어둑한 두 그림자가 좁아들어
촉촉한 슬픔의 촉을 올려 오늘 내 가슴 속 어딘가
키 작은 제라늄 꽃나무로 돋아나고 있어요

당신은 낯선 곳에 가서도 나무들의 이름을 불러주고
꽃들의 하염없이 작은 말을 귀기울여 들어주는
착한 여인, 깊은 눈빛 아름다운 여인
나는 당신의 발가벗은 몸에 장미 꽃다발을 바쳐요
장미꽃으로 앙증맞은 당신의 가슴을
장미꽃으로 간지럼을 기다리는 당신의 배를
장미꽃으로 당신의 허벅지를 다리를
가볍게 가볍게 두드려요
나를 보는 당신은 가을하늘 새털구름, 셀로판지 같은
웃음을 던져주고

마리안느, 당신의 깊은 눈동자 속에 장미꽃

장미꽃 한 잎의 꽃잎에 작은 물방울
물방울에 갇히고 마는 오토바이 한 대
지금 내 귓속에는 작은 새처럼
당신이 날아오는 안개 낀 새벽
오토바이의 길고 긴 폭음이 눈부신 금빛으로 붕붕거려요

이제 턱 밑에서부터 지퍼를 내가 열게요
신비로운 당신의 가슴골과
비밀스레 떨고 있는 아랫배까지 열어갈게요
검정 가죽슈트를 한숨에 열어서 당신의 흰 알맹이를
꺼낼 거여요
그리하여 내 입에 머금은 피나콜라다를
당신에게 부어주고 싶어요, 마리안느
예쁜 제라늄 화분에 물을 주듯이
성당의 성수대에 성수를 흘려 넣듯이

―《시와시학》 2009년

아우토반을 질주하는 오토바이의 폭음

「작은 새 This little bird」라는 노래를 부른 영국 가수 겸 배우 마리안느 페이스풀의 청춘 시절과 마약으로 찌든 중년 시절, 그리고 영락한 만년의 슬픈 인생 유전. 그녀는 잘 나가던 청춘시절 프랑스의 인기 스타 알랭 들롱과 함께 영화에도 출연한 바 있습니다. 그 영화는 1968년 잭 카디프 감독의 영화 「Girl On A Motorcycle」, 우리나라에선 「그대 품에 다시 한번」이라는 제목으로 상영된 영화였습니다.

　원작은 프랑스 작가 망디아르그의 소설 「오토바이 La Motocyclette」며, 시나리오도 망디아르그가 직접 맡아서 각색했습니다.

　꿈을 꾸다 일어난 레베카(마리안느 페이스풀)는 오월의 조금 쌀쌀한 새벽에 잠자고 있는 고등학교 역사 교사인 남편 레이몽 곁에서 빠져나와 옷을 갈아입습니다. 그 옷은 위아래가 하나로 된 검정 콤비네이션이고 흰 모피가 안에 대어져 있습니다. 다소 투명해서 삼각형으로 난 거웃이 비쳐 보이는 나일론 팬티 이외에는 아무것도 걸치지 않은 자기 몸을 그녀는 콤비네이션 안에 집어넣습니다. 그리고 지퍼 손잡이를 밑에서부터 위로 끌어올려 밀봉합니다. '내 몸은 양탄자를 덧댄 케이스 속의 바이올린 같아.' 두건을 쓰고 검정 가죽장갑을 낀 레베카는 할리 데이비슨 오토바이를 차고에서 꺼내어 고속도로를 향해 나섭니다. 가까운 국경을 넘어서면서 그녀는 아우토반을 전력 질주합니다. 애인 다니엘(알랭 들롱)이 있는 곳 하이델베르크를 향해서 요란한 폭음을 울리며 질주하는 오토바이.

　오토바이가 고속도로를 달리는 동안 레베카의 머릿속에는 끊임없는 환상들이 나타났다 사라집니다. 그때그때 나타나는 환상들은 그녀가 오토바이를 타고 달리면서, 혹은 어느 길가 벤치에 누워 있을 때 또는 숲의 녹음 속에 파묻혔을 때 그녀의 시야에 들어온 사물들에서 나옵니다. 그녀가 본 사물 하나하나는 그녀 의식의 상태와 운명의 흔들림을 의미하는 이미지를 갖고 있고, 그리하여 시야에 들어온 사물의 변화에 따라 새로운 이미지가 나타나고, 새로운 환상이 그녀의 내면을 뒤흔듭니다. 소설에선 이러한 기법을 '의식의 흐름(stream of consciousness)' 수법이라고 부릅니다. 영화에서는 현재의 모든 진행

장면은 컬러로, 그리고 레베카 마음 속 이미지의 환상 또는 불연속적인 흐름의 과거 일들은 모두 단색(모노크롬)으로 구분하여 표현돼 있습니다. 영화 관객들이 약간 난해하다고 느끼는 것은 그 현실과 내면의 의식에 대한 구분을 하지 못함에서 오는 경우가 많습니다.

    얼마 후 다니엘은 원탁 위에서 장미꽃을 가져오더니 그것을 레베카의 발 사이와 두 다리가 갈라지는 곳에 배치했다. 그리고 몇 개를 모아 다발로 만들어 그 꽃다발을 가지고 연인의 나체를 가볍게 때리기 시작했다. 장미 가시에 허벅지와 옆구리와 여윈 배의 피부가 긁혀 상처가 났다. 꽃잎들이 침대 위로 비처럼 마구 쏟아져 내렸다. 그 구타는, 또는 애무는 계속 밑으로 내려가 발에도 상처를 입혀 갔다.
    상처에서 약간씩 피가 배어나오고 최소한 장미 향기만큼 땀 냄새도 풍기는 그녀를, 그는 이윽고 풀어주었다. 그가 풀어주는 동안, 그녀는 그의 손바닥에도 장미 가시의 상처가 아마도 오히려 그녀의 몸보다 더 많이 나 있는 것을 볼 수 있었다. 장미 꽃잎들이 흩어져 있는 침대 위에서 다니엘은 입고 있는 가운을 벗지도 않은 채 앞자락을 헤치고, 포도나무 햇가지 같은 것을 내보이며, 그녀가 예전에는 느껴본 적이 없는 정도의 난폭함을 가지고 그녀를 끌어안았다.
    —망디아르그, 「오토바이」부분, 김붕구 번역, 현대세계문학전집 2
    (신구문화사, 1968)

    다니엘이 장미 꽃다발로 레베카의 나체를 때려 피가 나게 하는 것은 일종의 사디즘이지만 그러나 레베카에겐 정신적 구원의 추구 방법이기도 한 것입니다. 작가 망디아르그는 시, 평론, 소설 등 많은 저서를 가지고 있는데 이 소설에 있어서 쾌락에 대한 세부 묘사는 약간 퇴폐적일 정도로 탐미주의 성격이 강한 문제를 구사하고 있습니다. 사랑, 죽음 등 그가 표현하는 세계는 아라베스크 무늬처럼 정교하게 얽혀 탐미적인 활기가 넘칩니다.

이 소설을 영화화한 잭 카디프는 원래 촬영기사로 출발하였기에 감독인 자신이 카메라를 잡는 열정을 보이기도 했습니다. 그래서 소설 못지않은 이 영화의 아름다운 영상미는 1960년대 말 정말 독보적이었습니다.

소설과 영화는 신혼 삼 개월째의 여주인공 레베카의 시선을 따라 이야기가 전개됩니다. 그러나 내가 쓴 시는 그녀의 애인 다니엘의 시선으로 서사를 이끌어 나가는 것으로 바꿔 보았습니다. 여주인공이 꽃과 나무들 이름을 잘 알아서 식물과 대화를 한다는 부분이나 달콤한 우윳빛의 칵테일 피나콜라다를 입에 머금는다든지 하는 건 단지 허구의 창작임을 밝혀둡니다. 현실의 왜곡을 통한 시적 변형을 '변용(데포르마숑)'이라 부르기도 합니다.

당신의 깊은 눈동자 속에 장미꽃/ 장미꽃 한 잎의 꽃잎에 작은 물방울/ 물방울에 갇히고 마는 오토바이 한 대/ 지금 내 귓속에는 작은 새처럼/ 당신이 날아오는 안개 낀 새벽/ 오토바이의 길고 긴 폭음이 눈부신 금빛으로…

눈동자 속의 장미꽃, 꽃잎 속의 물방울, 물방울 속의 오토바이, 그리고 눈부신 금빛의 폭음. 점층적인 강조로 나아가다 공감각의 이미지로 도달한 금빛 폭음은 마침내 터져 나오는 환희의 함성이라고 생각해도 좋지 않은지요. 그리고 마지막 시행은 세속적인 사랑을 좀 더 차원 높은 종교적인 경지까지 끌어올려 정화(淨化)시키는 의미도 함축되어 있습니다.

《시와표현》 2016년 10월호)

봄날

헬리콥터가 날아온다,
한 대, 두 대.

두 줄 가득 털 난 굉음을
풀어놓는다.

시끄러운 부분만 가위로
동그랗게 오려낸다.

물 위에 띄운다.

청둥오리들이 부지런히 쫓아와
동그란 하늘의 털 난 꽁무늬
콕콕 쪼아댄다.

버들개지 눈이 찔끔
놀라서 바라보는
저쪽,

안 보이는 별들이 좌르륵 쏟아져 내리는 저쪽

물살에 은비늘이 튄다.

—《시로여는세상》 2012년 여름호

청둥오리가 찾아온 한강

이 선생님.

겨울 막 지나 이른 봄이었어요. 우리 부부는 한강변 산책을 즐겨 나가는데 버들개지가 파릇파릇 물 오른 풍경을 그날 처음 보았지요. 그리고 청둥오리 몇 마리가 강물 위에 떠다니는 걸 보았습니다. 아, 이렇게 봄이 왔구나!

우리 사는 아파트는 강변북로 바로 앞에 붙어 있는데, 날마다 똑같은 시간에 남쪽에서 우리 머리 위를 지나 군용 헬리콥터 두 대가 용산 미군부대로 향하여 비행하는 걸 볼 수 있습니다. 그날도 그와 같이 부릉부릉 굉음을 울리며 헬기가 날아갔습니다. 얼마나 짜증나고 시끄러운지 그 소리는 뭐라고 표현할 딱 좋은 말이 없었지요.

그러다가 문득 '털 난 굉음'을 생각하게 됐지요. 그 다음부터는 쉬웠습니다. 동화적 발상을 이어나가는 겁니다.

하늘에서 그 더러운 소리 부분만 오려낸다, 오려낸 것을 강물에 띄운다, 청둥오리들이 낯선 그것을 보고 쫓아가서 콕콕 쪼아대고, 강물의 물결이 햇빛을 받아 반짝반짝 별빛처럼 윤슬이 빛난다.

그랬습니다. 하늘에서 시끄럽고 지저분한 헬기 소리를 오려낸 그 부분의 하늘만큼은 구멍이 뻥 뚫렸을 게 아니겠어요? 그 오려내서 뚫린 하늘 구멍으로 보이지 않는 별들이 좌르륵 쏟아져 내리고 별빛이 강물을 윤슬로 반짝이게 한다. 이렇게 마무리 지은 시가 「봄날」입니다.

부릉거리는 군용 헬기 소리는 정말 가위로 오려내어 강물에 띄워 버리고 싶을 만큼 짜증스럽고 싫었던 것입니다. 하긴 그 소재가 없었더라면 이렇게 동화적 환상을 구사하는 졸시가 나올 순 없었겠지요? 시선집 『신들의 놀이터』 첫머리에 「봄날」을 내놓은 것은 그와 같은 이유 때문입니다. 아무리 더럽고 짜증스러운 현실일지라도 저는 가능하면 판타지로 혹은 초현실적인 미학으로 감싸고 싶다는 시작에 대한 신념의 일단을 살짝 드러내고 싶었다 할까요.

(2016. 2. 25)

거대한 손

덜거덕거리며 이동주택이 뒤집혀 날아간다.
고속도로를 달리던 트럭이며 승용차들
지상을 달리던 열차도
떼 지어 총알처럼 우주로 튕겨나간다.
새들이 놀라 쳐다보고 있는 동안
저쪽에서 수만 톤의 모래알과 자갈이 날아오르고
기다란 강물이 찢어진 채
허공에서 너덜거린다.
물살을 헤치고 나온 대형선박이 컨테이너박스랑
풍선처럼 어깨를 나란히 하고 떠오른다.
길을 가다 허방을 딛는 당신 얼굴에
죽은 고양이와 쓰레기더미가 스친다.
할머니 손 잡고 막 어린이집을 나선 아이들이며
정류장에서 버스를 기다리던 이들
키스를 나누던 공원의 애인들도 떠오른다. 거품을 물고
펄떡거리는 물고기, 일요일, 부서진 책상, 도마뱀,
모자, 유리병, 뻔뻔한 신문과, 검은 비닐봉지, 포클레인,
부자들의 왼손을 눈감아주고 다니는 하느님,
새로이 제정되는 입맛대로의 법령과,
스티로폼, 버려진 세탁기, 썩은 나뭇잎에 섞여
아무데도 발 디딜 곳 없이

뿌리 없는 것들은 모조리 뒤죽박죽으로
아악, 소리 지르며, 허우적거리며, 날아오른다.

우리들 등 뒤에서 누군가
지구의 중력 스위치를 슬쩍 내린 그 순간!

―시집 『강변북로』 2012년

지구의 중력 스위치는 어디에

고등학교 시절이던가, 아니 중학교 시절인가. 지렛대를 응용하면 아주 먼 거리에서도 물체를 가볍게 들어 올릴 수 있다는 원리를 배운 것이. 그 이야기에서 "백발의 알키메데스 翁이/ 머언 명왕성의 지렛대로/ 오늘 새벽,/ 지구를 들어 올렸다 놓은" 순간에 "모든 시계의 바늘이 한 번 부르르" 떨었고 "모든 성좌가 알 수 없는 방향으로/ 한 번 기울었다가 우뚝 서"고, 임신 중의 "모든 여인의 성염색체가 돌연 뒤바뀌"었으며 "은빛 군번의 메달이 지도에 없는 하늘에서/ 땅에 떨어"졌다고 상상하는 시를 썼다. 첫 시집 『이상기후』(1966.8)에 실은 「오늘 새벽」이란 시이다. 이것을 개작한 시가 「1961 어느 새벽의 장난」인데 5·16 군사반란으로 모든 게 비정상으로 바뀌고 말았다는 국가적 명운을 쓴 시다. 격월간 《시사사》 2019년 5-6월호에 발표한 시.

그와 마찬가지로 우주의 시공간을 초월하는 어떤 존재자가 '있어서' 지구 중력을 좌우하는 스위치를 한 순간에 내려버려서 중력을 무력화시킨다면…… 갑자기 땅 위의 모든 존재는 광활한 우주 공간으로 날아갈 것이다. 설악산 흔들바위가 마침내 하늘로 날아가고, 윤전기에서 나오자마자 동남아로 팔려나갈 트럭 위의 ××일보 폐지뭉치, 산책 중의 반려견이며, 고양이를 태운 유모차를 끌고 나선 당신도 우주를 향하여 날아갈 것이 아니겠는가.

(2023. 3. 12)

리아스식 해안의 검은 겨울

지난밤 그 여자의 하얀 레이스 달린 파란 실크 잠옷 그림자가 오래도록 불이 꺼지지 않는 침실 창문에 검정나비 실루엣으로 하늘거리고 있었다. 여러 해 동안 피폐해진 주민들의 안녕 위로 사금파리가 싸락눈처럼 한 줄 두 줄 아프게 흩날리는 그 시간. 잿빛 어두운 마음의 문을 열고 여자가 고개를 내밀었다. 내 차가운 손을 잡아주셔요, 그리고 내게 당신의 피를 넣어주시면 당신을 주인으로 섬길게요. 붉은 가방을 손에 들고 여자가 자신에게 날아온 동박새를 도끼눈으로 내쫓으며 말했다. 저리 가, 가버려. 가방의 아가리는 이를 악물고 닫혔으나 벌어진 지퍼의 잇바디 사이로 보랏빛 연기가 피어올랐다. 독한 연기는 뱀의 혀처럼 갈라져 주민들의 한두 가닥 가냘픈 희망을 단숨에 빨아들였다.

리아스식 해안 가까운 바다에서는 날마다 빈사의 물고기들이 수면 위로 허옇게 배를 내밀고 떠올랐다. 안간힘을 써서 검은 수면 위로 뛰어올라 그 여자가 손짓을 하면 물고기들은 가끔씩 날개 달린 뱀처럼 날았다. 죽은 아버지의 망령도 그 틈에 끼어 선글라스를 쓰고 날아올랐다. 신화 속에서 끄집어 낸 시간의 비늘들은 단단한 쇠줄로 꼬여 그 여자의 믿음직한 허리띠가 되었다. 그 여자를 에워싼 제국의 부로들이 구세주를 대하듯 엄숙히 가스통을 어깨에 메고 나서는 아침, 그들의 빨간 내

복에 여자가 손키스를 뿌리자 제국의 겨울은 일제히 바닷가 검은 바위를 향해 달려갔다. 강철같이 뭉쳐진 제국의 겨울은 불타는 돌멩이가 되어 가망 없는 미래에 연합하기 위하여 허공을 날아갔다.

　　장난감 공룡을 손에 든 채 태어난 차세대의 아이들은 엉덩이에 벗을 수 없는 형극을 문신으로 두르고 불온한 소문의 식물로 성장했다. 그 밤에 저주 받고 태어난 아이들은 아홉 개 꼬리를 가진 붉은 여우의 울음을 좇아 몽골의 사막으로 떠나갔다고도 하며 일부는 페리호를 타고 후쿠시마로 떠났다는 소문도 떠돌았다. 돌려줘, 내 피를 돌려줘. 여자의 이름을 소리쳐 부르다가 죽은 아이들은 타다 남은 약속의 숲에서 흰 숯으로 발견되었다. 번쩍번쩍 손을 들어 번개를 내리칠 때마다 그 여자의 증오심은 청동 지붕에서 유황연기를 피워 올렸고, 깊은 새벽이면 행복한 신음을 흘리며 핏발 선 눈이 항상 지상을 두리번거렸다.

―격월간 《시사사》 2014년 1-2월호

2013년 겨울에 우연히 만난 예언적인 시상

　　먼저 시의 제목으로 사용한 '리아스식 해안'에 대한 설명입니다.
"리아스식 해안이란 하천 침식으로 형성된 골짜기가 해수면 상승이나 지반 침강에 의해 침수가 되어 형성된 해안이다. 우리나라의 서해안과 남해안처럼 드나듦이 복잡하고 섬이 많은 형태의 해안이다. 우리나라의 서해안과 남해안은 신생대 제4기 후빙기의 해수면 상승으로 침수되면서 형성되었다. 낮은 골짜기 부분은 바닷물이 깊숙이 들어와 만이 되고, 산지 부분은 반도가 되거나 일부는 침수되지 않고 남아 섬이 되어 리아스식 해안이 형성되었다. 한편 리아스식 해안은 바다가 잔잔하여 선박의 대피에 유리하며 수산물 양식에도 좋은 조건이 된다. -학습용어사전 한국지리"

한반도의 3면이 바다인 점은 우리나라의 지리적 형세의 특징입니다. 동쪽의 동해, 서쪽의 서해, 남쪽의 남해, 북쪽은 대륙으로 이어져 있으므로 바다가 없지요. 결국 우리나라는 리아스식 해안이 서해와 남해에 걸쳐 있으므로 이 특징이 곧 우리나라를 상징적으로 드러낼 수 있다고 나는 생각했습니다.

한나라당 이명박 정권 5년의 기간을 연장 계승하는 박근혜 정부는 대대적인 여론조작(국정원과 군사이버사령부) 곧 댓글 부대를 동원하여 집권에 성공하였습니다. 박근혜 정부 첫 국회 소집 자리던가, 낙선한 문재인 후보를 만난 박근혜의 첫 말 "내가 댓글 조작으로 당선한 줄 아셨어요?" 그 장면이 지금도 선명하게 떠오릅니다. 박근혜 정부는 집권 후엔 한나라당을 개명, 새누리당이 되었습니다. 박근혜는 자신의 아버지 박정희 소장처럼 군복 비슷한 정장을 입고 2013년 2월 25일(졸시「댄서들」마지막 연의 '시멘트 20130225호 전신주')에 대통령 취임 선서를 합니다. 마음속으로는 '아버지 박정희의 부활, 아버지의 명예 회복'을 굳게 다짐했을 겁니다.

그의 아버지는 시민혁명(4·19 학생의거)에 의해 성립된 민주당 정부를 만 1년도 되기 전에 군사쿠데타로 뒤집어엎고 민주당 정부가 수립한 경제개발계획 정책을 훔쳐서 군부독재를 시작하였습니다. (군부 통치 기간은 1961년부터 1979년 10·26, 뒤이어 전두환 노태우 정부 1992년까지 만 31년간) 박근혜는 대통령 선거의 토론회에서 만난 "친일파인 만주군 장교 다카키 마사오의 딸 박근혜 후보, 당신을 떨어트리기 위하여 대통령 후보로 나섰다"는 통합진보당 후보 이정희가 얼마나 미웠을 것인지 짐작하고도 남습니다. 그래서 대통령에 취임한 그 해 여름 8월 이석기 의원을 내란음모로 구속시키고 이정희 후보가 소속된 그 통합진보당 해산이 이루어지게 됩니다.

    내가 이 시를 쓴 것은 2013년 겨울 12월입니다. 박근혜 집권 1년차의 겨울이지요. 그의 비서였던 정○회와의 스캔들에 대한 풍문은 밝혀지지 않았으나 그리 허황한 소문만은 아니었다고 생각합니다. 이 무렵 박근혜를 감싸고 관제 데모에 앞장선 것은 해병대 군복을 입고 선글라스를 쓰고 막무가내 행동을 서슴지 않은 '어버이연합'이 대표적이지요. 그들을 나는 '제국의 부로(父老)들'이라고 풍자했습니다. 가스통을 어깨에 둘러메고 진보세력의 정당이나 사무실로 찾아가 폭파할 것이라고 위협한 사실을 기억합니다. 이 시는 주로 풍자적인 비유 즉 풍유법(알레고리allegory)을 구사하고 있습니다.
    박근혜를 풍자하되 실제보다 크게 과장하거나 또 사실을 엇비슷한 다른 형태로 비틀어서 표현하기도 하는 방식입니다. 군사쿠데타를 일으켜 정권을 거머쥔 박정희를 풍자한 구절도 있습니다. 그는 당시 육군 소장으로 검은 선글라스를 쓰고 군중들 앞에 서기를 좋아했지요. 이 시의 둘째 연 검은 수면 위로 날개 달린 뱀처럼 날아오른 물고기들 틈에 "죽은 아버지의 망령도 그 틈에 끼어 선글라스를 쓰고" 날아올랐다는 말이 그런 부분입니다.

온갖 감언이설로 선거 때 표를 구걸한 박근혜는 아버지 어머니가 불행하게 총탄에 죽어갔음을 상기시켜 동정심 많은 유권자들 가슴에 연민의 감정을 불러일으켜 '불쌍한 박근혜'를 각인시켜 박정희 향수를 환기시켰던 것이지요. 한때 박근혜는 미래연합이라는 정치 단체의 대표를 지내기도('가망 없는 미래에 연합') 하였습니다.

세세연년 아이들은 태어납니다. 박근혜 이전에도 태어났고 박근혜 이후에도 태어납니다. 우리 민족의 신체적 특징 중 몽고반점이 있습니다. 갓난아기들 엉덩이에 보이는 검푸른 반점이 그건데 이 몽고반점은 차차 성장하면서 사라지지요. 아이들이 구미호(아이들은 '아홉 개 꼬리를 가진 붉은 여우'의 울음을 좇아)의 부름에 홀려 몽골로, 후쿠시마로 떠나갔다는 이야기의 몽골은 몽고반점에서 생각한 것이었고, 2011년 봄 일본이 대지진과 쓰나미로 엄청난 후쿠시마 원전 사고를 당했던 게 떠올라 절망적인 곳 후쿠시마로 우리의 저주 받은 아이들이 떠나갔다고 비틀어 본 겁니다.

드문 일이지만 시인이 마치 예언자처럼 미래를 예견하는 시를 쓰기도 한다는 것. 뭐 단순한 생각으로 우연의 일치라고 웃어버릴 수도 있지만 그 비슷한 경우가 이 「리아스식 해안의 겨울」이란 시입니다. 세월호 참사는 인천을 출발한 여객선이 서해를 지나 진도 해역에서 어이없이 침몰하여 배에 갇힌 304명 전원이 희생당한 참혹한 비극이었지요. 그 사건은 이 시가 발표된 후 3개월 만에 발생합니다. 이 시를 나는 2013년 12월에 썼고, 지면에 발표된 것은 격월간 시지 2014년 1-2월호입니다. 어찌 보면 세월호 참사를 예언적으로 보여준 시라는 생각이 들기도 합니다(2014년 4월 16일). "돌려줘, 내 피를 돌려줘, 여자의 이름을 소리쳐 부르다가 죽은 아이들"이 마지막 연에 등장합니다.

나는 어처구니없이 빼앗긴 한 표(주권)의 회복을 염원하다는 표현으로 쓴 건데 나중에 진도 앞 바다 맹골수로 깊은 바닷속에서 엄마 아빠를 부르며 죽어간 어린 학생들을 예견한 예언적 표현 아닌가 싶어서 스스로도 놀랐습니다. 리아스식 해안은 우리나라 서해에서 남해로 이어진 톱니처럼 드나듦이 복잡한 해안이며, 세월호 참사는 인천을 출발하여 남해 진도 앞바다에서 침몰, 304명의 희생자를 낸 비극적인 사건입니다. 아, '청동지붕'이 상징하는 건물이 무엇인지는 쉽게 짐작할 수 있으리라 생각합니다.

(2017. 11. 29)

가라앉은 성당

물살 빠르게 휘도는 골짜기
맹골수로 저 아래에 모로 누운 거대한 여객선은
우리들의 성당이어요.
여기 따뜻한 슬픔의 휴게실은 우리들의 주소이고요.
머리카락에 붙은 부연 소문들
날마다 시린 무릎에는 퍼런 전기가 흐르지만
착하고 고운 지영 언니
당신이 세상에 존재하는 그게 얼마나 고마운지요.
거짓말을 감추려 또 거짓말을
입술에 검게 칠하고 늑대들과 사는 여자는 참 불쌍해요.
한라산에 철쭉은 어디만큼 왔나
나비 앞장 세워 찾아가는 길,
파이프 오르간 소리가 천천히 종탑의 층계를 오르는 동안
은빛 갈치 살같이 달려가는 그 골짜기로 봄이 오겠지요.
기다리던 답장이 오고, 하늘에서 별빛이 쏟아져
끝없이 소라고둥처럼 내려가는 단조의 층계
야자나무 잎사귀에서 호두나무 가지로 통통 건너가는
별 하나, 별 둘,
가만히 있어요, 가만히 있어요.
눈 감고 가만히 기다리는 다영이, 수찬이, 차웅이
손 내밀어 봐, 별 모양 귀여운 불가사릴 줄게.

오라고, 이리 오라고 손짓하는 볼우물 예쁜 최샘,

집게발 높이 들고 옆걸음 치는 꽃게들, 뽀글뽀글 피워 올리는 물방울 카네이션은 엄마한테 우리가 띄워 보내는 사랑이에요.

아, 우릴 부르는 저녁 종소리……

엄마 이제는 가셔요, 울지 말고 이제는 집에 가셔요.

―《포지션》2014년 여름호

그해 어버이날에 쓴 슬픈 아이들의 시

2014년 4월 16일 수요일 아침. 거대한 여객선이 기울어지다가 서서히 가라앉는 모습을 티브이로 지켜볼 수밖에 없었습니다. 헬기가 두어 대 저공으로 떠 있었고 해경 보트도 몇 척 보였지만 속 시원한 구조 활동을 펴지 못하는 상황이었습니다. 그런 가운데 속절없이 시간만 흘러 마침내 배는 뱃머리만 엄지손가락처럼 거꾸로 치켜든 채로 가라앉아버렸습니다. 생중계로 본 참으로 어처구니없는 참사였습니다. 위험을 무릅쓰고 뛰어들어 구조 활동을 펴야 할 이들은 속수무책으로 물속에 잠긴 이들이 다 죽어갈 때까지 그 곁에서 허둥거릴 뿐이었습니다.

우리나라가 경제적으로는 세계 15위권에 드는 무역국가라던가, 게다가 K팝이며 티브이드라마 등 '한류'라는 헛바람이 전 세계적으로 우리의 국격을 높이는 듯했는데, 그게 아무 소용 없는 헛것이었습니다. 바로 그 순간 우리나라 인권의 현 단계와 공동체사회의 부조리한 실상은 방글라데시나 아프리카 신생국과 똑같음을 허망하고 뼈아프게 자각할 수밖에 없었습니다. 문화와 경제는 아닐지라도 정치나 사회를 따져보면 대한민국은 분명 삼류국가였습니다.

    침몰하는 배에서 탈출한 사람들 1백여 명을 제외하고, 용감한 우리 해경이나 UDT 대원들이 여객선에 들어가 구조해낸 사람은 모두 0명. 제주도로 단체 수학여행을 떠난 고등학교 2학년생들의 희생이 컸습니다.

    4월 26일 토요일. 안산 시청 뒤에 마련된 합동분향소에 가봤습니다. 분향소 밖으로 이삼백 미터 넘게 줄지어 선 말없는 행렬들. 분향소 안에는 학생증이나 생활기록부에 사용되었음직한 열일곱 살 아이들 영정사진이 국화꽃 속에 열을 지어 안치돼 있었습니다. 분향소 입구에서부터 헌화하고 돌아서 나오는 통로 양쪽까지에도 키 큰 조화들이 상주처럼 죽 늘어서 있었습니다. 그중에 문득 "사랑하는 아들딸 미안해/ 대한민국 미워요"라는 리본을 단 조화를 본 순간 울컥 하는 느낌이 일었습니다. 그래, 저런 심정으로 스케이터 안현수가 등 돌려 러시아로 가버리고, 몇 해 전 씨랜드 화재로 아들을 잃은 국가대표 하키선수였던 젊은 엄마가 훈장을 우체통에 던져버리고 뉴질랜드로 떠나간 거라는 생각이 들었습니다. '대한민국 미워요.'

    이렇게 어처구니없이 당한 참혹한 사고 앞에서 우리가 절실히 느끼는 이 감정은 무엇일까. 슬픔, 무력감, 억울하고 원통함, 분노, 미움, 절망감……. 희생자들에게 단순히 '미안함'이라는 감정만으로 표현하기엔 너무나 충분치 못했습니다. 슬픔이었다가 절망이었다가 그건 이윽고 분노로 가슴 속에서 팽창하고 있었습니다. 그리고 무엇보다 이런 대참사 앞에서 시를 쓴다는 게 무슨 의미가 있을 것인지 무력한 나 자신이 너무나 초라했습니다.

5월 8일 목요일. 어버이날입니다. 억울하게 죽은 아이들을 위하여, 자식을 잃은 부모를 위하여, 선생님들을 위하여, 참변을 지켜본 우리 이웃들을 위하여 어떻게 하면 조금이라도 위로가 될 만한 시를 쓸 수 있을까. 두 주일을 붓방아만 찧고 시간을 흘려보냈습니다. 내게는 그만한 능력이 없음을 깨닫지만 최선을 다해 보자고 마음먹었습니다. 「맹골수로의 아이들」이라고 가제를 붙여놓은 채 일주일 넘도록 제자리에서 맴돌던 시의 진로가 문득 환하게 밝아지게 된 건 어느 젊은 피아니스트(조은아)의 연주회 소식을 접하게 된 것이 계기가 되었습니다. 그녀는 연주회를 앞두고 마음의 갈등을 기자에게 다음과 같이 토로하고 있었습니다.

"더 이상 피아노 연습을 할 수가 없었어요. 생각해 보세요. 아이들이 물속에서 구조를 기다리고 있을 텐데 드뷔시의 「가라앉은 성당」이나, 라벨의 「바다 위 조각배」를 어떻게 연주할 수 있겠어요? 그러던 차에 곳곳에서 공연 취소 소식이 들려오기 시작했죠. 저도 예정된 연주회를 취소하는 게 도리라고 생각했어요."

문득 번개처럼 머리를 스치는 곡명. 아, 드뷔시의 「가라앉은 성당」이라면 이야기를 아름답게 전개할 수 있으리라는 생각이 들었습니다. 물속에서 처참하게 죽었을지라도 그 아이들의 영혼이 침몰한 여객선을 성당으로 삼아 혹은 놀이터로 삼아 사제나 수녀들 그리고 선생님들과 더불어 천진스레 즐겁게 노래하며 뛰어논다고 하면…….

프랑스 작곡가 드뷔시의 피아노곡 「가라앉은 성당」은 브르타뉴 지방의 전설을 바탕으로 1910년에 작곡되었습니다. 악마의 유혹에 넘어간 공주의 어이없는 실수로 지면이 바다보다 낮은 도시 이스(Ys)의 제방이 단숨에 무너져 도시 전체가 수몰됩니다. 시가지에 있던 건

물들이며 성당도 바닷물이 휩쓸어버립니다. 그런데 어느 날 아침 가라앉았던 성당 건물이 바다 위로 떠올라 종소리가 울리고 사제의 기도 소리도 들려옵니다. 그리고 얼마쯤 시간이 흐른 뒤에 성당은 다시 바다 속으로 가라앉는다는 전설입니다. 드뷔시는 바다 위로 떠오르고 다시 가라앉는 그 성당의 환상적인 인상을 피아노 음색으로 절묘하게 표현하고 있습니다.

    나는 드뷔시의 음악 위에 다시 이중섭의 그림을 떠올렸습니다. 가령 이중섭의 1953년 작품 「두 아이와 물고기와 게」라는 그림에서처럼 아이들이 꽃게며 불가사리를 가지고 장난치며 놀고 있는 모습을 떠올려본 것입니다. 그리고 마침 그날이 어버이날이기에 비록 영혼이나마 아이들은 자신들을 위해 찾아와 울고 있는 엄마의 가슴에 저마다 카네이션 꽃을 달아주고 싶을 것이라고 생각하였습니다. 엄마가 아이들을 사랑하는 만큼 그 아이들 또한 엄마를 사랑하는 것은 너무나 당연한 일이기 때문입니다.

    성당에 저녁 종소리가 울리면 아이들의 영혼은 기도를 올리러 다시 안으로 다들 들어가겠지요. 처음 시작이 막막해서 어려웠던 시는 생각보다 쉽게 풀려 나왔고, 다 쓰고 나서 나는 아이들의 마음을, 아이들의 사랑을 뜨겁게 내 가슴 속에서 느낄 수 있었습니다. 5월 8일, 어버이날에 나는 이 시를 썼습니다.

| 시작 메모 |

    장중하면서도 영롱한 피아노 음악 「가라앉은 성당」(청각 이미지)과 이중섭의 발가벗은 아이들 「두 아이와 물고기와 게」(시각 이미지)가 결합된 동화적 환상.

그에 곁들여 성(聖)과 속(俗)을 대비할 것.
① 영혼의 정화를 추구하는 성당: 탐욕의 무한대를 추구하는 여객선.
② 자기는 맨 나중에 나갈 거라고 말한 박지영 승무원과 최혜정 선생: 거짓말을 입술에 검게 칠하고 사는 여자.
③ 나무에서 나무로 반짝이며 건너가는 별들: 별 모양의 불가사리.

(2014. 7. 24)

테셀레이션

에서의 도마뱀은 연푸른 스카프를 두르고
책으로 쌓은 층계를 오르다
지금 발치에 걸린 삼각함수에 골몰하고 있다.

도마뱀을 덮은 후박나무 이파리, 초록에서
초록이 다 빠질 때까지
위가 허약하고 근골이 약한 나는 반하후박탕이나 달여 먹을까.

내가 당신의 안으로 들어가고
당신이 또한 내 안으로 들어오는 것,
그걸 사랑이라고 번역하면 될 것이다.

아침 식탁에서 삶은 가지무침을 먹을 때
내 혀가 감아 들이는 물컹한 당신의 혀
혹은 당신이 빨아들이는 가지처럼 말랑한 내 혀.

어제 떠난 이별의 그림자가
내일 저녁 우리들의 발치에 붙어서 빗발처럼 머뭇거릴 것이다.
푸른 여름의 은행알들은 작년의 황금빛을 기억하며 후드득 떨어진다.

거울 속으로 눈이 내린다, 영하 5도의 사랑이여.
거울 속 내 체온은 내려간다, 자꾸만 내려간다, 영하 10도의 사랑이여, 내 발가락이 사라지며 잿빛 꼬리가 돋아나는 게 보이느냐.

—계간《포엠포엠》2014년 가을호

에셔의 석판화 「도마뱀」의 상징 의미

학창시절 마르크 샤갈을 좋아하다가 살바도르 달리 그림을 알게 됐고, 중년 넘어선 나는 르네 마그리트에 이어 최근에는 네덜란드 석판화가 마우리츠 코르넬리스 에셔(Maurits Cornelis Escher · 1898~1972)에 꽂히게 되었습니다.

스페인 남부를 여행하다가 화가 에서는 14세기 이슬람 궁전 알람브라를 굉장히 마음에 들어 했답니다. 에셔는 두 번째 알람브라를 방문하여 이슬람 인들의 독특한 평면 분할 구도에 깊은 인상을 받았다고 고백합니다. 훗날 "알람브라에서 본 분할 양식은 지금껏 나를 사로잡아 온 가장 풍부한 영감의 원천이었다."고 고백할 정도였습니다. 에셔의 작품 중 1943년의 「도마뱀」은 개구리 모양으로 채워진 테셀레이션을 보여줍니다. 유명한 도마뱀 그림은 2차원 평면에서 나와 3차원 공간으로 옮겨가고, 그 도마뱀이 다시 2차원 평면으로 되돌아가는 순환 과정을 그린 작품입니다.

에셔의 도마뱀 그림이 졸시의 제재입니다. 테셀레이션, 우리말로 '쪽매맞춤'이라고 할 수 있는데 일반적으로 똑같은 형태의 정다각형을 반복적으로 배치하여 빈틈없이 채우는 걸 일컫는 말입니다. 이러한 형식의 도안 배치를 우리 생활 주변—보도블록이나 꿀벌의 집 모양, 벽지나 옷감 등에서 쉽게 접할 수 있습니다. 에셔는 새와 물고기, 손을 그리는 손, 그리고 오르내리는 이상한 층계의 반복 등 그림의 마술적 표현이 보는 사람으로 하여금 꿈을 꾸는 듯, 착시 현상에 빠지게 합니다. 세계적인 한국 드라마 「오징어 게임」 속에 나오는, 경기 참가자들이 침대를 오르내리는 층계의 구성은 마치 에셔의 작품 무한히 연속 순환하는 층계를 본뜬 세트장 같았습니다.

졸시의 3연에서 나와 당신의 안과 밖이 상호 소통하는 사랑의 방식. 그리고 내 혀와 당신의 혀가 가지무침이 되었다가 가지무침이 다시 혀로 바뀌는 순환을 그려낸 4연의 앞부분, 이런 것들로 나는 우리들 사랑의 테셀레이션을 그려보고 싶었습니다. 에셔의 테셀레이션은 평면의 규칙적인 반복과 기하학적 분할로 수학과 예술의 만남을 아름답게 표현하고 있습니다.

(2023. 4. 18)

아이즈 와이드 셧

황금빛 침묵의 마우스피스
입에 물고 지금부터 아무 말 하지 마십시오.
눈을 가렸으니 내 오른쪽 어깨를 붙잡고 따라오십시오.
옆에는 비탈이며 개울이 있으니 조심하세요.
여기 풍찻간 속 비밀충계로 자, 내려갑니다.
갈색의 굵다란 바게트, 아니 사뮈엘 베케트 식으로
언어에 구멍을 뚫는 작업은 마냥 즐겁지요.
옷은 모두 여기 벗어놓고 박쥐 마스크를 쓰고
맨살에 붉은 망토를 걸치세요.
낼모레면 얼굴에 철판을 깔고 검찰총장이 되실 분이시여,
여고생 코스프레를 각별히 좋아하시는 고상한 취향
인정해드릴게요. 검은고양이 마스크의 파트너
혹시 아시더라도 하체를 제외하곤 알은체하면 안 돼요.
쉬잇, 드디어 분홍빛 안개가 피어오르고
무대에 제3막이 올랐어요.
다음엔 고객님 차례입니다.
　자기 성기에 입이 닿지 않아 차라리 새우가 되고 싶은 남자와
　자신의 유두에 혀를 대고 자웅동체 달팽이 체위가 가능해진 여자가
　뱀처럼 엉키기 전 빨리 준비하세요,
　나보코프인지 나부콘지 분간하기 어려운 롤리타가 둘

히브리합창단의 노예가 셋,
우리 대머리 회장님이 전율하시는 2대 3 파티지요.
이제 벗으세요, 아니 마스크 말고
망토를 벗고 달려가세요, 눈썹을 날리며
몰약을 바른 알몸으로 날렵한 그레이하운드처럼
언어에 구멍을 뚫는 굵다란 바게트처럼, 아니아니 베케트처럼.
당연히 누리셔야죠,
선택 받은 1퍼센트의 특권을.

―계간《문예바다》2014년 가을호

스탠리 큐브릭 영화를 모방한 퇴폐적 연희

나는 영화를 좋아하는 사람입니다. 그래서 영화 미학 면에서 혁신적이며 완벽주의자인 미국의 스탠리 큐브릭(1928~1999) 감독을 지금도 기억하고 있습니다. 이제는 옛날 영화가 돼버린 스파르타쿠스(1960), 롤리타(1962), 아이즈 와이드 셧(1999) 등을 그가 만들었지요. 블라디미르 나보코프가 쓴 소설을 영화화한 〈로리타〉나 아르투어 슈니츨러의 소설『꿈 이야기』를 각색한 〈아이즈 와이드 셧〉. 영어 실력이 빈약한 저로서는 한참 만에 아이즈 와이드 오픈이 '크게 부릅뜬 눈'임을 알게 되면서 아이즈 와이드 셧이라는 낯선 조어가 '질끈 감은 눈'이라는 걸 깨치게 됐습니다. 즉 아이즈 와이드 셧은 목불인견의 못 볼 것을 보게 된 그런 눈일 터입니다.

젊은 신혼 부부 톰 크루즈와 니콜 키드만이 주연을 맡은 이 영화로 인해서 두 사람 사이가 소원해졌다는 기사를 읽은 기억이 납니다.

그리고 결국 둘은 헤어졌지만. 몇 해 전 우리나라에서도 이 영화의 내용을 모방하여 신분 높은 남성과 아름다운 여인들이 가면을 쓰고 비밀스런 장소에서 영화에서처럼 야릇한 음주와 쾌락의 향연을 벌인 일이 세상에 알려져 떠들썩한 적이 있습니다. 어떤 돈 많은 건설업자가 유망한 검사장 한 사람에게 그와 같은 융숭한 성 접대를 하고 그게 피해 여성의 고발로 이어져 검찰총장 물망에 올랐던 이가 결국 낙마를 한 이야기. 씹기 좋아할 만한 소재가 아닐까 싶었습니다. 껌 씹듯 씹고 또 씹다가 뱉을 만한 이야기.

과거에도 이승만 정부 시절 유력한 라이벌이며 진보적 대통령 후보였던 조봉암 선생을 간첩으로 몰아 사형에 처한 일부터 시작하여, 박정희 군사정부 때에는 말도 안 되는 갖가지 간첩조작 사실과 무고한 사람들에게 인혁당이라고 둘러씌워 억울하게 사형시킨 일이며 자살한 사람 유서를 대신 썼다고 조작한 사실, 최근엔 시청 직원 한 사람을 간첩으로 조작하여 몰아간 사실 등 주로 비민주적 정권이 온갖 정치적 악행을 합법화함에 앞장세운 게 검찰이었습니다. 오죽하면 세간에 검찰을 견찰(개)이라고까지 비아냥거리는 말이 나돌았을까요. 그리고 의롭지 못한 검찰은 사사로운 영달을 위해 주구답게 불의에 복무함을 결코 주저하거나 사양하지 않아 온 게 관행이었습니다.

고기는 씹어야 맛이고, 말은 해야 맛이라는 말이 있습니다. 영화에서처럼 근사하게 놀아난 그 검찰을 시로 형상화해 보기로 하였습니다. 이럴 때에는 뒤죽박죽 중언부언의 뼈 있는 요설이 오래오래 감칠맛이 있습니다. 유사한 음운을 이용한 언어유희가 퍽은 효과적일 터. 몽둥이처럼 길고도 굵다란 갈색 바게트는 과장된 남성 성기를 연상케 하기 쉽습니다. 바게트와 발음이 비슷한 부조리 극 〈고도를 기다리며〉의 작가 사뮤엘 베케트.

> '이면에 숨은 것'을 보거나 듣기 위해서는 '언어에 구멍을 뚫어야 한다'고 베케트는 말하곤 했다.
> ─나탈리 레제, 『사뮈엘 베케트의 말 없는 삶』(김예령 번역)에서

우리가 보고 듣는 것은 바로 말을 통해서, (틀에 박히고 규범적인) 말들 사이에서입니다. 시멘트 같은 그 언어의 껍질을 드릴로 구멍을 뚫어야 그 속에 웅크리고 있는 진실, 진정성이 자유롭게 흘러나올 수 있다는 베케트의 주장입니다. 우스꽝스런 상상으로 언어에 구멍을 뚫는 것처럼 바게트에, 쾌락에 구멍을 뚫는 것도 가능하지 않을까요.

스탠리 큐브릭 감독이 미성년과의 성애를 다룬 영화 「롤리타」를 만들었다는 건 이 시를 쓴 다음 그것도 최근에야 알게 된 사실입니다. 우연의 일치, 바로 신의 한 수입니다. 아울러 러시아 태생의 작가 블라디미르 나보코프와 유사한 발음인 「나부코」가 떠오릅니다. 이는 베르디가 작곡한 오페라입니다. 성서에서 가져온 오페라 「나부코」의 제3막 2장 "가라 내 마음이여, 금빛 날개를 달고(Va, pensiero, sull'ali dorate)"는 〈히브리 노예들의 합창〉으로 널리 알려져 있지요. 이 삼엄하고 비장한 합창곡은 듣는 이를 전율케 합니다.

이 시가 굳이 난해하게 느껴졌을지라도 '낼모레면 얼굴에 철판을 깔고 검찰총장이 되실 분이시여' 한 행의 열쇠로 주제에 충분히 가깝게 접근할 수 있으리라고 나는 생각했습니다. 이 시를 다 쓰고 난 다음 나는 혼자 흥겨워 노래라도 부르고 싶어졌습니다. 바게트/ 베케트, 나보코프/ 나부코 등 소소한 언어유희로 인해 풍자의 칼날을 감춘 재밌는 시로 독자와 즐겁게 만날 수 있으면 좋겠습니다.

(2017. 10. 15)

장미가 부르는 편서풍

굴레와 채찍을 벗어날 수 없다.
눈을 감아도 나는 안다.
저 길이 내 몸속에 들어와 요동치다가
망각처럼 몽롱해지는 것을.
장밋빛 암벽의 페트라 협곡을 지날 때
방울소리와 이천 년 전의 물소리가 반죽이 되어
때로는 영혼의 기도가 된다.
그러나 그뿐 희미한 이명으로 스러진다.
게으른 몸을 태우기 위해 내 허리는 잘록하고
베두인의 채찍을 견딜 만큼 옆구리는 아직 튼튼하다.
알 카즈네 신전을 출발하여 꼭대기의 수도원까지는
무릎이 꺾이는 층계, 층계, 돌층계들
굴욕과 소금의 길.
둘러봐도 연대해야 할 동지들이 없다.
저들을 이겨낼 수는 없다고 눈을 내리뜬다.
모르는 척 수그려 귀를 닫는다.
나바테아인들의 수도원, 절벽을 늘어뜨린 산 정상에서
이방인들이 느릿느릿 등에서 내린다.
향나무를 쓰러트릴 듯 바람은 편서풍이다.
삶과 함께 이 고통을 끝내자. 바로 지금이다,
자갈을 차며 앞으로 내달린다.

밑바닥이 바람처럼 번개처럼 다가온다.
―당나귀! 당나귀가 떨어졌다!
구불거리는 협곡,
검푸른 심연에 흰 별들이 소용돌이친다.
몸을 벗고
바람 속에서 나는 웃는다.

―계간《시와경계》2015년 겨울호

하늘의 심연에 소용돌이치는 흰 별들

요르단 현지에서 직장을 얻어 살고 있는 아들네를 찾아간 건 2015년 봄입니다. 암만 공항에 도착하여 아들이 운전하는 차를 타고 도심으로 들어가는 넓은 도로 양편에 늘어선 가로수의 풍경이 특이하게 눈길을 끕니다. 20미터 넘을 듯한 큰 키의 향나무 종류들이 몸통도 굵은 편인데 한결같이 한쪽 방향으로 기울어진 모양이 바람이 세차게 불면 금방이라도 뿌리를 내던지고 길가에 몸져 누워버릴 형상이었습니다. 아들의 설명인즉 이 지역의 편서풍 영향 때문이라는 것이었습니다.

세계 7대 불가사의 중 하나라는 요르단 남부에 위치한 신비의 고대도시 페트라에 가본 기억은 지금도 생생합니다. 페트라를 구경하는 데에는 하루 코스부터 사흘 코스까지 있다고 하는데 우리는 페트라 가까운 소도시에 전날 도착하여 하룻밤 묵고 다음날 하루 종일 페트라를 탐방하기로 하였습니다.

협곡에서 하늘을 보기 위해 고개를 쳐듭니다. 좌우의 암벽은 붉은 장밋빛 사암이고 백 미터, 이백 미터의 높이로 직립해 서 있습니다. 하늘을 보려면 고개를 치켜들고 바라보아야만 합니다. 장장 8킬로미터의 거대한 골짜기는 구불구불 좁아졌다 넓어졌다 꿈틀거리며 나아갑니다. 이 장밋빛 사암에 새겨지고 뚫어진 극장, 신전, 목욕탕 등이 옛사람들 고대 나바테아 인들의 생활상을 상상케 합니다. 험한 자갈길은 울퉁불퉁, 바퀴 달린 이동수단을 허락지 않습니다. 중간쯤에 갑자기 좁아지는 협곡을 막 벗어나자 갑자기 탁 트이는 너른 광장, 그리고 웅장한 신전이 눈앞에 나타납니다. 중간 지대의 이 쉼터에는 낙타와 당나귀들이 방문객들의 이용을 기다리고 있습니다. 여기가 알 카즈네 신전이 있는 광장인 것입니다.

이 광장에서 출발하여 산길로, 바윗길로 두 시간 넘게 걸어서 터벅터벅 오르면 수도원이 나오는 산 정상입니다. 그 비경의 탐승을 위해 준비된 것이 낙타와 당나귀들이라 하였습니다. 며느리가 그 이야기를 들려줬습니다. 차마 믿을 수 없는 슬픈 이야기. 베두인들의 채찍을 맞으며 끄덕끄덕 짐이 아닌 사람을 태우고 정상을 오르내리는 당나귀들. 아무리 짐승이라 하지만 사람을 태우고 금방이라도 무릎이 꺾이는 힘겨운 비탈길입니다. 돌층계도 있습니다. 가엾은 이 당나귀들에겐 아침부터 저녁까지 손님을 태우고 저 아래 광장에서 산 정상까지 왕복하는 일이 바로 그들의 삶 자체입니다.

휴식 시간을 요구할 수도 없고 휴가를 청할 수도 없는 당나귀들에겐 죽을 때까지 이 노동밖에 다른 길은 주어지지 않습니다. 순한 짐승들에겐 노동조합이 없으므로 파업을 할 수도 없는 고역의 삶. 그런 가운데 어느 날 당나귀 한 마리가 정상에 관광객을 내려주고 나서 벼랑을 향해 훌훌 달려가 버린 것입니다. 용감하게도 그 당나귀는 자살을 감행한 것입니다. 아, 얼마나 힘들고 참기 어려웠으면······.

　　이 시를 한 번 읽어선 이게 뭘까 하다가 적어도 두 번은 읽어야 진실을 알 수 있도록, 할 수만 있다면 쉽게 드러나지 않도록 써야 한다고 나는 생각했습니다. 감춘 것이 두 번 세 번 읽으면서 서서히 안개 속에 진실의 몸을 드러나게 하고 싶었습니다. 그 슬픈 당나귀의 영혼을 생각하며 페트라에서 죽도록 고생하는 당나귀의 삶에 대해서 알려주고 싶었던 것입니다. 당나귀가 추락하면서 바라본 마지막 풍경을 나는 이렇게 그렸습니다.

　　"구불거리는 협곡,/ 검푸른 심연에 휜 별들이 소용돌이친다."

　　그것은 빈센트 반 고흐의 〈별이 빛나는 밤〉을 떠올리며 쓴 것이었습니다.

(2017. 9. 24)

파리를 방문한 람세스 2세

삼천 년도 훨씬 지나
이제야 나는 바코드라는 지문을 가진다.

모래와 바람과 강물처럼 흘러간 시간이었다.
넌출지는 시간의 부침 속에
스쳐 가는 존재들,

철없는 것들,
공포의 아버지가 무섭고 두려웠으리.
아랍 놈들이 코를 뭉개고, 영국 놈들이
수염과 턱을 깨부수고 마침내
스핑크스는 눈도 빠지고 혀도 잃어버렸다.

시간의 돛배를 타고 이승, 저승을 오가는 검은 태양.

한 나라의 역사란
파피루스의 희미한 글자들
바스러지는 좀벌레들에 지나지 않으리,
날마다 피를 정화하는 히비스커스 꽃차를 마셔도
추악한 것을 어찌 다 씻어서 맑히랴.

콩코르드 광장에 우뚝 선 오벨리스크,
저것은 일찍이
테베의 신전 오른편에 세운 것이었다.

트랩이 내려지고 갑자기 울려 퍼지는 팡파르,
공항이다.
엄정한 의장대의 사열을 받으며
나는 아부심벨에 두고 온 사랑을 생각한다.
불타버린 심장으로 느낀다.

전쟁에 이겨야만 남의 나라를 정복할 수 있는 건 아니다.
저 오벨리스크가 침묵으로 말한다.

이곳에서 나는 이집트의 파라오,
까마득한 이방의 시간과 대지 위에 서 있다.

—계간《시인수첩》2019년 여름호

람세스 2세가 파리에 오벨리스크를 세운 것

    낯선 곳에 대한 기대로 설레는 게 여행의 속성이다. 때로는 새벽같이 나서서 길 떠나는 준비가 성가시기도 하나 기대에 찬 설렘은 괴로움을 상쇄한다. 그런데 기껏 새벽같이 나서서 오랜 시간 이동한 끝에 도착한 곳이 허접한 관광 상품을 파는 곳이었을 때 여행 전체가 실망스러워지는 게 패키지여행의 단점이다. 그래서 요즘은 자유여행을 많이 선호하는 편인데 판에 박은 관광 설명을 해주는 가이드를 만나는 건 마찬가지일 수밖에 없다.

오래전 파리에 가서 에펠탑을 보고 개선문 거리에 서보기도 하고 무슨 공원 광장에 선 오벨리스크를 보기도 하였다. 외국에서 선물로 보내준 오벨리스크였다고 들었던 기억이 난다. 옛날에도 국가 간의 우정과 선의의 상호 교류가 있었나 보다 하는 생각이 스쳐가는 순간이었다.

1997년이었다. 크리스티앙 자크의 소설 『람세스』가 번역, 출간되기를 기다리며 한 권 한 권 흥미진진하게 읽었던 시기가. 시인이며 불문학 교수인 김정란 번역, 전체 5권으로 된 장편소설인데 이집트의 파라오 람세스의 일대기로서 이듬해 번역자인 시인이 백상출판문화상(번역 부문)을 받은 작품이기도 하다. 구약 성경에 유태인들을 이끌고 모세가 홍해 바다를 건너 이집트를 탈출하였다는 이야기의 반대편에 소설 『람세스』가 있다. 3천여 년 전 람세스와 모세가 같은 시대의 인물임을 근거로 프랑스 작가가 상상력을 펼쳐 이집트 쪽에서 파라오 람세스를 그려 봄 직하다는 생각이 든다. 22년 전 소설에 도취한 람세스의 땅 이집트에 내가 실제로 가보게 된 건 작년 구정 무렵. 중동과 아프리카를 떠돌며 직장생활을 하는 아들이 이제는 카이로에 자리 잡고 있어서 이집트 가족여행이 실현된 것이다.

카이로의 이집트박물관에서 가장 많은 사람들의 관심을 집중시키는 곳은 미라 진열실, 그 중에서도 람세스 2세가 유리 진열장에 안치된 곳에는 사진을 찍을 수 없기에 그런지 더 많은 눈과 어깨가 비비적거린다. 여기엔 목청 큰 경호원이 상시 감시하며 머리 위에서 우렁

차게 "비, 콰, 이, 엇!" 명령어를 스타카토로 내리친다. 미라는 살았을 때보다 훨씬 줄어든 모습이라 했다. 그래도 람세스 미라는 족히 170센티는 되어보였다. 생전에 장대한 체구였으리라. 스물셋에 왕좌에 오르고 예순일곱 해 동안 이집트를 통치한 가장 위대한 파라오의 모습은 한 구의 미라로 까맣게 누워 있다. 통치 기간 동안 정실부인 6명 외에도 여러 명의 후궁, 후처가 있었으며 그 사이에서 1백 명 넘는 자녀가 태어났다고 한다.

기록에는 전한다. 람세스 2세, 기원전 1303년 출생. 그러므로 지금부터 3322년 전 태어난 인간의 현재 모습이 내 눈앞에 누운 저 미라인 것이다. 그런데 1970년대 언젠가부터 미라의 보존 상태에 이상 현상이 나타나기 시작했다 한다. 방부 처리에 이상이 없음에도 불구하고 곰팡이의 증식이 나타나는 보존 자체에 심각한 문제가 발생한 것이다. 프랑스의 고고학과 의학계에서도 그 소문을 듣고 람세스 2세를 프랑스로 이송해서 함께 그 문제를 연구해보자고 하였다. 결국 1974년 프랑스까지 가서 람세스 2세는 8개월간 방사선치료를 받고 돌아와 현재까지는 정상적인 보존 상태를 유지하고 있다.

이집트 나일강 크루즈 여행도 포함된 일정이었다. 맏딸 내외와 우리 내외, 그리고 카이로에서 합류한 아들네 세 식구까지 모두 일곱 명의 크루즈 여행은 한 시간을 비행기로 찾아간 룩소르에서부터 시작하였다. 룩소르는 고대 이집트의 테베라는 곳. 그리스신화에도 나오고 구약 성경에도 나오는 도시 테베의 2월 기후는 우리나라 가을 날씨와 비슷한 게 보통이라는데 이상기후로 그날따라 섭씨 30도에 육박하는 더운 날씨였다. 테베의 카르나크 신전. 이집트 최고의 파라오였던 람세스 2세가 만든 이 신전을 들어서면 입구에 양의 머리를 지닌 스핑크스가 한 줄로 도열하고 있다. 그리고 20미터가 넘는 조형물, 깎아놓은 연필처럼 오벨리스크가 우뚝한 입구와 마주친다. 여기서 현지인 가이드 무수타파가 힘주어 말한다. 입구 왼쪽에 남아 있는 것과 마찬가지로 오른쪽에도 똑같은 오벨리스크가 세워져 있었다고, 그것을 이집트에 총독으로 와 있던 무함마드 알리라는 자가 프랑스 본국 정부에 선물로 바치고 저렇듯 허전하게 좌대만 남아 있는 것이라고.

람세스 2세 때 건립된 몇 개의 높다란 오벨리스크와 람세스 자신의 앉아있는 모습의 석상들, 그리고 둥글고 커다란 수십 개의 돌기둥들… 모조품 아닌 진품으로 3천 년 넘는 세월을 꿋꿋이 버텨온 게 신기할 정도였다. 람세스 2세는 이집트 백성들에게 평판이 좋은 제왕이었다. 그는 히타이트족과의 전쟁을 평생 자랑스럽게 여겼고 그 전쟁 이후 평화로운 시대를 구가하며 국내 각지에 거대한 자신의 조각상들을 세웠다.

이집트의 남단 아부심벨에 특별히 자신의 대신전을 알뜰히 조성하고 곁에다가 왕비 네페르타리 소신전도 아담하게 꾸민 것은 웅장하면서 한편으로는 아름다웠다. 강기슭 암벽에 세워진 이 두 개의 신전들은 낫세르 대통령의 아스완하이댐 공사를 당하여 수몰될 수밖에 없는 위기에 처해졌다. 이집트 정부와 유네스코의 대대적인 지원으로 전 세계 50여 국가의 토목, 건축기술자가 모여 아부심벨의 유물 유적을 30톤 정도의 바위 덩어리로 잘게 잘라 천 개의 부품으로 만들어 90미터 높은 지대로 옮겨 거기에 조립하는 세계 최대 규모의 유적 이전 공사는 1965년 5월에 시작 하여 무려 5년에 걸쳐 이루어졌다.

이집트 여행의 백미는 단연 아부심벨의 람세스 대신전과 네페르타리 소신전이라고 해야 할 것이었다. 그건 고대 국가의 웅장하고 세련된 아름다움을 자부할 만한 유적이었다. 고대의 유물들을 유네스코 주관 아래 전 세계적인 국가의 협력과 지원을 받아 현대적인 건축 공법에 의거, 치밀하게 수면 위로 높이 이전하여 보존할 수 있게 된 것 역시 상상을 초월하는 장관이 아닐 수 없었다.

아부심벨을 보고 난 감동을 지닌 채 카이로의 한국식당에서 저녁을 먹는데 식당 주인은 한국인 여행 가이드를 겸한다고 하였다. 람세스 2세에 관한 얘기 끝에 미라의 보존 처리 문제를 위하여 프랑스로 갈 때 미라의 얼굴 사진을 찍고 여권도 만들었다고 했다. 미라에 여권? 생각지도 못한 에피소드였다. 람세스 2세 미라를 싣고 비행기가 공항에 도착한 다음엔 국가 원수를 영접하는 예우로 예포를 발사하고, 의장대가 사열하였다는 이야기. 그 말을 듣는 순간 나는 온몸에 흐르는 전율을 느꼈다. 그것은 시공을 초월하는 문명과 문명의 조우라 할까.

여행을 마치고 돌아와 인터넷으로 '람세스 2세 여권'을 검색해 보았다. 놀랍게도 당시의 여권을 링크로 찾아볼 수 있었다. 여권에 붙여진 까맣고 쭈글쭈글한 얼굴 사진— 말년의 어떤 시인 모습이 가물가물 떠올랐다.

단순한 여행 시로 이 이야기들을 시로 형상화한다면 그건 자칫 TV에 나오는 세계 테마기행 다큐멘터리만도 못한 시가 될 수도 있었다. 주절주절 주를 달고 시를 쓴다면 그것은 차라리 연구논문에 더 가까울 터이므로 전혀 내키지 않았다. 이래저래 람세스 주제로 시를 쓸 생각만 하면서 시상을 이리 굴리고 저리 굴리고 두 달 넘게 끙끙거렸다.

―이제야 나는 바코드라는 지문을 가진다.

　람세스 2세의 여권에서 비롯된 이 한 줄을 얻고 나서야, 비로소 시는 강물처럼 유유한 흐름을 허락하는 것이었다. 람세스와 오벨리스크를 정점에 놓고 1인칭 시점으로 시를 열어가기 시작했다. 근대 이집트와 프랑스, 국가 간의 길항을 순화하는 시선으로 바라보기로 마음을 다잡았다. 오벨리스크를 약탈당한 게 아니라 고대 이집트의 문명이 현대 프랑스를 정복하였으며 그 표지(標識)로 오벨리스크를 파리 중심부에 세워놓은 것이라고. 오늘날 K팝으로 상징되는 BTS가 전 세계 아미들의 가슴속에 환호성으로 파고들듯이, 봉준호의 〈기생충〉이 아카데미 시상식의 점정(點睛)을 이루듯이.

(계간《시로 여는 세상》2020년 봄호)

희게 말하고 희게 웃는다

아픔 위에 아픔을 붓는
밤의 크고 고요한 손을 본다.
누군가의 나직한 잠이 흐르고

잠 속으로 툭 떨어지는
빗방울이었다,
나는.

멀리서 가까이서 뿌옇게 내리는
가을의 분별,
회복할 수 없는 어둠을 토하며 지금
내 피는 닳는다.

새도록 떠다니는 잠의 바다여.

묵은 책갈피에 오래 파묻혔던
내 손은 눈을 뜬다.
목질의 가느다란 실핏줄과 물결 소리를
자욱이 풀어준다.

사물은

내 피가 닿는 저 어둠의 뒤에서
희게 말하고
희게 웃는다.

나는 그대 잠 속으로 떨어지는 빗방울이다

　이 시를 쓸 무렵 내가 시 쓰는 방법은 소재나 제재를 하나 택하여 종이를 내놓고 손으로 초고를 잡아서 쓰는 방법이 하나 있습니다. 그것을 새 종이에 옮겨 쓰며 퇴고를 하고, 그렇게 퇴고를 거듭하기를 일곱 번, 여덟 번. 많게는 열 번도 넘는 옮겨 쓰며 퇴고하기가 이루어지기도 했지요. 또 한 가지는 머릿속에 문득 떠오른 문장이나 구절 하나가 내게 막무가내로 이리저리 이끌어서 내 손이 무의식적으로 따라가도록 하는 시 쓰기 방법이 있었습니다. 영감(靈感, inspiration) 혹은 초현실주의나 다다이즘의 자동기술법(automatism) 같은 것 말입니다.
　이 시는 그 두 가지가 서로 갈마드는 과정에서 써진 것으로 생각합니다.

　대학신문사에 다닐 때 1학년 2학기 어느 날 나는 필명으로 해괴한 시 한 편을 써서 대학신문에 이상한 필명으로 발표하였지요. 루뭄바 탱고, 카탕카 블루스 등 엉뚱한 명사들의 조합을 뒤죽박죽으로 섞어서 쓴, 시라기보다는 비논리적이고 우스꽝스런 원고지 서너 장의 짤막한 잡문이었습니다. 신문 배부가 끝난 다음날 대학신문사에 최승범 교수님이 찾아오셔서 그 시의 작자가 어떤 학생이냐고 물었습니다. 평소 교수님과 안면 있는 내가 조심스레 나섰더니 두말 하지 않고 돌아서 나가버리셨습니다.

또 한 번은 이런 일. 대학신문에 내가 제안하여 재밌는 고정란 하나를 박스로 연재하기로 하고 그 첫 번째 글을 원고지 다섯 장 분량으로 써냈습니다. 띄어쓰기 전부 무시하고, 횡설수설하는 만담 같은 요설을 일러 〈비무장지대〉라고 제목을 붙인 기획 칼럼이었습니다. 대학신문사에서 내가 이런저런 원고 교정을 보고 있는데 최승범 교수님이 또 대학신문의 새 칼럼 필자를 알고 싶어 찾아오셨습니다. 그게 나인 것을 알고 나서 교수님은 또다시 아무 말 없이 뒤돌아서는 것이었습니다. 지금 추측해 보면 천재 발굴에 대한 기대를 하며 교수님이 대학신문사에 찾아와 정작 알고 보니 범상한 문학도였기에 기대가 깨져 실망한 게 아닌가 싶었습니다.

영감(靈感)이란 어느 순간 평범한 사람에게도 찾아오는 거라는 생각. 저 시를 쓸 무렵 나는 내가 그리워하는 그 사람의 잠 속에 들어가면 좋겠다고 소망했습니다. 하다못해 그의 잠 속으로 툭 떨어져 그를 놀라게 할 수 있는 물 한 방울이 되었으면 하고 바랐습니다. 가을밤의 피가 닳는 듯한 그리움의 시간이 깊었습니다.

해묵은 책, 고전이란 따지고 보면 근원은 종이이며 또 나무일 것이었습니다. 나이테라든가 나무의 살 속에 묻혀 있었을 아득한 수액의 시초를 찾아가면 뿌리를 적시는 지하수일는지 어떤 강물일는지 알 수 없습니다. 나무의 속으로 속으로 파고들어 나무의 결이 된 물결소리를 내 혈관의 맥박소리와 동일시하고 싶었습니다. 어둠(밤)속에서 나타나는 존재란 흰 것이었습니다. 내가 부르면 웃고 나타나는 존재. 여러 가지의 색깔 있는 빛들이 다 모이면 그건 흰빛이 될 것입니다. 반면에 어둠은 여러 가지 지상의 색깔이 한데 모여서 이루어진 총합으로서의 암흑(밤)일 것입니다.

실은 시인이란 밤(어둠)속에서 타인의 잠을 깨우는 존재, 위대한 시인이란 크게 보면 절대적인 존재일 수도 있으리라 생각합니다. 사춘기 시절 '왜 살아야 하는가' 하는 문제가 나를 오래 시달리게 하였습니다. 대학의 교양과정 철학 시간에 그건 문제의 오류에 지나지 않는다는 철학박사인 교수님의 말을 듣고 충분히 수긍이 갔습니다.

신(절대자)의 존재에 대해서는 애써 무시하였습니다. 특히 기독교의 신에 대해서는 왠지 반감이 앞섰습니다. 예전에 본 「포세이돈 어드벤처」란 영화에서 거대한 선박의 침몰 위험 앞에서 승객들의 인솔자이며 주인공인 젊은 목사가 절규하던 대사가 떠오릅니다. "재난에 처한 우리 인간 개개인의 기도를 들어줄 만큼 우리들의 하느님은 한가하지 않습니다. 하느님은 우리 인류의 원대한 미래를 계획하고 구축해야 하므로, 사소한 우리들의 기도를 들어줄 겨를이 없습니다. 이 재난을 하느님에게 구해 달라 기도하지 말고 우리들이 맡아서 해결해야 합니다."

창조주(신)가 우주 만물을 창조하였으며 인간은 창조주 자신의 형상을 본떠 만들었노라고 하는 기독교의 교리를 나는 믿지 않습니다. 니체는 말하기를, "신은 죽었다"고 부정하였지만 나는 그와는 다른 결론을 생각해 내었습니다. 신이 인간을 만든 게 아니라, 인간이 필요에 의해서 신이란 관념을 창안해 낸 것일 뿐이라고.

시는 시인이 만든 예술품이라야 할 것입니다. 언어로 빚어진 예술품이며 보석 자체가 아름다운 빛을 발하는 것처럼 시인의 영혼이 시 속에서 가장 아름답게 빛나야 한다고 나는 생각합니다.

"사물은 …어둠의 뒤에서／ 희게 말하고 희게 웃는다"

 이 결구는 이 시를 쓸 때 마지막 순간에 번개처럼 문득 떠오른 시구였습니다.

(2021. 2. 26)

두 개의 인상

1

다들 불 끄고 잠든 밤
앞마당 우물에 나와 끼얹는 물소리
희다.

열여덟 블라우스 흰 교복
복숭아처럼 솟은 가슴
희다.

잠들락 말락 어렴풋한
틈새로
차갑게 끼얹는 한 줄기
물소리.

2

진심으로 달라고 하면
주고 싶데요,
나는.

지나간 남의 이야기처럼
말하는 목소리
들린다.

웃고 있는 사진 속
향연(香煙)처럼
흰
물소리.

―계간《문학들》2017년 가을호

물소리는 희고, 향연(香煙)도 희다

첫 번째 장면

    전주의 그 여름은 무더웠습니다. 내 나이 스물하나. 어머니와 둘이 전셋집을 구해 들어간 곳은 다가동이었습니다. 한길에서 꺾어 들어간 골목에서 다시 한 번 더 꺾어야 하는 막다른 골목집이었습니다. 주인아주머니가 가까운 남문시장에서 한복가게를 하고, 현애라는 여고생 딸과 초등학교 다니는 명섭이라는 막내아들을 데리고 살았습니다. 우리는 부엌 딸린 작은 문간채 방 하나를 얻어들어갔습니다. 그 애는 여고 3학년이고 나는 대학교 2학년이었습니다. 집의 본채와 문간채의 공동 마당 중간에 둥근 우물이 있었습니다. 밤 깊어 모기장을 치고 잠을 청하면, 우물 건너편의 어둠 속에 앉아서 현애가 물 끼

없는 소리가 차갑게 들려왔습니다. 오다가다 교복 입고 문간을 나서는 현애의 흰 블라우스 유니폼이 우물 물소리처럼 볼록하고 희었습니다. 이듬해 공보관에서 내가 개인 시화전을 열고 있을 때 현애가 자그만 장미 화분 하나를 들고 축하한다며 내게 찾아왔습니다. 뜻밖이었습니다.

두 번째 장면

광주의 초여름은 전주보다 더 무더웠다고 생각됩니다. 첫 시집 표지에 쓸 만한 스냅사진이 없다고 하기에 내가 캐논 카메라를 들고 찾아갔습니다. 적당한 배경을 찾다 보니 빈 야구장이 눈에 들어왔습니다. 스탠드에 편안하게 앉혔습니다. 가까운 거리에서 상반신만 찍을 생각이었습니다. "저는 왼쪽 얼굴이 예쁘게 나오는 편이어요." 그렇게 듣고 보니 정면 얼굴이나 오른쪽 얼굴보다 그녀의 왼쪽 프로필 사진이 훨씬 더 좋아보였습니다. 열 컷 이상 찍었습니다. 그 중에 하나를 고를 수 있으면 다행이다 싶었습니다. 첫 시집의 표지를 넘기면 바로 흑백 프로필 사진입니다. 썩 뛰어난 사진은 아니어도 억지로 꾸민 모습은 아니라서 내 마음에도 드는 사진이었습니다. 오랜 세월이 흐르고, 그녀를 찾아간 건 그녀의 영정사진이 있는 빈소였습니다. 향불을 태우는 연기가 하얗게 피어올랐습니다. 진심으로 달라고 말한다면 거리낌 없이 나는 줄 수 있을 것 같습디다. 지나치는 말처럼 내가 들었던 건 내가 무심해서였는지 모르겠습니다.

(2023. 3. 10)

도스토예프스키를 위한 헌시(獻詩)

　　일생에 단 한 권의 책을 읽어야 한다면, 나는 주저하지 않고 도스토예프스키의 「카라마조프의 형제들」을 권할 것이다.
　　우연히 러시아 문학을 최초로 대한 것은 내가 중학교 3학년 때였다. 교문 앞에서 덤핑 책을 늘어놓고 파는 데서 맨 처음 만난 게 도스토예프스키의 「죄와 벌」이었다. 단순한 호기심으로 나는 그 조잡한 초역본(抄譯本)을 사서 읽었다. 주인공 라스코리니코프에 대하여 어떤 생각을 가졌었는지는 기억이 희미하다. 아마도 전반부보다 후반에 이르면서 딱딱한 주인공의 심리 추적에 넌덜머리를 내지 않았던가 싶다.
　　솔제니쯔인의 「이반 제니쏘비치의 하루」를 읽은 것은 내 나이 만 열아홉 때였다. 그 책은 당시 '사상계사 출판부'에서 나온 것이었는데 단숨에 읽혔다. 그리 길지 않은 소설이라는 점도 있었으나 무엇보다 작가가 그려낸 수용소 생활에 대한 리얼한 표현에 나는 압도되었다. 견디기 어려운 군사정권 시절이었을지라도 그 소설을 읽고 나니 내가 먹는 초라한 세 끼의 밥이 갑자기 맛있었다. 밥맛을 돋궈주는 소설이라면 작가는 어이없어 하겠지만, 그게 그 어린 시절의 소박한 느낌이었음을 고백한다. '스탈린에 대한 부주의한 언동'이 빌미가 되어 작가는 8년간의 강제노동 수용소에서 복역하였으며 그때의 경험이 이 소설 속에 용해되어 있는 것이었다.

　　슈호프는 지극히 만족한 기분으로 잠을 청했다. 오늘 하루 동안 그에게는 좋은 일이 많이 있었다. 정말 재수 좋은 하루였다. 영창에도 들어가지 않았고, '사회주의적 촌락'으로 추방되지도 않았다. 점심때는 죽 그릇 수를 속여 곱빼기로 얻어먹었다. 반장이 가서 작업량 사정도 적당히 해 넘긴 모양이다. 오후에는 신나게 블록을 쌓아 올렸다. 줄칼 조각도 무사히 가지고 들어왔다. 저녁에는 쩨자리 대신 순번을 기다려주고 많은 벌이를 했다. 그리고 담배도 사 왔다. 무슨 병에 걸린 줄만 알았던 몸도 아주 거뜬하게 풀렸다. 우울하고 불쾌한 일이라고는 하나도 없는, 거의 행복하기까지 한 하루였다.

이렇게 슈호프는 자기의 형기가 시작되는 날부터 끝나는 날까지 만 십 년을— 3천 6백 53일을 하루같이 보낸 것이다. 사흘이 더 가산된 것은 그 사이에 윤년이 끼어 있었기 때문이다…….

소설의 이 마지막을 읽으며 나는 울었다. 만 십 년에 윤년으로 사흘이 가산된 형기를 하루같이 살았다는 대목이 말할 수 없는 슬픔으로 전율처럼 심금을 울린 때문이었다. 다시 내가 도스토예프스키를 만나게 된 건 스물일곱 살 때다. '정음사'에서 한 달에 한 권씩 그 전집을 발간하였다. 4·6배판의 판형으로 본문은 8포인트 활자를 사용하였고 2단 세로짜기의 책들이었다. 나는 그 전집을 큰맘 먹고 구입하기로 작정하였다. 「카라마조프의 형제들」, 이 대작을 나는 거의 한 달 이상을 소요하며 읽었다. 서두의 3백 페이지쯤 읽을 때까지 솔직히 고백하건대 지루하기 짝이 없었다. 그 무렵 중국의 와룡생이 지은 「금검지」류의 무협지가 얼마나 재미있었는지, 그에 비하면 이건 참으로 고역이 아닐 수 없었다. 그게 고비였을까. 나는 정신없이 도스토예프스키의 작품에 나도 모르게 빠져들어갔다.

"어떻게 저따위 인간이 살아 있을까!" 이제는 거의 분노의 절정에 달한 드미뜨리가 맹수의 울부짖음 같은 소리를 질렀다. 양쪽 어깨를 잔뜩 치켜세우고 있는 품이, 곱사등이가 아닌가 생각될 지경이었다. "아니, 저 사람에게 더 이상 대지를 더럽히는 것 같은 언동을 허용해도 좋을까요, 여러분?" 그는 한 손으로 장로를 가리키며 일동의 얼굴을 둘러보았다.

"저것 보십시오, 들으셨습니까? 수사님. 제 아비를 죽이려 드는 저놈의 말을?" 하며 표도르는 이번에는 이오씨프 신부에게 대들었다. (……)

그러나 추태가 절정에 달한 이 장면은 전혀 뜻하지 않은 일로 하여 중단되었다. 조씨마 장로가 갑자기 자리에서 일어난 것이다. 스승의 신상과 일동에 대한 공포감 때문에 거의 얼빠진 사람처럼 되어 있던 알료샤는, 그래도 엉겁결에나마 장로의 손을 잡아 드릴 수 있었다. 장로는 드미뜨리 쪽을 향해 걸음을 옮겼다. 그리고, 그에게로 다가가자 느닷없이 몸을 던져 그의 앞에 무릎을 꿇었다. 알료샤는, 장로가 기운이 없어 쓰러진 줄 알았다. 그러나 그것이 아니었다. 장로는 무릎을 꿇더니 드미뜨리의 발을 향해 머리를 숙였다. 그것은, 방바닥에 이마가 닿을 정도로 공손하고도 어김없는, 의식적인 절이었다. 알료샤는 어찌나 놀랐던지 장로가 몸을 일으키려 했을 때도 미처 그를 부축해 드리지 못했다. 가냘픈 미소가 보일 듯 말 듯 장로의 입가에 떠올라 있었다.

"용서하시오! 여러분, 용서하시오!" 그는 이렇게 말하며 사방의 손님들을 향해 인사를 했다. 드미뜨리는 얼마 동안 무엇에 호되게 얻어맞기라도 한 것처럼 그 자리에 우뚝 서 있었다. 내 발에다 절을 하다니, 대체 어찌된 영문일까? 그러나, 별안간 그는 "아아!" 하고 소리를 지르더니 두 손으로 얼굴을 가리고는 그냥 밖으로 달려나가 버렸다.

그루셴까라는 젊은 여인을 빼앗아 오기 위해서는 아들에게 결투라도 청하겠다는 호색한 아버지 표도르, 그에 맞서는 방종하며 열정적인 장남 드미뜨리 사이에 벌어지는 이 살벌한 언쟁이 벌어지는 건 소설의 서두에 해당한다. 인색과 육욕과 시기심의 소유자인 아버지 표도르에게는 의지력이 없고 방종한 장남 드미뜨리, 지적이지만 에고이스트인 차남 이반, 종교적이며 무구(無垢)한 막내아들 알료샤가 있다. 그리고 표도르에게는 노예적 근성의 음흉한 스메르자코프라는 사생아가 하나 더 있다. 어느 날 밤 그루셴까를 은근히 기다리던 표도르는 자기 서재에서 둔기에 머리를 맞고 살해된다. 여러 가지 결정적인 증거로 장남 드미뜨리가 친부 살해죄로 체포된다. 재판이 열리고 결국 그는 유죄가 확정되고 만다.

마지막 종결부로 나아가는 부분에 이르러 작가는 치밀한 범죄 심리, 성격 분석, 논리적 추리 등의 기법을 자연스럽게 전개하는데 어느 추리소설도 이에 따를 수 없으리만큼 차원 높은 리얼리즘을 보여준다. 이 소설을 다 읽고 나서 한참 동안 나는 망연자실한 심정에 빠져 있다가 '인간의 사랑, 인간의 사상이 심해보다 깊고 대륙보다 넓을 수 있다.'는 생각에 놀라울 뿐이었다.

도스토예프스키는 천형(天刑)의 간질병 환자인 동시에 가난한 도박꾼으로 일생을 살았다. 노름빚을 갚기 위해서도 소설을 써야 했던 그는 프랑스의 2월 혁명 이후 러시아의 정치적 결사에 가담하여 그 일로 체포된다. 스물 여덟 살 때였다. 한겨울 그는 사형 선고를 받았으나, 형 집행 직전에 극적으로 황제의 특사를 받아 시베리아 옴스크 요새로 유배된다. 45세에「죄와 벌」, 47세에「백치」, 52세에「악령(惡

靈)」을 출판하였으며 4년에 걸쳐 쓴 걸작「카라마조프의 형제들」을 59세에 완결하고 이듬해에 그는 세상을 떠났다.

　우리나라에는 이 대작이 완역되기 전에 동명의 영화가 먼저 소개되었다. 율 브린너와 마리아 셸이 열연을 보여준 영화라고 기억된다. 그 영화를 그 무렵에는 고등학생 신분으로서는 볼 수 없었던 엄격한 교칙 때문에 못 보았던 점이 안타깝다. 하지만 영화로 미리 못 보았던 사실이 내가 이 소설을 감명 깊게 읽을 수 있었던 것과 결코 무관하지 않을 것 같다.

초겨울 사원묘지(寺院墓地)에 내리는 눈
―도스토예프스키에게

　　차디찬 영하의 햇빛이 광장 저편에서
　　교회 용마루를 금빛으로 물들일 때
　　그대는 스물여덟의 젊은 이상주의자로
　　처형대에 묶여 있었다, 사형 선고가 내리고
　　늘어선 병사들이 천천히 총을 들어
　　그대 하얀 속옷을 붉은 피로 적시기 직전
　　아아, 나팔 소리는 울리고
　　황제의 특사령이 그 자리에서 낭독되었다
　　기억하는가 표도르
　　꿈으로만 흐르는 강물 소리 그리운 초원을
　　시베리아, 옴스크 요새 죽음의 집

벽돌을 져 나르고 돌아온 저녁
두 발에 무거운 쇠사슬을 절렁거리며
좁은 욕실에서 때 뭉쳐 목욕하는 아수라 속에서도
표도르, 그대의 영혼을 악마도 뺏을 수가 없었다
빈민 구제 병원 의사의 아들로 태어나
악질의 병과 도박에 하염없이 시달리면서
뼈를 깎아 세운 …… 인간의 대륙
저 뜨겁고도 광막한 대륙을 나는 잊을 수 없다
그대가 죽도록 사랑한 므이쉬낀과 알료샤
니콜라이 스타브로긴의 슬픈 이름이
초겨울 사원 묘지에 내린다
표도르 미하일로비치 도스토예프스키
그대를 부르며 페테르스부르크에 눈이 내린다.

(2001년 8월)

4부
에세이와 대담

음치가 부르는 노래

솔직히 고백하건대 나는 음치다. 무슨 클리닉으로도 교정이 불가능한 완벽한 음치라고 생각한다. 그래서 노래를 불러야 하는 자리라면 딱 질색이다. 옛날엔 여행을 좋아했는데 요즘은 그게 시들해졌다. 단체 여행의 경우, 장시간의 버스를 타고 갈 때면 으레 돌아가면서 노래를 부르게 하여 흥겨워 하건만 이럴 때 나는 차라리 버스를 내리고 싶을 만큼 참담한 심경이 된다. 단체 여행에서의 고역으로 인해 내게는 은연중 여행 기피증이 생기게 되었다.

노래방에서 구성지게 노래를 잘하는 사람을 보면 부럽다. 학창 시절 교과 성적표를 보면 음악은 항상 '미'를 벗어난 적이 없었다. 나는 가수들보다 술자리에서 노래 잘 부르는 사람이 더 부럽다.

우리 집 식구들은 이상하게도 나만 빼놓고 노래를 썩 잘 부르는 편이다. 아내는 패티김의 노래를 근사하게 잘 부르고 아들녀석도 김종서 뺨치게 노래를 잘 불러 대학 축제 때는 여학생들 팬도 많았다는 소문이 있을 정도였다. 두 딸들도 제 엄마 이상으로 노래를 잘 부른다. 어쩌다가 내가 혼자 흥에 겨워 집에서 노래를 흥얼거리면 막내딸이 제일 성화를 댄다. 제발, 괴롭히지 말라는 거다. 음정도 박자도 엉망인 내 노래를 듣는 건 고역 이상의 정신적인 고문이란다.

나는 그러나 음악을 좋아한다. 이건 그러니까 짝사랑이다. 고교 시절엔 스테파노의 '별은 빛나건만'이나 카니 프란시스의 '말라게니아'를 즐겨 흥얼거리기도 했었다. 물론 나 혼자만의 공간이 보장되는 자리에서였다.

   시를 쓰면서 이따금 내 시가 노래로 작곡되면 좋겠다는 소박한 소망을 가져 본 때가 있었다. 프랑스에서는 기욤 아폴리네르의 많은 시가 작곡되어 프랑스 국민들에게 널리 사랑받고 있노란 얘기를 어디선가 읽은 기억이 있다. 하지만 우리 나라에선 순수시와 대중가요 사이에는 얼마나 깊은 골이 있는 것인지. 그래서 나는 대중가요의 가사를 내가 직접 써 본 적이 있었다.

   1972년 무렵이다. 그 당시 '동양방송(TBC)'에서는 청취자들을 상대로 건전 가요의 노랫말을 공모하는 프로가 있었다. 매주 토요일 오후의 〈신가요 박람회〉라는 프로였다. 한 주일 동안 응모된 가사들 중에서 한 편을 뽑아 세 사람의 작곡가에게 작곡을 의뢰한 뒤, 다음 주에 한 곡을 선정하고 그것을 보급하는 프로였다. 우수작으로 뽑힌 가사에는 시 한 편의 열 배쯤 되는 고료를 주었다.

   나는 그 〈신가요 박람회〉의 단골 응모자였다. 시인으로서의 이름이 아닌 내 본명(강동길)으로 응모했는데 아마 열 편쯤 가요로 작곡되었던 것으로 기억된다. 그러나 정작 음반으로까지 남은 건 딱 두 편뿐이다. 박인희가 부른 〈하얀 조가비〉와 영사운드가 부른 〈등불〉의 두 곡이 그것이다.

   고동을 불어본다.
   하얀 조가비
   먼 바다 물소리가 다시 그리워

조가비란 조개 껍데기의 순우리말이다. 한자어로는 패각(貝殼). 박인희가 불러준 이 노래는 그 무렵 꽤 많이 전파를 탔고, 길거리의 레코드 가게를 지나치면서 그 노래를 들을 때도 많았다. 맞물린 조개 껍데기의 볼록한 부분을 시멘트 바닥에 벅벅 갈아서 두 개의 구멍을 내고, 그걸 입에 물고 불어보면 뱃고동 소리 같은 듣기 좋은 소리를 내었다. 어린 날의 그런 추억과 바다를 향한 그리움을 나는 그 노랫말에 담은 것이었다. 〈하얀 조가비〉는 듣기엔 아름다운 곡이었으나 내가 따라 부르기에는 왠지 음정을 맞추기가 어려운 노래였다.

그대, 슬픈 밤에는
등불을 켜요.
고요히 타오르는 장미의 눈물.
하이얀 외로움에
그대, 불을 밝히고
회상의 먼 바다에
그대, 배를 띄워요.

이 노래는 조명이 은은한 분위기의 멋스런 카페에 가면 심심찮게 들을 수 있었다. 노랫말에 은유를 곁들여선지 많은 이들이 〈등불〉을 좋아하였다. 이 무렵 내 시에는 '등', '등불', '램프' 같은 시어가 많이 쓰였던 시기였다. 벌써 28년 전의 이야기이다.

어쩌다가 술자리가 2차, 3차로 옮겨지고 노래방에 떼몰려 가는 게 보통인데, 그런 자리에서 짓궂은 친구들이 내 노래를 강권할 때면 나는 괴로워진다. 하는 수 없이 나는 내 앞의 술을 거듭 두 잔쯤 들이킨다. 음치가 여러 사람 앞에서 노래를 부르는 것은 차마 제 정신으로는 불가능하기 때문이다.

(2002. 10. 15)

본명과 필명 그리고 호

 소년소설 『톰 소여의 모험』 『허클베리 핀의 모험』을 쓴 소설가는 본명이 사무엘 랭그혼 클레멘스. "표시해! 두 길"이라고 미시시피 강 뱃길의 물깊이를 외치는 뱃사람의 외침에서 그의 필명(筆名) 마크 트웨인(Mark Twain)을 가져왔단다. 단편소설 『마지막 잎새』의 작가 오 헨리(O. Henry)의 본명은 윌리엄 시드니 포터였다. 그는 은행원으로 살다가 공금 횡령죄로 체포돼서 수감 생활을 하며 소일꺼리로 끼적거리게 된 것이 단편소설이었다고 한다. 오 헨리는 10년 남짓한 기간에 3백여 편의 단편소설을 썼다. 외국의 작가들이 본명 말고 필명을 쓴 예는 꽤 많다.
 우리나라에서도 이상(李箱)의 본명이 김해경이고, 김소월의 본명은 김정식이란 건 잘 알려진 사실이다. 이상이 젊은 나이로 죽기 전 결혼을 했었는데 그 부인 이름은 변동림. 1930년대 독보적인 야수파 화가 구본웅은 이화여대 출신 변동림의 나이 많은 이복조카인데 두 살 때 척추 장애를 가진 불우한 화가였고 이상 등과 교유하였다. 구본웅과 절친인 이상과 결혼한 지 넉 달 만에 도쿄에서 남편의 죽음으로 파탄을 맞은 변동림은 귀국하여 7년 뒤 신안군 안좌 출신의 화가 김환기(金煥基)와 재혼하였다. 그리고 이름도 바꿨다. 훗날 수필가로 미술평론가로 알려진 김향안(金鄕岸)이란 이름이다. 수화(樹話) 김환기 화백과 그 부인 김향안 두 사람이 파리에서 팔짱 끼고 찍은 사진, 키가 훌쩍 큰 남자와 그 겨드랑이에 대롱거리듯 얼굴이 보이는 여자의 그래도 행복한 모습이 재미있다.

내 본명은 강동길(姜東吉)이다. 주민등록증에 지금도 어엿한 본명이다. 초등학교 때 내 주위의 아이들이 만화 '홍길동'을 익히 알고 나선지 '강길동(강길똥)'이라고 부르길 좋아했다. 필명을 스스로 지어 쓴 건 1964년의 대학 시절. 경북대학교 학보사에서 공모한 전국대학생 현상문예에 졸시 「사자 공화국(死者共和國)」이 김춘수 선생이 뽑아준 당선작이었고, 강인한(姜寅翰)은 그 무렵 갓 지어낸 필명이었다. 이틀 동안을 옥편 끼고 끙끙거려 지은 이름이다. 그 전해에 청구대학의 현상공모에 소설과 시가 입선하였던 이름은 본명 강동길이었고.

강인한의 인(寅). 천간지지에서 인(寅)은 지지의 셋째로, '호랑이'를 상징한다. 그리고 인시(寅時)는 '새벽(3시~5시)'의 시간을 말한다. 한(翰)은 '날개, 편지(글), 선비' 등의 뜻이 들어 있는 한자이. 이 두 글자의 조합으로 이루어진 인한(寅翰)의 이미지들—호랑이 날개, 호랑이의 편지(글), 새벽의 날개, 새벽의 글, 새벽 선비 등—이 나는 좋았다. 그러나 최근에는 한글로만 쓰는 경향이 두드러져 '강인한'이란 이름은 바로 '굳세고 질긴(强靭)'이란 의미를 떠올리기 십상이다. 요즘 젊은 사람들은 한글로만 읽히는 내 이름을 약간 코믹하게 느끼는 것 같다. 으레 이름 탓도 있어서 강인한 선생님 시는 강직하게 느껴진다나. 시조 시단의 거목 사천 이근배 시인은 날 보며 강인한 사람이 아니고 유약한 사람이야, 라고 놀린다. 텔레비전 드라마 작가들이 등장인물 이름을 노숙자, 유명한, 진분홍, 나애교, 오미자 식으로 우스꽝스럽게 짓는 무신경은 작명의 어려움을, 아니 작명의 귀찮음을 단적으로 보여주는 것 같다.

　이름이 무언가. 이름은 그 사람의 정체성을 드러내는 간명한 표지(標識)이다. 그런데 그것을 우스꽝스럽게 짓는다는 건 바로 그 정체성을 우습고 하찮게 만드는 것이다. 옛날에 귀한 자식 이름을 쌀 몇 가마를 주고 지었다는 말을 더러 들었는데 그만큼 가치 있고 소중한 것이 사람의 이름일 터이다.

　내 나이 스물여섯 살 1970년의 어느 날. 정읍 상사동 597번지 문간채의 함석대문 앞에서 누가 큰소리로 "강인한 선생 계시오?"하고 외치는 소리가 들렸다. 문밖에 나가 보니 웬 나이 듬직한 남자가 나를 찾고 있었다. 대뜸 나를 훑어보더니 "춘부장 계신가?" 하고 점잖게 말한다. "안 계시는데요. …돌아가신 지 오래됐습니다." 중노인인 그 남자가 정색을 하고 말한다. "나는 김제 사는 최학규라는 시인인데, 강인한 선생을 만나 뵈러 왔소만…." 내 필명이 필시 노숙한 이름으로 느껴져 적어도 오십대쯤의 시인일 거라고 지레짐작을 한 모양. 내가 근무하는 학교의 학생들에게 당신의 시집을 권장하여 팔 수 없겠는가 하는 부탁을 하러 오신 거였다. 『모과木瓜』라는 제목의 시집을 들고 찾아오신 거였는데. 참으로 난처하였다. 몇 해 전 내 첫 시집을 낸 뒤 학생들에게 팔아보려 했지만 전교에서 기껏 두 권이 달랑 팔렸을 뿐이다. 최학규 시인께 나는 통사정을 하며 설득하였다.《현대문학》에 1964년 김현승 시인의 세 번째 추천을 마치고 등단한 최학규 시인은 일찍이 정읍농림고등학교를 나왔고, 50대에 뒤늦게 추천을 통해 등단한 시인이다. 1967년 등단 이후 내가 해마다《현대문학》에 한 편씩의 시를 발표할 수 있는 행운을 얻었던 것은 조선일보 신춘문예 심사위원이었던 김수영 시인의 누이동생 김수명 편집장의 배려였다. 당시 모든 문예지에 필자 이름은 거의 다 한자로 되어 있으므로 책에서 몇 차례 본 '姜寅翰'이란 왠지 나이 듬직한 이름에서 최학규 시인은 당신과 동년배로 인식한 모양이었다. 최학규(1910~1975) 시인은 《현대문학》에 1962년 12월 「미완성」, 1963년 6월 「나의 문」, 1964년 8월호에 「꽃」으로 김현승 시인의 추천을 마친 시인.

연말이면 《현대문학》 12월호엔 권말 부록으로 문인주소록을 싣고 있었다. 그걸 눈여겨보는 이들은 누가 어디 사는지 잘 기억하고 있었다. 그 시절엔 작품을 발표할 때 필자 약력을 소개하는 법 없이 문예지에 달랑 한자로 된 이름만 붙여서 실을 뿐이었다. 약력은 물론 사진도 싣는 법이 없었다. 그러므로 이름만 가지고서 주소를 찾아가 직접 대면하기 전에는 시인 혹은 소설가의 나이나 학력 따위를 알 길이 전혀 없는 것이다. 최학규 시인은 강모 시인이 정읍에 산다는데 수소문해 보니 직업이 교사라는 말을 누구에겐가 들었던 모양이었다.

고교시절 신석정 선생님 댁을 찾아갔을 때 대문 옆 기둥의 문패를 보고 나는 선생님의 본명을 처음 대할 수 있었다. '辛錫正' 본명 그대로의 발음을 아호인 '저녁 석夕, 물가 정汀'으로 삼으셨음을 처음으로 깨닫는 순간이었다. 이상화(李相和) 시인의 호 '상화(尙火)'도 같은 경우다. 국문학자며 시조시인 이병기 선생의 호는 강의 옛말 '가람', 정인보 선생은 '위당(爲堂)'이다. 선생의 별명이 당나귀였는데 친구들이 익살맞게 '위락당(爲樂堂)'이란 호를 지어주고 아예 가운데 글자만 빼서 '위당'으로 아호가 되었다는 것. 호라는 건 본인 스스로 짓는 자호(自號)란 왠지 팔삭둥이의 허튼짓 같고, 대개는 스승이 제자에게 내려주거나 친분이 두터운 친구가 그의 삶과 빗대어 지어주는 게 보통이다.

생전에 《샘터》에 근무할 때 친교를 맺은 법정 스님이 평소 김형영 시인이 병약해 보여선지 지어준 호가 수광(壽光)이었단다. 정민 교수가 목숨 수를 지킬 수로 바꿔 수광(守光)으로 함은 어떻겠느냐고 해서 둘 중 어느 게 좋을까 저울질할 때 훗날 수광(守光)이 좋겠다고 나도 거든 기억이 난다. 전철 2호선과 4호선이 만나는 사당역 가까운 만남의 광장에서 서정춘, 김형영, 조창환, 강인한이 자주 만나 다담을 즐길 때다. 내 시집 『입술』을 펴낸 2010년 이후 우린 자주 만났다. 김형영 시인이 서정춘 시인에게는 그의 대표작 제목에서 따다가 죽편재(竹篇齋)를 호로 하자고 하였다.

그 무렵 서정춘 시인이 내게 백록(白鹿)이란 호를 주었다. 사슴과 내가 어딘가 인연의 끈이 닿아있었던 게 아닌가 하는 생각이 들기도 한다. 오래전 외우 이만재 카피라이터가 내 시집 『전라도 시인』(1982)에 쓴 「인간 강인한(姜寅翰)을 말한다」를 보면 "…체중 미달로 군대에서 받아주질 않았기 때문에 대학을 나오자마자 시작한 고등학교 국어교사를 지금까지 17년째 하고 있다. 어떤 얼굴을 하고 있느냐 하면 늘 봐도 '미소 짓는 사슴'이다. 시인이라고 하는 뿔을 달고 있어서일까… 나는 단 한 번도 강인한의 화내는 얼굴이나 짜증내는 얼굴을 본 적이 없다. 그는 사슴이다. 정갈한 동물."이라고 발문에 쓰고 있다.

이만재가 먼저 사슴에 빗대어 내 말을 한 적이 있고, 우연한 자리에서 죽편재 서정춘 시인이 꺼내든 내 호가 또한 흰 사슴 백록(白鹿)이고 보면 굳이 사양하지 않아도 좋을 것 같았다. 그렇게 강동길이라는 자연인은 필명 인한(寅翰), 호 백록(白鹿)을 호사스럽게 거느리며 살게 되었다.

(2021. 6. 26)

「품바」와의 인연

특별히 연극을 좋아해서가 아니라 단지 삼십 년도 훨씬 전에 들었던 가락에 끌린 탓이었을 것이다. 그 구성진 가락의 각설이 장타령을 원형대로 들어보고 싶은 아련한 향수 때문에 친구들과 더불어 이른바 "품바 초청 공연"에 가게 되었다. 벌써 오년 전(1982년)의 일이다.

연극이라기엔 아직 거칠고 싱싱한, 감동과 함께 펼쳐지는 장타령―그것은 원목 그대로였다. 이름도 잘 알려지지 않은 전라남도 무안군 일로읍의 '인의예술단' 대표이자 드라마「품바」의 작가 겸 연출자와 함께 자리한 것은 연극이 끝나고 난 십이월의 밤이었다.

"잘 보았습니다. 약간 설교 투의 사설이 있긴 하지만, 매우 훌륭한 연극을 보게 돼서 감사합니다. 광주 공연에만 그칠 게 아니라,「품바」를 서울로 올려보면 어떨까요?"

내 제안에,「품바」의 작가 김씨(김시라)는 그게 가능할 것인지 어떨지 어리둥절한 가운데도 반가움을 금치 못했다. 다음날 나는, 서울의 어느 극장과 출판사를 가지고 있으며 극단 하나를 창단하고자 진행 중인 극작가에게 편지를 썼다.「아일랜드」이후「품바」만큼 감동적인 연극을 일찍이 본 적이 없노라는 내 소박한 연극 평과 함께.

그 후 「품바」는 홀연히 서울로 올라갔다. 인연이란 묘한 것이고, 또한 운명도 우리 범상한 인간들은 도저히 알 수 없는 것인가 보다 하는 생각을 하게 됐다는 김씨의 고백처럼 「품바」는 저돌적으로 장기 공연에 들어갔다. 작가인 김씨도, 나도, 또 극단의 대표인 또 다른 김씨(김정률)도 전혀 예상하지 못했던 반응이 나타나기 시작한 것이다.

영화로도 만들어지고(영화로서의 성패는 별개로 치자), 음반에 담겨지게 되고, 부산에서 대전에서, 전국의 어느 도시에서건 「품바」는 인기를 독차지하는 이색적인 연극이 되고 말았다. 뭐, 6백회 공연 기록을 돌파했다던가. 세계 무대 위로 곧 진출한다던가.

"일 자 한 자 들고나 봐라. 일선 가신 우리 낭군 제대 않고 휴가 왔네. 두 이비 자 들고나 봐라. 이승만이 대통령에 함태영이 부통령. 서이 삼 자 들고나 봐라. 삼천만의 우리 민족 남북 통일만 기다린다…… 얼씨구씨구 잘도 헌다."

며칠 전, 오랜만에 만난 친구들과 함께 어느 술집에 가서 나는 「품바」를 만났다. 「품바」는 이제 어느 도시에서나 밤이면 만날 수 있는 술집의 레퍼토리가 되어 있는 걸 깨닫고 나는 혼자 서글퍼졌다. 「품바」는 이제 보통명사였다.

김시라(金詩羅): 1945년 전남 무안 출생. 1인극 「품바」 작가. 2001년 2월 8일 타계, 향년 55세.

(1987년)

서둘러 간 제자 원섭에게

원섭아, 네가 가다니. 그 젊은 나이로 네가 가야 하다니.
누이동생으로부터 천만뜻밖에도 네 비보를 받아 들고서 한참 동안 교무실에서 나는 넋을 잃고 앉았을 수밖에 없었다.
"선생님이세요? 저 원섭이에요. 오늘 광주 가서 선생님을 뵐려구요."
그게 지난 8월 어느 날이었지. 몇 년 만에 우리는 다시 만나게 된 것이었을까. 맨 처음 너를 만난 것은 네가 정읍 호남고등학교 일학년 때였다. 봄이었을 것이다. 교내 백일장대회를 학교에서 가까운 동산에서 가졌었는데, 일 학년생인 네 시가 다른 상급생들의 어느 작품보다 뛰어나서 나는 네 것을 장원으로 뽑는데 조금도 망설이지 않았었다.
잘은 기억할 수 없지만 참 깨끗하고 고운 서정적인 작품이라고 생각된다. 넌 공부도 잘 했지. 그래, 고등학교 시절엔 열심히 공부해서 자기가 지망하는 대학에 들어가야 한다고 생각하고 있기 때문에 나는 네가 시에 대하여 열중하지 않기를 바랐었다. 동국대학교에 들어가고, 또 대학신문사에 들어가고, 그러한 너를 볼 때 대학시절과, 대학신문사 시절을 너를 통해서 다시 보는 듯 했었던 게 사실이다. 그 무렵 너는 매 주마다 〈동대신문〉을 내게 부쳐 주었지. 나는 그게 자랑스러웠다. 그리고 머지않아 시단의 후배로 네가 당당히 관문을 뚫고 나오리라 믿고 있었다. 늘 수줍은 듯 자기 세계의 성을 굳게 지키고 살아가는 네가 얼마나 듬직하였던지.

작년이었을 게다. 네가 정읍의 모교에 교생 실습을 나왔었던 게, 지난 번 장 선생님이 내게 이렇게 말씀하셨었다.
"영락없는 강 선생, 그대로 쏙 뺐어. 판서를 차근차근 해나가는 거하며 그 글씨하며…."
지금도 나는 네 글씨를 잊지 못한다. 작고 정연한 글자의 획들을 눈앞에 대하는 듯 선하구나, 원섭아. 교생실습이 끝날 무렵 연구수업을 했었다고 들었다. 장 선생님은 너를 칭찬하시기에 칭찬 이상의 즐거움으로 아시는 것 같았다. 실습 평점을 내는 자리에서
"원섭아, 넌 백 점이야!"
"안돼요, 선생님. 백 점 맞으면 곤란해요. 장난으로 알 거에요."
"내가 백 점을 주는데 무슨 잔소리냐? 백 점 줄만하니까 주는 거지. 넌 백 점이다."
장 선생님은, 너에게서 아마 나를 느끼셨던 모양이었다. 어쩌면 정읍에 그대로 있었다면 내가 너의 교생 지도교사가 되었었겠지.
광주의 지난여름은 참 무더웠다. 충장로의 어느 지하 다방에서 우리는 두 시간쯤 얘길 나눴을까, 시가 결국은 예술이어야 한다는 점에 우리들의 이야기를 모아졌던 걸로 기억한다. 발레리의 말처럼 아름답고 맛있는 사과 속에 남모를 영양이 든 것처럼, 시는 먼저 예술이어야 한다고. 원섭이 넌 내 두 번째 시집 『불꽃』 속의 시를 참 좋아했었지. 세 번째 시집 『전라도 시인』을 서울에서 구해보고 그렇게 또 좋아했었지.
"선생님. 저 고향으로 내려갈까 해요. 형님이 돌아가셨어요. 그래

서 제가 가장이 되지 않을 수 없거든요."
 다방에서 일어서기 전에 참 어렵게 넌 집안사정을 이야기했었다. 그래, 그랬구나. 하지만 너는 시를 쓰겠노라 하였다. 내게 그렇게 다짐하고 떠났었지.

 그리고 나서 한 달이 채 되지 못한 9월에 너의 거짓말 같은 죽음을 접하게 될 줄이야. 믿기지 않는구나. 어떻게 믿어야 한단 말이냐. 미처 남들 앞에 혼자만의 시세계를 열어 보여주지도 않고, 훌쩍 갈 수가 있었던지, 아니 그렇게 서둘러야만 했던 이유를 나는 아무래도 이해할 수가 없구나, 원섭아.
 남모를 무서운 신앙으로 시에 기대어 원섭이 네가 살아왔음을 나는 안다. 이제 올바르고 고운 언어의 성을 구축할 줄 아는 눈을 가지게 된 거라고, 내심으로 나는 무척 기쁘고 미더워 했었는데.
 원섭아, 네가 가다니, 네가 가다니.
 지난여름의 네 흰 와이셔츠가 자꾸만 눈에 어리는데.
 ……잘 가라, 내 사랑하는 제자여, 젊은 벗이여, 못 다한 네 시를 어쩔거나.
　　　　─1983년 12월 20일 동대신문동인회에서 발행한 이원섭의 유고시집에서

* 까마득히 잊고 있었는데 고인의 막냇동생이 이 글을 보내줬습니다. 정말 고맙습니다. 그 무렵 광주 사레지오고교 교무실 내 책상 위에 매주 놓여진 '東大新聞'의 기억도 선명합니다.

(2019. 1.15)

조건 없는 사랑, 조건 없는 마음

그것은 정말 영화의 한 장면이었습니다. 멋들어진 폭발과 붕괴. 할리우드의 블록버스터 영화에 길들여진 사람들의 눈에는 틀림없는 영화였습니다. 9월 11일 아침 뉴욕의 세계무역센터 쌍둥이 빌딩에 대형 여객기가 겁도 없이 날아가서 부딪쳐 버린 것입니다. 또 곧이어 나타난 다른 여객기가 곁에 선 쌍둥이 빌딩에 독수리처럼 날아가 부딪쳐 버렸습니다. 백 층이 넘는 빌딩이 옆구리에서 불길을 뿜고 이어서 잘 만들어진 영화의 한 장면처럼 맥없이 무너져 버렸습니다. 끔찍한 상상력이 만들어낸 그것은 현실이 아닌 영화처럼 사람들의 눈에 비쳤습니다. 오, 세상에, 세상에.

테러리스트들에게 납치된 비행기 안에서 전직 법무장관의 부인이 휴대전화로 남편에게 "여보, 사랑해요." 하고 마지막 통화를 했다는 이야기가 전해졌습니다. 그 말을 마지막으로 남기고 비행기는 고층빌딩의 옆구리를 들이받고 폭발한 것입니다.

빌딩이 무너지기 직전 불길과 연기가 피어오르고, 비행기가 충돌한 그 위층에 있던 몇 사람은 견디다 못해 그 까마득한 허공에 몸을 던져 떨어지는 것이 보였습니다. 낙하산도 없이 너무나 뜨거운 불길을 피해서 차라리 추락사를 결심한 것이겠지요. 섭씨 천 도가 넘는 불길의 온도라고 합니다. 섭씨 천 도, 그 온도는 인간이 뿜어내는 무시무시한 증오의 온도였습니다.

무엇이 그 테러리스트들로 하여금 자신들이 납치한 비행기를 타고 스스로의 목숨을 던져 세계무역센터를 향해 부딪쳐 가게 한 것일까요. 워싱턴의 펜타곤에서도 비슷한 사건이 일어났습니다. 말하자면 미국의 심장부에 그들은 비수를 꽂은 것입니다. 자기들의 목숨을 희생하는 것을 두려워하지 않으면서. 영화에서는 테러 사건 직후 그 테러리스트들이 조건을 제시하며 협박하는 게 보통이었습니다. 그런데 이 사건이 발생한 후 어떠한 국가나 단체에서도 그런 조건을 제시하지 않고 있습니다. 말하자면 조건 없는 증오의 표현일 것입니다. 조건 없는 미움. 그것은 그 미움의 뿌리가 너무나 깊고 엄청나기 때문이라는 생각을 해 볼 수 있습니다. 동서 냉전의 종결과 함께 찾아온 미국의 패권주의, 이스라엘에 대한 편애와 팔레스타인을 비롯한 아랍 국가들에 대한 강력한 제재가 결국 오늘의 재앙을 불러왔다고 합니다. 부시 대통령 출범 이후 강경 노선을 추구해온 미국의 정책이 그 근본 원인일 것이라는 견해들이 지배적입니다. 강한 것은 부러진다고 하는 말이 생각납니다.

테러와의 전쟁을 선포하고 지금 미국은 테러의 본거지라 할 아프가니스탄에 날마다 폭격을 가하고 오사마 빈 라덴과 함께 탈레반 정권은 '지하드(성전)'를 외치며 결사 항전의 각오로 맞싸우고 있습니다. 본래 가난한 아프가니스탄 국민들은 영문도 모르고 전쟁을 피해 수많은 사람들이 국경을 넘어 파키스탄으로 피난하고 있습니다. 하루하루 먹고살기에 바쁜 그들은 하루 세 끼 먹을 것만 있으면 그것이 바로 행복이라고 느낀다 합니다. 전쟁으로 이 끝 모를 미움의 대결이 근본적으로 해결되리라고는 아무도 생각지 않습니다. 결국 세계무역센터에서 무고한 사람들이 죽어가듯 전쟁을 통해서도 무고한 사람들이 더 많이 죽어가겠지요. 죽임과 죽임의 악순환.

　몇 해 전 십일월. 전주에 사는 내 고등학교 선배 한 분이 고혈압으로 쓰러졌다는 소식을 들은 적이 있습니다. 최근에 그 박 선생을 나는 만났습니다. 건강을 많이 회복하였지만 커피와 담배를 삼가는 등 매사에 신경을 쓰며 그는 자신의 건강을 돌보고 있었습니다. 그 무렵 이야기를 그가 꺼냈습니다. 그는 평소에 혈압이 높았습니다. 그 날 늦은 밤의 모임에서 술도 안 마시고 차를 몰아 돌아오는 길이었습니다. 핸들을 잡고 있는 정면에 헤드라이트가 두 개 강하게 비쳤습니다. 그리고 갑자기 그 불빛이 네 개로 보이는 것이었습니다. 아, 심장마비로 사람이 이렇게 죽는가 보구나, 그런 생각이 흐려져 가는 의식의 밑바닥에서 아슴푸레 떠올랐습니다. 비상등을 켠 채 차를 길가에 세워두고 그는 어느 상점 셔터에 기대어 앉았습니다.

　그가 세워둔 차는 계속해서 비상등이 깜박거리고 있었건만 도로를 질주하는 차들은 그냥 지나칠 뿐이었습니다. 의식이 자꾸만 흐려지는 어떤 순간에 누군가가 그를 흔들었습니다. 그 사내가 바바리코트를 걸치고 있는 게 흐릿하게 보였습니다.

　"아저씨, 여기서 뭐해?"

　"나… 아퍼."

　"에잉, 술취했구만. 그렇지?"

　술 냄새를 풍기는 그에게 박 선생은 꺼져드는 목소리로 힘없이 대답했습니다.

　"아냐, 나 술 안 먹었어. 지금 많이 아퍼."

　박 선생은 양복 안주머니에서 수첩을 꺼내어 두 군데에 전화를 걸어달라고 부탁했습니다. 저만치 떨어진 공중전화 부스를 향해 술

취한 사내가 비틀걸음으로 다가가는 게 뿌옇게 보였습니다. 한밤에 그 연락을 받고 가족들이 곧바로 박 선생을 찾아냈고 다음날 일찍 박 선생은 병원에 입원할 수 있었습니다. 그 바바리코트의 사내는 자기 이름도 밝히지 않았다고 합니다. 그 사내가 보여준 이웃에 대한 사랑의 온도는 몇 도일까요.

(2002. 9. 29)

가든, 가수, 공인

 음식을 맛있게 잘 만드는 식당은 도심에 있다. 그것도 큰 회사나 관공서가 밀집해 있는 곳 가까운 이면도로에 위치해 있다. 이게 평소 좋은 식당에 관한 나의 변함없는 생각이다. 값싸고 맛 좋은 음식을 점심으로 골라 먹는 직장인들의 까다로운 입맛을 고려해야 하는 식당의 주인들은 단골손님들을 놓치지 않기 위해 별 수 없이 맛있게, 그리고 비싸지 않은 음식을 내놓아야 장사가 될 건 정한 이치다. 서울의 충무로 뒷골목, 종로의 청진동 골목을 한번 생각해 보라.
 그런데 내가 근무하는 직장에서 전체 직원의 회식 자리를 마련하고 장소를 알려줄 때마다 나는 짜증이 앞선다. 으레 '××가든'이기 때문이다. 직장이 도심에서 뚝 떨어진 곳에 있다는 핑계로 내남없이 다들 승용차로 출퇴근을 하는 터라(나는 차가 없다.), 전 직원의 회식 자리로 꼽는 첫 번째 조건이 주차 공간이 얼마나 넓으냐에 따른다. 그 집의 음식 맛이나 솜씨는 별개의 문제로 뒤쳐진다.
 가든. 언제부터 정원이라는 이 단어가 '교외의 식당'이라는 의미로 전용되기 시작한 건지 알 수 없다. 하기야 경치도 좋고 공기도 맑은 곳에서 맛있는 음식을 들며 정담을 나눌 수 있다면 금상첨화이리라. 그런데 대개 '가든'의 음식이란 게 청둥오리나 토종닭을 삶아내는 게 고작이다. 열에 아홉은 다 싸디싼 중국산 청둥오리요 수상한 토종닭이 아닐까 하는 의구심이 든다. 붕어 즙이 위장병에 효험이 많다는 소문을 듣고 아내가 한번은 전남 화순의, 어느 수원지 가까운 곳에 있는 '곳집(푹 고아서 즙을 만드는 집이란 뜻)'에 부탁하여 붕어 즙 한 솥 십오만 원어치를 주문하여 먹은 적이 있다. 항상 위궤양을 안고 사는 나를 위한 아내의 정성을 생각 하여 나는 그걸 열심히 먹었지만, 그다지 효험이 있는 눈치가 아니었다.

수원지의 깨끗한 물에서 노는 붕어니 얼마나 그게 신선할 것이며, 따라서 몸에 이롭지 않겠는가 하는 내 믿음은 수필가인 낚시 도사 김 선생의 이야길 듣고 나서 허망하게 무너져 버렸다.

"그 붕어에 어디 수원지 출신이란 호적초본이라도 붙었나? 허허 참, 내가 알기론 여기저기 저수지나 댐에서 낚시꾼들이 마구잡이로 잡아온 붕어들을 한밤중에 그 수원지의 양식망 안에 하숙시켰다가, 수원지 붕어랍시고 손님들 눈앞에서 건져내는 그런 식이라네."

요즘 밀물처럼 수입되는 중국산 농산물, 수산물이 정신없이 넘쳐나는 판에 산수 좋고 공기 좋은 '가든'에서 순 국산 청둥오리나 토종닭이라고 믿는 사람이 바보일시 틀림없겠다. 양계장에서 가져온 중병아리들을 잠시 '가든' 근처의 닭장에다 가두고 기르면 그게 토종닭이 된다고 하였다.

그래서는 아니지만 나는 '가든'의 그 질긴 오리고기·닭고기가 싫다. 찢어발기고, 씹고, 깨물어야 할 치아가 부실하고 보니 도무지 질긴 그런 종류의 고기란 아예 고무줄 씹는 맛이다. 우리나라의 음식들은 하나같이 치아가 차돌같이 단단한 사람들을 위한 것들뿐이라는 생각이 들고 그 때마다 나는 스스로가 측은해진다.

가든. 이 말뜻은 이제 국어사전에 "교외에 있는, 질긴 닭·오리고기를 파는 식당"이라는 뜻이 새로이 첨가되어야 할 것 같다. 말의 오용(誤用)도 그게 계속 유행처럼 번지고 급기야 대중화하면 버젓한 정식 통용으로 변질될까 우려된다.

몇 해 전 티브이에서 본 일이다. 고등학생들이 어떤 연예 기획팀의 백댄서 모집에 응모하여 오디션을 통과하고 나자 소감을 묻는 기자에게 득의양양하여 이렇게 말하는 것이었다.

"너무너무 기뻐요. 이제 공인으로 인정받은 셈이니까요."

그들은 햇병아리 연예인으로 출발할 수 있게 된 기쁨을 그와 같이 당당하게 밝혔다. 연예인이 곧 공인이란다. 쓴웃음이 절로 나온다. 대마초를 상습적으로 피우다가 적발되거나, 자동차 운전면허를 부정한 방법으로 발급 받다 들통 나거나, 심지어 가수가 매니저와 은밀하게 찍은 낯 뜨거운 비디오가 유출되어 온 세상이 시끄러워져서 문제의 가수가 기자회견을 할 때, 그들은 고개 숙여 말한다.

"공인으로서 사회적으로 물의를 일으킨 점… 국민 여러분께 죄송합니다."

작년에는 오양이 그랬고, 금년에는 백양이 그랬다. 어떤 네티즌은 그 사건 이후 오양 덕분에 우리나라 인터넷 보급률이 급격히 높아졌고, 백양 덕분에 우리나라의 IT(information technology) 기술이 세계 최고의 수준으로 향상되었노라고 하였다. 인터넷을 통하여 문제의 비디오를 볼 수 있고, 또한 미국의 유료 사이트를 공짜로 열 수 있는 암호를 한국의 젊은 대학생이 연구에 연구를 거듭한 끝에 기어이 풀어내 전 국민에게 볼 기회를 제공해 준 것이므로, 우리나라를 인터넷 강국으로 만들어준 장본인은 사실 문제의 두 가수들이라는 논리였다.

하여튼 가수나 탤런트, 개그맨 같은 이들— 연예인들은 말썽을 일으키고 난 뒤 자책할 때만 '공인'을 절감하며 잘못을 눈물로 뉘우친다. 그들이 과연 공인(公人)일 것인가. 아마 그들은 "공(公)개적으로 대중 앞에서 활동하는 인(人)간"을 줄여서 공인이라고 자처하는 모양이다. 그러면 미국에서 돈방석에 앉은 코리안 특급이라 불리는 투수 박찬호도, 대도(大盜) 조세형도, 요즘 선정 일변도의 매스컴에서 여자보다 아름답다고 떠들어대는 트랜스젠더 하리수도 공인의 반열에 올려줌 직하다. 몇 해 전 「크라잉 게임」이란 영화에서 본 트랜스젠더의 실체에 관한 내 기억은 끔찍하기 짝이 없었다.

가수란 본디 노래를 부르는 일을 직업으로 삼는 사람이다. 최근에 이은미라는 진짜 실력 있는 라이브 가수가 우리 가요계의 비뚤어진 현실을 폭로한 글을 읽은 적이 있다. 그것이 계기가 되어 어느 방송국의 시사 프로그램에 가수 대 매니저와의 계약 서류라는 것이 노비 문서라고 표현되어 가수들의 분노를 산 일이 있다. 그들은 "우리는 동등한 관계다!"고 입을 모아 외쳤지만 그렇게 말해야 하는 자체가 왠지 공허하게 들리는 것이었다. 아닌 게 아니라 요즘의 젊은 가수들은 이은미의 지적대로 노래하기보다는 방송국의 구성작가가 써 준 대로 시시한 잡담이나 지껄이고 자기들끼리 낄낄거리는 게 가수 고유의 활동인 것처럼 보인다. 가수로서 정작 입으로 노래해야 할 자리에 서면, 마이크만 형식적으로 머리에 매달고 녹음된 자기 노래에 맞춰서 붕어처럼 입만 벙긋거리며 보릿대춤만 출 뿐인 것이다. 무엇을 위해서, 누구를 위해서인가. 바로 돈벌이를 위해서이고 자기 자신을 위해서일 뿐이다.

본디 '공인'이란 그런 자들이 아니다. "국가 또는 사회를 위하여 일하는 사람, 공직(公職)에 있는 사람"이 공인이다. 대통령, 국회의원, 검사, 판사, 하다못해 시의원, 교통질서를 바로잡는 경찰, 우체국의 집배원, 전선을 지키는 우리의 젊은 병사들— 그들이야말로 참다운 공인이 아닐까.

하긴 모를 일이다. 오래 전에 '인사를 한다'는 말이 인사 청탁과 관련하여 상사에게 뇌물을 바친다는 뜻으로 쓰였듯이, 말의 오용이 보편화되고 대중화하여 공인의 개념이 나중에는 "범죄 혹은 비행을 저지른 연예인이 스스로를 일컫는 말"로 바뀌게 될는지도.

(2002. 11. 7)

물을 바라보는 세 가지 시선

"나를 물로 보느냐?"라고 묻는 말에서 물은 만만한 것을 뜻한다. 또 만만한 존재에게 잔뜩 덤터기 씌우는 것을 흔히 '물 먹인다'고 한다. 뜨거운 감자로 떠오른 쟁점의 문제에 대하여 회피하기 위한 전략으로 엉뚱한 문제를 부각시켜 사람들의 시선을 그쪽으로 돌리게 하는 '물타기' 수법이란 것도 있는 모양이다. 인간을 생각하는 갈대라고 규정한 파스칼은 "인간을 죽이기 위해서는 전 우주가 동원될 필요도 없이 한 방울의 물이면 충분하다."고 말한 바 있다. 접시 물에도 빠져죽는다는 말이 있거니와 물은 또 사람에게 얼마나 무서운 존재인가. 물은 낮은 데로 흐른다. 물 흐르는 방향은 순리이다. 그래서 물이 흘러가는 것을 순리와 도덕적 상식을 벗어나지 않는다는 개념으로 법(水+去=法)이라는 말도 생겼을 것 같다.

물로 보는 사람들

지난 해 이른 봄 정국은 온통 대통령 탄핵으로 벌집을 쑤신 듯했다. 다수의 힘으로 야당 연합 세력이 이제 막 임기 1년이 된 대통령을 끌어내리기 위해 탄핵안을 국회에 발의하고, 거룩한 민주주의 원칙에 입각한 다수결로 급기야 탄핵을 가결시키는 사태가 벌어졌다. 나도 그 역사적인 광경을 보고 있었다. 중국음식점에서 맵싸한 사천자장면을 먹으면서 텔레비전 화면을 보았다. 별로 선량하지 않은 선량들은 "대한민국 만세!"를 부르며 감격하기도 하고, 의사봉을 엄격하게 두드린 의장은 "대한민국 역사는 전진해야 합니다."고 아래쪽에서 대성통곡하는 소수의 여당 의원들을 흘겨보며 못박아 말했다.

그런데 대다수 민심을 그들은 잘 모르는 것 같았다. 그 날 행해진 여론조사의 결과가 그걸 말해주고 있었다. 국회의원 총선거를 한 달 앞둔 시점에서 힘으로 밀어붙인 제1, 2, 3 야당에 대한 지지도는 날이 갈수록 떨어졌다. "너흰 아니야."라는 노래가 광화문 일대의 촛불집회에서 강물처럼 도도히 흘러넘칠 무렵이다. 사태가 심상치 않음을 깨달은 제2 야당이 중진들을 모아놓고 대책회의를 열었다. 결국 민심을 오도하고 편파적인 방송을 내보낸 방송국에 원인이 있다고 결론을 모은 그들은 당대표를 앞세워 방송국을 찾아갔다. 그들이 M 방송국을 들러 다시 K 방송국을 방문한 건 일과가 끝나고도 한참 뒤인 저녁 늦은 시간이었다.

"국영방송이 그렇게 편파적인 보도를 할 수가 있느냐 말이야." 격앙된 당대표의 말을 듣던 카메라 뒤쪽의 한 사람이 말대답을 하였다. "국영방송이라뇨? K 방송이 왜 국영방송이오?" 공영방송이라고 해야 할 걸 그만 실수했다. 그분은 그냥 벙벙한 표정이었다. 곁에서 보다 못한 부대변인이 나섰다. "M 방송국에 갔더니 거기서는 보도국장이 직접 나와서 영접해 주시고 그랬는데…." 그는 말을 잠깐 끊고 손목시계를 보고 나더니 "지금 우리가 여기 온 지 십이 분이 지났습니다. 그런데도 물 한 잔이 없습니다." 당대표를 비롯한 중진 의원들에 대해 푸대접이 심하다는 얘기였다.

다음날 아침 인터넷의 여러 사이트에는 K 방송국의 전경이 합성

사진으로 올라와 있었다. 방송국 건물 중앙에 지붕에서 땅바닥까지 펼쳐진 플래카드가 간밤에 찾아온 부대변인의 마지막 말에 대하여 대답하고 있는 사진이었다.

-물은 셀프-

물먹는 사람들

우리 인간에게 있어서 긴요한 건 식량 못지않은 물이다. 혹시 물 안 마시고 술로 대신해도 된다는 사람도 있을는지 모르지만 물은 생명에게 절대 필수적인 것이다. 오래 전 삼풍백화점이 대낮에 거짓말처럼 무너지고 더 이상 생존자가 없으리라 생각하고 있을 때, 열이틀 만이던가 그 무너진 구조물 밑에서 최명석이라는 청년이 기적처럼 살아 나왔다. 그가 살 수 있었던 건 캄캄한 시멘트 바닥의 물을 움켜 마실 수 있어서였다고 한다.

목이 마를 때 물을 대신할 수 있는 것이 무엇인지 나는 잘 모른다. 물 대신 맥주를 마셔도 갈증을 가시게 할 수는 없고, 사이다나 우유로도 대신할 수가 없다. 성분이 다른 술을 향료와 함께 섞는 것을 칵테일이라 한다. 이를테면 소주에 콜라를 섞어 마시기도 하고, 그러면 '소콜'이라고 부르는 술이 되는데 그것도 칵테일인 셈이다. 맥주 글라스에 소주 한 잔 퐁당 섞어 마시는 걸 한국형 폭탄주라고도 한다. 우유와 사이다를 섞은 음료수도 괜찮고, 콜라와 사이다를 섞은 것도 맛이 괜찮다. 우연한 기회에 나는 우유와 콜라를 섞고 거기에 다시 사이다를 섞어 마셔본 적이 있다. 웬걸, 그 맛이란 습습하고 걸쩍지근한 것이 영락없는 설거지물 그것이었다. 웬만한 가정에서는 수돗물을 안 마신다. 부식된 수도관의 녹물을 걱정해서다. 으레 생수라는 걸 사다 마시는 게 보통이다. 설악산 생수, 제주도 생수도 슈퍼에 있다. 옛날엔 동네 우물에 가서 물동이에 한가득 물을 길어 오는 일은 여인네 몫이었다. 그래서 평범한 갑남을녀를 흔히 초동급부(樵童汲婦)라고 하지 않았던가. 물 긷는 아낙, 풀 베는 아이라는 말이다. 하지만 요즘은 사정이 많이 달라졌다. 승용차를 운전하는 남편들이 알 만한 곳에 가서 생수를 물통에 담아 차에 싣는 일을 흔히 본다. 식당에서 내놓는 생수라는 걸 마셔야 할 때는 왠지 미덥지 않은 마음이 든다.

수돗물을 정수기로 걸러 마시는 가정도 있고, 더 좋은 생수를 고가로 사 마시는 사람들도 있다. 우리 집은 그저 수돗물에 볶은 보리 알갱이를 넣고 푹 끓여 마신다. 볶은 옥수수 알갱이를 넣을 때도 있다. 어쨌든 끓여 마시는 물은 중금속 오염을 걱정하지 않아도 된다고 한다. 우리나라의 내로라하는 부호들만 모여 사는 동네가 서울에 있다. 느닷없이 로또복권에 일등 당첨된 사람이 숨어살기도 하는 타워팰리스라는 아파트 동네다. 그 사람들이 마시는 물은 물론 수돗물을 끓인 식수가 아니다. 그게 한 번 밝혀진 적이 있었다. 천연 빙산수라던가, 아쿠아마린 심해수라던가 아무튼 깊고 깊은 바닷속의 천연 생수라고 했다. 그런데 알고 보니 그건 장삿속에 놀아난 우습지도 않은 생수라는 거였다. 봉이 김선달보다 머리 좋은 장사꾼들이 지하수에다가 적당히 소금을 설설 풀고 물통의 몸뚱이에 빙산수인지, 심해수인지 그럴싸한 상표를 만들어 붙인 것이었다고 하니 이건 또 얼마나 희한한 각테일인가.

물이 무서운 사람

비가 오지 않는 마른장마가 지루하던 어느 해 여름이었다.

시인 P 선생은 객지에 나와 살면서 같은 고향의 S 선배 시인을 평소에도 존경하며 늘 집안의 장형처럼 모시는 게 스스로도 싫지 않았다. 마침 고향의 아는 어른이 돌아가셨다는 부음을 받고 S 선배를 찾아갔다.

"선생님, 소식 들으셨습니까? 아무개 씨가 어제 지병으로 돌아가셨다고 하던데요." 한참 꿈을 꾸는 것처럼 먼 데 시선을 주던 S 선생께서는 한숨을 쉬듯 나직하게 말했다. "인생이란 허망하기 짝이 없는 거여."

고인의 부인이 돌아가시고 미처 두 달이 안 되어서였다. 아내가 죽고 곧바로 뒤를 이어 그 남편이 따라갔으니 두 사람은 정녕 천정배필이라고 해야 할는지. P 선생은 한 시간 남짓 고향을 향해 차를 달렸다. 옆 자리에 존경하는 선배 시인을 태우고 가느니만큼 한결 심심치 않아서 좋았다. 하늘은 잔뜩 찌푸린 흐린 날씨였다. 읍내의 제법 번화한 거리를 지나 고인이 살던 마을로 접어들자 갑자기 차 유리창에 후두둑 비가 듣기 시작했다. 마을 가까운 산모롱이를 돌아드는데 밭두둑에 무성한 호박잎들이 빗방울에 키들키들 간지럼 타는 듯 너울거렸다.

좁은 마당에는 큼직한 차일이 쳐졌고, 멍석 위에는 마을 사람인 듯싶은 화투꾼들이 대여섯 자리하고 있었다. 두 사람은 빈소에 가서 분향을 하고 물러나와 차일 밑으로 들어섰다. 상가에는 조문객들보다 고인의 일가친척들이 더 많았다. S 선배가 술잔을 비우고 P 선생 앞에 놓아준다. P 선생은 손사래를 치며 사양하였다. 운전을 해야 하니 참는 것을 양해해 주시라는 말에 S 선배는 그럼 그 몫을 대신 마셔 주겠노라면서 석 잔을 마시고 홍어회를 집는다. 한 무리 문상객들이 찾아들 때 둘은 자리에서 일어났다. 빗발이 제법 굵어지고 있었다.

마을의 비포장도로가 끝나가는 어름에서 갑자기 차가 멈칫하고 시동이 꺼져버렸다. 십 년 넘은 고물 차를 싼 맛에 산 게 이 모양이라고 P 선생은 혼자 투덜거리며 다시 키를 돌렸다. 시동이 걸린다. 그런데 문제가 생겼다. 갑자기 쏟아진 비로 난데없는 고랑이 생긴 것이었고, 거기에서 차가 딱 멈춘 것이었다. 찰진 진흙 바탕에 빠진 차바퀴는 제 자리에서 용쓰듯 헛돌고 또 헛돌고는 그만이었다. 하는 수 없이 트렁크에서 우산을 꺼내들고 밖으로 나왔다. 부러진 나뭇가지며 삭정이를 찾아다가 바퀴 밑을 비집고 어찌어찌해서 겨우 차기 빠져나오는데 삼십 분이나 걸렸다. 우산을 들었지만 끙끙거리며 혼자 곤욕을 치르느라 웃통이 흠뻑 다 젖어버렸다. 그 동안 S 선배는 차 안에서 꼼짝하지 않고 있었다. 그런 일은 운전기사가 다 알아서 처리하는 게 당연하다는 듯한 자세였다. 차가 포장도로로 나서자 그는 위로해주듯 점잖은 한 마디를 하였다.

"물이란 무서운 거여."

소나기가 스쳐간 강둑 건너편 산의 어깨에는 햇빛이 뭉게구름 사이의 보랏빛 그늘을 벗겨내고 있다. 햇살이 명주실처럼 강물 위에 반짝거린다. 조는 듯 오리 두 마리가 강 위에 버들잎처럼 떠 있다. 참으로 고요하고 평화로운 풍경이라고 사람들은 바라본다. 그러나 오리가 물이 무서워서 물에 빠지지 않으려고 죽을둥살둥 수면 아래서 바지런히 발을 놀려 헤엄치고 있다는 사실을 아는 이는 많지 않다. 결코 물은 만만한 것이 아니다.

(2005. 2. 28)

프레베르의 시「밤의 파리」

　　전쟁 속에서도 사랑은 꽃처럼 피어나고 향기롭습니다. 2차 대전 당시 프랑스가 나치 독일에게 점령당했던 그 때에도 파리의 젊은이들은 거리낌 없이 자신들의 사랑을 감추지 않았습니다. 간간이 공습경보가 울리기도 하는 폐허가 된 파리의 어두운 밤거리에서 중년의 시인은 그런 광경을 보았을 겁니다. 그리고 그런 가난한 연인들을 위해, 조국의 아름다운 미래를 위해 감동 어린 눈물을 감추지 못하고 말없이 축복을 빌어주었을 것입니다. 사랑하는 여인을 위하여 선물할 꽃 한 송이 없고, 아마 남자의 호주머니에는 구겨진 담뱃갑과 성냥만이 손에 잡힐 뿐이었나 봅니다.

　　어둠 속에서 세 개비의 성냥을 하나씩 하나씩 켠다
　　처음엔 당신의 얼굴을 한 번 보기 위해서
　　다음 것은 당신의 눈을 보기 위해서
　　마지막 것은 당신의 입술을 보기 위해서
　　그리하여 그 뒤의 어둠 속에서 그 모든 것들을 생각해 내기 위해서
　　당신을 꼭 껴안으면서
　　　　　　　　　　　　　　　　　　－자끄 프레베르「밤의 파리」

가난한 남자의 코트 호주머니에서 나온 성냥갑 안에는 단 세 개비의 성냥이 있을 뿐입니다. 첫 번째 성냥개비로 불을 밝힙니다. 그 불빛에 여인의 얼굴을 비쳐봅니다. 두 번째 성냥개비로 불을 밝힙니다. 그 불빛에 자기를 바라보는 여인의 눈을 비쳐봅니다. 세 번째 마지막 성냥개비로 불을 밝힙니다. 그 마지막 불빛에 여인의 입술을 비쳐봅니다. 그리고 캄캄한 어둠 속에 그들은 갇혀버리고 맙니다.

내가 이 시를 처음 읽은 것은 지금부터 꼭 40년 전입니다. 군사독재로 표현의 자유가 억압되고, 사람의 인권이 지푸라기처럼 유린되던 때였습니다. 그 때 나는 이십대 초반의 대학생이었습니다. 걸핏하면 군사정부에서 휴교령을 내려 대학교의 문을 닫게 하고, 우리나라의 소식인데도 외신을 통해 전해 들어야 했던 시기이기도 하였습니다. 그런 상황이었기에 프레베르의 이 시는 가슴에 전율처럼 느껴졌습니다.

짧은 한 장면의 영화처럼 인상적인 시였습니다.

자끄 프레베르(1900~1977)는 20년대 후반 앙드레 브르통 등의 쉬르리얼리즘 진영에 가담하며 시를 쓰기 시작하였지만 문학보다는 샹송과 영화에 더 열중하였습니다. 우리나라엔 50년대에 소개된 〈안개 낀 부두〉, 〈인생 유전(人生流轉)〉등의 시나리오를 쓰기도 하였고, 샹송 「고엽(枯葉)」의 작사를 하기도 하였습니다. 가을바람이 포도(鋪道)에 우수수 낙엽을 날리는 듯한 우수의 선율을 누구나 기억할 것입니다. 줄리엣 그레코가 청중들 앞에서 맨 처음 부른 샹송이 코스머 작곡, 프레베르 작사의 「고엽」이었다고 합니다. 이 노래는 원래 「밤의 문」이라는 영화에 출연한 이브 몽탕이 직접 불렀던 샹송이기도 합니다.

―기억하라, 함께 지낸 행복한 나날들을. 그 때 태양은 훨씬 더 뜨거웠고 인생은 훨씬 더 아름다웠다. 마른 잎을 갈퀴로 긁어모은다. 나는 그 나날들을 잊을 수가 없어서, 마른 잎을 갈퀴로 긁어모은다. 모든 추억과 모든 후회도 함께. 북풍은 그 모든 것을 실어 가느니, 망각의 차디찬 밤 저편으로….

프레베르의 또 다른 시 「바르바라」, 「내 사랑 당신을 위하여」도 무척 친숙하면서 페이소스가 넘치는 시입니다. 대학 시절 내 호주머니 속에도 성냥갑이 들어 있었습니다. 그러나 성냥을 그어 밝혀 볼 눈동자도, 입술도 가까이에 없었습니다.

(2002. 4. 21)

버리고 사는 이야기

사방의 벽을 꽉 채우던 책들을 무엇부터 버릴까. 생각하면 막막했다. 묵은 잡지부터 버리기로 했다. 언젠가 일 년 동안 되지도 못한 영화평을 쓰면서 사 모은 영화잡지, 그리고 고료 대신 받은 얄팍한 교양잡지, 마침내 수백 권의 문학잡지들도 버리기 시작했다. 월간문학, 한국문학, 현대문학…….

두 바퀴 손수레에 실어 나르면서 그것들을 사 모을 때의 정성과 애착도 그만 잊기로 했다. 책꽂이에서 맨손으로 책을 꺼내면 새까만 먼지인지 그을음인지 금세 손이 까매졌다. 책이란 결국 쓰레기인가. 그 책을 만들어내는 사람들이 언젠가는 쓰레기를 창조하는 일을 했다는 것을 알기나 할까. 나 역시 저러한 쓰레기를 창조하는 사람인 것을.

오십 평 아파트에 살다가 서울의 삼십 팔 평으로 이사하자니 버려야 할 건 비단 책만이 아니었다. 자개장롱, 옷장, 냉장고도 버려야 한단다. 새로 이사하는 아파트엔 붙박이장이 있으므로 굳이 자개장롱을 들여놓을 공간이 없다고 했다. 서울로 이사하는 기념 선물로 막내딸이 최신형 냉장고를 사 준다기에 십 오륙 년인가 써 온 구형 냉장고를 버려야 한다 했다. 마침 이웃에 사는 아내의 친구가 그것들을 거두기로 하여 이사 갈 때 넘겨주기로 했다.

자개장롱을 버린다는 생각에 미쳐 가슴이 메는 듯하였다. 삼십 대 청년 시절에 어떤 문학상으로 상금 백만 원을 받았었다. 아내는 상을 타기 전에 미리 상금의 용도를 작정해 놓고 있었다. 한 동네에 장롱을 짜는 이가 살았는데 그 집에 부탁하여 백만 원짜리 자개장롱을 맞춘 것이었다. 내 나름대로 상을 타면 어떻게 하려니 계획했건만 어머니와 아내는 이 자개장롱을 아들에게 물려주고 집안 대대로 가보처럼 소중히 물려줄 수 있지 않겠느냐고 나를 달랬다. 불빛에 반사되는 무지개 빛깔의 자개 문양은 아름다웠다. 이사 다닐 때마다 자개장롱은 가장 소중한 물건이었다. 값비싼 자개장롱을 마련하고 아내와 어머니는 얼마나 좋아했었는지. 아끼고 자랑스러운 그것을 버린다는 결단을 내리기까지 아내도 많이 망설였겠지.

요즈음 아내는 이순(耳順)의 우리 나이엔 차근차근 버리고 정리해야 할 시기라고 나를 설득한다. 별로 입지 않는 옷가지도 웬만하면 그냥 남에게 주어버리는 편이 낫다고 하였다. 사람이 살다가 죽으면 고인의 옷을 누가 입을 것인가. 아버지가 돌아가셨을 때도 그랬고, 어머니가 돌아가셨을 때도 고인의 옷을 불태워 없앤 기억이 연기처럼 슬프게 가물거린다.

언젠가 텔레비전의 프로에서 오십 년대의 초등학교 국어 교과서가 지금은 골동품이 되어 일백칠십만 원을 호가한다는 것을 보고 우습기도 하고 우습지 않기도 하였다. 쉽게 버리는 하찮은 물건 가운데에는 오래 간직하여 보물이 될 것도 있으련만, 비좁은 생활 공간을 생각하면 무엇이 귀한 골동품이 될 수 있을 건지 판별하기란 어려운 일이었다.

이사 세 번, 불 한 번이라고 하는 말을 예전에 어머니가 들려주셨다. 생전에 공직에 계시던 아버지가 자주 전근을 다니므로 이사가 잦아서 푸념으로 노상 입에 올리던 말이었다. 이사를 세 번 하게 되면 깨지고 부서지고 없어지는 물건이 많아서 집에 화재가 한 번 나는 것과 같다는 말이라 하였다. 사실 그 말이 크게 틀리지 않았다.
　작은 개천이 흐르는 변두리의 이태리식 슬라브집에 살다가 대학가의 골목 안 벽돌 양옥집으로 이사하면서 나는 소중한 추억을 몽땅 잃은 적이 있다. 상판을 올리면 서랍장이 되고 상판을 내리면 책상으로 쓰이는, 풍금 모양의 작은 책상이었다. 십 년쯤 손때 묻은 책상인데 여기저기 칠도 벗겨지고 서랍의 받침대도 부러져 있었다. 이사한 새 집에 가서야 그것을 고물상에 넘겨버린 걸 알고 나는 깜짝 놀랐다. 고물 책상이 아까워서가 아니었다. 그 책상의 한쪽 칸에 비밀스럽게 간직한 일기장조차 없어졌기 때문이었다. 고등학교 일 학년 때부터 대학교 삼 학년 무렵까지 쓴, 꽤 두툼한 부피의 일기장이었다. 나는 초등학교 시절과 중학교 시절엔 방학 숙제로 마지못해 일기를 쓰곤 했지만 그런 거야 없어진대도 아쉬울 게 없었다. 그래도 제법 진지하게 일기를 쓴 건 그 시기뿐이었다. 가난한 그 시절 내가 문학에 뜻을 세우고 하루 한 페이지씩 꼬박꼬박 써 나간 일기장이 그 책상 속에 들었던 건데, 낡은 책상과 함께 사라진 것이었다.

　이사하면서 가슴 아픈 기억이 하나 있다. 대학가의 단독주택에 살다가 처음으로 아파트를 사서 옮겨 갈 때의 일이다. 개를 한 마리 기르고 있었는데 아파트로 데리고 갈 수가 없어서 그놈을 새 주인에게 맡기기로 하였다. 우리 대신 잘 기르겠노라고 새 주인 여자가 웃었다. 이삿날 짐을 옮기는 북새통 속에서 문간에 개를 놓아둘 수는 없었다. 이층 옥상으로 개집조차 들어서 잠시 옮겨놓아 주었다. 이삿짐을 옮기다가 점심 무렵 평소에 개가 좋아하는 빵을 한 개 사서 개에게 주었다. 한나절 동안 혼자 옥상을 지키고 있던 개는 꼬리치며 빵보다도 찾아간 우리 내외를 반겼다. 이사를 마친 다음날 아침 아내와 나는 옛 집에 찾아가 보았다. 텅 빈 집엔 아무도 없었다. 집을 좀 손보고 이사 들어온다더니…. 세간이 없어서일까, 엊그제까지 우리가 살던 집이 왠지 낯설었다. 옥상에 올라가 보았다. 개집만 한 구석에 쓸쓸하고 정작 개는 온 데 간 데 없었다. 개집 앞에는 입도 대지 않은 빵 한 개가 바람에 흙먼지를 뒤집어쓰고 있을 뿐.

(2006. 4. 19)

시인은 '장식'이 아니다

　시인 2만 명. 어떻게 산출된 수치인지는 잘 모르지만 그런 소문이 자조적으로 들리는 게 나의 실감입니다. 귀한 존재란 흔한 것이 아닐 때 그 가치를 나타내는 법이라고 생각하면 더욱 그렇습니다. 그래서인지 어떤 사람들은 명함의 성명 앞에 '시인'이라는 모자 하나를 더 얹어 쓰는 경우도 어줍잖게 봅니다. 어처구니없는 일입니다. 그건 마치 시인 아닌 사람이 시인이라고 대접해 달라고 떼쓰는 것처럼 보입니다. 무릇 가짜일수록 조잡한 이력이 수다스럽지요. 특히 책에서 저자의 약력이 장황할수록 나는 그 책의 진실을 의심합니다.
　장로(長老)란 '나이가 많고 학문과 덕이 높은 사람'을 일컫는 말입니다. 시단에서 단지 나이가 많다고 하여 장로 대접을 한다는 말을 들은 적이 없습니다. 요즘 직장을 그만둔 뒤 취미로 사군자나 치고 시를 끄적거리며 회갑 넘어 야릇한 사이비 문예지로 등단하는 이들이 적지 않습니다. 사이비 문예지로 등단한 그들에게 '시인'은 그럴싸하고 멋진 한 개 장식에 불과합니다.
　몇 해 전 내 시집을 읽은 시우가 "나이 들면 사람만 늙는 게 아니라, 시도 늙는구나." 하는 말을 하기에 나는 깜짝 놀랐습니다. 등단한 지 사십 년도 넘었지만 지금이 내 시의 생명이 가장 위험한 시기가 아닌가, 이렇게 마냥 나이 들었음을 은근히 즐기며 받아들인다면 허울 좋은 시인일 수밖에 없다는 생각이 들었기 때문입니다.

시인은 정년이 없습니다. 나는 진정한 '젊은' 시인이 되기로 마음먹었습니다. 그래서 오늘도 나는 재기발랄한 젊은 시인의 시집도 사서 열심히 읽어보고, 좋은 시는 날마다 내 손으로 직접 베껴 써보기도 합니다. 더 깊이 생각해 보면, '젊은' 시인은 시집이나 문예지를 열심히 사 읽는 이이고, 시인을 장식으로 달고 다니는 이는 시집이건 문예지건 잘 사 읽지 않는 이입니다.

바라건대 우리 한국시인협회는 '젊은' 시인들의 모임이라야 한다고 나는 생각합니다.

(2008. 11. 26) 한국시인협회, 소식지 22호

시참(詩讖), 혹은 순교의 길

그를 맨 처음 만난 곳은 윤성택 시인의 시집 『리트머스』 출판기념회 자리였습니다. 윤 시인의 「대학병원 지하주차장」이란 시에 대해서 내가 짧은 리뷰를 썼던 인연으로 그 시집의 '표4' 글을 써줬고, 그날 초대된 것이었습니다. 2006년 겨울, 시인의 첫 시집 출판기념회는 조촐하게 마련된 자리였습니다. 안시아, 송영미, 이재훈, 박정대, 강정, 김요일 같은 젊은 시인들이 많았고 젊은 시인들에게 스스럼없이 구는 누이 같은 김상미 시인이 그 윗세대, 나는 그 중에 가장 나이 든 연장자였습니다. 비어있는 내 옆자리에 김충규 시인이 늦게 와서 앉았던가 그랬습니다. 그 무렵 김 시인은 〈문학의 전당〉이라는 출판사를 차리고 의욕적으로 시집을 낼 때였습니다. 나태주, 송수권, 그리고 복효근 시인들의 시집을 잇달아 내며 호평을 받았던 것으로 기억됩니다. 작품이 모아지면 선생님 시집도 내고 싶다고 그는 조용히 내게 다짐을 주기도 하였습니다. 검정색 정장을 입은 그는 낯빛이 약간 검은 편이었고 말수가 적었습니다.

연장자라는 이유로 그 자리에서 느닷없는 축사 한 말씀을 요청받고, 나는 두서없는 말을 지껄였습니다. 갈수록 문학서적 특히 시집이 안 팔리는 마당에 시집을 낸다는 건 용감하며 슬픈 일이다. 같은 동업자의 입장에서 우리 한마음으로 위로하고 격려해주자, 뭐 그런 요지였을 겁니다. 내 말에 곧바로 이의를 달고 나선 이는 김상미 시인. "아니에요, 선생님. 우리 모두들은 서로서로 경쟁자들이지요." 뾰족한 그녀의 목소리가 지금도 들리는 듯합니다. 생각해 보면 시집을 내고 그것을 핑계로 많은 시인들이 한 자리에 모여 유쾌하게 웃고 떠들 수 있는 건 흔치 않은 즐거운 시간들입니다.

그 뒤 김충규 시인은 계간 시 전문지 《시인시각》을 내기 시작했습니다. 그 첫 돌잔치던가 하는 모임에 나는 초대 받아 가기도 하였습니다. 아마 그 때부터 편집장이 《시인세계》 출신의 유미애 시인이었을 것입니다. 둘 다 부천에 사는 시인들이었다는 건 한참 나중에 알게 된 사실입니다.

언젠가 내 시가 발표된 《시인시각》을 받고 며칠 지나서였습니다. 우리 집으로 쌀 한 포대가 택배로 부쳐져 왔습니다. 고료를 제대로 다 드리지 못하여 죄송하다면서 성의로 받아주시라고 김충규 시인이 보내준 쌀이었습니다. 시단에서 고료 대신 쌀을 주는 《시인시각》을 모두들 갸륵하고 가슴 뜨겁게 생각하는 시인들이 많았습니다.

*

가수는 그가 부르는 노래를 그대로 따라간다는 말이 전해집니다. 즉 가사의 내용 그대로 운명이 실현된다던가요. 내내 불운과 가난 속에 어렵게 산 가수가 자기 노래 그대로 어둠을 뚫고 '쨍하고 해가 뜬' 경우도 있고, '만남'이라는 히트곡을 낸 어느 여가수는 뒤늦게 좋은 배필을 '만나'기도 했지요. 매력적인 저음의 가수 배호가 부른 마지막 노래 「당신」의 가사에 보면 "다시는 못 올 머나먼 길을 떠나야 할 당신"이라는 내용이 보입니다. 가수는 그 노래를 마지막으로 영영 돌아올 수 없는 먼 길을 떠나고 말았습니다.

    그런데 시에도 그 비슷한 일이 곧잘 벌어지는 건 참으로 이상한 일입니다. 윤동주 시인을 생각해 봅니다. 1917년 12월 30일 출생한 윤동주 시인은 해방을 불과 여섯 달 앞둔 1945년 2월 16일 향년 27세로 세상을 떠났습니다. 그가 세상을 뜨기 3년 전 이런 시를 썼습니다.

    파란 녹이 낀 구리 거울 속에
    내 얼굴이 남아 있는 것은
    어느 왕조(王朝)의 유물(遺物)이기에
    이다지도 욕될까

    나는 나의 참회(懺悔)의 글을 한 줄로 줄이자.
    ─만 이십사 년 일 개월을
    무슨 기쁨을 바라 살아 왔던가.

    내일이나 모레나 그 어느 즐거운 날에
    나는 또 한 줄의 참회록을 써야 한다.
    ─그 때 그 젊은 나이에
    왜 그런 부끄런 고백(告白)을 했던가

    밤이면 밤마다 나의 거울을
    손바닥으로 발바닥으로 닦아 보자.

    그러면 어느 운석(隕石) 밑으로 홀로 걸어가는

슬픈 사람의 뒷모양이

거울 속에 나타나온다

―윤동주, 「참회록(懺悔錄)」

　일제 식민지 치하에서 태어나고 그 욕된 현실에 대하여 아무런 저항도 의식도 없이 살아온 그때까지의 부끄러움을 뉘우친다는 이 시는 시인의 대표작 중 많은 이들에게 읽히는 시입니다. 그 당시 시인의 나이는 만 스물네 살. 그로부터 3년 뒤인 스물일곱 살에 시인은 죽음을 맞은 것입니다. 이 시에서 요절(夭折)의 운명을 예감하고 있는 것 같은 마지막 연을 주목합니다. 손바닥, 발바닥으로 열심히 닦아서 깨끗한 거울을 보는 시적 화자를 생각할 수 있습니다. 거울을 들여다보면 당연히 자기 얼굴이 비치는 게 순리입니다. 그런데 이 시에서는 '슬픈 사람의 뒷모양'이 거울에 비칠 것이라고 했습니다. 슬픈 사람이라고 하면 죽은 사람, 더욱이 뒷모양만 보이는 사람이라면 두말 할 것 없이 죽은 사람일 터. 밤하늘에 휙 떨어지는 별똥별, 그 밑으로 걸어가는 슬픈 사람의 뒷모양― 이 같은 비극적인 정경이 거울 속에 비친다는 자기 운명에 대한 예언이라고 봅니다.

　민요에서 어떤 것은 참요(讖謠)라고 합니다. 이는 시대의 변화나 정치적 징후를 예언하거나 암시하는 민요인데 나라에 큰 시변이 있을 때면 민간에 참요(讖謠)가 나타나곤 했다고 합니다. 신라의 멸망을 예언하였다는 「계림요」도 있지만, "선화공주님은 남 몰래 혼인해 놓고 서동도령을 밤에 몰래 안고 간다"라고 선화 공주를 아내로 얻으려는 의도의 「서동요」는 애교 있는 참요라 할까요. 그와 마찬가지로 시에는 시참(詩讖)이 있습니다. 특별한 생각 없이 지은 시가 신기하게도 뒷일과 꼭 맞는 것을 가리키는 말입니다. 윤동주의 「참회록」에 보이는 저

마지막 연이야말로 바로 시참(詩讖)이 아니겠습니까.
    지난 3월, 마흔일곱 살의 나이로 갑자기 세상을 뜬 김충규 시인 생전의 시들을 보면 여러 곳에서 시참(詩讖)을 볼 수 있습니다.

꽃멀미
김충규

새가 숨어 우는 줄 알았는데
나무에 핀 꽃들이 울고 있었다
화병에 꽂으려고 가지를 꺾으려다가
그 마음을 뚝 꺾어버렸다
피 흘리지 않는 마음, 버릴 데가 없다
나무의 그늘에 앉아 꽃 냄새를 맡았다
마음속엔 분화구처럼 움푹 팬 곳이 여럿 있었다
내 몸속에서 흘러내린 어둠이 파놓은 자리,
오랜 시간과 함께 응어리처럼 굳어버린 자국들
그 자국들을 무엇으로도 메울 수 없을 때
깊고 아린 한숨만 쏟아져 나왔다
꽃 냄새를 맡은 새의 울음에선 순한 냄새가 났다
그 냄새의 힘으로 새는
사나흘쯤 굶어도 어지러워하지 않고
빽빽한 하늘의 밀도를 견뎌내며 전진할 것이다
왜 나는 꽃 냄새를 맡고 어지러워

일어나지 못하는 것일까 그늘에 누워
올려다보는 하늘에는 구름이 이동하고 있었다
구름이 머물렀던 자리가 움푹 패여,
그 자리에 햇살들이 피라미처럼 와글와글
꼬리를 치며 놀고 있었다
아니, 황금의 등을 가진 고래 한 마리가
물결 사이 출렁거리고 있었다
마흔도 되기 전에, 내 눈엔 벌써
헛것이 보이기 시작하는 걸까
사후(死後)의 어느 한적한 오후에
이승으로 유배 와 꽃멀미를 하는 기분,
저승의 가장 잔혹한 유배는
자신이 살았던 이승의 시간들을 다시금
더듬어보게 하는 것일지도 몰라, 중얼거리며
이 꽃 냄새, 이 황홀한 꽃의 내장,
사후에는 기억하지 말자고
진저리를 쳤다
　　　　　―시집『물 위에 찍힌 발자국』(실천문학사, 2006)

　시인 자신이 자기가 아끼는 작품으로 지목하고 있는 이 시(『21세기 우리 시의 미래』- 젊은 시인 49인 자선 대표작, 실천문학사, 2007 수록)에서도 그렇습니다. 향기로운 봄꽃들의 향연에서 시인이 느끼는 것은 찬연한 생의 감각이라기보다 멀미였습니다. '사후(死後)의 어느 한적한 오후에/ 이승으로 유배 와 꽃멀미를 하는 기분'이라고 하였습니다. 그리고 '이 꽃 냄새, 이 황홀한 꽃의 내장,/ 사후에는 기억하지 말자'고 그는 속으로 다짐하는 것입니다.

생각해 보면 '말의 힘'이란 얼마나 무서운 것인지 모릅니다. 의미의 실현을 위해서 운명의 바위를 깨뜨리는 '말의 힘'은 세월에 연연하지도 않고 어떠한 장벽도 두려워하지 않는 초월적인 존재입니다.

자기 혼자서 시인은 출판사 〈문학의 전당〉을 꾸려 나갔고, 어느 시 잡지에서도 쓰지 않는 최고급 수준의 종이를 사용한 계간 시 전문지 《시인시각》을 정말 공들여 만들어 냈습니다. 그리고 틈틈이 열심히 자기의 시를 쓴, 오직 '시' 하나에 자기 목숨 전부를 의탁하고 살아간 시인이었습니다. 시인은 오랜 기간 결핵을 앓아 왔으며 평소에도 약물 치료를 했더라는 이야기도 들리지만 '시' 말고는 그에게 아무것도 소중한 게 없었던 것입니다. 어찌 보면 대책 없이 시에 그처럼 '올인'하다니, 어처구니없다고 말해야 할는지 모릅니다.

시만 써서 '전업시인'으로만 세상에서 살아가는 건 너무나 무모한 일이지요. 시를 쓰기 위해서 불가피하게 밥벌이가 되는 직장으로 흔히 많이 가지는 게 교직이고 상업적으로 이름난 거대 출판사에 근무하고 그러는 건 다 그만한 피치 못할 사정 때문인 것입니다.

*

오로지 위대한 시만 써서 발표하고(그런 시인에게 국가에서 봉급을 주지 않는데도) 생계유지를 위한 직업도 없이 살아온 시인, 시집 다섯 권을 낸 일흔 살의 노시인. 무슨 돈으로 마련한 건지 모르지만 그는 별장을 지니고 살며 나이 어린 소녀에 대하여 순수한 사랑의 감정을 느낀다는 요즘의 베스트셀러 소설『은교』는 그러므로 애당초 설정

자체가 허무맹랑한 판타지입니다. 삶이라는 현실적이고 진실한 뿌리도 없이 그렇게 허랑한 바탕 위에서 감정 놀이를 즐기는 건 단지 소설가의 환상이며 꿈에 지날 뿐입니다.

    김충규 시인은 지병으로 세상을 떠났다고 하나 실인즉 '시'라는 자신의 종교에 순교한 것이라고 해야 할 것입니다. 그는 자기 손으로 만든 시집의 주인공들이 출판기념회를 열면 시간과 장소의 조건을 따지지 않고 꼭 찾아가서 축하해주는 가슴이 따뜻한 사람이었습니다. 〈문학의 전당〉에서 나온 시집의 출판기념회에 찾아갈 때마다 김충규 시인을 만난 기억이 불빛처럼 환하고 따스합니다.

    死後엔 극지를 떠도는 샤먼이 되고 싶은데…. 내가 詩라고 쓴 것은, 사후의 呪文이 되기 위한 중얼거림에 불과할 것.
    ―김충규 시집 『아무 망설임 없이』 (문학의 전당, 2010)의 「시인의 말」

    자기 시집의 출판기념회는 마련하지 못하였지만 김충규 시인은 2012년 3월 18일 부천 순천향병원 영안실로 그가 평소에 사랑하는 시인들을 한자리에 불러 모았습니다. 참으로 오랜만에 순전히 자기 이름으로 불러들인 마지막 그 자리가 그에겐 못내 가슴 벅찼을 것 같습니다.

(2012. 4. 23)

1966년 신춘문예 어떤 현장의 이야기

　반세기 전 1966년 동아일보 신춘문예 심사평을 이제 와서 곰곰이 뜯어보면 재밌습니다. 조지훈, 김현승 두 심사위원이 공통으로 꼽은 마지막 작품들은 노익성, 이가림, 강인한 세 사람의 작품들이었습니다. 그런데 이 세 사람은 이 해에 한 번 당선하고 또 낙선하기도 하는 기이한 일을 겪습니다. 그리고 이듬해부터 같이 동인 활동을 합니다.
　동아일보 신춘문예 심사 현장에서 맨 먼저 당선한 사람은 강인한입니다. 「1965」라는 작품입니다. 그 때 나는 1965년의 굴욕적인 한일회담과, 미국의 용병으로 한국군을 월남에 파병한 불행한 사실을 시로 쓰고 싶었습니다. 한일회담에 대해서는 당시의 야당은 물론 전국의 대학생들과 수많은 국민들의 반대 성토가 물 끓듯 소란했습니다. 하다하다 못해 일본에 대한 저자세의 굴욕외교를 성토하여 데모에 나선 전국의 대학교에 강제 휴교령을 내리고 교문을 닫게 하는 야만적인 행위로 대처하는 것은 군사 독재 정권이기에 가능했습니다. 그러다가 군사 정권은 모든 반대 여론에 재갈을 물리고, 급기야 반대 성토하는 이들을 '일부 몰지각한 반정부 세력'이라 규정하며 체포 구금하기에 이르렀습니다.
　그 시기는 미국이 끝없는 진창 속의 베트남전을 벌이고 있을 때이기도 하였습니다. 미국은 한국에 군대의 파병을 요청하였고, 자유

월남을 지킨다는 명분으로 대한민국은 처음엔 비전투 부대인 공병부대(비둘기부대)를 먼저 보낸 데 뒤이어 슬그머니 전투 부대인 맹호, 청룡부대를 파병하게 됩니다. 맹호부대의 일원으로 월남전에 자원한 친구 얘기를 나는 시로 쓰면서 밭이랑 이랑에 콩 심듯 차마 글로 써낼 수 없었던 한일회담 반대의 목소리를 '그것은 일천구백육십오년'이라는 구절로 비벼 넣어 후렴처럼 얼버무릴 뿐이었습니다. 하지만 두 분 심사위원은 그러한 묵시적인 행간의 역사적 의미를 파악하고 당선작으로 주저 없이 뽑아들었으리라 생각합니다. 아래는 1966년 동아일보 신춘문예 시 부문 심사평입니다.(2023년에야 알게 된 진실— 한국군의 월남 파병을 요청한 건 미국의 케네디가 아니라 사실은 한국의 박정희가 원했다고 합니다.)

이번 신춘문예 응모 시를 읽으면서 느낀 것은 그 대체의 경향이 조금 침체하고, 조금 허탈하고, 조금 시니컬하고…… 그런 인상이었다는 점이다. 일반적인 수준은 높아졌는데 최종 심사에 남은 작품 수준은 예년에 비하여 반드시 높은 것은 아니었다. 우리 시의 일반적 침체상의 표증을 보면서도 무언가 차분히 가라앉기 시작한 듯한 느낌은 절망적인 것이 아니었다.

내가 마지막에 뽑아 든 작품은 盧益星의 「햇불」과 李嘉林의 「氷河期」와 姜寅翰의 「1965」였다.

盧益星의 「햇불」은 작시 태도의 건실함과 침잠 속의 박력과 작품의 완벽성 면에서는 가장 좋았다. 다만 너무 온건한 자세와 몇 곳의 措辭가 약간 안이한 인상을 주는 것이 결점이었다. 李嘉林의 「氷河期」는 읽는 이의 마음을 이끌고 무리 없이 술술 써내려가는 솜씨와 기이한 재주를 피우지 않으면서 참신한 언어를 구사하는 점은 우수하였다. 그러나 전체로서의 맥락과 초점을 잃은 산만함이 흠이었다. 姜寅翰의 「1965」는 感傷도 흥분도 아닌 그 자세와 꽉 짜인 결구와 율조가 좋았다. 그러나 전체적인 인상은 재치가 너무 앞서 가벼운 것이 흠점이었다.

이 일장일단이 있는, 그리고 발상과 언어 구사에 있어 각기 다른 세계를 가지고 막상막하의 실력을 보인 세 작품을 두고 선자들은 최종 심사에서 분석 검토했다. 이 시인들의 앞으로의 타개가 어떠하리라는 것을 선자들은 모른다. 詩選은 나타난 결과의 완벽성 여하에 좌우할 것인가, 才氣와 청신성에 좌우할 것인가, 이 문제만이 남는 것이다. (趙芝薰)

최후까지 남은 작품으로는 姜寅翰의 「1965」, 李嘉林의 「氷河期」, 盧益星의 「횃불」, 朱東厚의 「꽃 打令」의 4편이었는데, 그 수준은 예년보다 월등한 것은 못 되나 떨어지는 것도 아니었다.

「꽃 打令」은 매우 세련된 언어를 구사하여 호감을 갖게는 하나, 자세히 따져보면 새롭고 독특한 표현은 찾아볼 수 없었다. 「횃불」은 제목과는 반대로 새로운 모더니티를 풍기는 작품이긴 하나, 詩 전체의 호흡이 일관하여 유지되지 못하고 군데군데 깨어지는 느낌을 주는 것이 흠이었다. 종지사의 사용도 '이다' '이네' '이지'로 안정을 이루지 못하고 있었다.

결국 「1965」와 「氷河期」가 최후 경쟁 작품으로 남게 되었지만 이 두 작품은 우열을 가리기 힘들 만큼 동일한 시적 수준을 보여주는 작품이었다. 그러나 「氷河期」가 취급한 개인 본위의 소재에 비하여 「1965」의 민족적 현실을 취급한 소재는 보편성을 지향하는 문학작품의 성격으로 보아 일반에게 더 어필할 수 있는 것이었다.

그리고 「氷河期」의 다른 하나의 약점은 詩가 좀 지나치게 감상주의에 흐르고 있었다.

이러한 「氷河期」의 결점에 비하면 「1965」에는 현실을 보는 눈과 비평정신이 믿음직스러웠다. 그리고 처음부터 끝까지 시적 리듬의 흐름을 깨뜨리지 않는 표현상의 역량도 충분히 보여주고 있었다. 그러나 어딘가 가볍다고 느껴지는 것이 이 작품의 약점이라면 약점으로서 이러한 소재에다 좀 더 시적인 무게를 가하였더라면 하는 아쉬움이 없지 않았다. 이 작자의 다른 작품인 「死者共和國」은 역작이긴 하였으나 한자로 된 관념어의 남용이 치명적인 결점이었다. (金顯承)

두 분 심사위원은 1966년 동아일보 신춘문예 당선작으로 「1965」를 뽑았고, 12월 23일(24일?) 나는 당선통지를 받았습니다. 그러나 그 당선작이 이미 12월 15일자 전북대학신문에 먼저 발표된 사실을 알게 된 신문사에서는 두 분 심사위원과 합의하여 「1965」의 당선을 취소하게 됩니다. 12월 28일인가 내가 써 보낸 당선소감은 당선 취소 통지서와 함께 반송돼서 돌아와 버렸습니다. 그리고 1월 1일자 동아일보에 당선작으로 발표된 건 전주고등학교 동기동창인 친구 이계진, 아니 필명 李嘉林의 「氷河期」입니다.

이 무렵 1966년 경향신문 신춘문예를 심사한 분은 조지훈, 박목월 시인입니다. 당선작으로 내세울 마땅한 시를 못 찾은 두 분은 조지훈 시인이 동아일보 심사에서 보아둔 盧益星의 「횃불」을 가져와 제목을 「횃불의 노래」로 손질하여 당선작으로 뽑았습니다. 경향신문에 나온 심사평을 아래에 옮겨봅니다.

마지막 심사에까지 남았던 작품은 林秀生의 「1等航海士」와 조남의 「獻酌」과 盧益星의 「횃불의 노래」였다.

「1等航海士」는 단순하지 않은 스토리를 지닌 詩로서 특이한 詩風이었다. 얘기의 전개와 비약도 엔간하나 군더더기와 비위에 거슬리는 괴이 취미의 어색한 표현이 많았다. 이 詩는 넷으로 大分되어 있는데 그 〈1〉은 오히려 없는 것이 좋을 정도로 어수선하고 無力한 도입부였다. 이것이 이 詩의 결정적 결점이다. 「獻酌」은 절실한 감동을 주는 소박한 詩였다. 사람을 울리는 것은 그 眞實이요, 詩로서는 많이 지어본 솜씨가 아닌 줄을 알겠다. 마지막 두 줄의 처리가 그렇다. 너무 풀어져버렸다.

「횃불의 노래」는 건실한 作詩 태도가 생략과 함축의 適宜한 구성을 성취하였다. 한두 군데 안이한 묘사가 없는 것은 아니지만 그 침잠하는 정신 속에 깃들인 박력 있는 모럴은 悲壯美의 모습을 이루었다. 江물 줄기에 얽힌 횃불과 彈皮 속의 울음의 이미지가 좋았다. 그러나 작자는 앞으로 좀더 詩法의 銳利性에 注力해야겠다. (趙芝薰, 朴木月)

동아일보에 응모하여 낙선한 작품을 심사위원이 다시 경향신문으로 가져가서 당선시킨 이 일화는 그 이듬해 이가림 시인에게서 들었습니다. 아무튼 1966년 동아일보 신춘문예에 다투어 응모한 노익성, 이가림, 강인한은 함께 〈新春詩〉동인으로 만나 활동을 같이하기도 했습니다. 내가 1967년 조선일보 신춘문예에 「大運動會의 萬歲소리」가 당선되고 난 후 그해 봄에 나온 동인지 〈新春詩〉11집을 보면 이 사실을 확인할 수 있습니다. 해당 동인지 차례를 살펴봅니다.

〈新春詩〉 11집 / 봄 – 1967년 4월25일 발행. 책임 편집 김원호
신인 특집 윤주형(상규) 예수에 관한 두 개의 印象 외3편
강인한(동길) 未來의 바람 속에는 외2편
강인섭 戰死 / 권오운 販賣員(3) 외1편 / 김원호 將軍의 집 / 노익성
철쭉 앞에서 외1편 / 박열아 그 겨울의 失錯 Ⅱ / 박이도 塢咽 / 신
명석 여인 Ⅴ / 신세훈 思美人曲 / 윤삼하 봄의 出勤 외1편 / 이가림
열일곱 살 외1편 / 이근배 捕虜記 / 이 탄 消燈 七 / 장윤우 對岸 砲
臺와 새의 꿈 외1편 / 조태일 나의 處女膜 (四) / 채규판 木像 외1편
산문시 「地獄의 季節」연재 / 아르뛰르 랭보, 이가림 역

언제부턴가 저 동인 명단에 연락이 끊긴 박열아 시인도 있고, 윤삼하, 이가림, 이탄, 조태일 등 고인이 된 동인도 있습니다. 신춘문예 최종 심사 대상이 된다는 것은 일단 가까운 미래에 시인으로 등단할 수 있다는 증거입니다. 당선이냐 아니냐는 그해의 운수소관일 뿐이겠지요. 그리고 신춘문예에 어렵게 당선한 후에도 오래지 않아 짚불처럼 사라지는 시인도 적지 않습니다.

「신춘문예 당선 시인에 관한 자료 1960~2010」(카페 푸른 시의 방, '좋은 시 읽기' 공지)를 살펴보면 잘 알 수 있습니다. 그 가운데 1965년부터 4년 동안의 당선자 이름을 살펴보면 21명인데 10명이 타계하거나 활동을 하지 않아 시단에서 사라졌음을 보게 됩니다.

1965년 신춘문예 당선 시인은 김종해, 김광협, 강희근. 1966년 노익성, 이가림, 문효치, 권오운, 조상기, 채규판. 1967년 윤주형(윤후명), 이성부, 박상배, 강인한, 오탁번. 1968년 마종하, 정양, 박정만, 서정춘, 신대철, 정재우, 김종철.

이 21명 명단 중에 권오운, 정재우 등은 오래전 시작 활동을 접었고, 타계한 시인은 김광협, 노익성, 이가림, 조상기, 이성부, 마종하, 박정만, 김종철 등입니다.

(2017. 7. 1)

폭풍 흡입과 폭풍 식음

토크쇼라는 방송인들의 잡담이나 인터넷의 SNS 상에서 줄임말이 대수롭지 않게 쓰임을 자주 봅니다. 강추, 번팅, 먹방, 혼술, 혼영…. 강력하게 추천함, 번개팅(빠른 시간 안에 만남), 먹는 것 즉 음식에 관한 방송, 혼자 마시는 술, 혼자 영화관에 가 관람하는 영화 등. 그런 종류의 신조어 중에는 아직 널리 대중화되지 않아서 무슨 암호처럼 느껴지는 경우도 있습니다.

「독전」이라는 영화를 보았습니다. 독전의 한자 표기가 밝혀지지 않은 채 포스터에 한글로만 쓰인 걸로 봐서 요즘 시에서처럼 중의적 해석도 상관없다고 영화 제작자 측에선 생각한 모양 같습니다. 毒箭(독전), 督戰(독전), 毒戰(독전). 국어사전에 毒箭(독전)은 독 묻은 화살, 督戰(독전)은 싸움을 감독하고 사기를 북돋워 줌으로 나오는데 실은 이 영화 제목은 엉뚱하게도 '독한 싸움(毒戰)'이라는 생경한 조어인 모양입니다. 영화관을 나서며 영화 「독전」의 내용을 살펴 제목이 어떤 한자어인가 유추해 보는데 정답을 자신할 수 없었습니다. 조잡한 시나리오 때문에 영화 내용은 다 잊어버려도 고인이 된 배우 김주혁의 독한 연기만은 오래오래 잊히지 않을 것 같습니다.

그 김주혁의 열연 중에 하얀 가루 마약을 종이 위에 놓고 코로 힘껏 들이마시는 장면이 나옵니다. 코로 공기나 액체를 들이마심을 '흡입'이라 합니다. 그런데 요즘 방송, 특히 '먹방'을 보면 음식 먹는 걸 예사로 '흡입'이라고 자막에 쓰는 걸 많이 봅니다. 구운 돼지고기 삼겹살도 흡입, 짜장면도 흡입, 맛있는 김치도 흡입이라고 표기하면 그게 '먹는다'란 의미로 직통하는 모양입니다. 처음엔 적당한 말을 못 찾아 아쉬운 대로 '흡입'의 개념을 확대하여 그렇게 쓰나보다 생각했습니다. 요즘 들어선 음식 먹는 행위라면 아예 흡입이라고 거리낌 없이 쓰는 것 같습니다. 심지어 먹성 좋은 배우가 카메라 앞에서 정신없이 맛있게 먹는 화면에 곁들여 친절한 자막 설명을 달고 있지요.

—폭풍 흡입.

이 단어 조합의 의미는 전혀 어색한 게 없습니다. 바람을 들이마신다는 것, 그 바람이 폭풍이래도 바람을 들이마시는 일이야 흡입이 전혀 틀린 말이 아닙니다. 하지만 걸쭉한 음식물을 열심히 먹는 것을 '폭풍 흡입'이라고 당연하다는 듯 TV 화면에 자막 표기하는 건 눈살 찌푸려지는 일입니다. 어떻게 김치며 삼겹살을 콧구멍으로 맛있게 들이마실 수 있다는 말일까요. '먹는다'라는 우리말을 굳이 한자어로 쓰고자 하면 섭취(攝取), 취식(取食)으로 대체해도 충분할 말을 흡입(吸入)으로 쓰는 건 어이없는 일입니다. '먹고 마심'을 식음(食飮)이라고 쓸 수 있는 것을 생각한다면 '폭풍 식음'이 훨씬 합당한 표현일 것입니다.

똑같은 한자 조합이지만 현실과 실현, 층계와 계층, 실망과 망실의 의미가 다름에 착안하면 음식과 식음의 차이를 구별함이 하나도 이상하지 않을 터입니다. 밥과 빵, 라면 등은 '음식'(명사)이고, 먹는 거나 마시는 행위는 '식음'(동사)이기 때문입니다.

(2018. 7. 12)

소곡주에 덕자 회를 안주로

오전 11시 10분에 나설 준비를 해야 한다고 했다. 딸아이가 준비한 게 아니라 사위가 수서 가까운 한식당을 12시로 예약했다고 하였다. 지하 주차장으로 찾아온 택시를 타고 갔다. 강변북로로 나가 멀찍이 롯데타워 빌딩을 왼쪽으로 흘러가게 하고 도착한 남도 한식당.

덕자라는 이름의 별난 생선회가 나온다. 병어보다 좀 더 큰 생선을 덕자라 한다 했다. 회를 한 점 봄동에 싸고 한 꼬집의 밥을 얹어 쌈장과 마늘을 곁들여 먹으니 하, 맞춤한 술이 있었으면 싶다. 차림판에는 없는데 창가에 한산 소곡주 광고가 손바닥만한 종이 입간판으로 세워진 걸 본다.

아니 웬 소곡주(素麯酒)라.

문득 나태주 시인이 소곡주에 얽힌 옛날이야기를 쓴 시가 생각나서 요리에 곁들여 소곡주 한 병을 주문했다. 사위에게 딸에게 그리고 아내에게도 한 잔씩 따라 맛을 본다. 하아, 맛이 좋구나. 그래, 시인의 젊은 아버지는 이 맛에 그만 모시 한 필을 다 마셔버렸다는 겐가 싶었다. 사십 도를 육박하는 중복 더위도 잠시 잊는다.

언제나 모시전은 이른 새벽에 선다고 했다
두세두세 새벽에 일어나 세수하고

아이들 몰래 모시 팔러 한산장에 가시던 아버지
대처에서 모시장수들은 돈 전대를 옆구리에 차고
한 손에 촛불을 들고 한 손으로 모시를 펼치며
모시 값을 흥정한다고 했다

그날도 아버지, 어머니 일주일 동안 토굴에 들어가
짠 모시 한 필을 들고 한산장에 가셨지
모시를 좋은 값에 넘겼지만 국말이집에 들어가
거푸 마신 막걸리에 취하고 흥이 나서
모처럼 만난 친구 소곡주집으로 끌고 들어가
한 잔만 한다는 것이 그만
저녁때까지 술자리가 이어져
모시 한 필 값을 다 날려버렸지
요모조모 가용으로 쓰고 아이들
학비로도 써야 할 돈인데
소곡주가 모두 가져가 버렸지

잠에서 깬 아버지, 빈 주머니를 보여주었지만
어머니 한숨만 쉬고 별말씀이 없었지
아, 내 어찌 그러한 젊으신 아버지 어머니를 잊을 수 있으랴
한산모시, 한산장, 소곡주를 모른다 하랴.
　　　　　　　　　　　　—나태주, 「모른다 하랴」 전문

　소곡주를 맛본 뒤 집에 와 찾아보니 '앉은뱅이술'이라는 별칭을 가지고 있는 술이란다. '앉은뱅이술'의 사연이 있었다. 옛날 한양에 과

거 보러 가던 선비가 타는 갈증을 풀려고 한산의 주막에 들러 소곡주를 맛있게 마셨는데 한 잔, 두 잔 마시다 그만 과거 시험을 놓쳐버렸다는 것. 그리고 한산에 갓 시집온 며느리가 술심부름을 하며 술맛을 찍어 맛보다가 그만 취하여 못 일어서고 앉은걸음으로 기어 다녔다는 이야기들이 소곡주의 명성을 귀띔해준다.

(2018. 7. 29.)

반려견(伴侶犬)이라는 말

왠지 '반려(伴侶)'란 말 속에는 번다한 세속과 동떨어져 사는 고독한 두 사람의 존재를 생각게 하는 힘이 있습니다. '반려자'라 하면 '배우자'를 비유적으로 이르는 말, 짝이 되는 벗, 즐기거나 지녀서 마치 자신의 벗이 된 듯한 사물을 비유적으로 이르는 말이라는 사전의 풀이를 대할 수 있습니다.

얼마 전 어느 정당의 대통령 후보로 나선 이가 우리나라의 보신탕 문화에 대하여 우리나라 '개'는 반려견과 사육견이 구분되어 있지 않으냐고 질문자에게 반문하는 걸 보았습니다. 반려견은 애완용이고 사육견은 보신탕으로 제공되는 개를 뜻하는 것으로 느껴지는 말입니다. 그래서 그런지 어두컴컴한 야산의 음산한 철망을 두르고 불법적으로 사육견을 기르는 특별한 장소를 떠올리게 하는 말이 사육견이란 단어에서 풍겼습니다. 정말 그건 전문적인 사육견으로 길러지는 개라는 느낌이 확 얼굴에 끼치는 말입니다. 애지중지 기른 애완견을 선뜻 사육견으로 내놓는 사람은 하나도 없을 터입니다. 개를 반려견과 사육견으로 구분하는 건 인종차별에 다름아니다는 희한한 말도 이런 경우에 말이 됩니다.

돌도 모양과 색깔이 아름다운 것들을 어렵사리 구해서 받침대 위에 모셔놓고 수석(壽石)이다, 아니 수석(水石)이다 완상하는 호사가들에게 나는 그건 모두 돌일 뿐이라고 시에 쓴 적 있습니다. 마찬가지로 반려견이니 사육견이니 공연히 호사스럽고 장난스런 말을 갖다 붙이는 이들에게 나는 다 똑같은 개라고 말해주고 싶습니다.

  정읍에서 결혼식 올린 후 방 세 칸을 전세로 얻어 살 때입니다. 신혼의 우리 부부는 전주 형님 댁에 인사차 방문하였습니다. 형님 댁을 나서면서 작아서 정말 귀여운 강아지 한 마리를 귀한 선물로 받아 안고 버스를 타고 돌아왔습니다. 버스에서 오는 내내 강아지의 체온을 따뜻하게 느끼면서 이 강아지를 오래오래 사랑하며 지내리라 생각하며 형님과 형수님께 깊이 감사하는 마음이었습니다. 전주를 출발한 버스가 정읍에 도착하여 정읍 버스터미널에서 우리 집까진 꽤 먼 거리지만 강아지를 안고 돌아오는 길은 흐뭇하기만 했습니다.

  약간 변두리에 속하는 집에까지는 버스터미널에서 삼십 분 정도 소요되는 거리였습니다. 강아지를 가슴에 꼬옥 보듬은 채 집에까지 왔습니다. 이제 다 왔다, 여기가 우리 집이야, 안심하고 맨 땅바닥에 내려놓은 순간입니다. 빼끗하게 열린 문틈으로 작은 강아지가 잽싸게 달려 나가는 겁니다. 김장을 앞둔 여기저기 푸르게 펼쳐진 채소밭에는 배추가 탐스런 이파리를 너울거리고 있었습니다. 배추밭 고랑으로 달려 들어간 강아지는 금방 종적을 감추고 말았습니다. 찾을 길이 없었습니다. 밤이 되어 그 귀엽고 불쌍한 강아지를 찾지 못하고 결국 하루도 우리와 함께 누리지 못한 강아지 생각에 눈물이 났습니다. 배추밭에서 누군가 그 강아지를 붙잡았을 것이며 그 사람이 집을 나온 강아지를 예쁜 애완견으로 길러줬으면 하는 바람이 컸습니다. 아니, 어쩌면 이게 무슨 횡재냐 싶어서 기쁜 마음으로 그 강아지를 손쉽게 포대에 넣어 개장수에게 팔아넘길 거라는 생각도 바람처럼 스쳐 지나갔습니다.

　애완견, 혹은 애견이라는 말이 언제부턴가 한 단계 더 올라 반려견이라고 쓰이는 게 하나도 이상하지 않은 요즘입니다. 개를 반려견이라 부르듯 고양이도 반려묘, 그런데 반려라는 말을 한번 짯짯이 톺아볼 일입니다. 저 반려란 말이 개나 고양이에게 붙여서 쓸 말인지를 심사해봅니다. 사람의 평생 동안 반려자가 될 만한 오십 년, 육칠십 년을 동고동락하는 개나 고양이라고 한다면 저 반려견, 반려묘가 크게 어색하진 않겠습니다. 하지만 개, 고양이의 수명이 길어야 십 년 미만이 보통입니다. 소형의 애완견이라면 불과 이삼 년 동안 같이 지내고 이른바 무지개다리를 건너가게 됩니다. 우리 현대인들이 향유할 수 있는 수명이 길어져 부부지간에 금혼식을 함께 누리는 경우를 심상하게 볼 수 있는 시대입니다. 평생의 동반자, 반려자란 말을 써서 마땅한 '반려'라 하겠습니다. 불과 이삼 년 아니 길게 잡아 십여 년을 함께 '가족처럼' 살았다고 해서 사랑하고 예뻐한 개, 고양이에 '반려'란 말을 갖다 붙이기엔 너무나 짧은 반려 기간입니다. 사람은 수십 년을 서로 동고동락하는 사이로서 반려가 됨에 비하여 기껏 이삼 년, 길어야 십 년 정도 살고 만 동물에게 인간의 반려라고 떠받드는 건 우습지도 않은 일입니다.

　―이리 와, 해피야. 엄마(아빠)한테 와.
　사랑하고 귀여워하는 개에게 스스로를 눈높이에 맞추어 개엄마, 개아빠가 된 이들을 산책길에서 우리는 심심치 않게 만날 수 있습니다. 자기 집 개에게 스스로를 아빠, 엄마라 칭함은 그건 자기 자신 또한 개라고 고백함을 부끄러워하지 않는다는 뜻이겠습니다.

개가 말귀를 알아듣는다면 지극히 삼갈 말도 있습니다. 개의 행동만도 못한 추악하고 더러운 일을 눈 번히 뜨고 저지르는 인간 이하의 사람에게, 이를테면 '개 같은 놈(년)'이라고 말해선 안 됩니다. 개=인간이라고 동급 비유로 말함은 감히 개를 인간에 비하여 모독하는 말이므로 지극히 삼가야 할 언사입니다.

(2021. 11. 14)

강인한 시인과 나눈 시화(詩話)

대담 진행: 하린 시인, 2023년 1월 1일

좋은 시란 감동이 있는 시, 상상의 재미가 있는 시, 아름다움이 있는 시

〈미디어 시in〉에서는 20년 넘게 카페〈푸른 시의 방〉을 운영하고 계신 강인한 시인님을 초대했습니다. 그동안 '푸른 시의 방'을 운영하시면서 좋은 시 보급에 중추적인 역할을 하고 계시는데요. 인터뷰를 통해 자세한 내용을 알아보겠습니다.

*

1. 안녕하세요. 강인한 선생님 건강은 어떠신지요? 최근 근황에 대해 알려주세요.

답변: 작년 6월 어느 날. 금요일 밤이었습니다. 뱃속이 칼로 에이는 듯 견딜 수 없이 아팠어요. 토요일 아침 동네 내과에 가서 급성담낭염증이라는 진단을 받았지요. 주말이라 대학병원 응급실로 가라는 의사

의 권유를 받고 순천향병원에 갔습니다. 의례적인 여러 가지 검사를 받았습니다. 그리고 입원을 해야 한다고 하며 코로나 검사를 처음으로 받아봤지요. 검사 결과는 음성이었어요. 두 주일 동안 입원했는데 내과에서 위내시경을 통해 식도와 담낭 사이에서 담석 하나를 꺼냈습니다. 며칠 후 외과에서 쓸개를 제거하는 수술을 받고 드디어 나는 쓸개 빠진 자가 되었습니다. 의외로 나처럼 쓸개를 떼어낸 동지들이 많은 걸 퇴원 후 알게 됐고요. 그 이후로 이제는 조금씩 회복 단계에 들어서 입원 전의 체중을 찾아가는 중입니다. 내가 사는 이촌동엔 한강 가까운 위치 덕에 산책 코스가 좋았지요. 5분만 걸으면 동서로 달리는 강변북로 아랠 지나가는 굴다리가 나와요. 굴다리만 건너면 이촌한강공원이고, 거기서부터 동쪽으로 동작대교까지 강둑에 난 산책로를 걷는 겁니다. 이 코스가 참 좋습니다.

그러다가 삼각지로 이사 왔습니다. 지금 이사 온 지 석 달째 됩니다. 여긴 산책 코스라고 해봤자 국세충, 혹은 세금 먹는 하마의 사무실이 가까워서 기분도 찜찜할뿐더러 전쟁기념관 주변을 어슬렁거리다 오는 정돈데 저쪽 동네에 비할 바가 못 됩니다.

2. 다음 카페 〈푸른 시의 방〉은 언제부터 시작하셨고 지금 몇 년째 운영하고 계신가요?

답변: 광주에 살 적 이야깁니다. 학교 전체 교사들에게 책상 위에 각각 사무용 컴퓨터가 한 대씩 놓여진 김대중 정부 시절 1999년인가 정확한 시기는 희미합니다만 그건 사무 처리가 즉시, 천지개벽이라 말할 수 있을 정도의 기계화로 바뀌는 것이었습니다. 학습지도안을 손으로 쓰던 것이 컴퓨터 작업으로 바뀌게 됐고, 손으로 시험문제 원안

을 써내던 게 컴퓨터의 한글 컴퓨터를 이용하는 등. 갑자기 당하는 '혁명적' 변화가 영 마음에 들지 않아서 그런 변화를 받아들이기가 쉽지 않았습니다. 나는 컴퓨터 자판을 들여다보며 두 손가락의 독수리 타법으로 글을 쓸 수밖에 없었습니다. 열 손가락 다 사용하는 이들이 정상일 테지만 그 타자 버릇이 나는 지금도 익숙하고 편합니다. 우리 나이 또래 교직 아닌 다른 직업을 가진 이들은 당연히 지금도 컴맹이 참 많습니다.

따라서 그분들은 인터넷도 눈 감고 살 수밖에 없어요. 교직의 새로운 환경에 적응함이 곧 컴퓨터와 인터넷을 생활로 수용하는 것이었습니다. 그렇습니다. 내가 인터넷 카페 〈푸른 시의 방〉을 개설한 것은 달갑진 않지만 선진 문명과 친해지기 위한 수단이라 할까요. 2002년 3월 30일에 인터넷 카페 〈푸른 시의 방〉을 열고, 처음엔 나 혼자만의 글 창고로 쓰고 즐기다가 과감하게 전면 오픈하게 됐지요. 등단한 1967년부터 35년간을 원고지만 사용해서 손으로 글을 쓰다가 서서히 컴퓨터를 이용한 글쓰기로 바꾼 것입니다. 2002년에 시작했으니 만 20년 넘게 인터넷 카페를 운영하고 있습니다.

야릇한 명목으로 줏대 없이 무잡한 시가 시단을 온통 분탕질하며 횡행하던 2천 년대 초였습니다. 내 딴에는 그 무렵 우리 현대시가 지향해야 할 바르고 참다운 길을 찾아 모색하여야 한다고 절실하게 느꼈던 것입니다. 그게 우리 카페의 모토였습니다. 한달 전 정읍 살 때의 교직 동료 한분을 참으로 오랜만에 만났는데, 카페를 하나 20년 넘게 운영하고 있다 하니까, 그게 커피를 팔며 시인 손님들을 맞는 그런 카페로 생각하는 눈치 같았습니다. 설명을 해줘도 이해하기 어려운 모양이었습니다.

3. 〈푸른 시의 방〉엔 방대한 양의 시들이 있는데, 몇 편이나 되는지요? 그리고 그 시들을 필사하듯이 하나하나 직접 워드로 치신다고 들었습니다. 그렇게 하는 이유는 무엇인가요?

답변: 오늘 아침 12,605번 글이 올랐군요. 시집에서 골라 올릴 때엔 두세 편을 소개하기도 합니다. 그러므로 정확한 수치는 모르지만 줄잡아 1만 3천 편 정도가 아닐까 싶습니다. 카페를 열고나서 초기엔 시인 1인 대표작 1편으로 한정해서 '좋은 시 읽기'에 올렸지요. 1920년대의 시인들부터 1940년대까지 가령 이용악/오랑캐꽃, 김기림/세계의 아침, 백석/여승, 정지용/백록담, 이육사/황혼, 그러다가 박목월, 조지훈, 박두진, 서정주, 박남수, 김현승 등 시대 순으로 대표작 1편씩을 고수하며 우리의 현대시를 절로 시대적 흐름을 따라 익힐 수 있게 하였습니다. 2007년 11월 5일에 나는 '좋은 시 읽기'에 천 편의 시를 올린 것을 계기로 시인 지망생들의 습작을 위한 조언을 공지 글로 올렸습니다. 「천 편의 시를 베껴 쓰는 의미」라는 글입니다. 오늘 보니 이 공지 글을 조회하여 읽은 수가 8,895회입니다. 그 후로는 시 잡지며 시집이며 내 눈에 띄는 대로 좋은 시면 곧바로 작업실에 준비해 두고 하루 한두 편을 '좋은 시 읽기'에 매일같이 소개하였지요.

월간 문예지, 계간 문예지, 시 전문지 등 지면에 발표된 시를 읽고 마음에 들면 그 페이지에 표시를 하고, 작업할 때 천천히 한번 더 읽습니다. 나의 개인적 취향이나 선택 기준을 가리지 않고 어떤 성향의 시로서 우수하다고 생각되면 직접 내 손으로 타이핑을 합니다. 그런데 내가 직접 워드로 칠 때 묘하게 '손으로 읽는다'는 생각이 듭니다. 손으로 다 베껴 쓰고 나서, 실은 흠이 많은 작품이란 생각이 들면 가차 없이 내 헛수고를 탓하지 않고 버립니다. 열에 한두 편은 이렇게 손으로 읽어서 버림받게 됩니다. 손으로 베끼는 것 자체가 읽기의 최종 단계가 되는 셈입니다.

4. 〈푸른 시의 방〉을 운영하시면서 있었던 일들 중에서 보람찬 일은 어떤 것들이 있었고, 난감한 일들은 어떤 것이 있었나요? 그 밖에 기억에 남을 만한 에피소드가 있으면 들려주세요.

답변: 우리 카페는 회원들이 모두가 평등합니다. 카페지기 나 혼자 운영자로서 일할 뿐이며 정회원 이상의 특별대우를 받는 회원은 아무도 없습니다. '좋은 시 읽기'에 내가 소개하는 작품들을 지금은 시단 전체가 신뢰하고 있다고 자부합니다. 좋은 시 읽기와 '비평/에세이' 그리고 권위 있는 관문을 통과한 등단작을 소개하는 '손님방'의 작품들. 이런 내용들을 통해 스스로 자기 작품을 갈고 닦는 혹독한 수련 끝에 당당히 신인으로 등단하고 카페지기인 내게 감사하다는 인사를 한 시인들이 20년 동안에 몇 사람 있지요. 대여섯 명쯤. 나는 '좋은 시 읽기'에 소개하는 시인들의 약력에서 의식적으로 수상 경력을 언급하지 않습니다. 작품 자체만을 자기 눈으로 읽고 판단하라는 뜻입니다. 무공훈장처럼 수상 경력을 주렁주렁 달고 있는 약력의 시인을 나는 그다지 신뢰하지 않습니다. 아울러 선입견 없이 순수하게 작품만 읽으라는 의미로 그 작품 소개 아래에 회원들의 댓글 달기를 아예 불허하고 있지요.

현재 중앙 일간지에서 시를 소개하며 감상을 곁들인 연재물을 수록

하는 신문이 동아일보, 조선일보, 경향신문, 중앙일보(시조), 문화일보 그리고 서너 군데 지방 신문이 지역 작가를 응원하는 차원의 시 감상 연재물을 싣고 있습니다. 이런 경우 신문지면이 허용하는 제한된 지면 관계로 전체를 다 수록하지 못하고 부분만 시를 소개하는 경우가 허다하지요. 그렇게 부분이 생략된 시를 나는 우리 카페에선 전체를 살려서 실으려고 노력합니다. 최근 황유원의 전문 32행의 「천국행 눈사람」을 평론가가 신문에 실으면서 머리 부분 10행, 꼬리 부분 4행을 생략하고 그 중간 부분 18행만 행갈이 /표시를 사용하여 신문에 실었어요. 어렵사리 그게 무슨 상 수상작품집에 실린 것을 알아내어 영풍문고에서 해당 사화집을 찾았습니다. 휴대폰으로 두 페이지만 촬영하여 집에 가져왔어요. 사진으로 보고 생략된 머리와 꼬리 부분을 온전히 채워 넣고서야 나는 안심했습니다. 카페에서 저지른 내 실수가 그대로 여러 사람에게 빠른 시간 동안에 배포된 뜨거운 경험이 있어요. '좋은 시 읽기'를 내 손으로 타이핑해서 준비하는 건 전날 저녁까지이고, 실제로 올리는 건 매일 아침입니다. 오전에 자기 작품을 보고 그 시인이 내게 잘못 표기된 한 구절을 알려주었습니다. 나야 집에서 즉시 고쳤지만, 그 시인의 작품은 그새 여러 블로그나 카페에 틀린 그대로 배포(?) 된 뒤였습니다. 나는 해당 카페에 개별적으로 찾아가 더러는 그 카페(블로그)에 가입하고 나서 통사정하며 어렵게 실수를 바로잡느라 진땀 뺀 적이 두어 차례 있었답니다.

시인의 이름을 착각하여 신문에 필자가 잘못 소개한 것을 고쳐주기도 한 일, 시 잡지에 시와 시인 이름이 엉뚱하게 다른 사람으로 들어간 경우, 작품과 시인 이름을 제대로 바로잡아서 '좋은 시 읽기'에 실은 일도 여러 번 있습니다. 신문에 전문이 실리지 못하고 부분이 생략된 인용 시를 대하면 무척 안타깝습니다. 신문 지면의 제한된 특성상 불가피하게 시를 부분적으로 생략한다 해도 공간 활용이 자유로운 인터넷 카페를 통해 시인 입장에선 시의 전문이 수록되기를 바랄 것입니다.

5. 선생님, 〈푸른 시의 방〉에서 가장 인기 있는 코너가 '좋은 시 읽기'입니다. 많은 분들이 궁금해 할 것 같은데요. 선생님께서 생각하시는 '좋은 시'의 기준은 무엇인가요?

답변: 엄밀히 구분한다면 '잘 쓴 시'와 '좋은 시'는 확연하게 다를 것이라고 생각합니다. 가령 유명 '시인'이 어떤 사람이어야 한다고 생각하는가요? 매일같이 내가 요즘 하루 두 편 정도 소개하는 시들 대부분은 웬만큼 잘 쓴 시가 많습니다. 그 가운데 열에 한두 편쯤 좋은 시가 있을는지 모르겠습니다. 나는 백석의 「여승」, 심훈의 「그날이 오면」, 이육사의 「절정」 같은 시가 '좋은 시'라고 믿습니다. 서정주의 「추천사(鞦韆詞)-춘향의 말」, 「자화상」은 '좋은 시', 「국화 옆에서」 「송정오장 송가(松井伍長頌歌)」 「전두환대통령 56회 생신 축시」 등은 '잘 쓴 시'입니다. 1977년 봄부터 2006년 봄까지 광주에서 산 나는 전두환, 노태우 등 신군부의 광주 시민 학살을 직접 보고 듣고 몸으로 겪은 열흘 동안의 기억이 지금도 생생합니다. 5월 23일쯤입니다. 시민군들이 타고 다니는 지프차에 "살인마 전두환을 찢어죽이자!"라고 혈서처럼 쓴 표어를 보았습니다. 그 말이 너무 심하다는 생각이 들지 않고 당연한 분노의 표현이라고 느꼈지요. 광주시민 학살의 원흉은 전두환이라고 알고 있는데, 서정주 시인이 전두환 생신 축시를 쓴 것을, 처음엔 서정주 시인이 설마 그럴 리가 없다고 생각했습니다. 그랬다

가 1980년 5월 항쟁 몇 년 뒤부터 그분으로서는 그게 이상하다고 생각지 않게 되었습니다. 그분은 본래 시절을 초월하며, 일신의 안녕한 삶을 평생토록 추구한 시선(詩仙)이었기에 가능한 일이라고 지금은 그렇게 생각합니다.

 내 나름대로 오늘의 시 중에서 '좋은 시'로 꼽는 건 대체로 크게 세 가지로 나눠 볼 수 있는데 그건 첫째 감동이 있는 시, 둘째 상상의 재미가 있는 시, 셋째 아름다움이 있는 시입니다. 시인 또는 평론가에 따라 좋은 시의 분류는 더 자세히 나눌 수도 있겠지만 나는 좋은 시의 기준을 그렇게 정해 보았습니다. 한 편의 시를 쓰고 나서도 나는 가끔 이런 물음을 스스로에게 던집니다. 내가 방금 쓴 이 시는 감동이 있는 시인가? 내가 방금 쓴 이 시는 상상의 재미가 있는 시인가? 내가 방금 쓴 이 시는 아름다움이 있는 시인가?

 첫째, 감동이 있는 시입니다. 시의 내용은 정서입니다. 아기자기한 줄거리를 지닌 서사가 아닙니다. 정서를 노래하되 그 시의 울림이 큰 시를 '감동이 있는 시'라고 할 것입니다. 이런 시의 장점은 시인과 독자 사이에 원활한 소통이 이루어지는 것일 테고, 또한 메시지가 강한 점에서 말한다면 주제가 선명하다고 할 것입니다. 정현종의 「방문객」, 이상국의 「물속의 집」등을 좋은 예로 들 수 있습니다.

 둘째는 상상의 즐거움을 주는 시입니다. 문학은 언어로 표현된 허구의 예술입니다. 시도 그 속의 작은 갈래이므로 허구의 예술인 것이지요. 그 허구를 위하여 특히 오늘의 현대시는 조형적인 이미지를 만들어내고 그것을 위하여 참신한 비유를 통한 '낯설게 하기' 수법을 사용합니다. '낯설게 하기'란 친숙하거나 인습화된 사물이나 관념을 특수화하고 낯설게 함으로써 전혀 새로운 느낌을 갖도록 표현하는 방법이지요.

'상상의 즐거움을 주는 시'는 오늘의 현대시 중 가장 많은 영역을 차지하고 있습니다. 몇 편의 좋은 예를 더 들어보면 함기석의 「뽈랑공원」, 윤성택의 「후회의 방식」, 조인호의 「철가면」등을 말할 수 있습니다. 특히 「후회의 방식」은 시간의 흐름을 역전시킨 독특한 시상의 전개가 아주 재미있습니다.

셋째는 아름다움이 있는 시입니다. 문학은 예술입니다. 예술을 말할 때 가장 먼저 꼽는 게 문학입니다. 문학에서도 맨 앞에 내세우는 것은 시입니다. 그러므로 시가 예술임은 누구나 아는 상식입니다. 예술이 추구하는 게 무엇입니까? 바로 아름다움이지요. 미(美)를 추구하는 까닭에 시가 지니는 미 역시 숭고미, 우아미, 비장미, 골계미를 떠나서 말하기 어렵겠습니다.

윤선도의 「어부사시사」에는 우아미(優雅美)가 있고, 월명사의 「제망매가」에서 드러나는 것은 숭고미(崇高美)입니다. 윤동주의 시 「십자가」에 깃든 비장미(悲壯美), "얼굴을 선캡과 마스크로 무장한 채/ 구십 도 각도로 팔을 뻗으며 다가오는 아낙들을 보"는 것부터 시작하여 풍자, 해학으로 독자를 즐겁게 하는 권혁웅의 시 「도봉근린공원」은 골계미(滑稽美)를 띠고 있습니다.

검고 푸른 달밤, 관능적인 여인의 춤이 그치고 그녀가 헤롯왕에게서 상으로 받기를 바란 그것을 쟁반에 담아 가지고 나옵니다. 푸른 달빛 아래 빛나는 은쟁반, 그 위에 검붉은 피를 흘리는 사람의 머리. 영국의 작가 오스카 와일드는 이 소름끼치도록 무섭고 아름다운, 바로 이 장면을 위해서 희곡 「살로메」를 썼다고 합니다.

6. 표절은 한국 시단에 있어서는 안 될 사항입니다. 선생님께서는 표절을 특히 많이 싫어하시는 것으로 알고 있는데, 싫어하시게 된 계기가 무엇이고, 표절과 관련해서 직접 당선을 취소시키거나 각성시킨 사례는 무엇이 있나요?

답변: ××일보 신춘문예 사업이 언제부턴가 슬그머니 사라졌습니다. 1965년 9월에 창간한 ××일보는 재벌그룹에서 내는 신문이었지요. 초기엔 다른 신문과 마찬가지로 1월 1일에 당선작을 발표하는 신춘문예를 시행하였습니다. 언제부터인가 ××일보는 창간 기념일을 신춘문예 발표시기로 변경했습니다. 여름철에 '신춘'이란 말이 부자연스러워 '××신인문학상'이 일반 신문들의 신춘문예에 해당하는 것이었습니다. 재벌그룹이 배경이 돼서인지 타 신문사보다 상금이 약간 많았던 것으로 생각합니다. 아마도 그런 연유로 상금 사냥 전문 시인들이 눈독 들이는 곳이 ××신춘문예, 아니 ××신인문학상이었습니다. 2010년, 2011년, 2012년 ××일보가 3년 연속 사냥꾼에게 넘어간 사실 혹은 의혹이 드러났다면, 그것도 한 사람에게 녁 아웃 당한 것이 문제 된다면? 크게 문제 삼아 송사로 갈까요(나는 개인적으로 외경의 마음을 담아 그 당사자의 3연타석 홈런에 박수갈채를 보냅니다), 아니면 골치 아픈 문제를 떠안겨 준 뿌리를 아예 잘라버려야 할까요? 결국 신문사는 강경한 대처의 해결 쪽으로 무게를 실어준 것 같습니다. 〈푸른 시의 방〉이 그 문제(의혹)의 중심에 서게 된 것은 2011년 ××신인문학상 김아무개의 시 「포란의 계절」이 발화점이 됩니다. 신문에 발표된 작품을 한 회원이 자세한 논거를 세세하게 밝히며 표절(혹은

대필) 의혹을 카페 광장에 문제로 던진 것이 불씨였습니다. 신문사 측에선 가능하면 응모자에게 유리한 결론이 나기를 기대하였지만, 심사숙고의 1개월 만에 내린 결론은 당선 취소였습니다.

그에 앞서 나는 신인 등단을 하며 나서는 당선소감'들'에서 극진하게 인사 올리는 선생님으로 h 시인 이름이 거론됨을 심상치 않게 보게 되었습니다. h 선생님, h 시인의 당호(堂號) 등으로 표기되어 은사 어른으로 받들어지는 시인보다 실은 그 시인의 힘으로 당선되는 작품들에서 나는 은밀한 낌새를 찾을 수 있었습니다. 국제신문, 동아일보, 시인시각, 현대시, 창작과비평…등에 보이는 낌새(표현 기법)를 하나하나 노트에 담고 연구해 보았습니다. 얼핏 생뚱맞은 비유인 듯, 그래서 더욱 신선한 듯, 한자어에서 평소 못 느꼈던 새로운 운용을 발견한다든가, 종횡무진 h의 문장은 탄복할 만한 경지였습니다. 나중에는 직접 h에게서 사사받지 않고 단지 h를 따라하는 아류(亞流)로 당당히 등단한 신인이 생길 지경이었습니다.

7. 표절을 비롯해서 한국 시단에 문제가 있으면 선생님께서는 남의 눈치 보지 않고 문제 제기나 지적을 하십니다. '선비 정신'을 가진 분으로 평가되면서 존경을 받고 계신데요. 여러 사례가 있을 텐데요. 그 중에서 가장 기억에 남는 두세 가지만 소개해 주세요.

답변: 표절(剽竊): "시나 글, 음악 따위를 지을 때, 남의 작품의 일부를 자기 것인 양 몰래 따서 씀" 이게 사전의 풀이입니다. 요즘 세간에 0부인 논문이 40% 이상 표절이라고, 아니 그 이상의 표절이라고 입방아에 오르고 있습니다. 표절 논문으로 얻은 지위나 명예(보수)는

부당한 취득이 분명하므로 취소되어야 하고 반환되는 게 마땅한 일입니다. 좀 돋보이기 위해서 남의 것을 몰래 훔친다? 그건 엄연한 사기며, 범죄 행위일 터. 눈감아준 양심의 유효기간은 언제까지일지 모르겠군요.

고인이 된 지 오래된 고교 3년 후배가 내 첫 시집 『이상기후』에서 여러 구절을 표절해 1968년 신춘문예에 당선했는데 그런 유의 다양한 모자이크 표절을 전문 용어로 혼성모방이라고 하는지 어떤지. 겨울 이야기의 시인데, 여름철의 흙속을 파고드는 땅강아지를 마지막 구절로 쓴 그 부분은 내 2년 후배의 작품 첫 연의 세 행이었습니다. 슬프게도 진작 둘 다 고인이 됐습니다. '비평/에세이' 속에 2001년에 쓴 글 「패러디, 모방, 표절」의 마지막 언급이 그 부분입니다.

스무 살의 신인, 천재가 나타났습니다. 그에 관한 당시의 어떤 기록을 찾아냈습니다.

[2008년 10월호 《현대시》를 보고, 나와 같은 동네(봉천동)에 사는 새파랗게 젊은 문학도가 《현대시》 신인상에 당선된 것이 무척 반가웠습니다. 나는 바로 연락을 했습니다.(전화인지 메일인지 기억이 분명치 않지만) 한 동네 사는가 본데 만나보고 싶다 했지요. 그 친구는 아무 소식이 없었고 끝내 답하지 않았습니다. 왜 그랬을까요? 궁금한 채로 그 일은 희미해져 갔습니다. (…) 2012년 정월 《현대시》 신년회는 특별히 정과리 선생의 특강이 있다 해서 그 자리에 나도 참석했지요. 뒤풀이 식당에서였습니다. 원구식 주간 가까이 정과리 선생이 앉고 나는 그 앞에 앉았지요. 정과리 선생이 어떤 젊은 시인에게 첫 시집 반응이 어땠느냐는 등 따뜻한 격려를 하고 있을 때, 내 곁에 시인한테

저 젊은 시인이 누구냐고 물었더니 그게 이××라고 하였습니다. 내가 뒤미처 그를 부르는데 그 젊은 친구는 또래들끼리 어울리기 위해선지 금방 사라져버렸습니다. 나는 그렇게만 생각했습니다.]

 스무 살의 천재 시인이 나를 두 번씩이나 기피한 이유가 이제는 무엇 때문이었는지 짐작이 갑니다. 그 당시 표절 연구 내 노트의 편린을 다시 소환해봅니다. 고도의 참신한 h의 수사(修辭)라고 생각하여 모아본 것, 여기저기서 발췌한 부스러기들입니다.

 작은 언덕의 여우 소리를 데려와/ 불구의 기억들이 몸 안을 떠돌아/ 직선은 흔들리는 골재/ 둥근 방, 문고리가 없다/ 전파가 흘려주는 직유는 구부러져/ 과수원…누군가 붉은 전구를 돌려 끄고 있다/ 모래 속에서 귀를 빌려온 죄/ 소리를 채록하는 나뭇잎/ 증오는 모두 네 개의 발굽을 가졌다/ 돈사마다 기르던 예의를 가두고/ 등(燈) 대신 피를 밝혀/ 바닥엔 …기와(起臥)가 즐비하다…

 "기와(起臥)가 즐비하다" 스무 살 등단작의 이 구절에서 나는 몇 해 뒤지만 시 뒤에 숨은 진짜 시인은 40대 이상이라고 확신했습니다. '바닥에 기왓장이 깨져서 즐비하다'라는 이미지를 바탕으로 기와를 '起(일어남), 臥(엎드림)'로 한자어를 구슬린다는 게 스무 살내기가 도대체 가능한 기교일까요? 스무 살 천재 시인은 그 빛나는 기교를 자기 수련으로 취득한 게 아니었으므로 마치 위조지폐처럼 그것을 남발하여 시인 지망의 소녀들을 농락하는 데 소모했습니다. 아이돌 시인으로 군림하기도 한 화려한 이력을 팽개치고 그가 군대에 갔다는 소문이 희미하게 들려왔습니다.

8. 살아 계시기 때문에 시 세계가 아직 진행형이신데요. 선생님의 시 세계를 초기·중기·후기로 나누어서 설명을 해주실 수는 없는지요? 그리고 요즘 쓰고 계신 시의 지향성이나 특징이 있으면 알려주세요.

답변: 편의상 시간적 구분보다 공간적 구분을 취해 봅니다.
초기_전주, 정읍 시절(1967~1977. 2) 이상기후, 불꽃
중기_광주 시절(1977. 3~2006. 3) 전라도 시인, 우리나라 날씨, 칼레의 시민들, 황홀한 물살, 푸른 심연
후기_서울 시절(2006. 4~2023. 1) 입술, 강변북로, 튤립이 보내온 것들, 두 개의 인상

초기 시들(1967~1977. 2)은 개인적인 낭만적 서정, 존재론적 추구와 현실 인식이 싹트는 시기로서 역사적으로는 박정희 군사정부가 점점 더 압제를 강화해 가던 독재 시대였습니다. 비공식 처녀작「귓밥 파기」, 신춘문예 당선과 그 주변 이야기. 박정희 시대, 그건 군사독재의 시대였으나 산업화 내지 경제개발로 터무니없이 미화된 시대였습니다. 1966년 동아일보에 당선한 시「1965」는 우리 민족으로서 수치스러운 그해 1965년은 죽어도 잊지 말자는 다짐으로 못 박은 1965였습니다.

1965년은 우리 민족에게 있어서는 이후 60년 이상 굴욕적인 한일 관계의 단초가 되는 의미가 중요했고(시에서는 '그것은 일천구백육십오년'이란 후렴구 같은 묵언으로 처리할 수밖에 없었음) 월남파병은 한일회담의 치욕을 겹겹으로 포장한 슬픔의 표현일 뿐. 이 시는 전년 12월 15일자 전북대신문에 먼저 발표하였다는 이유로 당선 취소

되었습니다.

　1967년 조선일보에 당선한 「대운동회의 만세 소리」는 아득한 고구려 시대, 현재의 병사 시절, 죽어가는 병사의 어린 시절 대운동회의 시간. 이처럼 시간대가 다른 시 속의 주인공을 하나로 묶어 서술한 까다로운 삼중 구조의 시입니다. 미국의 용병으로 병사가 고향을 떠나 이역만리 베트남 전쟁터에서 죽어가는 순간의 비극적인 그림입니다. 남의 나라 전쟁에 팔려가는 현실에 대한 고발을 다룬 일종의 반전(反戰) 시입니다.

　1969년 서울신문에 「北女의 노래」는 내가 어머니 이름으로 응모했던 작품.

　"마지막까지 남은 작품은 장부일의 「친구여 우리들의 할례를」 진순이의 「전라도 말씀」 이희자의 「北女의 노래」 이활용의 「겨울 외출」 등이었다. 남은 2편 중 「北女의 노래」는 리리컬한 작품. 질이 고른 언어와 여성적인 섬세한 정서가 치밀하고 매력적이나 신인으로서의 새로운 영역을 개척하려는 의욕이 부족했다. 「겨울 외출」은 전자에 비하면 현대적 경향에 민감한 편이었다. 물론 그의 언어가 완전히 새로운 것은 아니라 하더라도 20대 초기의 자기탈피를 위한 내면 표출에 무난히 성공한 작품이다." －1969년 서울신문 심사평 (박남수·박목월)

　그 겨울 어느 저녁 서울신문 지사의 기자가 우리 집에 와서 이희자 씨를 찾아 어머니가 나서며 찾는 이유를 물으니 그 사람이 신춘문예 당선 소식을 가져왔다고 했으며 "모르겄소. 우리 아들이 그런 일을 헌 모양이오."란 대답을 듣고 혹시 여성이 맞는다면 당선된다고 했다던가, 그런 전언을 나중에 어머니에게서 들었습니다. 신춘문예 시 당선자는 대부분 남자들 일색이어서 여성 신인에 대한 기대가 클 수도 있었겠습니다.

정읍 시절을 돌아보고 싶은 시로서는 「불꽃」 연작과 정인숙 여인 피살 사건을 풍자한 「불길 속의 마농」, 낭만적 환상의 아름다움을 그려본 「램프의 시」 낭만적 열정과 허무를 그린 「율리의 초상」이 있습니다.

중기 시들은 광주 30년간(1977. 3~2006. 3)의 기록이 됩니다. 박정희 개인의 종신 집권을 위한 유신 독재의 암흑기, 그리고 10.26 유신의 종말, 5.18 광주 학살의 신군부와 88 올림픽, IMF 시기, 이어서 21세기의 현대를 건너오면서 나는 현실세계에 반응하는 시편들을 썼습니다. 「검은 달이 쇠사슬에 꿰어 올린 강물 속에」 「밤 버스를 타고」 「귀」 「불길 속의 마농」 「남행 길」 「팬지꽃」 등이 그런 시들입니다. 그것은 역사의 흙탕물에 휩쓸리지 않으려는 안간힘으로 아프게 견디면서도 꿈(아름다움)을 잃지 않으려는 노심초사의 산물들이었습니다. 특히 5.18 광주의 아픔을 몸으로 겪은 생생한 증언이 담긴 시집 『칼레의 시민들』에 앞서 아르헨티나 군부 독재의 실상을 쓴 「데사파레시도스」는 1986년 『목요시』 동인지에 발표하여 우회적으로 광주 오월을 말하고 싶었습니다. 광주 오월이 10년이 흘러도 진실은 굳게 입을 다물고 강제된 침묵에 조용히 먼지가 내려앉는 세월에 「보랏빛 남쪽」 「산수유꽃 피기 전」 「누락」 「거리에 비를 세워두고」 이런 시들을 쓸 수밖에 없었습니다. 이따금 미망과 허전한 무욕 속에 문득 반짝이는 것들이 세차게 정신을 몰아세울 때 나는 「아랫것은 불편하다」 「물소리가 그대를 부를 때」 「병 속에 고양이를 키우세요」 「물 속 풍경」 같은 시를 쓰며 스스로를 반성하기도 했습니다.

후기의 시들은 뒤늦게 2006년 봄에 상경하여 현재에 이르기까지의 시들입니다. 젊은 시절 상경하여 내 꿈을 펼쳐보고 싶었으나 현실의 벽에 가로막혀 소리 없이 스스로를 학대하다가 뒤늦게나마 불끈 나를 일으켜 세웁니다. 열심히 쓰라, 목숨을 걸고 치열하게 쓰라. 영혼의 명령 아래 나는 시의 사도로 복무하기에 지치지 않을 겁니다. 그와 같은 각오를 다지며 쓴 시들 -「장미의 독」「능소화를 피운 담쟁이」「아무도 기다리지 않았다」「빈 손의 기억」「마리안느 페이스풀」이 그러한 굳은 의지를 불러내어 쓴 작품들입니다. 대운하의 꿈을 역설하던 MB 시대에 들어 나는「풀밭 위의 점심 식사」「유턴을 하는 동안」「붉은 가면」「강변북로」를 씁니다. 2008년 성탄 무렵 이스라엘이 열화우라늄탄, 백린탄 등 무자비한 공격으로 팔레스타인 사람들을 처참하게 도륙하는 비극을 쓴「신들의 놀이터」는 인류애의 뼈저린 평화의 소망을 담은 시, 수천 년 전 미라로 발굴된 백골의 시신이 보여주는 영원한 사랑의 찬가「발다로의 연인들」, 나아가 생명을 가진 존재를 향한 연민의 아픔을 그린「장미가 부르는 편서풍」은 노역을 못 견디고 자살을 선택한 당나귀의 비극을 다룬 시. 고대 이집트 문명과 현대 프랑스 문명의 만남을 그려본「파리를 방문한 람세스 2세」는 오늘의 〈문화 한국〉을 시사하는 것으로 볼 수 있을 것이며 이제 개인에서 사회로, 공동체 사회에서 인류와 모든 생명체로 파노라마처럼 펼쳐지는 시 세계는 마지막에 영원한 아름다움을 추구하는 미의 세계로 수렴하고자 합니다. 시집『튤립이 보내온 것들』은 독재자 아버지의 헛된 영광을 좇고자 하다가 무위의 몸짓으로 철학 없는 자기 세계를 세우지 못하고 모래처럼 부서져 내릴 수밖에 없었던 여성 대통령의 비극, 그 처음부터 끝까지를 시로 표현하고자 하였습니다.「왕의 눈물」「아이즈 와이드 셧」「벽에 걸린 바다」「가라앉은 성당」등 세월호의 참사를 시대와 함께 짚어보지 않을 수 없었습니다.

최근의 시집 『두 개의 인상』에 대한 이숭원 평론가의 말을 들어보겠습니다.

"강인한 시인이 현실에 대해 비판적 자세를 취하는 것은 그의 관심이 인간에 있기 때문이다. 그의 시작의 출발과 끝에는 늘 인간이 있다. 인간은 한 마디로 딱 잘라 규정할 수 없는 매우 복합적인 존재다. 인간이 이루어내는 역사 역시 복잡다기한 몇 겹의 층으로 구성되어 있다. 그렇기 때문에 복합적이고 다면적인 인간과 역사를 대상으로 하는 문학 역시 복합적 다층의 시각을 갖기 마련이다. 강인한 시에는 다층적인 인간 이해의 저변에 놓인 두 개의 축이 있다. 그것은 인간의 양심과 정의에 바탕을 둔 휴머니즘과 인간에 대한 사랑과 연민에 바탕을 둔 리리시즘이다. 「푸른 당나귀」와 「두 개의 인상」은 이 두 특성을 잘 나타내고 있다.

이 두 시를 함께 읽고 생각해 보면 머나먼 서쪽나라 파이윰에서 본 '푸른 당나귀' 모형이나, 어릴 때 기억에 남아 있는 한 여고생과 흰 물소리의 청순한 감각이나, 향연 속에 웃고 있는 영정 사진의 모습이나 모두 인간사의 희로애락을 간직한 삶의 단층들임을 알 수 있다. 인간에 대한 강력한 관심이 이 두 편의 시를 관통하고 있는 것이다. 시인은 기억의 갈피에 남아 있는 것이건, 현장에서 보고 들은 것이건, 인간의 다양한 행적과 삶의 굴곡진 곡절을 사색하고 여과하여 시로 표현한다. 그러한 사색과 실천의 시간 속에서 그의 의식의 지향은 언제나 순수를 향한다. 그것은 앞의 「두 개의 인상」에서도 확인되지만, "사물은/ 내 피가 닿는 저 어둠의 뒤에서/ 희게 말하고/ 희게 웃는다."(「희게 말하고, 희게 웃는다」)라는 구절에서 분명히 체감된다."

9. 시단의 원로로서 후배 시인들에게 해주고 싶은 이야기는 무엇인가요? 그리고 앞으로의 계획(시집 발간이나 기타 개인적인 일 등)이 있으시면 귀띔해주세요.

답변: 청탁 받은 시를 다 쓴 다음 긴가민가한 말들이 있으면 반드시 사전을 찾아보십시오. 혹시 무심결에 나온, 아직 국어로 인정되지 않은 입말[口語]을 쓴 것은 없는지 가다듬어 살펴볼 일입니다. 긴 문장의 시행은 다시 줄일 수 없겠는지 한 번 더 살펴보아야 합니다. 마침표를 찍지 않았는지, 찍었는지 확인하십시오. 나는 후배 여러분들에게 반드시 문장이 끝나는 곳에 마침표를 찍으라고 말하고 싶습니다. 자동번역기에 한글로 쓴 시를 넣어서 다른 외국어로 번역해낼 때, 마침표가 없다면 기계는 시인이 의도한 것과 전혀 다른 의미로 번역할 것이라고 생각하여야 합니다. 그리고 기왕 시에 쓰는 문장을 어법에 맞게 정확하게 쓰십시오. 애매모호하게 쓴 시구가 마치 대단히 시적이라고 자만하지 말길 바랍니다. 문장이 바르지 않은데 시가 바르게 설 수는 없습니다.

나는 이제 올해 우리식 나이로 80이 되었습니다. 그만큼 많이 살았다는 것이며 살아갈 날이 많지 않다는 거지요. 할 수만 있다면 올해에 열두 번째 시집을 내고 싶습니다. 내 욕심대로 손과 머리가 따라주지 않는 것을 나도 어찌할 수 없습니다. 그러나 올해가 가기 전에 꼭 열두 번째 시집이 나올 수 있기를 간절히 바랍니다. 다른 욕심은 더 없습니다.